십자가와 선한 양심

신약의 이해 3 베드로전서

십자가와 선한 양심

채영삼 지음

초판1쇄 발행 2014년 3월 26일
초판5쇄 발행 2024년 3월 10일

발행처 도서출판 이레서원
발행인 문영이
출판신고 2005년 9월 13일 제2015-000099호

기획·마케팅 신창윤
편집 송혜숙
총무 곽현자

경기도 고양시 일산동구 백석로71번길 46, 1층 1호
Tel. 02)402-3238, 406-3273 / Fax. 02)401-3387
E-mail: Jireh@changjisa.com Facebook: facebook.com/jirehpub

값은 표지에 있습니다.

ISBN 978-89-7435-457-2 03230

이 도서의 국립중앙도서관 출판시도서목록(CIP)은 서지정보유통지원시스템 홈페이지(http://seoji.nl.go.kr)와 국가자료공동목록시스템(http://www.nl.go.kr/kolisnet)에서 이용하실 수 있습니다. (CIP제어번호: CIP2014009550)

신약의 이해 3 베드로전서

십자가와 선한 양심

세상을 이기는 교회의 해법: 사회의 적대감, 교회가 회복한 양심

채영삼 지음

오늘날 교회는 세상 속에서 마치 교회 안에서 소통하는 식으로 소통하려 든다. 베드로가 전해 주는 전략은 그렇지 않다. 초대교회는 로마제국의 낯선 문화 속에서 적대감에 위협받으며 살았다. 베드로는 이 분야에 전문가이다. 당신의 믿음을 '선한 양심'으로 번역하라고 가르쳐 준다. 거듭난 심령이라면, 이제 세상 속에서 회복된 양심으로 살라고 가르친다. 그것이 세상의 악과 그 배후의 마귀를 대적하여 십자가 고난의 길을 가신 예수 그리스도의 본을 좇아 그분의 길을 따라가는 것이라고 가르친다.

The Cross of Jesus Christ and a good conscience toward God

이레서원

천성을 향해 길을 떠난 순례자 공동체, 그들은 계속해서 이동 중이다. 이 세상에 살지만 이 세상에 속하여 살지 않는 나그네들이다. 이 세상 속에 살면서 대응문화를 만들어 내며 뚜벅뚜벅 앞을 향해 걸어가는 순례자들이다. 그들은 하늘에 소망을 두고 힘 있게 전진하는 길동무들이다. 그들은 그들 앞서 가셨던 주님의 십자가의 길을 따라 걷는 자들이다. 베드로전서는 살아 있는 소망을 품고 길을 떠난 순례 공동체에게 주시는 위대한 격려의 편지이다. 우리는 본서를 통해 철저한 본문 연구 위에서 피어난 저자 채영삼의 생생한 육성을 듣는 듯하다. 톰 라이트를 연상케 하는 그의 생동감 있는 글쓰기를 통해 저자는 한국 교회를 향해 신앙의 여정에 박차를 가하라고 권면한다. 큰 소리로 울려 퍼지는 자명종 소리이다. 정독한다면 천성을 향한 신앙의 로드맵이 확연하게 펼쳐질 것이다.

_류호준 교수 | 백석대학교 신학대학원장

우리로부터 사도들의 시대에 이르기까지 두 개의 천 년은 정말 형언할 수 없게 아득히 멀기만 한 것인가? 우리 시대의 기독교를 둘러보면 그렇다고 대답할 수밖에 없는 것 같다. 오늘의 기독교를 장악하고 있는 현상들은 성경이 요구하는 것과 너무나 다르기 때문이다. 성경에서 멀어진 기독교는 이미 독성으로 가득 찬 기독(旣毒)교일 뿐이다. 채영삼 교수는 이 책에서 바로 이런 문제점을 예리하게 파헤친다. 그러나 정작 이 책의 놀라움은 문제를 들춰내는 데 있는 것이 아니라, 그 문제를 해결할 분명한 방도를 제시한다는 데 있다. 채영삼 교수는 사도 베드로의 서신으로부터 모든 시대의 기독교가 들어야 할 메시지를 십자가와 나그네라는 두 주제로 요약한다. 오늘날 기독교의 문제는 영광과 정착에 눈을 고정하고 있다는 것이며, 오늘날 기독교의 살 길은 십자가와 나그네 사상으로 돌아가야 한다는 것이다. 나그네를 말하기에 이 책의 원고지는 눈물로 얼룩진 듯하고, 십자가를 말하기에 이 책의 펜촉은 핏방울을 머금고 있는 듯하다. 그 눈물과 그 핏방울을 우리의 것으로 삼을 수 있다면, 우리는 두 개의 천 년을 거뜬히 넘어 다시 사도들의 시대로 돌아갈 수 있으리라 믿는다.

_조병수 교수 | 합동신학대학원대학교 총장

채영삼 교수님의 『십자가와 선한 양심』은 덧없는 세상에 헛된 관심을 쏟으며 허망한 목표를 향해 달려가는 한국 교회에게 충정 어린 권면의 말을 쏟아놓는다. 채 교수님은 이 책에서 베드로전서의 핵심 메시지를 참으로 진솔하게 풀어나간다. 그는 먼저 세상으로부터 그리고 세상을 위해 제사장 나라로 택함을 받은 교회가 이 세상에서 이방인과 나그네로 살아가는 것이 교회의 본분임을 선명하게 밝혀낸다. 그리고 교회가 그 본분을 수행하기 위해서는 이 세상으로부터 어떠한 고난을 받더라도 세상과 구별된 선한 행실로 세상을 이겨 나감으로써 영광스런 하늘에 이르러야 한다는 점을 부단히 강조한다. 그런데 한국 교회의 현실은 어떠한가? 이 책은 세상과 벗하며 이 세상에서 성공하기 위해 지극히 세속적인 복음을 쫓아가다가 마침내 세상으로부터도 비난의 화살을 맞고 비틀거리는 한국 교회를 향해, 이제 하나님의 말씀이 그처럼 선명하게 외치는 그리스도의 십자가 복음을 회복하고 그 십자가의 길을 따라 함께 걸어가자고 간곡히 당부한다. 채 교수님의 다른 책들이 그러하듯이, 이 책에도 한국 교회를 향한 저자의 애타는 사랑이 절절히 흐른다.

_양용의 교수 | 에스라성경대학원대학교 신약학

이 책이 들려주는 베드로의 목소리는 예수를 믿고 복을 받아 세상에 안주하려는 교회들을 준엄하게 꾸짖는다. 교회가 하늘에 이르는 길 위에 있는 순례자이자 세상을 하나님께로 향하게 하는 제사장 나라임을 일깨워 준다. 안주하는 자리에서 떨쳐 일어나 순례를 시작하는 교회들에게 베드로전서는 뜨거운 위로와 빛나는 소망을 약속하는 '황홀한' 서신이다. 이 책의 저자는 말씀에 대한 확신과 교회를 향한 무한한 애정으로 베드로전서를 명쾌하게 해설한다. 그리고 천성을 향해 순례의 길을 떠나는 이들이 목적지에 무사히 도착할 수 있도록 친절하게 안내한다.

_길성남 교수 | 고려신학대학원 신약학

베드로전서의 말씀은 오늘 우리 시대에 가장 필요한 교회의 정체성과 그리스도인들이 궁극적으로 나아가야 할 방향을 제시하는 말씀이다. 『십자가와 선한 양심』은 베드로전서의 탁월한 주해서이자 강해서이다. 우선 이 책은 성경 본문 자체를 원문과 비교하여 꼼꼼하게 해석하면서, 베드로전서의 전체적 메시지를 오늘 시대에 방향을 잃은 교회와 그리스도인들을 향해서 제시하고 있다. 설교자의 설교 준비에도 훌륭한 주석으로 도움이 될 뿐만 아니라 일반 성도들의 삶의 목표를 설정하는 데도 큰 도움이 되리라 믿는다.

_김서택 목사 | 대구동부교회 담임목사

“두 번 읽을 가치가 없는 책은 한 번 읽을 가치도 없다.”는 말이 있다. 채영삼 교수의 베드로전서를 강해한 『십자가와 선한 양심』은 두 번 읽을 만한 책이다. 아니 무수히 다시 읽고 곱씹을 가치가 있는 책이다. 그의 낯선 복음이 우리의 심장을 고동치게 하고, 혈관을 타고 흐르게 될 때까지 읽고 또 읽고 싶다. 늘 그러하듯이 그의 강론은 그 어떤 날선 검보다도 예리하다. 그의 성경 해석과 적용은 맛깔스럽다. 그의 글은 꿈틀꿈틀 살아서 움직인다. 뭐 하나 흠 잡을 것이 없다. 벌떡 일어서서 기립박수라도 치고 싶은 심정이다. 세상의 논리와 정신을 뒤엎을 수 있는 천상의 가치와 초월적 세계의 질서를 따라 살고 싶은 진지한 구도자나, 시대의 대세가 아닌 십자가의 대의를 강력히 선포하고 싶은 간절한 열망이 있는 설교자들에게 이 책을 강력히 추천하고 싶다. 한순간도 책에서 눈을 떼지 못하고 숨죽이며 그의 논리에 빨려들게 될 것이다. 그리고 이내 간절한 기도가 터져 나올 것이다. “오, 주여! 짐을 가볍게 하고 이 땅을 순례하는 여행자로 지나가게 하옵소서.” 어느새 굵은 눈물이 뺨을 타고 흐르는 것을 경험케 될 것이다.

_이우제 교수 | 백석대학교 실천신학대학원장

| 차 례 |

| 서문 |

'구원은 이동입니다'

예배가 시작되었다. 성가대의 찬송도 끝났다. 대표기도도 끝나고 말씀도 봉독했는데, 목사님이 안 보인다. 성도들이 잠시 술렁인다. 무엇이 잘못되어나 싶었다. 하지만 예배는 계속 진행되고 있었다. '아니, 어디 가셨지?' 그러던 중 갑자기 예배당 입구 쪽에서부터 '와아~' 하며 웅성거리는 소리가 들리기 시작했다. 소리는 강단 쪽으로 난 길을 따라 점점 더 크게 들려 왔다. 고개를 돌릴 필요도 없이, 목사님이 들어오고 계셨다. '아니, 그런데 잠깐!' 복장이 이상하다. 이런, 목사님이 등산복 차림이다. 게다가 아들과 함께 나타나셨다. 이게 웬일인가? 청중은 웃는 사람 반, 충격 받은 사람 반, 어쩔 줄 몰라 한다.

설교하셔야 하는 목사님은 등산복 차림이었을 뿐 아니라, 등에 등산용 가방도 짊어지고 있었다. 옆에 따라오던 아들도 자기 짐을 지고 있었다. 두 사람은 태연하게 강단에 올랐다. 설교단은 이미 치워져 있었고, 목사님은 중앙에 서서 간단한 인사를 했다. 이제부터 설교 시작이라고. 그리고 흥미롭기 그지없는 이 날의 설교는 강단 위에 선 그 두 사람의 낯선 모습과 행동으로 시작되었다. 목사님은 말없이 강단 위에 텐트를 설치하기 시작했다. 가방을 풀고 간단한 도구들을 꺼내 아들과 함께 텐트를 조립했다. 능숙한 아버지에 비해 서투른 아들의 행동이 이따금 웃음을 자아냈다. 불과 몇 분이 걸리지 않았다. 청중은 다시 쥐 죽은 듯이 조용해졌다.

목사님이 입을 열었다. "오늘 말씀인 베드로전서 2장 11절은, 하나님의 교회 된 저와 여러분이 이 세상을 지나가는 여행자라고 말합니다. 여러분, 등산을 갈 때 자기가 살고 있는 집을 통째로 지고 가는 사람은 없습니다. 짐이 간단해야 합니다. 우리는 이 땅에 영원히 뿌리 내릴 사람들이 아닙니다. 여러분의 짐은 여행하기에 충분히 가볍고 간단한 것입니까?" 20여 년이 지난 지금에도, 이날 설교는 잊히지 않는 장면으로 남아 있다. 교회는 여행자이다. 모든 짐을 다 싸들고 여행할 수는 없는 노릇이다. 오히려 버리고 줄이고 짐을 간단하게 꾸려야 한다. 물론 여행 중인 사람은 그 여행하는 지역에 아주 뿌리를 내릴 수도 없다.

후에, 베드로전서를 다시 배우고 가르치면서, 교회가 받은 구원이란 이런 식으로 '이동(移動) 중'이라는 사실을 확인했다. 교회는 본질상 순례 중이다. 여행 중이다. 이 세상에 영원히 뿌리내릴 수 없다. 왜냐하면 세상과는 다른 존재이고, 다른 소속이며, 전혀 다른 목적을 향해 다른 길을 가기 때문이다. 당신이 예수님을 믿고 이 땅에서 복을 받고 잘살게 되는 것으로는 전혀 충분하지 않다. 구원은 '이동' 곧 '출애굽' 하는 것이기 때문이다. 하지만 오늘날 이 땅을 떠나 하나님 나라로 들어가고 싶어 하는 교회들이 얼마나 되는가? 그렇게 간절히 여행길을, 주께서 지시하신 대로 간소하게, 선한 양심으로, 주께서 먼저 가신 그 길만을 따라가려는 교회가 얼마나 되는가?

이것이 오늘날 베드로전서를 해설해야 하는 이유, 교회가 적극적으로 베드로전서의 말씀을 배우고 서로 가르치며 격려해야 하는 필연적인 이유이다. 실로, 공동서신 모두가 오늘날 교회에게 적실하다. 필자는 이미 야고보서 해설서를 집필하여 교회 앞에 내어놓았다. 야고보서 역시 세상 속에 놓인 교회에게 일갈하는 칼 같은 메시지를 품고, 교회를 향해 '두 마음을 품지 말라'고 찌른다. 그 마음 깊숙이 하나님을 사랑하면서도 그 사랑으로 세상을 더욱 사랑하고 품어 보려는 악한 마음을 찌르는 메시지이다. '두 마음을 품은 교회'는 결단코 세상을 이길 수 없다. 교회 자신을 욕되게 하고, 하나님의 영광스럽고 거룩한 이름을 모든 열방들이 보는 앞에서 땅에 떨어뜨려 그들로 하여금 짓밟게 만든다. 수치와 모욕의 포로기를 재촉할 뿐이다. 베드로전서는 야고보서 다음에 위치한다. 정경의 순서는 그저 아무런 뜻 없이 된 것이 아니다. 왜 베드로전서는 야고보서 뒤에 오는가? 왜 야고보서는 베드로전서 앞에 오는가?

공동서신에서 베드로전서가 본론의 시작이라면, 야고보서는 서론에 해당한다. 생각해 보라. 세상과 하나님 사이에서 두 마음을 버리지 못한 교회가 무슨 수로, 어떻게 이 세상을 여행자요 잠시 거주하는 낯선 외국인처럼 살아갈 수 있는가? 두 마음을 버리지 못한다면, 이 세상에 집을 짓고 뿌리를 내리고 이 세상 사람처럼 이 세상과 더불어 취하여 사는 것을 최고의 복으로 삼고 살아갈 것이다. 오늘날 이런 더럽혀진 복음, 현세적인 복음, 순전하지 않은 복음이 여름철 흙탕물을 일으킨 거대한 홍수처럼 한국 교회를 휩쓸고 있다.

하지만, 가을이 오면 한여름철 홍수도 결국 끝날 것이다. 잘 견디어 낸 교회들에게 주께서 주시는 복된 열매가 있을 것이다. 그리고 닥쳐오는 겨울도 준비해야 한다. 겨울이 오기 전에, 주님의 교회들은 짐을 싸고 주님께서 정하신 목적지에 이르도록 순례의 길을 떠나야 한다. 두 마음을 접고, 깊이깊이 회개하고 뉘우치며, 오직 주께만 전심을, 그 한 조각 붉은 마음을 바쳐 이 여행길을 떠나야 한다. 베드로전서는 이런 교회들을 위한 서신이다. 야고보서를 통과하는 교회들이 감당할 수 있는 말씀이다. 여행길은 고되고 서글플 수도 있다. 하지만 베드로전서의 말씀은 뜨거운 위로와 빛나는 소망을 선사한다. 그리고 그 소망은 미래에만 놓여 있지 않고 '살아' 있다. 살아서 오늘도 우리의 가슴을 쿵닥거리게 하고 황홀하게 만든다. 이제 베드로는 이 살아 있는 소망에 이끌려, 그 소망이 실현되는 길을 함께 가자고 흩어진 주님의 교회들에게 권면한다.

그렇다면 십자가와 선한 양심이 무슨 관계인가? 십자가는 보혈이 아닌가? 그가 채찍에 맞고 피 흘리심으로 우리가 구원받은 그 십자가! 밤새서서 감격의 찬양을 불러도 다 못할 하나님의 긍휼의 증거가 아닌가. 그 십자가가 도대체 선한 양심과는 무슨 관계가 있는가? 생각해 보면, 베드로의 일평생 숙제는 그리스도의 십자가를 이해하는 일이었다. 그는 "주는 그리스도시요, 살아 계신 하나님의 아들"이라는 고백을 하고도, 십자가를 지시겠다는 주님을 막아선 제자였다. 왜 그리스도께서 고난을 받으셔야 하는가? 베드로는 도무지 이해하지 못했다. 부활하신 주님께서 나타나 목양의 사명을 맡기셨을 때, 주님께서 나중에 그가 어떻게 죽을 것을 예고했을 때에도 베드로는 여전히 그 십자가를 받아들이기 어려워했다.

하지만 교회사는 베드로가 순교할 때 십자가에 거꾸로 매달려 죽었다는 이야기를 전해 준다. 바로 매달려 죽을 가치도 없다고 고백했다는 말과 함께 말이다. 그가 결국 십자가의 의미를 이해한 때문일까? 이것이 베드로전서를 이해하는 열쇠이다. 베드로전서는 십자가의 신학이다. 오늘날 십자가는 하나님께서 우리에게 오신 길로만 이해된다. 하지만 그렇지 않다. 베드로를 따라가 보라. 이 십자가는 우리가 하나님께로 이르는 길이기도 하다. 베드로는 이 십자가를 "의인으로서 불의한 자를 대신하여 그들을 하나님께로 인도하시는 의로운 고난"이라 부른다. 그리고 그리스도를 따라가는 십자가의 길을 곧 거듭난 심령이 회복한 '선한 양심'의 길이라 부른다. 그래서 십자가는 곧 선한 양심이다. 받아들일 수 있는가? 당신이 붙든 십자가는 선한 양심으로 해석되고 있는가? 교회는, 그리고 우리는 이 길에서 어디쯤 서 있는가?

그러므로 십자가를 통과하고 부활하신 목자장이신 주 예수 그리스도를 온전히 바라보자. 그가 이미 하늘에 오르셔서 빛나는 영광을 얻으셨다. 교회가 이 땅을 여행하고, 이 순례의 길을 다 가서 이르는 그곳이다. 하나님께서 부르신 부르심의 영광을 안다면, 얼마든지 잠시 고된 이 길, 선한 양심의 길을 기쁘게 갈 수 있다. 베드로전서는 그 말씀을 배우고 가르치는 교회에게 이 영광의 소망을 회복시킬 것이다. 그리고 짐을 싸게 만들 것이다. 가볍고 단순하게, 하지만 가슴속에 살아서 뛰는 영광의 소망에 이끌리게 할 것이다. 먼저 그 길을 가셨고 지금도 '영광의 영'으로 인도하시는 우리 주 예수 그리스도의 본을 따라, 회복된 양심으로 이 황홀한 여행자의 길, 주님의 십자가의 길을 따라가게 할 것이다. 세상에 속하여 세상에 뿌리를 내리면 세상과 함께 사라진다. 교회는 그런 존재가 아니다. 사랑하는 주님의 교회여, 오늘날 주님께서 주신 말씀을 통하여 그분의 음성을 듣기를! 그분과 함께 그분이 계신 곳까지 다 이르기를! 오 교회여, 부디 그 영광에 다 이르기를!

서문을 마무리하기 전에, 몇 가지 적어 둘 내용들이 있다. 먼저 통상 본문 이해를 위한 서론은 책 앞에 오게 되는데, 독자들이 내용에 보다 쉽게 다가갈 수 있기를 기대하는 마음으로 이 책에서는 뒤에 부록으로 첨가해 두었다. 본문이 명확히 밝히는 대로, 사도 베드로가 '흩어진 교회들'에게 서신을 썼다는 단순한 사실을 기억하며 읽어 나가면, 본문 속에서 충분한 설명을 얻게 될 것이다. 부록은 자세한 논증이 필요한 몇 가지 주제들을 위한 것이다.

〈삶으로 내리는 뿌리〉 부분은 이번에도 말씀의 이해가 실제 우리들의 삶의 자리까지 뿌리내릴 수 있도록 본문 이해의 뒷부분에 첨가되었다. 독자들이 더 깊고 넓게 뿌리내려 갈 수 있는 작은 길잡이가 되기를 기도하는 마음 간절하다. 말씀의 참된 이해는 반드시 심령과 삶의 변혁을 가져온다. 이것이 〈신약의 이해 시리즈〉의 의도이다. 철저하고 정확한 말씀의 이해만이, 확실한 심령과 삶의 변혁을 가져온다고 확신하기 때문이다.

야고보서가 우리에게 세상과 하나님을 향한 '두 마음을 버리라'고 가르쳤다면, 베드로전서는 본격적으로 교회가 그 세상을 어떻게 지나가야 하는지에 대한 적실한 전략들을 가르쳐 준다. 뒤이어 나오는 베드로후서는 그 '교회 안으로 넘쳐 들어온 세상'의 문제를 다루는데, 거기에도 오늘날 한국 교회에서 발견하는 잘못된 가르침과 부패한 삶의 문제들을 조명하고 치유할 수 있는 말씀들이 가득하다. 이것을 밝혀내는 것이 이 시리즈의 다음 과제이다.

부족한 사람이 감당해야 할 벅찬 숙제를 위해, 함께 기도하고 기다려 주고 수고해 준 분들에게 진심으로 감사드린다. 귀한 동역자가 되어 주신 이레서원의 나기영 전무이사님께 감사하지 않을 수 없다. 최창숙 편집이사의 한결같은 수고와 박남균 목사님의 도움에도 감사드린다. 또한 사랑하는 장종현 목사님, 최갑종 교수님, 장동민 교수님, 그리고 함께 교회론을 고민하며 격려해 주시는 홍인규 교수님, 그리고 부족한 책에 기꺼이 추천단평을 써 주신 류호준 교수님과 조병수 총장님, 양용의 교수님, 길성남 교수님, 또 김서택 목사님과 이우제 교수님께 이 자리를 빌어 진심으로 감사드린다.

무엇보다, 많은 학기를 걸쳐 공동서신을 배워 갔던 학생들, 특히 신학대학원에서 베드로전후서를 함께 탐험하며 한국 교회를 위해 고민하고 기도하며 다짐했던, 사랑하는 목회자 후보생들을 생각할 때 더 기쁨이 충만하다. 또한 부족한 가정을 통해 하나님의 뜻이 이루어지기를 함께 기도하는 사랑하는 아내와 아들, 항상 기도로 동역해 주시는 사랑하는 부모님께도 언제나 고맙고 감사한 마음 그지없다. 주님께 엎드려 감사드리며, 교회와 말씀을 우리에게 주신 그분의 발 앞에 이 책을 내려놓는다.

2013년 초겨울

채영삼

Chapter 1

택함 받은 교회

세상으로부터 불러내신 교회

(1장 2절-2장 10절)

●

실로, 베드로는 로마 변방에 흩어진 적은 무리였던 교회들에게 그들의 정확한 목적지를 보여 주었다. 로마도 화려하고 번쩍였겠지만, 교회의 종착지는 '썩지 않고 더럽지 않고 쇠하지 않는 나라'이다. 죽음을 이기시고 부활하신 그리스도의 영광에 참여하는 황홀한 소망이다. 비교가 되는가? 전혀 비할 바가 아니다. 당장 짐을 싸야 한다.

처음부터, 교회는 세상과 같이 갈 수 없다. 길이 다르다. 베드로가 전하는 복음은, 전능하신 삼위 하나님께서 세상으로부터 교회를 택하여, 세상 밖으로, 세상과는 다른 목적지로 불러내셨다는 소식으로 시작한다. 뜻밖에도 오늘날 이 소식은 귀에 낯설다. 그래서 베드로전서는 첫 장부터 소화하기가 쉽지 않다. '예수 믿고 복 받고, 부자 되고, 잘사는 것'이 '복음'이 아니던가? 그렇게 들어 왔지 않는가? 하지만, 만일 당신이 예수님을 믿는다면, 베드로는 당신을 향해 이렇게 선포하는 셈이다. "하나님은 당신을 택하셨습니다. 그것은 당신이 이 세상에 속하지 않았으며, 이 세상과는 전혀 다른 길을 가며, 전혀 다른 목적지에 이른다는 것을 뜻합니다." 이 말이 섭섭하게 들리는가, 아니면 기쁘게 들리는가?

오늘날 복음은 너무나도 '현세적'으로 이해되고 있다. 순전하지 못한 복음으로 변질시켰기 때문이다. 물론, 복음은 현세적인 복, 하나님의 임재, 하나님의 치유와 회복을 선포한다. "하나님 나라가 이미 임했다." 죄의 결과는 사망과 비참이다. 그래서 하나님 나라가 임하면 죄 사함이 있고, 병이 낫고, 기적이 일어난다. 얼마든지 그럴 수 있다. 하지만 요한복음이 강조하는 것처럼, 기적(miracle)이 아니라 표적(sign)이 복음이다. 기적은 우리가 당한 세상의 비참을 치유하지만, 표적은 그런 치유를 가져오신 그분을 가리키고 우리로 하여금 그분이 누구신지 알게 하고 믿게 한다. 그분을 따르게 한다. 그래서 진짜 영광에 이르게 한다. 그것이 진짜 복음이다.

그래서 예수님을 알고 믿고, 그분을 따르는 일에 이르지 않는 기적은 모두 헛것이다. 왜냐하면, 그 예수님이 다시 오실 때 가져오실 더 큰 은혜, 더 영광스런 구원, 썩지 않고 더럽지 않고 쇠하지 않는 영원한 나라를 잊게 만들기 때문이다. 그 나라를 받지 못하게 하기 때문이다. 장차 오는 영광스런 구원에 참여하지 못한다면, 그것이 가장 어리석은 일이 아니고 무엇이겠는가? 신앙은 처음과 나중이 다를 수 있다. 안심하지 못한다. 지금 두렵고 떨림으로 구원을 이루어 가지 못한다면, 지금 죄악 된 세상과 짝하여 같은 길을 가면 그 영원한 나라에 이르지 못한다. 이것이 베드로전서가 '소망으로서의 구원'을 강조하며 시작하는 이유이다.

베드로전서는, 인사말과 맺음말을 빼면 크게 세 부분으로 되어 있다. 첫 번째 부분은 1:2부터 2:10에 이르고, 주제는 '택하신 교회'이다. 두 번째 부분은 2:11부터 시작해서 3:22까지 이르는데, 주제는 '여행자 된 교회'이다. 그리고 나머지 세 번째 부분은 4:1부터 시작해서 5:11에 이르며, '흩어진 교회'라는 주제를 다룬다. 그리고 교회에 관한 이 세 가지 핵심적인 주제들은 인사말인 1:1에 모두 들어 있다.

그렇다면 베드로전서가 이 첫 번째 부분에서 전하고자 하는 메시지의 의도는 무엇일까? 2:11은 이렇게 시작한다. "사랑하는 여러분, 체류하는 외국인과 여행자 같은 여러분에게 권합니다." '체류하는 외국인과 여행자' 그것이 교회이다. 이는 세상에서 교회가 스스로 자신을 어떻게 생각해야 하는지에 대해, 베드로전서가 주는 답이다. 오늘날 교회는 이 세상에 대하여 스스로를 '체류하는 외국인과 여행자'로 여길 수 있을까? 신앙이 현세적이라는 것은, 바로 이런 치명적인 약점에서 드러난다. 그래서 베드로전서는 첫 번째 부분을 먼저 서술한다. 하나님의 부르심이 얼마나 영광스러운 것인지, 장차 오는 구원이 얼마나 큰 것인지, 약속된 하나님의 나라가 얼마나 영원하고 아름답고 풍성한 것인지를 보여 주어 설득하고 싶은 것이다.

The Cross of Jesus Christ
and a good conscience toward God

1

교회란 무엇인가?

(1장 2절)

당신이 크리스천으로서 지금 술자리에 가야 한다고 생각해 보라. 직장 동료들의 회식, 혹은 학교 선후배 간의 만남이다. 그들은 당신이 그리스도인임을 대충 알고 있다. 아니면, 명절이 되어 친척들이 모여 제사를 드린다. 당신도 빠질 수 없다. 심지어는, 직장에서 상사가 당신에게 불법적인 일을 하라고 명령하는 상황을 떠올려보라. 당신의 신앙 양심은 점점 혼미해진다. 지금 베드로전서의 수신자들인 '흩어진' 교회들은 당신의 이런 갈등을 너무도 잘 알고 있다. 1절에서 언급하는 '본도, 갈라디아, 갑바도기아, 아시아와 비두니아'는 모두 1세기 지중해 동쪽 그리고 흑해 남쪽에 위치한 소아시아 지역들로서, 로마 정부의 영향력 아래 헬라화가 잘 진행되었고, 동시에 이른 시기부터 복음이 전해졌던 지역들이기 때문이다. 특히 '아시아'는 요한계시록에 언급되는 일곱 교회들이 있었던 만큼, 인구가 많았고 세속 문화가 화려했다.

지금 베드로전서의 수신자들은, 이런 세속 사회의 주변에 머무르고 있다. 그 본토 로마의 신들을 섬기며 전혀 다른 방식으로 살아가는 사람들과 점점 더 서로 부딪히고 있다. 이제 베드로는 이런 갈등에 직면하는 세상 속의 그리스도인들에게 편지한다. 무어라고 먼저 말해야 할까? 흥미롭게도, 베드로는 그 갈등들에 대한 구체적인 답변들을 주기 전에 먼저 삼위 하나님의 이야기를 꺼내 든다. 들어 보시라.

교회, 인간이 아니라 삼위 하나님의 작품

2절을 읽으면, 가슴이 벅차고 감격스럽다. 당신은 세속 한복판에 버려진 것처럼 느낀다. 당신의 신앙을 조롱하고 위협하는 세상, 너무나 유혹적인 세상에 둘러싸여 있다. 압박이 너무 크다. 어찌할 것인가? 세상을 버릴 수도 없고, 신앙 양심을 따르기도 힘들다. 구체적인 답변들을 하기 전에, 베드로는 힘주어 말한다. 당신은 결코 혼자가 아니라고! 당신을 둘러싸고 있는 것은 세상이 아니라고! 도리어 세상보다 크신 분, 삼위 하나님이시라고! 1-2절을 다시 찬찬히 읽어 보자(참고. 이후 베드로전서 모든 본문의 번역은 Nestle-Aland 27판의 원문에서 옮긴 개인 사역(私譯)임을 밝혀 둔다).

> 1베드로, 예수 그리스도의 사도는, 본도, 갈라디아, 갑바도기아, 아시아와 비두니아에 택하심을 받고 흩어진 여행자들, 2곧 하나님 아버지의 미리 아심을 따라 성령의 거룩하게 하심으로써 예수 그리스도를 순종함과 그의 피 뿌림을 받은 여러분에게 은혜와 평강이 넘치기를 기원합니다.

벅차다. 특별히 1절과 2절의 대조를 생각할 때 그렇다. 강력한 대조이다. 1절에서 독자들은 자신의 나라, 자기의 고향을 따로 두고, 타지에 있는

'도시나 마을을 지나가는 여행자'(파레피데모스, παρεπίδημος)를 떠올리게 된다. 혹은 그곳에 여러 가지 목적을 가지고 '잠시 체류하는 외국인'(파로이코스, πάροικος, 벧전 2:11) 입장을 생각해 보아도 좋다. 혹시 우리 주변에서 자주 볼 수 있는 동남아시아의 외국인 노동자분들의 모습을 그려 보라.

하지만 2절에서는 극적인 대반전이 펼쳐진다. 베드로는 2절을 기록하며 그들을 놀라게 하고 싶었을지도 모르겠다. 1절이 초라한 외모라면, 2절은 숨겨진 왕족 그 이상의 충격적인 신분이다. 2절을 읽어 보라. 지금 1절에서 말한 것처럼 흩어져 있고, 흩어져 있는 그곳에서도 주인 노릇 못 하는 이들이 과연 어떠한 존재들인가? 그들을 위해 성부 하나님, 성령 하나님, 성자 하나님, 곧 삼위 하나님께서 모두 등장하신다. 엄위하다. 장엄하다. 상상 밖이지 않은가. 저들은 과연 누구인가? 어떤 존재들인가?

한 가지 분명한 것은, 1-2절이 의도하는 바는 성도가 자기 자신을 보는 시각에 대한 강력한 도전이라는 사실이다. 성도인 내가 나를, 주변 세계 속에 놓인 나, 사회 속에 놓인 우리를 바라보는 관점에 대한 강력한 도전이다. 그러므로 만일 1절이 세상이 우리들 교회를 바라보는 관점이라면, 2절은 하나님께서 교회를 바라보시는 관점, 믿음의 관점, 교회가 반드시 그렇게 스스로를 바라보아야 하는 관점이다.

2절을 잘 들여다보라. 교회를 교회 되게 하시는 분은 삼위 하나님이시다. 참으로 놀라운 사실이다. 우리는 얼마나 자주, 교회를 인간적인 관점으로 보게 되는가? 목사도 성도들도 모두, 교회를 계획하시고 거룩하게 하시고 온전하게 하시는 성삼위 하나님 앞에 '두려움과 경외감으로 서는 경건'을 잊지 말아야 한다. 그 감격에 휩싸여야 한다. 그것이 예배이다. 말씀을 들을 때나 봉사할 때, 교제할 때나 목양할 때, 사역자들을 대할 때, 단 한 순간이라도 교회가 인간들의 것이며 인간들의 작품이고 인간들을 위한 것이라는 생각을 버려야 한다.

성부의 미리 아심, 세상과는 다른 길

2절을 세세히 뜯어보면, 성부 하나님, 성령 하나님, 성자 하나님께서 교회를 위하여 함께 역사하시지만, 각기 맡아 행하시는 사역이 다름을 알게 된다.[1] 먼저, 성부 하나님께서는 교회를 계획하신다. 원문에는 성부 하나님의 미리 아심을 '따라'(카타, κατὰ)라고 되어 있다. 이런 의미에서 전치사 '카타'는 하나님의 계획을 강조한다. 교회는 성부 하나님께서 원하시고 계획하시고 디자인한 것이다. 교회 자체가 하나님의 뜻이고, 그 뜻의 실현이다. 예수님을 믿는 당신은 누구인가? 당신 자신이 하나님의 뜻이다(참고. 약 1:18). 당신이 이 세상에 존재하는 것은 결코 우연이 아니다. 세상이 보는 대로 당신 자신을 보아서는 안 된다. 교회는 사람들이 고안한 단체가 아니다. 창세전부터 하나님의 뜻과 계획에 따라 디자인된 것이다.

또한 '하나님의 미리 아심을 따라'라고 할 때, 그 '미리 아심'(프로그노시스, πρόγνωσις)도 같은 맥락이다. 즉, 하나님의 계획, 결정, 의지, 그분의 디자인을 강조한다. 이 '프로그노시스'라는 단어는 신약에서 오직 이곳과, 또한 베드로의 설교가 담긴 사도행전 2:23에 나온다. "그[그리스도]가 하나님께서 정하신 뜻과 '미리 아심'을 따라 내어준 바 되었거늘." 그리스도 예수의 죽으심이 우연히 된 것도, 세상이나 마귀의 뜻대로 된 것도 아니라는 것이다. 그리스도에 관한 이 모든 일들은 이미 '세상이 창조되기 그 이전에' 하나님의 뜻으로 결정된 것이다. 그래서 베드로는 그리스도에 관하여 하나님의 미리 아심을 강조한다. "또한 그는 세상의 기초가 놓이기 이전에 '미리 알려진 바' 되신 자로서, 이제 마지막 때에 여러분을 위하여 나타내신 바 된 분이십니다"(벧전 1:20).

특별히 그리스도가 '세상'과 대조되고 있다. 하나님은 이 세상이 그를

1. 채영삼, "벧전 1:1-2, 교회란 무엇인가?," 〈백석신학저널〉 23/가을호 (2012), 305-321.

떠나고 대적하기 이전부터, 아니 이 세상이 창조되기 이전부터 그리스도를 준비하셨다. 그리고 그리스도 안에서 그가 창조하실 '교회'를 미리 알고 계셨다. 이것은 신비에 속한다. 지금 이 문맥에서는, 그리스도와 교회에 관한 하나님의 계획이 세상이 창조되기 이전부터 이미 있었다는 것을 아는 것으로 충분하다. 그리고 이 세상의 마지막 때에, 하나님께서는 그 그리스도를 나타내셨고, 그의 뜻에 따라 그리스도 안에서 교회를 부르셨다(벧전 5:10).

그렇다면 교회는 이미 세상 '이전에 존재'한 것이 아닌가? 그렇지 않은가? 그러한 교회가 어떻게 세상을 따라갈 수 있는가? 그것은 부모가 자식을 닮아야 한다는 것처럼 어리석은 말일 수밖에 없지 않은가?

성령의 거룩하게 하심, 세상과는 다른 존재

베드로는 다시 성령의 사역을 통해, 교회가 세상과는 어떻게 다르며, 다른 소속이며, 다른 존재인지를 역설한다. 흥미롭게도 이제 성령 하나님의 사역에는 '안에서, 혹은, 으로써'(엔, ἐν)라는 방법이나 수단을 나타내는 전치사가 붙는다. 교회는 하나님 아버지께서 원하시는 뜻을 따라 성령 하나님께서 그 일을 이루신다. 오직 성령께서 성부의 뜻을 이루시는 방법이 되신다. 교회는 무엇으로 교회가 되는가? 성령의 거룩하게 하심이다. 성령께서 교회를 세상으로부터 구별하여, 온전히 하나님께 드려 그분께만 속하게 하신 것이다. 거룩하게 하심, 이것이 없다면 교회일 수 없다. 교회는 세상의 것이 아니라, 온전히 하나님께 소속된 하나님의 소유이다.

또한, 이렇게 교회를 교회 되게 하시는 결정적인 사역도 하나님 자신께서 하신다. 그분이 거룩하게 하셔야 교회가 교회 된다. 그것은 인간이 할 수 없는 것이다. 덧붙여, 성령의 사역은 '거룩하게 하심'임을 잊어서는 안 된다. 성령의 역사를 힘입어 병이 낫고 방언을 해도, 죄에서 돌이키는 참된 회개와 거룩한 삶에로의 변화가 없다면 그것은 성령의 온전한 역사일 수 없다. 교회의 교회 됨의 표시는 거룩함이다. 세상과 같지 않은 것이다. 오염되지 않은 것, 더럽지 않은 것, 세속적이지 않은 것, 참되고 진실하며 거룩과 긍휼이 가득한 것이다. 단순히 부흥하는 것, 성장하는 것이 아니다. 성령의 거룩하게 하시는 역사 없이 교회는 교회 되지 못한다.

특별히 여기서 성령의 '거룩하게 하심'은 총괄적인 표현이다. 즉, 성령께서는 교회를 그리스도 안에서 거룩하게 구별하셨고, 지금도 성결하게 하고 계시고, 또한 주께서 다시 오실 때 그와 같은 모습으로 최종적으로 그리고 온전히 거룩하게 하실 것이다. 그래서 교회는 부족해도 이미 성도('거룩한 무리')라 불린다. 그 거룩하게 하심이 확정적이기 때문이다. 고린도 교회를 보라. 바울도 그 문제 많은 성도들을 향하여 문안하면서 그들을 "교회, 곧 그리스도 예수 안에서 '거룩하여진' 성도라 부르심을 입은 자들과"라고 하지 않는가!(고전 1:2).

베드로전서도 이런 성령의 확정적이고 지속적이고 또한 최종적인 사역을 잘 표현한다. 즉, 성령께서는 하늘로부터 보내심을 받아, 그를 힘입어 예수 그리스도의 복음을 전하게 하셨고(1:12), 계속해서 성도들을 '살아 있는 성전'으로 지어 가고 계시며(2:5), 장차 그들을 영광스럽게 만드실 '영광의 영'으로서 현재 이 세상 속에서 고난받는 그들 위에 머물러 계신다(4:14). 이렇게 성령께서는 교회를 세상과는 다른 존재로 만드신다. 그들을 이 땅이 아니라 하늘에 속한 영원한 생명으로 거듭나게 하시고, 그들을 '썩어 가고 더럽고 쇠해 가는' 세상과는 본질적으로 다른 '거룩한 성전'으로 지어 가시며, 이 세상에서 고난받는 그들 위에 '종말에 그들을 온전케 하실 영광의 영'으로 머물며 함께하신다. 교회를 거룩하게 하시는 성령의 역사는 이런 식으로 교회를 세상과 분리하시며, 썩지 않고, 더럽지 않고, 허무함에 굴복하지 않는 나라를 위한 백성으로 만들어 가시는 것이다.

교회는 세상과 섞일 수 없는 전혀 다른 존재로, 성령으로 거룩하게 하심을 입었고, 지금도 입고 있으며 앞으로도 입을 존재이다. 결코 세상과 섞일 수 없다.

성자의 순종과 피 뿌림, 세상과는 다른 목적

마지막으로, 성자 하나님께서는 성부 하나님 아버지의 뜻을 이루시며 성령의 거룩하게 하시는 사역의 근거요 목적이 되신다. 여기서 '예수 그리스도의 순종과 피 뿌림을 얻기 위하여'에서 '위하여'(에이스, εἰς)는 목적이나 혹은 원인, 근거를 나타낸다. 만일 전치사 '에이스'가 원인이나 근거로 사용된 것이라면, '예수 그리스도의 순종과 피 뿌림'이 성령께서 교회를 거룩하게 하시는 근거요 이유라는 뜻이 된다. 하지만 '에이스'가 3-5절에서 사용되는 다른 경우들처럼 목적을 표시하는 용도로 사용되었다면, 성령께서 교회를 거룩하게 하신 것은 예수 그리스도의 순종하심과 피 뿌림에 이르게 하기 위함이라는 뜻이 된다.

확실히 이 문구는 다소 난해하다. 하지만 하나님의 말씀을 그저 내가 원하는 대로 쉽게 대하지 말고, 꼼꼼히 확인하는 습관을 가져야 한다. 인내를 갖고 조금 더 살펴보자. 사실, 원문에서 '예수 그리스도의 순종'이라는 표현은 문법적으로 '예수 그리스도께서 순종하심'(주격 2격)이 아니라, '예수 그리스도를 순종함'(목적격 2격)으로 읽을 수도 있다. 그렇다면 성령의 거룩하게 하심으로 결국 '예수 그리스도를' 순종함에 이르고 또한 그의 속죄를 얻게 된다고 이해할 수 있다. 큰 차이가 없어 보이는가?

그렇지 않다. 간단히 정리해 보자. 본문은, (i) 성령께서 교회를 거룩하게 하셔서 그들이 결국 예수 그리스도를 순종하게 되고, 그의 '피 뿌림'을 얻게 된다고 이해할 수 있다(Achtemeier). 또한 (ii) 성령께서 교회를 거룩하게 하시는 근거는, 예수 그리스도께서 순종하셔서 피 뿌리신 결과라고 할 수도 있다(Elliott; Green). 혹은 (iii) 순종과 피 뿌림을 서로 분리해서 읽을 수도 있다(참조. 출 24:3-8). 즉, 성령께서 거룩하게 하사 우리에게 믿음 곧 복음을 순종하는 믿음을 주셔서, 그리스도 예수의 피 뿌림을 얻게 하신다(McKnight; Davids).

위의 다양한 견해들 중 어느 하나를 고르기는 쉽지 않다. 간단하면 좋겠지만, 원문의 의미가 그렇게 풍성한 것을 어쩌랴. 우선 통상적으로는 세 번째 견해, 곧 성령께서 거룩케 하심으로써 믿음 곧 복음을 순종함이 생기고, 그래서 피 뿌림의 속죄의 은혜를 얻게 된다는 식이 자연스럽다(롬 1:6; 6:16; 15:18; 살후 1:8; 벧전 1:22, 2:8, 4:17). 하지만 문법적으로는 첫 번째의 경우가 강한 인상을 남긴다. 무슨 말인가? 성령께서 교회를 거룩하게 하신 결과, 곧 그들을 '세상 [하나님을 떠나 하나님을 대적하고 반역하는 타락한]'으로부터 불러내셔서 어디로 데려가시는가? 예수 그리스도의 순종과 피 뿌림의 자리이다. 거기서 교회는 그 피 뿌림을 얻기도 하지만, 그의 고난에도 참여하지 않는가!

여기에는 베드로가 의도했을 법한, 문법적으로 가능한 또 다른 의미가 숨겨져 있다. 즉, 성령께서 교회를 거룩하게 하심으로써 교회는 '그리스도의' 순종의 결과인 피 뿌림에 이른다. 하지만 동시에 '그리스도를' 순종함에도 이른다. 그리고 그 자리는 곧 그의 순종함과 고난에 '참여하는' 자리이기도 한 것이다. 이런 해석은, 베드로전서 전체에서 그리스도의 죽으심과 부활, 곧 그분의 고난과 승리가 단지 대속의 복음으로만이 아니라, 하나님의 교회가 거룩하심을 입고 그분과 연합하여 그분과 함께 이 세상을 지나갈 때 필연코 따라갈 수밖에 없는 '패턴'(pattern), 곧 순례의 길로도 제시된다는 사실을 고려하면 더욱 그러하다(3:18-22).

분명히, 교회는 그리스도의 순종하심과 피 뿌림의 모든 은혜를 마음껏 누린다. 하지만 동시에, 그리스도의 순종과 피 뿌림의 복음은 거룩해진 교회가 반드시 이르러야만 할 목적지이기도 하다. 곧 그리스도의 순종과 고난에 참여하는 것이다. 그리스도를 순종함으로써 그분의 고난과 승리의 길, 죽으심과 부활의 길, 하늘에 이르는 유일한 순례에 참여하는 것이다. 이것이 성부 하나님의 뜻이며, 성령께서 교회를 거룩하게 하시는 이유이며, 그리스도께서 순종하심과 피 뿌리심의 길을 가신 목적이다.

왜, 피 흘림이 아니라 피 뿌림인가? – 출애굽 모티브

이 중요한 인사말을 마무리하기 전에, 한 가지 더 주목해 보아야 할 사실이 있다. 그것은 '그리스도 예수의 피 뿌림'이라는 단어이다. 만일 이 문구가 단지 복음을 듣고 그리스도의 십자가의 대속의 은혜를 받는 과정을 언급한 것이라면, 오히려 '피 뿌림'보다는 '피 흘리심'이라는 표현이 더 어울리지 않는가? 베드로의 '피 뿌림'이라는 표현은 어디서 왔으며 어떤 의미가 있는가?

우선, '피 뿌림'(란티스몬 하이마토스, ῥαντισμὸν αἵματος)이라는 고유한 표현은 신약에서 이곳에서만 나타난다(참고. 히 12:22-24). 또한 흥미롭게도 구약에서 이런 표현에 가장 가까운 본문은 출애굽기 24:7-8에 나온다. "… 그들이 이르되 여호와의 모든 말씀을 우리가 준행하리이다. 모세가 그 피를 가지고 백성에게 뿌리며 이르되 이는 여호와께서 이 모든 말씀에 대하여 너희와 세우신 언약의 피니라."(개역개정) 이것은 하나님께서 모세를 통하여 구약의 하나님 백성인 이스라엘과 언약을 체결하시는 장면의 일부이다. 여기서 백성들의 '순종함'(준행)과 동물의 대속적 '피 뿌림'이 함께 연관되는 점도 흥미롭다(Achtemeier).

하지만 더 흥미로운 것은 이런 순종과 피 뿌림의 배경이 출애굽, 곧 이스라엘이 이집트를 탈출하여 나오는 거대한 엑소더스(exodus, 참고. 벧후 2:14)를 배경으로 하고 있다는 사실이다. 즉, 베드로가 그저 '그리스도의 피 흘려 주심'이라고 하지 않고 '피 뿌림'이라고 한 이유는, 교회가 세상으로부터 부르심을 받고, 이제 체류하는 외국인과 여행자로 이 세상을 지나가 결국 하늘에 이르는 결정적인 과정을 출애굽에 비유하고 있기 때문이다. 이런 사실은 뒤에 나오는 1:13의 '너희 마음의 허리를 동이고'라는 대목에서도 잘 드러난다. 이는 출애굽 때에 어린양의 피를 문설주에 바르고, 그 남은 고기와 무교병과 쓴 나물을 먹되 '허리에 띠를 띠고' 발에 신을 신고 지팡이를 손에 잡고 급히 먹으며, 유월절을 준비한 사실을 떠올리도록 하기에 충분하다(출 12:7-12; 참고. 벧전 2:9; 출 19:5-6).

놀라운 사실이지만 이렇게 보면, '예수 그리스도의 피 뿌림'은 이미 일어난 구원의 사건이기도 하지만, '위하여'라는 뜻의 목적을 나타내는 전치사 '에이스'와 함께 보면 최종적인 목적, 장차 일어날 최종적인 구원, 곧 교회가 이 세상을 벗어나 하늘 보좌에 이르는 사건을 염두에 두는 종말론적인 표현으로 볼 수도 있다. 베드로가 그리스도의 '피 뿌림'을 두고 이렇게 종말론적으로, 그리고 출애굽을 배경으로 사용하여 표현한 이런 용법은 매우 특이하며, 서문에 나타난 종말론적인 신앙을 강조하는 중요한 단서가 된다.

결론적으로, 지금 베드로는 단 두 구절에 서신서 전체에서 하고자 하는 메시지를 모두 담은 셈이다. 응축되어 있고 선명한 지침이다. 무엇보다 그것은 이 땅의 교회를 향한 하나님의 움직일 수 없는 뜻이요, 성령의 역사의 목적이요, 그리스도의 명확한 복음이며, 교회가 그와 연합하여 따라가야만 하는 유일한 순례의 길이다. 하지만 베드로전서의 첫 두 구절이 선포하는 이 간단한 선언이 오늘날 뼈아프게 다가오는 것은 왜인가? 교회가 세상과 구분되지 않을 만큼 현세적이 되었고, 세속적이 되었고, 방향도 방법도 목적도 잃었음을 말해 주고 있는 것은 아닌가? 교회는 어디로 가고 있는가? 예수 믿고 복 받아서 이 땅에서 무엇이 되었는가?

베드로는 단언한다, 교회는 인간이나 시류가 고안해 낸 것이 아니라고. 교회는 그 소속과 방법과 목적에 있어서 세상과 완전히 다른 존재이다. 교회는 성부 하나님께서 계획하셨고 원하셨으므로, 아버지 하나님께만 속한 것이고, 오직 그분의 영광을 위한 것이다. 교회를 교회 되게 하는 방법도 오직 성령의 거룩하게 하심뿐이다. 말씀의 거룩하게 하심뿐이다. 교회는 어디로 가고 있으며 어디로 가야 하는가? 베드로에 의하면, 교회는 예수 그리스도의 순종하심과 피 뿌리심에 '이르러야' 한다. 그분의 순종하심과 구속의 은총을 받아 마음껏 누리기도 하지만, 그분의 순종하심과 고난에 참여하는 것이 필연이다. 그 길 외에 다른 길은 없다. 세상이 가는 길과 교회가 가는 길은 그렇게나 다르다.

예수 믿고, 무엇이 바뀌었는가?

예수 믿으면 바뀌는 것이 많다. 성경을 읽게 된다. 기도하게 된다. 교회에 가서 예배하게 된다. 성도들을 형제자매로 부를 수 있게 된다. 헌금을 하게 된다. 전도도 한다. 교회에서 봉사도 한다. 찬송이 나온다. 예수 믿으면 복도 많이 받는다. 하지만 예수 믿고 정말 바뀌어야 하는 것이 한 가지 있다.

'관점'이다. 가치관이다. 이것이 안 바뀌면, 당신이 달라지는 그 어떤 모습들도 당신을 결정적으로 더욱더 그리스도에게로 이끌어 줄 수 없다. 오랜 교회 생활이 그렇게 해 주지 못한다. 오랜 봉사나 전도나 헌신도 그렇게 해 주지 못한다.

관점이 무엇인가? 보는 각도, 보는 시각이다. 그것으로 삶을 해석하는 그 관점이다. 예수를 믿었다면, 당신은 예수 그리스도를 받은 것이고, 세례를 통해 그분과 연합한 것이다. 그분의 죽으심과 부활과 승천과 하늘 보좌에 앉으신 것과 영원토록 그 나라를 다스릴 그분과 연합한 것이다. 그래서 당신은 이제부터 그분의 관점을 갖게 된다. 그분이 보시는 대로 보고, 그분이 뜻하시는 대로 뜻하고, 그분이 하고자 하는 것대로 의지하고 결정하고 행하고 싶어 한다. 여기가 핵심이고 결정적이다.

예수 믿고 예수를 받는 것이다. 그것이 예수 믿는 것이다. 예수 믿고 복을 받는 것을 신앙의 내용으로 하면, 관점이 바뀌지 않는다. 예수 믿고 복 받는다고 가르치는 '사이비 복음'이 가장 중요하게 여기는 것이 무엇인가? '잘 먹고 잘 사는 것'이다. 생존, 그것도 조금 더 풍요한 '생존'이다. 하나님은 당신을 이 세상에서 '살아남게 하기 위해' 부르지 않으셨다. 이 세상과 같지 않은 나라, 썩지 않고 더럽지 않고 허무하지 않은 그분의 영원한 생명의 나라로 부르셨다.

예수 믿었다는 것은 그래서 생각의 틀, 사고방식, 가치관이 바뀌었다는 뜻이다. 가치관은 세상 사람들과 하나도 다르지 않은데 행동과 겉모양만 달라진 것은 커다란 속임수이다. 스스로 속고 남을 속이고 세상과 하나님을 속이려 드는 것이다. 말씀을 골라서, 내 생각과 뜻을 지지해 줄 것 같은 말씀만 찾아서 그것을 박박 우겨도, 스스로 속는 것은 어쩔 수 없다. 그래서 말씀을 읽어도, 말씀을 통해 당신의 생각, 당신의 관점, 가치관이 바뀌어야 한다. 관점이 안 바뀌면 일평생 예수를 믿어도 일평생 '죽기를 무서워하여 일생에 매여 종노릇하는' 세상 사람들과 결단코 다르지 않은 삶을 산다. 그들은 세상적 수단을 통해 더 나은 생존을 추구하고, 당신은 교회에서 예수를 수단으로 더 나은 생존을 추구할 뿐이다. 둘 다 썩어지고 더럽고 허무한 세상의 수치와 부끄러움과 멸망의 거품에서 벗어나지 못한다. 예수 믿고, 당신은 무엇이 바뀌었는가?

2

영광스런 구원
‘이미, 지금도, 그리고 아직’

(1장 3-9절)

2절부터 9절까지를 읽어 보면, 베드로가 과연 이 ‘교회’를 어디에 위치시키고 있는지를 가늠할 수 있다. 그것은 사실 어마어마하고 놀라운 광경이다. 1절을 보면, 이 교회들은 로마의 변두리에 ‘흩어져’ 있고, 여행자처럼 잠시 ‘머물러 있는’ 정도이다. 그것이 세상이 그들을 보는 시각이다. 마치 불법체류자인 외국인 노동자들처럼 이 세상, 사회의 변두리에서 주춤거리고 있는 모양새인 것이다. 하지만, 정작 그들이 누구인가?

베드로가 열어 보여 주는 그들의 실체는 실로 충격적이고 또 황홀하기까지 하다. 그들은 이 계시의 사실 속에서 결코 주변인들이 아니다. 주인공이다. 2-9절의 읽기는 이런 관점의 대전환을 요구한다. 이런 관점의 대전환이 일어나지 않았다면, 당신은 아직 2-9절을 충분히 읽지 못한 셈이다. 지금 이 흩어진, 여행자같이 정처 없는 이 교회는 삼위 하나님께서 사역하신 결과이기 때문이다. 누구시라고? 성부, 성령, 성자 하나님이시다. 창조주 하나님이시며, 만물이 그로 말미암아 기동하는 생명의 하나님이시며, '주의 주요, 왕의 왕' 이신 예수 그리스도이시다. 삼위 하나님께서 이 교회를 시작하셨고, 만들어 가고 계시고, 정하신 영광의 목적을 향하여 인도하고 계신다.

아, 누가 건드릴 수 있는가! 감히 어떤 피조물이 교회를 흔들 수 있다는 말인가! 이 세상 어느 누가, 어느 황제가, 어느 권력이 감히 영원 전부터 영원까지 교회를 둘러싸고 역사하고 계신 이 하나님을 대적하여 맞선다는 말인가! 말이 되질 않는다. 문제는 교회가 그것을 확실히 깨달아야 한다는 사실이다. 그래야 교회는 자신이 누구에게 속해 있으며, 어떠한 방법으로 어떤 목적지를 향해 가야 하는지를 알 수 있기 때문이다. 그래야 비로소 교회는 세상에 속하지 않고, 세상이 가는 방향과 길이 아닌, 그리고 세상이 도착하는 파국이 아닌 다른 곳에 이르게 되기 때문이다. 그래야 비로소 교회는 세상에 대하여 '체류하는 외국인과 여행자'가 되기를 자청할 수 있기 때문이다.

여기에 베드로는 또 다른 축, 곧 시간과 역사의 축을 덧붙인다. 단지 삼위 하나님께서 역사하신다는 사실뿐 아니라, 이 삼위 하나님께서 어떻게 과거에서부터 현재에도, 그리고 장차 오는 종말, 곧 미래에까지도 철저하게 교회를 붙들고 가고 계신지를 보여 주고 싶어 한다(3-9절). 이래도 당신은 세상에 미련을 가질 것인가? 이래도 당신은 세상을 기웃거리며, 세상의 방법을 따르며, 세상과 함께 썩어 갈 것인가? 그것은 마치 빙하의 얼음들이 떠다니는 바다 위에서 깨어진 채 서서히 가라앉고 있는 타이타닉 Titanic 호를 붙들고 천(千)길 차디찬 죽음의 바다 속으로 함께 가라앉겠다고 하는 어리석은 승객과도 같다. 여기에 탈출 보트가 있다. 베드로는 이 구원의 확실한 길, 안전한 길, 곧 교회의 길을 이제 보여 주려 한다.

이미 시작된 구원, 거듭남(3절)

신자는 어떻게 출발하는가? 예수 믿는 당신은 어떻게 시작하였는가? 이 땅의 교회는 어떻게 시작되었는가? 그 시작에는 삼위 하나님이 계셨다. 전능(全能)하시고 전지(全知)하신 성삼위 하나님께서 시작하지 않으셨다면, 교회도, 예수 믿는 당신도 존재하지 않는다. 뒤집어서 말하면, 지금 당신이 예수 믿고 있다는 사실 뒤에는 엄위한 삼위 하나님께서 서 계심을 절대로, 한시도 잊어서는 안 된다는 뜻이다. 그래서 베드로는 "찬송하리로다!"로 시작할 수밖에 없다. 3절을 원문에서 옮겨 보자.

> 3찬송하리로다! 하나님 우리 주 예수 그리스도의 아버지께서 그의 풍성한 긍휼을 따라 예수 그리스도를 죽은 자들 가운데서 일으키심으로써, 우리를 거듭나게 하사 살아 있는 소망을 주셨습니다.

첫 문구인 "찬송하리로다!"는 유대인들이 통상 회당에서 드렸던 기도인 18개의 축원의 시작이기도 했다(McKnight, 68). 하지만 지금 베드로는 단지 그 모든 간절한 소원들을 아뢰고 있는 것이 아니다. 하나님의 창조와 보호하심을 찬송하는 것도, 장차 약속을 이루실 하나님을 믿고 찬송하는 정도도 아니다. 이제 베드로는 드디어 아버지 하나님께서 그 아들 예수 그리스도의 십자가와 부활 사건을 통해 이미 성취하신 놀라운 구원의 사실을 찬송한다. 이미 성취된, 그래서 아무도 흔들 수 없는 그 견고한 사실, 구원의 사실이다. 그리고 무엇보다, 하나님께서 그 아들 예수 그리스도를 죽음에서 다시 살리신 부활 사건이다.

부활 사건이 무엇인가? 생명이 사망을 삼킨 사건이다. 사망이 이김에 삼킨 바 된 사건이다(고전 15:54). 세계사에 기록되지 않아도, CNN 저녁 뉴스에 나지 않아도, 역사상 이 땅에서 일어난 사건 중에 다시는 없을 실로 가장 놀랍고 충격적인 뉴스이다. 이제 생명의 성령의 통치, 그 영원한 나라가 기어코 이 세상을 죄와 악으로 부패케 하는 사망의 권세를 정복했다(!)는 소식이다. 이제 부활의 주, 생명의 주 예수께서 다시 오시는 그 때, 사망은 영원히 불 못에 던져짐을 당할 것이다(계 20:14). 하나님의 생명, 영원한 생명이 그리스도 예수의 부활 사건을 통해, 마치 저수지에 봇물 터지듯 터져 나오기 시작했다!

그래서 "찬송하리로다!"이다. 그리고 이제 성도들의 '거듭남'이 있게 된다. 여기에 찬송의 확실한 이유가 있다. 베드로가 명확히 표현하지는 않았지만, 여기서 다시 한 번 삼위 하나님께서 모두 활동하심을 알 수 있다. 나 하나의 구원을 위하여 성부 하나님께서 그 많으신 긍휼을 베푸셨다. 그리고 그 긍휼을 따라 그 아들 예수께서 죽음에서 부활하셨다. 이제 이러한 흔들 수 없는 '객관적이고 역사적인' 구속사역을 근거로, 성령 하나님께서 당신과 나 같은 '개인에게 주관적으로' 역사하셔서, 죽은 영혼을 살리신다. 곧 영적 생명으로 거듭나게 하신 것이다. 그러므로 신자 개인의 거듭남, 중생(重生)은 절대적으로 죽음에서 부활하신 예수 그리스도의 구원 사건에 기초한다. 여기가 핵심이다.

보라! 당신 한 사람의 거듭남을 위해 성부, 성자, 성령 하나님께서 함께 역사하셨다. 당신 한 사람의 거듭남을 위해 이미 오래 전, 창세전부터 성부께서 소원하시고 계획하셨고, 그 뜻대로 그 아들 성자 하나님께서 하늘 보좌를 두고 기꺼이 와 주셨으며, 이 땅에서 고난 받고 죽으신 후, 다시 사망을 이기시고 부활하셨다. 이로써 드디어 성령께서 이 복음을 당신에게 듣고 믿게 하셔서, 이제 당신의 심령에는 예수 그리스도의 부활 생명이 살아 숨 쉬게 된 것이다. 놀랍지 않은가? 황홀할 따름이다. 나 하나의 믿음, 나 하나의 영적 생명이 결코 우연히 된 것도, 단지 어떤 사람들이나 나의 노력으로 된 것도 아닌, 영광스럽게도 삼위 하나님의 철두철미한, 뜨겁고 신실한, 무엇보다 긍휼이 가득한 헌신(?)으로 되었음을 알려 주는 것이다.

그렇다면 나는 무엇을 해야 마땅한가? 지금 삼위 하나님의 거대한 계획과 사역과 역사가 나를, 우리를 둘러싸고, 우리를 움직이고 있지 않은가? 교회가 그런 것이다. 내 안에, 우리 안에, 교회 안에 '부활 생명'이 살아 숨 쉬고 있다. 그러므로 우리는 예수께서 십자가에서 죽으셔서 내 죄를 씻어 주신 사실뿐 아니라, 그분이 또한 부활하셨다는 사실에 주목하고 또 주목해야 한다. 그 부활 사건이 나의 거듭남의 근거요, 내 속에 살아 숨 쉬는 소망의 뿌리이기 때문이다. 부활 사건에 주목하라. 당신 자신의 영적 생명이 새롭게, 생수가 터져나듯 솟아오를 것이다. 당신 안에 이미 살아 있는 소망이 더욱 살아 펄펄 뛰게 될 것이다. 예수께서 죽음을 이기시고, 모든 것을 이기시고, 부활하셨다!

장차 받을 구원, '산 소망'(4-5a절)

당신이 낯선 곳에서 길을 잃었다고 생각해 보라. 정확히 어디에 있는지, 어디로 가야 하는지를 모른다. 해는 저물고, 오늘 밤은 어디서 자야 하는지도 모른다. 이럴 때, 당신이 서 있는 위치를 정확히 짚어 주는 내비게이션이라도 있으면 얼마나 좋은가? 지금 베드로가 '세상에 흩어진 교회'를 위해 하는 일이 바로 이런 것이다. 삼위 하나님께서 함께 역사하실 뿐 아니라, 삼위 하나님께서 교회의 과거, 현재, 미래를 모두 장악하고 계심을 보여 준다. 성자 하나님의 죽으심과 부활을 기초로, 성령 하나님께서 믿는 자들을 거듭나게 하셨다. 그것은 과거의 사건이다. 한 번 일어난 사건이다. 그러나 그 결과로 그들 속에 날마다, 순간마다 지속적으로 살아 있는 것이 있다. 바로 '소망'이다. 그런데 이 소망은 무엇을 바라는 소망인가? 4-5a절을 확인해 보자.

[4]이는 썩지 않고 더럽지 않고 쇠하지 않는, 곧 우리를 위하여 하늘에 간직해 두신 유산을 상속 받기 위한 것입니다. [5a]또한 우리는, 마지막 때에 나타내기로 예비하신 구원을 위하여

문법적으로 보면, 중생은 한 번 일어난 사건이지만, 그 중생의 증거는 그의 속에 계속해서 살아 숨 쉬는 영적 생명이다. 그런데 베드로는 그 영적 생명의 본질을 '소망'(엘피스, ἐλπίς)이라고 말한다. 이 점이 흥미롭고, 또 중요하다. 생각해 보라. 신자가 거듭나면 그 속에 영적 생명이 생긴다. 신자는 그 영적 생명을 통해 하나님을 알아 가고, 말씀을 이해하고 먹으며, 기도하고, 성도 간의 교통을 한다. 그러나 또 있다. 베드로가 강조하는 것은 거듭남으로 인해 우리 안에 생긴 영적 생명은 곧 '살아 있는 소망'을 가져온다는 사실이다. 그런데 정말 그러한가? 오늘날 예수 믿었다는 것은, 곧 그의 심령이 '살아 있는 소망'으로 들뜨고 뜨거워져서 이 세상이 아니라 장차 다가오는 하나님의 나라, 하늘나라를 강력히 소망하게 하는 그런 신앙으로 이해되고 있는가?

신약이 가르치는 신앙은 강력하게 종말론적임을 알아야 한다. 그것이 지금 본문에서 거듭남이 소망으로, 그리고 이 소망이 '썩지 않고 더럽지 않고 쇠하지 않는' 기업, 곧 성도들이 장차 물려받을 하나님의 나라로 연결되는 이유이다. '썩지 않고, 더럽지 않고, 쇠하지 않는'다는 표현들은 이 '세상'과 완연한 대조를 이룬다. 이 세상은 썩고, 더럽고, 멸망하기 때문이다. 썩는다는 것은 그것이 죽음의 지배를 받기 때문이다. 하나님의 생명이 없다. 더럽다는 것은 죄 때문이다. 거룩과 의에서 분리되었기 때문에 오염된다. 영적이고 도덕적인 표현이기도 하다. 쇠하고, 망하고, 헛된 데로 돌아간다는 것은 무엇인가? 영원하신 하나님과 분리된 상태의 결말을 나타낸다. 한시적이고 무의미하여, 헛되고, 헛되고, 헛되다.

이렇게 보면, 매우 흥미롭게도 베드로는 과거에 일어난 구원의 사건, 곧 거듭남이나 그 결과로서 지금 성도 안에 '살아 있는' 영적 생명조차 장차 유업으로 물려받을 하나님의 나라의 소망에 집중되어 있음을 확인시켜 준다. 이렇게 생각해 보자. 만일 당신이 베드로에게 '예수 믿었다는 것이 무슨 뜻입니까?'라고 물으면, 그는 무엇이라 대답할까? '예수 믿으면 복 받고 범사에 잘 되고 성공합니다'라고 대답하지는 않을 것이다. 대신 그는 '살아 있는 소망'을 이야기할 것이다. 오늘날 믿음도 강조되고 사랑도 말하지만, 소망은 더 이상 중요한 자리를 차지하지 못하고 있다. 그렇지 않은가?

'살아 있는 소망'이란 무슨 뜻인가? 흥미롭게도, 하늘에 '간직해 두고 계신'(테테레메넨, τετηρημένην)은 완료형이다. 교회가 받을 그 유산은 이미 준비되어 있다. 이미 준비가 되어 있으며, 지금도 안전하게 예비 되어 있다. 때가 되어 받기만 하면 되는 것이다. 누가 받는가? '살아 있는 소망'을 가진 자가 받는다. 이런 문맥에서 '소망'이란 막연히 내가 바라는 것이 아니다. 그 내용도 내가 만든 것이 아니다. 굳이 비유하자면, 집을 살 때 장차 그 집을 소유할 사람이 원래의 집 주인에게서 미리 받은 계약서와 같은 것이다. 그것이 '살아 있는 소망'이다.

지금 이루어지는 구원, 보호와 연단(5b-9절)

베드로가 전하는 복음에 있어서 구원이란, 이 땅에서 모두 소진되고 맛보고 누릴 수 있는 무엇이 결코 아니다. 지금 교회가 누리는 것은 '살아 있는 소망'이다. 정말 중요한 것은 '아직' 오지 않았다. 더 큰 영광, 더 큰 은혜가 남아 있다. 그러므로 신앙이란 주어진 믿음을 도깨비 방망이처럼 휘둘러 오늘 이 땅에서 갖고 싶어 하는 것을 욕심껏 갖게 하는 신기한 능력을 소유하는 것이 아니다. 신앙이란 바라는 것이다. 바라게 하신 것을 바라보는 것이다. 그 황홀하고 영광스런 '생명과 거룩과 의의 나라'가 내 속에 살아 있는 '거듭난 생명'과 같은 종류의 것이기 때문에, 결코 바라지 않을 수도 없는 것이다.

그 살아 있는 소망을 따라 이 땅에서 잠시 '황홀한 여행자'로 사는 것, 그것이 베드로가 주문하는 신앙, 우리가 배워야 할 신앙이다. 그러면 그 소망을 따라 오늘을 사는 신앙은 어떤 모습인가? 장차 얻을 구원을 바라보기 때문에 오늘은 한없이 빈약한 삶인가? 오늘은 아무런 보장이 없는 삶인가? 모두 나의 노력과 의지와 결단으로만 되는 삶인가? 결코 그렇지 않다. 삼위 하나님의 역사는 과거나 미래에 국한되지 않는다. 하나님께서는 현재에도 교회를 위한 그 구원을 놀랍게 이루어 가신다. 먼저 새로 번역한 5-9절을 읽어 보자.

> 5또한 우리는, 마지막 때에 나타내기로 예비하신 구원을 위하여 믿음을 통한
> 하나님의 능력으로 보호받고 있는 중입니다. 6이로써 지금은 잠시 여러 가지
> 시험들 때문에 근심할 수밖에 없지만 오히려 크게 기뻐합니다. 7여러분의 믿음
> 의 시련이 불에 녹아 없어질 금보다 훨씬 귀하며 이제도 연단되고 있는 것은,
> 예수 그리스도께서 나타나실 때에 칭찬과 영광과 존귀 가운데 드러나기 위함
> 입니다. 8여러분은 그를 본 적이 없지만 사랑합니다. 아직은 그를 보지 못하지
> 만 믿으며, 말로 표현할 수 없이 영광스럽게 된 기쁨으로 기뻐합니다. 9이로써
> 믿음의 결국 곧 구원을 얻어 가고 있는 것입니다.

본문을 잘 살펴보라. 일단 분량이 많다. 구원에 대하여 베드로가 미래와 종말을 강조하지만, 실제로는 지금 시련과 고난의 상황을 지나가야 하는 교회에게 하고 싶은 말이 많기 때문이다. 그래서 어떤 이는 베드로전서를 위로의 서신이라 불렀다(Lohse). 분명히 베드로가 강조하는 구원은 미

래적이다. 그 구원은 마지막 때에 나타내기로 예비 된 구원이다(5절). 아직 나타나지 않았다. 예수 그리스도는 아직 다시 오시지 않았다(7절). 교회는 아직 그분을 얼굴과 얼굴로 보고 있지 못하다(8절). 애가 타지만 아직도 우리는 믿음의 결국을 온전히 얻지 못했다(9절). 가장 좋은 것, 생각 그 이상의 은혜와 영광은 아직 오지 않았다. 우리는 그것을, 그날을, 그분을, 그 온전한 구원을 기다려야만 한다.

하지만 하나님은 우리를 그 기다림 속에 홀로 두지 않으신다. 그 기다림을 전부 우리의 노력과 능력에 의존하도록 두지 않으셨다. 과거와 미래에 모두 교회를 위하여 역사하시는 하나님께서 오늘도, 현재에도 교회와 함께하시며, 그 안에서, 그 뒤에서, 앞에서 두르시며 역사하고 계신다. 얼마나 놀랍고 감사하고 황홀한 은혜인가. 본문을 보면, 현재에도 구원을 위해 역사하시는 하나님의 활동을 볼 수 있다. 첫째는, 하나님의 보호하심이고(5절). 둘째는, 성도를 연단하심이고(6-7절), 그리고 셋째는, 말로 다 할 수 없는 기쁨의 교제이다(8절). 아직 이 보배로운 믿음의 결국은 오지 않았지만, 그 과정도 말할 수 없이 복되다. 보호하심과 연단 그리고 기쁨의 교제, 이 세 가지 현재적 구원의 선물을 하나씩 열어 보자.

성공한 신앙(1) – 철통같이 보호하심(5절)

흥미롭게도 교회가 현재에 누리는 구원은 '금 나와라 뚝딱'의 복음이 아니다. 능치 못함이 없다고 외치면서 사실은 내 욕심대로 해 달라는 그런 '긍정적 사고방식의 믿음'도 아니다. 하나님은 지금 교회를 세상으로부터 보호하심으로써 교회의 구원을 이루어 가신다. 썩어 가고, 더럽고, 허무한 세상, 그 세속(世俗)의 오염으로부터 교회를 능력으로 보호하신다. 교회는 자신과 다르게 죽음에 소속되어 죄의 지배를 받고 허무함에 종노릇하는 이 세상과는 전혀 다른 소속, 방향, 목적을 갖고 있는 존재이기 때문에, 철저히 '보호'되어야만 한다. 그렇지 않은가? 그것이 교회의 현재적 구원이다. 오늘날 교회가 누리는 현재적 구원이란 종종 교회를 더욱더 세상적으로 만들고, 성도들을 세상의 탐욕에 길들이는 '도깨비 방망이 같은 믿음'을 선전하여, 교회를 세상이 가는 길로, 썩고 더럽고 헛된 데로 이끌지 않는가? 예수 믿고 복 받아 성공했는데, 결국 세속으로부터 자신을 지키지 못해 하나님의 이름을 땅바닥에 떨어뜨리고 스스로의 신앙도 무너져가는 경우를 보지 않는가?

하지만 본문에서 말하는 믿음은 내 뜻대로 이루는 믿음이 아니라, 하나님께서 그를 세속으로부터 지켜 주시는 보호하심의 통로가 된다. 진실로, 하나님께서는 오늘도 계속해서 교회를 위하여 '능력'(두나미스, δύναμις)을 베푸신다(5절). '능력'이라는 표현은 복음서에서 예수께서 병자들을 고치시고, 굶주린 자들을 먹이시며, 기적을 베푸실 때 사용했던 그 표현과 동일하다. '기적적 능력'을 가리킨다. 하지만 이미 복음서에도 기적이란 결국 예수님을 가리키는 표지판(sign)으로 사용된다. 기적이란 그것을 통해 예수님을 알고, 그를 받아들이고, 그와 함께 그의 길을 따라 십자가를 통과하여 부활하여 하늘에 이르는 믿음을 위한 수단이다.

그래서 지금 베드로는 교회를 위하여 베푸시는 하나님의 '능력'을 굳이 '보호하심'으로 표현하는 것이다. 무엇을 위한 보호인가? 여기서 '지키심, 보호하심을 받고 있는'(프루루메누스, φρουρουμένους)이라는 표현은 문자적으로 하면, 어떤 도시를 지키거나(고후 11:32), 목자가 양 무리를 밤새 지키거나(눅 2:8), 혹은 간수가 죄수를 옥에서 나오지 못하도록 지키는 것(행 12:4)과 같이 철통같이 지켜 보호하는 모양을 의미한다(Louw & Nida). 무엇으로부터 지키는가? 원수나 짐승이니 비깥세상이다. 그러므로 본문에서 현재적으로 구원을 받아 누리고 있다는 것은, 하나님의 뜻대로, 성령 안에서, 그리스도와 함께 가고 있는 그 순종과 영광의 길 위에 서 있다는 의미이다. 이런 보호하심 가운데 남아 있는 것, 그것 자체가 성공이다. 세상 모두가 가는 길을 나도 잘 가는 것, 그것이 성공이 아니다. 세상과는 다른 그리스도의 길을 가는 것, 그 길을 다 가도록 지키심을 받는 것, 그것이 현재에 누리는 구원이며 또한 성공적인 신앙이다.

얼마나 귀하고 놀라운가. 하나님께서는 이렇게 교회를 세상 가운데 홀로 두지 않으셨다. 삼위 하나님께서 교회의 구원을 시작하셨고, 목적지를 정하셨고, 그리고 그 목적지까지 친히 교회를 데리고 가신다. 무엇을 더 하시랴! 장차 오는 구원, 장차 이르게 될 하나님 나라까지 흔들림 없이, 더럽혀짐 없이(벧전 1:16-18), 세상에 붙들림 없이(2:11; 4:1-2), 오직 그 길을 먼저 가셔서 하늘에 오르신 그리스도 예수를 따라(3:22), 그와 함께 그 '부르신'(1:1; 2:21; 3:95:13) 길을 다 가게 하시기 위해 교회를 보호하신다. 그러므로 내가 하나님의 복을 받아 그분의 능력을 체험하고 그분의 능력을 덧입고 있다는 가장 큰 증거는, 세속에 물들지 않고 순전하고 진실한 신앙과 삶을 지켜나가고 있다는 사실에 있다. 예수 믿고 성공하거나 큰 부자가 되지 않았어도, 거룩한 믿음과 성결한 삶을 살아가고 있다면 그는 하나님의 큰 능력을 덧입은 자이며, 하나님께서 그의 안에서 역사하고 계시는 현재적인 구원을 착실하게 이루어 가고 있는 성공한 성도이다.

이것이 또한 믿음의 역할이다. 베드로는 이렇게 하나님의 능력으로써 보호하심을 입는 것은 오직 '믿음을 통하여'(디아 피스테오스, διὰ πίστεως) 된다고 말한다(5절). 그러므로 믿음은 하나님께서 그분의 능력을 통해 우리를 보호하시기 위하여 우리에게 주신 그 능력을 받는 통로이며 수단이다. 이 믿음을 사용해서 우리는 하나님의 능력을 덧입을 수 있다. 그리고 하나님께서는 그 능력으로 우리를 보호하신다. 다시 한 번, 여기서 믿음은 우리가 우리의 원하는 것을 이루는 수단으로 사용하라고 주신 것이 아님을 보아야 한다. 그러므로 우리가 예수 그리스도의 길을 따르고자 한다면,

하나님께서는 얼마든지 우리를 위하여 능력을 베푸실 것이다. 하나님께서는 목자처럼, 때로 간수처럼, 우리의 믿음을 통하여 그 능력을 베푸셔서 목적지에 다 이르도록 보호하시고 지키신다. 그 능력을 힘입을 수 있도록 믿음까지(!) 주셨다. 우리는 오직 믿음으로 따라갈 뿐이다.

성공한 신앙(2) – 깨어져도 빛나는 믿음(6-7절)

기쁠 수밖에 없다. 보호하심을 받지 않는가. 하나님의 능력을 경험하게 되지 않는가. 우리 속에 있는 믿음을 사용하게 되지 않던가. 하나님을 찾고 그분에게 부르짖게 되지 않던가. 그래서 결국은 하나님께서 원하시는 사람, 원하시는 길로 나아가게 되지 않던가. 한 가지 중대한 사실이 있다. 예수를 믿었다는 것은 곧 이제부터 인생이 내 뜻대로 흘러가지 않는다는 것을 의미한다. 이것은 너무도 당연한데, 성도들이 종종 전혀 깨닫지 못하거나 받아들이지 않는다. 하나님께서 요구하시는 모든 것을 하려 하지만, 정작 계획하고 방향을 정하고 목적지를 정하는 것은 자신이 한다. 그리고 하나님께 그것을 도와달라고 말한다. 그렇게 믿음을 사용한다.

하지만 그렇게 해서는 그리스도의 영광이라는 종착지에 도달하지 못한다. 그렇게 해서는 이 세상을 지나 하늘 보좌 앞에 이르지 못한다. 우리는 그곳에 가 보지도 못했고, 어떻게 도달해야 하는지도 전혀 알지 못하기 때문이다. 부르신 분만 아시고, 인도하실 수 있다. 이것이 신자들이 종종 고난의 풀무 속으로 들어가게 되는 계기이기도 하다. 생각해 보라. 베드로전서는 처음부터 교회란 하나님께서 뜻하시고, 성령께서 인도하시고, 예수 그리스도의 영광에 이르는 목적지로 나아가는 존재라고 선포했다.

신자의 인생도 그러하다. 예수를 믿었다는 것은, 이제부터 내 인생이 내가 정(定)한 방향이 아니라 하나님께서 정한 방향으로, 목적지로 나아간다는 것을 의미한다. 방향도 목적지도 내가 정한 것이 아니라 그분께서 정하신 것이다. 그것은 억울한 일이 아니라 도리어 천만다행한 일이다. 우리 중에 누구도 하늘 보좌 앞에 가 본 사람이 없기 때문이다. 우리 중 누구도 아직 죽음에서 부활해 본 사람이 없다. 우리는 그 목적지도 방법도 모르는 자들이다. 그러므로 그분의 목적을 받아들이고, 그분의 방식에 순응해야 한다. 그것이 교회의 길이다.

그러면 신앙생활을 잘 한다는 것은 무엇인가? 성공한 신앙이란 어떤 것인가? 그것은 세상에서 당하는 여러 문제들을 기도 응답으로 속 시원하게 풀어버린 신앙이 아니라, 그러한 여러 시험들이 주는 연단을 통해서 '자신이 변화된' 신앙이다. 본문에 의하면, 성도는 세상에서 '여러 가지 시험들'을 당하며 이 때문에 때로 근심할 수밖에 없다. 아무도 이를 피할 수는 없다. 여기서 근심할 '수밖에 없다'(데온, δέον)는 말은 원래 어떤 일이 필연적으로 일어날 수밖에 없는 사실을 말한다.

베드로는 묵시론적(apocalyptic)으로 생각하고 있는 듯하다(참고. 벧전 4:4-5, 12; 5:13). 즉 '예수 그리스도께서 다시 나타나실 때'(1:7), 그 이전에 오게 되어 있는 큰 환난과 시험들이다. 성도들이 이 세상에서 휘말리는 여러 가지 시험들은, 주께서 이 땅에 다시 오셔서 그 최종적 심판과 구원을 펼치시기 전에 필연적으로 있게 되는 큰 환난, 곧 '메시아적 고난'(messianic woes)의 일부로 여겨지는 것이다. 이는 동이 터서 아침이 오기 직전 새벽녘 어둠이 더욱 칠흑처럼 짙어져 가는 현상과 같다(참고. 벧후 1:19).

실로, 여러 가지 시험들이다. 성도들은 편치 않다. 편할 수가 없다. 많은 슬픔을 지고 살아가야 하지 않는가? 나 자신의 죄 때문에 고통을 당하기도 하지만, 주변 사람들의 약함 때문에 고통을 당하기도 한다. 내 문제도 아닌 교회의 어려움이 나 자신의 어려움이 되기도 한다. 믿음 때문에 겪을 수밖에 없는 불편함도 있다. 가족 간에 어려움을 겪는가 하면, 직장에서 믿음 때문에 부딪힌다. 교회가 세상과 갈등하는 관계는 사실 어느 측

면에서는 갈수록 심해질 수밖에 없다. 점점 더 다른 길을 가는 것이 분명해지기 때문이다. 처음부터 다른 소속이고, 다른 존재이며, 다른 방향이기 때문이다. 될 수 있으면 화평하게 아무 일이 없었으면 좋겠지만, 베드로는 이러한 시험들을 피하라고 말하지 않는다. 없는 것처럼 생각하라고 말하지 않는다.

본문이 약속하는 바는 시험들이 면제된다는 것이 아니다. 슬프고 고통스럽지 않을 수 있다고 거짓되게 약속하지도 않는다. 하지만 약속하고 확신하는 바가 있다. 이러한 여러 가지 시험들은 '지금 잠시'(올리곤 아르티, ὀλίγον ἄρτι)일 뿐이다. 이런 표현은 그저 위로 삼아 하는 말이 아니다. 주님의 재림과 최후의 심판, 영원한 나라가 온전히 이 땅에 임하기 직전, 세상이 교회에 대한 적대감을 드러내고 마귀가 삼킬 듯이 달려드는 핍박의 시간도, 단지 '지금, 잠시'뿐이다(참고. 벧전 5:6-9). 마귀와 세상에 대한 심판은 결정된 것이요, 종말에 대해 정해진 모든 '권한'과 '때'에 대한 주권은 하나님께만 있다. 주 하나님께서 '통치'하신다(참고. 계 19:6; 1:8; 22:13). 그래서 '지금 잠시'이다. 세상이 교회를 핍박하도록 허락하시는 것도, 마귀가 세상을 미혹하도록 허락하시는 것도, 그분의 섭리 가운데서 일어난다. 하지만 '지금 잠시' 뿐이다. 끝없이 계속되지 않는다. 모든 것이 끝나는 그 때가 온다. 교회는 이러한 확신 속에서 결코 요동하지 말아야 한다.

하지만 왜 이런 고난을 허락하시는가? 많은 대답은 할 수 없지만, 본문이 말하는 그 목적들 가운데 하나는 '믿음의 연단'이다. '연단'(도키미온, δοκίμιον, 7절)이라는 말은 검증을 거쳐 진짜임을 확인하는 과정이다. 단순한 '시련'(개역한글)도 아니고 그 본질이 '확실함'(개역개정)만을 말하는 것도 아니다. 어떤 돌 속에 들어 있는 금을 정련하기 위해, 그 돌을 불 속에 넣어 결국 금이 있음을 증명하고, 더불어 그 금만을 응축해 내는 과정이다. 진짜임이 확인되는 것이다. 그것은 시련을 통해 그 진정함을 드러내는 믿음이 거치는 불가피한 검증의 과정이다.

연단이 없는 믿음생활은 없다. 모든 신자에게 마찬가지이다. 평소에는 잘 모른다. 위기나 시험이 다가와서 충격을 주기 전에는 내 속에 무엇이 들어 있는지 잘 모른다. 한번 여러 가지 잡동사니가 가득 들어 있는 입구가 좁은 꽃병을 떠올려 보라. 그것이 바닥에 떨어져 깨지기 전까지는 그 속에 무엇이 들었는지 확인하기 어려운 경우와 같다. 당신이 언젠가 우연히 그 병 속에 결혼반지를 넣어 두었다고 생각해 보자. 실수로 그 꽃병을 떨어뜨려 산산조각이 나 버렸다. 여러 가지 시험이란 이와 같다. 깨어지면 그 속에 있는 모든 더럽고 불필요한 잡동사니들이 드러난다. 사람의 마음 속에 들어 있는 추한 것, 더러운 것, 독하고 악한 것들이 모두 거짓 없이 드러난다. 신자도 깨어지면 세상 사람과 하나도 다를 것이 없다. 모든 더러운 것들이 쏟아진다. 위기와 시험은 그 심령 속에 있는 것을 낱낱이 드러낸다.

하지만 신자는 바닥에 깨어진 꽃병의 유리 조각들 사이에서 빛나는 결혼반지를 찾게 된다. 하나님께서 그에게 주신 믿음을 새로이 발견하게 된다. 믿음의 연단이란 그런 것이다. 깨어진 꽃병보다 훨씬 귀한 결혼반지를 다시 찾는 것이다. 결국 아무것도 잃은 것이 없다. 신자의 삶이란 그런 것이다. 깨어져도 황홀한 것이다. 그렇게 주께서 우리 각자에게 주신 '믿음'은 시련과 연단 속에서 다시 손에 쥐게 된 결혼반지와 같다. 깨어진 유리 조각보다 훨씬 더 빛나는 약속, 황홀한 초대이다. 약속은 살아 있다. 다시 발견하고, 그 확실함을 확인하는 것이다. 그러므로 신자는 여러 가지 시험들 속에서 오히려 더욱 기뻐할 수밖에 없다(벧전 1:6; 참고. 약 1:1-4). 점점 더 내가 주님의 사랑받는 신부라는 것이 확인되기 때문이다. 이 진짜인 믿음을 통하여, 점점 더 그분과 누리는 영원하고 황홀한 삶이 생생한 실제가 되어 다가오기 때문이다. 이것이 성공한 신앙생활이다.

주님은 그런 살아 있는 진정한 믿음을 찾으신다. 신자의 심령이 그분을 향해 정결하고 전심(全心)이 되도록 만드는 그런 믿음. 그런 믿음을 통해 그분의 뜻에 전심으로 헌신된 사랑의 삶, 곧 하나님의 뜻에 순복하고 이웃과 세상을 주께로 이끄는 믿음의 삶을 찾으신다. 이 일을 위하여 우리의 믿음은 '이제도 연단 받고 있는'(도키마조메누, δοκιμαζομένου, 7절; '연단하여,' 개역개정) 중이다. 여기에는 확고한 목적이 있다. 신랑을 만나는 것이다. 그리고 그분을 만나는 날, 그분에게 칭찬과 영광과 존귀함을 얻기 위함이다. 그 믿음이 바라던 대상, 신부가 신랑을 만나는 것 같은 날이다. 그 날에 그분께서는 시련들 속에서 진짜임이 확인된, 거짓 없고 진실한 믿음을 칭찬하실 것이다. 그것이 그의 영광이다.

영광이란 무엇인가? 신자는 결국, 그의 삶의 끝에서 무엇을 자랑할 수 있는가? 부와 존귀와 영광과 모든 권세를 가지신 그분 예수 그리스도, 왕의 왕, 주의 주를 친히 만나 뵈올 때, 신사는 그분 앞에서 무엇을 자랑으로 내놓을 수 있을까? 진실한 믿음뿐이다. 그것이 그가 받을 영광이다. 그것이 그가 존귀하게 여김을 받을 유일한 이유이다. 동시에, 지금 연단 속에 있는 그 믿음은 아직 칭찬과 영광과 존귀를 얻지 못하고 있다. 세상은 오해할 것이다. 사람들은 알아보지 못할 것이다. 당신도 때로 실망할 수 있다. 그러나 그때까지 인내하여야 한다. 그분이 다시 오심으로써, 곧 그 결혼반지 같은 믿음의 주요 그 믿음을 온전하게 하시는 그분이 다시 오실 때에, 비로소 그 믿음은 그에게 영광으로 드러날 것이다.

하지만, 기다림도 황홀하지 않은가? 시련 속에서도 살아 있는 소망과 진짜 믿음이 검증되고 있는 신사의 심령 속에서는, 그 소망과 믿음을 통해 참된 사랑이 솟아나기 때문이다. 시련은 그치지 않았다. 여전히 불 가운데 있다. 그래도 그의 심령 속에 타오르고 있는 살아 있는 소망과 꺼지지 않는 믿음은 그의 속에서 말할 수 없이 황홀한 사랑의 교제를 만들어 낸다.

그러므로 무엇이 성공한 신앙인가? 시련이 없거나, 풀무 불 같은 고난이 없어진 신앙이 아니다. 문제가 다 해결된 신앙이 아니다. 오히려 계속되는 시련과 연단 속에서 자신의 믿음이 더욱 진실한 것을 확인하는 신앙이다. 호된 고난이 깊어져 갈수록 오히려 더욱더 그분과 그분의 나라를 향하여 뜨거워져 가는 심령이다. 그분을 만나는 순간이 가까워져 올수록, 그의 속에 살아 있는 소망이 더욱 분명해지는 그런 신앙이다. 다른 모든 것들이 사라져도, 내 속에 두신 그 믿음이 진짜임이 검증된 신앙이다. 질그릇은 바닥에 떨어지고 깨어져 산산이 부서져도 그 속에 두신 보배는 새록 빛나는 그런 신앙(참고. 고후 4:7)이다. 보배이신 그리스도 예수를 발견하여 붙들고 자신의 것으로 소유하게 된 믿음, 그것보다 더 큰 성공은 이 세상에 존재하지 않는다.

성공한 신앙(3) – 사랑의 교제에서 솟아나는 기쁨

시련과 연단을 통해 검증된 진짜 믿음의 특징은 무엇일까? 예수 믿고 세상 복을 많이 받은 사람, 그래서 교회에서도 사회에서도 신분이 높아지고 힘을 갖게 된 사람일까? 그럴 수도 있고 그렇지 않을 수도 있다. 그런 것은 진짜 믿음의 증거로는 불충분하다. 베드로는 연단된 믿음에 관해서 말한 후(6-7절), 이제 사랑에 관해 말한다(8-9절). 연단을 통해 검증된 진짜 믿음의 특징은 사랑이다. 특별히 예수 그리스도와의 뜨거운 사랑의 교제이다. 거기서 나오는 형언할 수 없는 참된 기쁨이다. 그것이 진짜 믿음의 결정적인 특징이다. 주님을 사랑하게 된 것과 그로 인한 기쁨이다. 이 땅에서 아직 보지 못했지만, 믿음의 대상인 그분을 진실로 깊이 뜨겁게 사랑하고 기뻐하는 자리에 이른 것이다. 이것이 연단의 결과이다.

그러므로 신자의 속에 살아 있는 소망과 주께서 주신 믿음은, 여러 시련들을 통해서 오히려 참된 사랑이 솟아나게 한다. 시련은 그치지 않았다.

여전히 불 가운데 있다. 하지만 그의 심령 속에 살아 있는 소망과 꺼지지 않는 믿음은 그의 속에 말할 수 없이 황홀한 사랑의 교제를 만들어 낸다. 그래서 베드로는 "여러분은 그분을 본 적이 없지만 사랑합니다."라고 선언한다. '본 적이 없다'는 것은 눈으로가 아니라 믿음으로 그분을 뵙기 때문이다. 그리고 그 믿음이 그분의 얼굴을 향할 때마다 한량없는 기쁨이 솟아난다.

베드로는 이 기쁨을 두 가지로 묘사한다(8절). 첫째는 '말로 다 표현할 수 없는' 기쁨이고, 둘째는 '영광스럽게 된' 기쁨이라는 것이다. '말로 표현할 수 없는'(아네크랄레토이, ἀνεκλαλήτῳ) 이유는 그가 믿음을 통하여 하나님과 그분의 나라의 현존(現存, presence)을 대하기 때문이다. 믿음을 통해 병이 나았나면 간증으로 표현할 수 있다. 기도 응답을 받아 사업이나 가성이나 자녀의 일을 잘 풀렸다면 그 일을 충분히 표현하고 설명할 수 있다. 하지만 믿음으로 주님과 나눈 사랑의 교제에서 솟아난 기쁨을 무엇으로 표현하랴.

이사야는 하늘의 성전 보좌에 앉으신 하나님의 임재를 대하고 할 말을 잃었다. 그 '부정한 입술'로는 아무것도 제대로 설명할 수 없었다(사 6:1-5). 아브라함은 이 땅에서 '낯선 외국인과 여행자'(개역개정, '외국인과 나그네')가 되었지만, 믿음으로 그 하늘에 예비 된 '하나님이 계획하시고 지으실 터가 있는 성'을 바라보고 즐거워했다(히 11:8-16). 눈으로 보지 못했지만 하나님의 약속을 따라 믿는 믿음은 하나님을 기쁘시게 하고, 또한 그분의 그 기쁨은 그에게 믿음으로 나아간 자의 것이 된다. 주님과 사랑의 교제는 기쁨의 충만을 낳기 때문이다(요일 1:1-9). 진실하고 거짓 없는 믿음으로 주님과 교제할 때(시 51), 주님과 나눈 그 사랑, 그 기쁨은 말로 표현할 수 없다. "우리 서로 받은 그 기쁨은 알 사람이 없도다."(찬송가 499장)라며 노래하고 찬송할 수밖에 없는 것이다.

두 번째로, 베드로는 이 기쁨을 '영광스럽게 된'(데독사스메네, δεδοξασμένῃ; 개역개정, '영광스러운') 기쁨으로 묘사한다. 완료분사 형태이다. 이 기쁨 자체가 이미 영광스럽게 되었고, 여전히 영광스러운 기쁨으로 남아 있다는 뜻이다. 무슨 말일까? 문맥적으로 보면, 이 기쁨은 이미 예수 그리스도 안에서 일어난 사건들에 기초한 것임을 짐작할 수 있다. 지금 베드로가 이야기하는 믿음은 연단과 시련 속을 지나가고 있다. 기도 응답으로 고통과 고난의 현실이 사라진 것이 아니다. 하지만 진정한 믿음은 이런 연단 속에서 예수 그리스도를 발견한다. 믿음의 대상이 그분이시기 때문이다. 그리고 거기서 기쁨이 터져 나온다.

문맥을 보라. 성도가 연단 가운데서도 주님과 교제하며 크게 기뻐할 수 있는 근거는 첫째, 그가 '이미 예수 그리스도의 부활하신 사실'에 기초하여 거듭난 생명으로 다시 태어났기 때문이고(3절), 그래서 그들의 속에 약속으로 주신 소망이 살아 있기 때문인데, 그것은 '이미 하늘에 예비하사 간직해 두신' 썩지 않고 더럽지 않고 쇠하지 않는 기업이 그들에게 있기 때문이다(4절). 또한 그 유산을 물려받을 그 날까지 그들은 하나님의 능력으로 그들의 믿음을 통하여 지금도 철통같이 보호받으며 그 길로 인도받아, 결국 구원을 얻기에 이르기 때문이다(5-7절).

과연 기쁘지 아니한가! 교회는 믿음을 통해 주님과 교제할수록 이렇게 '이미 일어난' 영광스러운 사실로부터 새록새록 새로운 힘과 위로와 기쁨을 얻는다. 종말에나 있을 믿음의 결국, 그 구원을 지금 누리는 비결은 무엇인가? 그것은 기쁨이다. 그 기쁨은 그리스도의 죽으심뿐 아니라 그분의 부활 승리로 인하여 이미 영광스러운 것이 되었다. 그리스도의 부활에 기초한 기쁨은 아무도 막을 수 없는 기쁨이다. 믿음생활이란 그분의 부활의 기쁨을 지금 그리고 언제나 누리는 것, 여러 가지 환난과 시험 가운데서도 항상 누림으로써 믿음의 결국인 구원을 지금도 얻어 가는 것, 누리는 것이다. 아, 기쁨의 근원이 그리스도의 부활에 있다! 그러므로 어느 누구라도 그리스도의 부활을 취소시킬 수 없다면, 성도의 기쁨도 막을 수 없다.

죽음의 시간을 정복하는 기쁨

또한 그리스도의 부활에 기초한 성도의 기쁨은 모든 썩어짐과 더러움과 허무함에서 구속된 영광스러운 기쁨이다. 그리스도께서 부활하셨고 그 부활 생명을 우리에게 주셨다는 사실과, 하늘에 '이미' 예비하시고 간직해 두신 '썩지 않고 더럽지 않고 쇠하지 않는' 나라는 질적으로 같은 생명에 속한다. 교회는 그 살아 있는 소망으로 기뻐할 수밖에 없다. 이미 준비되어 있고, 자기 속에서는 그 부활 생명으로 거듭난 영적 생명이 그 나라를 받을 것을 증거하고 있기 때문이다.

그러므로 이것은 이 세상의 썩어짐과 허무함에 종노릇하는 '죽음의 시간'이 무효화 시킬 수 없는 기쁨이다. 무슨 말인가? 세상과 또한 세상의 모든 것들은 그대로 두면 시간이 지날수록 썩어지고 더러워지며 허무함으로 돌아간다. 펄펄 살아 뛰는 생선을 식탁 위에 그대로 두어 보라. 얼마 지나지 않아 썩은 냄새에 코를 막아야 한다. 아무리 화사하고 아름다운 외모도 세월 앞에는 무섭도록 획일적인 결과를 가져온다. 죽음의 얼굴은 모든 개성(個性)과 아름다움을 집어삼킨다. 아무리 선하고 의롭고 아름다운 것들도, 이 세상에서는 끊임없는 생명력을 불어넣지 않으면 곧바로 다시 추하고 불의하고 더러운 것으로 변하고 만다. 시간 자체가 죽음에 종노릇하기 때문이다.

하지만 주님께서 주신 부활 생명과 그 생명으로 살아 숨 쉬는 소망과, 그 소망의 결국인 구원과 우리가 받을 영원한 나라는 이 세상에 속하지 않았다. 죽음에 속하지 않았다. 더러움에 속하지 않았다. 허무함에 굴복하지 않는다. 그 나라는 부활 생명의 나라가 아닌가. 그러므로 성도는 시간에 굴복되지 아니한다. 오히려 시간이 지날수록 '날로 새로워진다.' "우리의 겉사람은 낡아지나 우리의 속사람은 날로 새로워지도다. 우리가 잠시 받는 환난의 경한 것이 지극히 크고 영원한 영광의 중한 것을 우리에게 이루게 함이니, 우리가 주목하는 것은 보이는 것이 아니요 보이지 않는 것이니 보이는 것은 잠깐이요 보이지 않는 것은 영원함이라"(고후 4:16-17, 개역개정). 시간이 지날수록 성도는 죽어 가는 것이 아니라 더욱 새로워진다. 밤이 깊으면 아침이 가까운 것처럼, 교회는 시간이 지날수록 그 부활 생명 가득한 나라에 더욱 가까워진다. 주께서 승리하신 것처럼, 결단코 승리하리라!

그러므로 베드로가 말하는 종말의 최종적 구원을 '기다리는 신앙'은 고된 현실을 메마르게 견디는 무미건조한 생활이 아니다. 오늘도 주님과 사랑의 교제를 나누는 황홀한 기쁨으로 채워지는 삶이다. 그 기쁨은 무엇보다 예수 그리스도께서 죽음과 세상을 이기시고 부활하신 사실에 기초한다(3절). 그래서 또한 9절에서 '너희의 구원'(휘몬 소테리안 프쉬콘, ὑμῶν σωτηρίαν ψυχῶν; 개역개정, '영혼의 구원')은 영혼만이 아니라 육신과 모든 것을 포괄하는 총체적 구원으로 이해되는 것이 옳다. 이런 경우 문자적으로도 '프쉬케'(영혼)는 사람의 영적 차원만이 아니라 그 사람 전체를 가리키는 것으로, 헬라적 배경이 아니라 히브리적 배경에서 읽어야 한다(Achtemeier).

또한 여기에 중요한 점이 있다. 9절에서 믿음의 결국 곧 구원을 '받음이라'(개역개정)고 했을 때, 이것은 미래적인 표현이 아니다. 현재의 과정을 표현한다. 원래는 구원을 '[지금도] 얻어 가면서'(코미조메노이, κομιζόμενοι)이기 때문이다. 먼저 '얻는다'는 이 동사는 어떤 대가를 지불하고 얻는다는 색채가 강하다. 하지만 이는 신자가 결코 그 구원을 스스로 만들었거나 자신의 행위로 값 주고 산다는 의미가 아님이 분명하다. 베드로는 이미 처음부터 이 구원이 그리스도께서 죽고 부활하심으로써 성령께서 그를 거룩케 하사 거듭난 새 생명을 주신, 아버지 하나님의 뜻대로 이루어진 구원이고, 주님께서 다시 오실 때에야 비로소 완성될 구원임을 선포했다(3절). 하지만 성도는 연단을 견디며 참된 믿음을 확증해 갈수록, 주님께서 주셨고 또한 주실 구원의 말할 수 없는 기쁨을 현재에 더욱더 얻으며, 더욱 깊고 풍성하게 누리게 된다.

더욱 중요한 사실은, 9절에서 '구원을 받음이라'할 때 그것이 현재적이라는 점이다. 그들은 지금도 이 구원을 얻어 가고 있다. 지금 그 시련과 고난 속에서도 기쁨을 누리며 더욱더 그 구원을 얻어 누리며 살고 있음이 강조된다. 본 문맥에서 주요 동사는 '너희가 사랑한다'(아가파테, ἀγαπᾶτε)와 '너희가 기뻐한다'(아갈리아스떼, ἀγαλλιᾶσθε)이다. 여기에 '지금도 이 구원을 얻어감으로써'라는 설명이 덧붙여진다. 신자의 현재의 삶은 그분을 사랑하고, 그 사랑의 교제 속에서 말할 수 없는 기쁨으로 기뻐하는 삶이다. 어떻게 그런 놀라운 삶이 가능한가 하면, 그가 이미 주어진 구원이며 또한 장차 얻을 구원을 지금도 얻어 가며 그것을 누리게 되기 때문이다. 할렐루야!

그러므로 참으로 이 땅에서 성공한 신앙은 참된 기쁨을 누리는 신앙이다. 생각해 보라. 여러 종류의 기쁨이 있다. 자신이 가치 있게 여기는 것에 따라 기뻐하는 일도 달라진다. 하지만 그런 기쁨들은 변질되거나 혹시 더럽거나 결국 사라진다. 그 기쁨의 대상이 무가치한 것으로 드러나기 때문이다. 그리스도인은 무엇으로 기뻐하는가? 그리스도인은 세상을 살면서 어떤 기쁨을 삿게 되는가? 우리는 참된 기쁨을 종종 빼앗기지 않는가? '영화롭게 된 기쁨'이란 그 기쁨의 근거가 결코 사그라지지 않고, 쇠하지 않고, 더럽지 않은 기쁨을 말한다. 그리스도의 부활에 근거한 기쁨이다. 이에 필적할 기쁨은 없다. 신앙생활은 썩어질 기쁨을 위해 하나님의 도우심을 받으며 사는 것이 전부가 아니다. 신앙생활의 기초는 '영화롭게 된 기쁨', 그래서 아무도, 아무것도 막을 수 없고 없앨 수도 없는 살아 있는 기쁨으로 기뻐하는 삶을 말한다. 그런 기쁨이 가슴을 채우고 있는가?

'살아 있는 소망' 위에 신앙과 삶을 세우라

믿음보다, 사랑보다, 더 기초가 되는 것이 소망이다. 무슨 소리인가? 믿음이 기초 아닌가? 아니다. 믿음은 소망이 거듭난 심령으로 들어오는 은혜의 통로이다. 믿음은 들음에서 난다. 그리고 그 들음의 내용인 복음은 '살아 있는 소망'에 관한 것이다. '썩지 않고 더럽지 않고 쇠하지 않는 기업'이다. 믿음은 그 영원한 기업을 받을 확실한 약속이다. 동시에 지금 여기서도 그 나라를 누리는 실재이다. 그래서 소망이 신앙의 기초이다. 믿음은 이 소망에 대한 믿음이다. 여기서 비로소 세상에 매이지 않는 그리스도인의 진실한 사랑이 나온다.

현세적인 복이 강조되는 시대에, 복음이 주는 참된 소망의 위력은 간과되거나 왜곡되었다. 복음이 주는 '살아 있는 소망'은 결단코 '긍정적 사고방식' 따위가 아니다. 나의 소망을 내가 원하는 방식으로 얻어 내기 위해 나에게 주문을 걸고, 하나님에게 주문을 걸고, 말씀을 주문처럼 악용하는 식으로 얻는 '긍정적 사고방식'으로 받아 내는 2중, 3중, 4중 축복이 결단코 아니다.

복음이 주는 소망은, 내가 나를 위해서 만든 것이 아니라 하나님께서 나를 위해서 만든 것이다. 내 방식대로 이루어지는 것이 아니라 하나님의 방식대로 이루어지는 것이며, 내 목적을 위해서가 아니라 하나님의 영광의 목적을 위해서 이루어진다. 어떻게 다른가? '긍정적 사고방식'의 소망은 당신을 세속의 한복판으로 다시 끌고 간다. 썩어지고 더럽고 허무한 세상 한복판에 이르게 한다. '복음적인 산 소망'은 당신을 예수 그리스도를 따라 하늘나라에 이르게 한다. 썩지 않고 더럽지 않고 영원한 나라에 이르게 한다.

당신의 삶의 중심은 어디에 놓여 있는가? 과거에 놓여 있는 사람은 과거의 무게를 짊어지고 산다. 현재에 놓여 있는 사람은 현재를 벗어나기에 급급하다. 예수 믿는다는 것은 미래에서부터 현재로 쏟아져 밀려오는 하나님의 강력한 나라, 그 영원한 나라를 맞이한다는 뜻이다. 소망이 중심이다. 소망에 당신의 신앙과 삶의 기초를 놓으라. 당신은 그리스도를 좇아 넉넉히 세상을 이기며, 진실하고 뜨거운 그리스도의 사랑으로 살아갈 수 있다. 당신의 소망은 무엇인가? 그 소망은 당신의 삶을 어떻게 결정짓고 있는가?

그때까지

견디어라, 아이야.
너를 붙드신 주께서
오직 그분의 방법으로
불속으로든 물속으로든
태우시고 씻으시고
오직 그분의 영으로
다루실 때에 아이야,
울고 깨어지며 또 깨어지고
죽었다 살아나도
견디어라.

그분의 영이 너를 온전히
다 다루실 때까지
그분의 손에서 죽고 또 살라.
붙들려 있으라.
그렇게 너는 십자가에 달리시고
너를 사랑하시고 부활하시고

너를 부르신 그분을
더욱 가까이
더욱 가까이 그분을
사랑하게 되리.

아이야, 견디어라.
사랑하는 아이야, 견디어라.
그분으로 다 채워질 때까지.
그분의 것이 될 때까지.

3

하늘과 땅의 최대 관심사

(1장 10-12절)

베드로는 지금 로마제국의 통치 아래에 있는 각 지역들에 '흩어져 있는 여행자' 같은 교회에게 편지를 보낸다(1:1). 하지만 그들에게 이 세상을 '여행자나 체류하는 외국인'처럼 살라고 말하기 전에(2:11), 그들이 어떻게 '택하여 불러내심을 받은'(1:1) 놀라운 존재들인지를 강조하여 설명한다. 삼위 하나님께서 교회를 준비하셨고, 그 목적지를 정하셨고, 친히 그들을 데리고 가신다(2절). 그들을 이미 구원하셨고, 구원하실 것이며, 구원하고 계신다(3-9절). 베드로는 교회를 이렇게 삼위 하나님의 활동과 시간의 축을 통해 설명한 후에, 10-12절에서는 여기에 공간적 차원을 더하여 과연 이 세상의 관점에서는 먼지 같은 한 점에 불과하게 보일지 모르는 교회가 사실상 얼마마한 존귀한 존재인지를 강력히 부각시키려 한다. 10-12절을 읽어 보자.

[10]그 구원에 관해서는, 여러분에게 임할 은혜를 예언했던 선지자들이 간절히 찾고 또 샅샅이 살폈던 바입니다. [11]그들은 저희 안에서 그리스도의 고난과 그 후에 올 영광들에 대하여 미리 증거하여 보이신 그리스도의 영을 따라, 어느 시, 어떤 때를 가리키는지 살폈습니다. [12]그들에게 계시되었던 것은, 그들 자신을 위한 것이 아니라 여러분을 위하여 섬긴 것이며, 그것은 이제도 하늘로부터 보내심을 받은 성령을 힘입어 복음 전하는 자들로 여러분에게 알려진 것이요, 천사들도 굽혀 살펴보기를 간절히 원하는 것입니다.

어떤 구원인가? 장차 예수께서 다시 오실 때에 얻을 구원이고, 지금도 그분과 사랑의 교제 가운데 말할 수 없는 기쁨으로 누리고 있는 구원이다(9절). 특별히 예수 그리스도께서 죽음에서 부활하신 구속사적 사건을 근거로 성령께서 거듭나게 하심으로 누리고 있는 부활 생명의 구원이다. 이제 베드로는 이 구원 사건이 매우 오래전부터 구약 계시를 통해 준비되고 있었던 놀라운 사건임을 강조하려 한다. 이 구원은 성부 하나님께서 미리 아셨을 뿐 아니라(2절), 구약의 선지자들을 통해 오래전부터 계시해 오셨던 사실이다. 하지만 그들은 그것을 누리지 못했다. 바라보기만 해야 했다. 간절히 찾고 샅샅이 뒤질 만큼 큰 은혜의 놀라운 사건임을 알았지만, 정작 그들 자신은 이를 누릴 수 없었던 것이다(10절). 그들은 단지 그 종말의 놀라운 은혜가 누구에게, 또 어떤 때에 임할지를 가늠해 볼 수 있었을 뿐이다(11절).

어행지인 교회의 지도, 하나님의 계시(10절)

구약의 선지자들은 '우리에게 임할 은혜'를 간절히 찾고 또 샅샅이 뒤져 알기를 원하였다. 10절에서 '간절히 찾았다'(엑세제테산, ἐξεζήτησαν)는 말은 성경을 상고하기도 했을 뿐 아니라 하나님께 간절히 구했다는 뜻도 포함되어 있다. '샅샅이 뒤졌다'(엑세라우네산, ἐξηραύνησαν)는 것은 하나님의 계시의 말씀을 깊이 연구하고 계시의 부분 부분이 서로 어떻게 상관되는지를 살폈다는 의미이다. 하나님은 자신을 계시(啓示)하시는 하나님이시다. 창조나 구원처럼 행동으로 드러내시고, 또한 그 행동계시를 설명하시는 말씀계시로 드러내신다. 그래서 계시의 역사(history of the revelation)인 성경을 연구하는 것은, 하나님과 세상과 우리 자신과 역사를 이해하는데 필연적이다.

하나님께서는 오랜 역사를 통해서, 다양한 방식으로, 일관되게 자신과 자신의 뜻을 드러내신다. 또한 점진적으로 드러내시기 때문에 갈수록 절정을 이룬다. 요한계시록을 보라. 모든 것이 곧 세상과 악과 하나님의 백성과 역사의 종말이 모두 그 절정, 그 하이라이트에 이른다. 대단원의 막이 내리고, 새 하늘과 새 땅의 서막이 오른다(계 21장). 실로 장엄한 광경이다. 그래서 하나님의 계시는 점진적이다. 동시에 하나님의 계시는 일관되다. 장구한 역사에 걸쳐 여러 모양, 여러 방식으로 선지자들을 통하여 말씀하시고, 마지막 날에 그 아들로 말씀하신 하나님께서 동일한 한 분 하나님이시기 때문이다(히 1:1-2). 그 계시의 역사의 중심, 핵심, 절정은 그 '아들' 예수 그리스도이시다. 그분이 이 땅에 직접 오시기 전에, 그분은 그리스도의 영으로 선재(先在)하셨다. 베드로는 '그리스도의 영'께서 선지자들에게 자신의 고난과 그 후에 받을 영광을 미리 알리셨다고 증언한다(11절).

사도행전을 보면, 오순절에 예루살렘에서 행한 베드로의 유명한 설교가 나온다(2:14-42). 지금 베드로전서의 본문은 이때 행한 베드로의 설교를 생각나게 한다. 성령께서 교회 위에 내려오신 오순절은 가히 놀라운 사건이었다. 예수께서 공생애를 시작하시면서 세례 요한에게 세례를 받으셨을 때, 하늘이 열리고 성령께서 비둘기처럼 내려와 그분의 위에 머무셨다(마 3:13-17; 막 1:9-11). 이는 인간의 죄악이 관영함으로 하나님의 영이 사람과 함께 있지 않고 떠나신 후(창 6:3), 그리고 이스라엘 족속을 택하셔서 그들 가운데 세우신 성전에 임하셨다가 그들의 불순종과 패역한 죄악으로 다시 떠나신 후(겔 10:1-18)에, 하나님의 영 자신이 공식적으로 하늘로부터 내려와 이 땅에 임하신 놀라운 사건이었다. 메시아이신 왕에게 임하셨으므로 이는 하나님의 통치, 하나님 나라의 왕권을 세우는 메시아-왕의 즉위식이며 대관식이었다(참고. 시편 2:6-7).

그리고 예수 안에 거하셨던 성령은, 예수께서 죽고 부활하시고 승천하심으로 다시 그의 몸 된 교회에게로 보내어질 것으로 약속되었다(요 7:39; 14:16, 26; 16:7-14). 이것은 베드로가 설교한 내용에 포함되어 있듯이, 구약의 요엘과 같은 선지자에 의해 이미 오래 전에 예언되었던 것이 그대로 성취된 놀라운 사건이었다(욜 2:28-32; 행 2:17-21). 옛 선지자들은 단지 바라볼 수밖에 없었던 그 놀라운 약속이 이제 현실이 되어 초대교회 속에 성취되었던 것이다. 베드로는 그의 오순절 설교 속에서, 초대교회의 성령 강림 사건도 선지자였던 다윗이 바라본 대로 주님의 부활하심과 승천하심에 따른 것임을 명확히 선포한다(행 2:25-35; 시 16:8-10; 시 110:1).

실로 초대교회에서 성령께서 친히 교회 위에 강림하신 오순절과 같은 사건은 충격적인 구속사적 절정을 의미했다. 오래전 요엘 선지자가 바라보았던 대로, 이제 하나님께서 종말에 하나님의 영으로 모든 육체에게 부어주셨으며, 그들의 자녀들은 예언하고, 젊은이들은 환상을 보고, 늙은이들은 꿈을 꾸는 일이 실제로 그들의 눈앞에서 일어난 것이다. 또한 사도 베드로는 이 성령의 능력을 힘입어, 주 예수께서 친히 하셨던 것처럼 성전 문에 앉은 앉은뱅이도 일으켜 뛰어 서며 걷게 만들었다(행 3:1-10), 베드로는 이 놀라운 구원의 현장을 염두에 두고 있는 것이다. 그리고 이 놀라운 구원의 때가 곧 '지금'이다(사 49:8; 참고. 행 2:36-42; 고후 6:2). 베드로는 지금 그들이 경험하고 또 약속받은 그 큰 구원이 구약의 모든 선지자들과 또한 하늘의 천사들도 굽혀 살펴보기를 간절히 원하는 바, 그렇게 놀라운 성취의 때임을 강조한다. 이전에 선지자들도, 하늘의 천사들도 하나님의 이런 큰 구원의 때를 보지 못했다.

초대교회 때 예수 그리스도 안에서, 곧 마지막 때에 자기 아들로 말씀하신(계시하신) 하나님의 행동계시와 말씀계시를 이해하기 위해서(히 1:1-2), 초대교회는 이미 주어졌던 구약의 계시들을 부지런히 상고하고 살폈다. 오순절에 행한 복음적이고도 짧은 설교에서, 베드로 자신도 구약을 세 군데나 인용한다(행 2:14-42). 하나님의 계시의 역사는 연속적이고 또 점진적이다. 갈수록, 더욱더 하나님의 뜻은 온전히 드러난다. 그 뜻은 구원이요, 세상을 회복하시는 일이다. 의와 거룩한 나라의 회복이기 때문에 심판이 있을 것이다. 하지만 지금 복음을 믿는 이들에게는 말할 수 없이 놀라운 은혜의 세계일 것이다. 하나님의 계시의 세계 속에서, 믿는 이들에게는 두 번째 오는 것이 첫 번째 오는 것보다 항상 좋다. 나중에 나온 포도주가 더 맛있고(요 2장), 에서가 아니라 둘째로 태어난 권리 없던 야곱이 더 큰 은혜를 받는다(창 27장). 갈수록 더 놀랍고, 갈수록 더 황홀한 은혜가 기다리고 있다.

그래서 교회는 미래를 향해 나아가야 한다. 첫 번째 세상에서 만족하고 있을 수 없다. 두 번째 세상, 이미 그들의 심령 속에서, 교회 안에서 시작된 세상, 하나님께서 다시 회복하시고 창조하신 새로운 세상이 오고 있다. 의와 거룩과 화평이 거하는 하나님의 나라, 하나님의 생명의 통치, 은혜와 진리의 나라가 오고 있다. 그것은 훨씬 더, 비교할 수 없이 영광스러운 나라이다. 신자는 갈수록 더 황홀한 은혜 속에서 살게 되어 있다. 머물 이유가 없다. 과거에나 현재에나 이 세상에 머물 이유가 전혀 없다. 앞으로 나아가야만 한다.

성경은 그 목적지에 어떠한 영광이 기다리고 있을지를 끊임없이 일깨운다. 살아 있는 소망을 더욱 살아 있게 해 준다. 교회로 하여금 도중에 한눈팔다가 길을 벗어나거나 길 위에 주저앉지 않도록, 그 황홀한 목적지에 대한 영광을 설명하고 기대하게 만든다. 낯선 곳을 여행할 때 지도를 보지 않는 여행자는 없다. 험한 산을 오를 때 길을 확인하지 않는 등산객이 없고, 망망한 바다를 항해하고자 할 때 표지판도 없는 해로(海路)를 확인하지 않는 배는 없는 것이다. 하지만 오늘날의 교회는 하나님의 계시의 말씀을 진지하게 배우려 들지 않는다. 배워도 거기서 자신이 필요한 것만을 취하려 한다. 그것은 마치 지도에 표시되어 있는 고속도로변의 휴게소 위치와 그 휴게소 이용안내만을 찾아보는 것과 같다. 정해진 영광스런 목적지로 가지 않는 교회는 지도를 볼 줄 모르는 교회이다. 어느 배가 흔들리는 바다 위에 영원토록 떠 있기를 원하겠는가?

베드로는 교회가 가야 하는 목적지를 명확히 제시한다. 어떻게 가야 하는지도 명확히 그려 준다. 예수 그리스도께서 계신 곳, 곧 하늘의 하나님 보좌 우편이 목적지이고(3:21-22), 예수 그리스도의 고난과 그 후에 오는 영광, 그분의 길, 그것이 여행길의 지도이다(2:21; 3:9, 18). 세상에 뿌리 내리고 세상과 함께하고자 하는 교회는 세상과 같은 길을 가게 될 것이다. 그리스도 예수와 함께하고, 그리스도 예수와 함께 가고자 하는 교회는 그리스도께서 이르신 곳에 이르게 될 것이다. 어디로 갈 것인가?

유일한 길, 그리스도의 고난과 영광(11절)

베드로는 로마 변방에 흩어진 교회들의 손에 매우 중대한, 필수불가결한 지도 한 장을 쥐어 준다. 거기에는 그들이 어디에서 출발했으며, 어디에 도착하며, 그 길을 누가 인도하는지에 대한 자세한 설명이 들어 있다. 무엇보다도 그 목적지에 이르는 유일무이한 길을 표시해 두고 있다. 그것이 "그리스도의 고난과 그 후에 올 영광"이라는 여행길이다. 베드로는 이 문구를 서신에서, 그것도 매우 중요한 문맥에서 여러 번 반복한다.

교회는 선을 행함으로 고난받는 일을 위해 부르심을 받았고, 그리스도께서도 이를 위해 우리를 부르셨다. 곧 그분의 자취를 따라오게 하려 하시는 것이다(2:21-25). 이런 부르심을 따라가는 자들에게는 '생명과 좋은 날'이 기다리고 있다(3:9-10). 더구나 그리스도 자신께서 의인으로서 불의한 자를 대신하시고, 이미 하늘에 오르셨다(3:18-22). 그래서 베드로는 그리스도의 고난에 참여하는 것을 도리어 즐거워하라고 말한다. 그들 위에는 이미 영광의 영이 임하여 계시기 때문이다(4:14). 무엇보다 베드로는 자신을 "그리스도의 고난의 증인이요 나타날 영광에 참예할 자"라고 소개한다(5:1). 그리고 마지막으로, 하나님께서 잠간 고난을 받은 교회를 그분의 영원한 영광에 들어가게 하실 것이라고 확신하며 축복한다(5:10).

이렇게 보면, "그리스도의 고난과 그 후에 올 영광"(타 에이스 크리스톤 파떼마타 카이 타스 메타 타우타 독사스, τὰ εἰς Χριστὸν παθήματα καὶ τὰς μετὰ ταῦτα δόξας)이라는 11절의 표현은 베드로전서 전체를 관통하는 아주 핵심적인 표현임을 알 수 있다. 흥미롭게도 원문의 이 문구는 정확히 그리스도 자신의 고난과 영광만을 표시하고 있지 않다. 원문에는 '그리스도의 고난과 그 후에 올 영광' 앞에 '향하여'(에이스, εἰς)라는 전치사가 붙어 있기 때문이다. 이 특이하고 애매한 표현을 두고 이것이 '그리스도가 받을 고난과 영광'을 말하는 것인지(Jobs; Achtemeier), 아니면 그리스도의 고난과 영광에 '이르는' 구약교회 혹은 신약교회들의 고난을 말하는 것인지 의견이 갈린다(Selwyn; Stuhlmueller). 문법적으로 보면, 10절에서 '우리에게 임할 은혜'란 표현에서도 '에게/향하여'(에이스, εἰς)란 전치사가 쓰였고, 베드로가 한두 번 '그리스도의 고난'과 함께 그의 '영광'이라는 표현을 사용하므로(4:13; 5:1), 11절에서 언급하는 고난과 영광은 그리스도 자신의 것을 가리킨다고 보는 것이 타당하다.

하지만 베드로전서 전체에서 언급하고 있는 그리스도께서 가셨던 고난과 영광의 길은, 그와 세례를 통해 연합한 교회가 뒤따라가도록 되어 있는 바로 그 길이다(3:21-22). 그리고 이 둘은 서로 분리되지 않는다. 바로 그리스도의 길과 교회의 길이 분리되지 않는다는 사실 자체가 베드로가 세상 속에 있는 교회의 길에 대해 강력하게 선포할 수 있는 근거이기도 하다. 그러므로 11절의 '고난과 영광'은 일자적으로는 그리스도의 것이지만, 여전히 그를 바라고 기다리는 교회의 것이라는 의미가 함축되어 있다.

그리스도는 분명 이 십자가와 고난의 길을 통해 하늘에 이르셨다(3:22). 여기가 교회의 목적지이다! 그리고 그리스도께서 승천하신 후에 거기로부터, 곧 '하늘로부터' 성령을 보내셨다. 이것이 지금 베드로가 설명하고자 하는 12절의 내용이다. 12절이 그려 주는 그림을 눈앞에 그려 보라. 가슴 뛰는 광경이 아닐 수 없다. 그리스도께서는 십자가의 고난을 이기시고 부활하신 후, 하늘에 오르셔서 하나님 보좌 우편에 앉으셨다(3:22). 이미 사도행전에 기록된 그 오순절 설교에서 베드로 자신이 분명히 증거한 그대로이다. "…주께서 내 주에게 말씀하시기를 내가 네 원수로 네 발등상이 되게 하기까지 너는 내 우편에 앉아 있으라 하셨도다"(행 2:34-35, 개역개정; 참고. 시편 110:1). 그리고 하늘에 오르신 주 예수께서 이제 거기로부터 성령을 보내셨다. 오순절 사건이다. 또한 그 성령께서는 복음이 전해지는 곳마다 능력으로 이를 확증하셨다. 이것이 사도행전 전체의 기록이다. 베드로가 지금 12절에서, "성령을 힘입어 복음 전하는 자들로 여러분에게 알려진 것"이라 요약한 그대로이다.

즉, 그리스도께서 하늘에 오르신 길을 여시고, 그 길을 통해 하늘로부터 성령을 보내셨다. 그 성령께서는 예수 그리스도의 죽으심과 부활의 복음을 확증하신다. 이제 그 복음을 믿고, 예수를 따르는 교회들이 죽음에서 일어나 거듭난 생명으로 바로 그 하늘에 이를 것이다. 순례자들이 이 '하늘의 거룩한 성'과 하나님의 보좌 앞으로 곧 입장할 것이다(참고. 계 7:9-17). 천사들은 놀랄 수밖에 없다. 이제 전능하신 왕의 자녀들이 곧 입장할 것이다. 누가 올라올까? 어디에서, 어떻게 이 하늘에 오를 수 있을까? 성령 하나님께서 그 땅에 내려가셔서 교회들 가운데 거하시며 어떻게 그들을 인도하실까? 천사들은 허리를 굽혀 그 놀라운 하나님의 은혜와 사랑의 역사, 권능의 역사를 바라보고 있다(참고. 히 12:1-2). 과연 어떻게 될 것인가?

세상에서 정말 뉴스의 핵이 되는 사건들이 종종 생긴다. 어디에서 큰 지진이 일어나 엄청난 사람들이 죽었다든지, 강대국의 최고 지도자가 뽑혔다든지, 무슨 글로벌한 가수가 부른 노래가 메가톤급 히트가 되었다든지, 지구의 온도 변화로 인해 거대한 재난이 일어났다든지, 세상이 주목할 만한 뉴스가 있게 마련이다. 하지만 지금 이 본문이 전하는 사건에 대해 비록 온 세상은 무슨 일이 일어나는지 알지 못하고 있지만, 구약의 선지자들과 그리스도의 영과 성령과 복음전도자들, 하늘의 천사들, 그리고 성삼위 하나님께서 모두, 이 보이지 않는 세계가 주목하여 보는 바 그 사건을 지목하고 있다. 그것은 주님의 택한 백성들이 세상을 지나 하늘에 이르는 그 장엄한 출애굽 사건, 곧 구원이다.

교회는 종종 이 땅에서 오해를 살 수 있는 낯선 여행자일 수밖에 없다. 정작 문제는 교회도 스스로를 낯설게 여기는 것이다. 자신을 부르신 이와, 부르신 그 목적지와, 그곳에 이르는 길, 곧 예수 그리스도의 길을 낯설게 여기는 일이다. 교회는 세상과 같은 안경을 쓰고, 같은 각도에서 같은 곳을 바라볼 때 길을 잃는다. 세상의 뉴스(news)가 교회의 뉴스가 아니다. 보이지 않는 세계 속에서, 하나님의 역사 속에서 '너희의 구원'(12절)보다 놀라운 뉴스는 없다. 그들은 과연 그리스도께서 열어 놓으신 이 하늘의 길로 따라오게 될 것인가? 이것은 하늘의 천사들도 굽혀 살펴보기를 심히 원하는 바이다.

흥미롭다. 거룩하고 전능하시고 영광 가운데 둘러싸이신 하나님을 가까이서 뵙는 천사들이 무엇이 궁금하고 무엇이 부러워서 이 땅에서 일어나는 교회의 일에 관심을 가질까? 이 땅에서 교회가 날마다 겪는 갈등과 시련, 시험과 고난이 무엇이 볼 것이 있어 천사들은 허리를 굽혀 이 역사를 보기를 원하는 것일까? 우선, 하늘에 계신 성부, 성자, 성령 하나님께서 모두 이 일에 자신을 쏟아부으셨기 때문일 것이다. 천사들이 날마다 수종을 드는 거룩하신 하나님께서 지극한 관심을 가지시고 직접 내려가셔서 진행하시는 일이니 그들의 관심사가 아닐 수 없다. 과연 교회는 성공적으로 하늘에 이를 수 있을까? 그 모든 세상의 유혹과 더러움, 적대감과 핍박을 이겨낼 것인가? 하나님은 과연 그분의 십자가와 공의의 복음으로 그들을 새롭게 하실 수 있을까? 교회는 과연 그들을 빛 가운데 들어가게 하신 자의 '아름다운 덕'을 선전할 수 있을까? 교회를 부르신 하나님은 결국 자신의 '영광과 덕'의 크기와 높이와 깊이와 넓이를 그들을 통해 드러내실 수 있을까?

이런 질문들은 마지막 심판의 날에 대답될 것이다. 하지만 지금 해야 하는 질문도 있다. 과연 교회는 세상이 교회를 보는 시각으로 자신을 보고 있는가, 아니면 하늘의 시각으로 자신과 자신의 길을 보고 있는가? 결국 베드로는 교회에게 자신이 처한 '현실'을 다시 해석하라고 주문하는 셈이다. 정말 중요한 것과 중요하지 않은 것을 구분할 수 있는 영적 시각을 가르치고 싶은 것이다. 결정적인 것은 삶에 대한, 삶의 모든 이슈들에 대한 해석이며, 그 해석의 열쇠를 쥐고 있는 진정한 현실, 곧 계시의 사실이다. 정말 무엇이 현실적(realistic)인가? 구원이란 무엇인가? 구원은 본질상 이 세상에서 살아가는 문제를 해결하는 정도가 아니다. 세상이 풀고자 하는 '생존'이나 '행복'의 문제가 곧 교회가 반드시 풀어야 하는 문제는 아니다. 교회의 진짜 문제는 예수 그리스도를 따라, 하늘에 이르는 그 길, 그 여행을 다 끝까지 갈 수 있느냐이다. 이것뿐이다. 당신이 앓고 있는 가장 큰 문제는 무엇인가? 그래서 결국 그리스도를 따를 것인가?

'잘되는 나'의 더럽혀진 복음

TV에서 설교가 나온다. '잘되는 나'의 복음이다. 내가 잘되는 것이 무엇이 나쁘랴만, 말씀을 저렇게 풀어 나가는 게 신기할 정도이다. 아니, 가슴이 아프다. 중요한 것은 다 들어 있다. 성령, 말씀, 보혈, 천국, 선교, 회개, 축복… 하지만 그 중심은 역시 '잘되는 나'이다. 믿으면 '잘된다.' 그것이 문제가 아니다. 이 '잘되는 나' 복음의 핵심은 '나'이다. 이것이 문제이다.

'나'를 중심으로 모든 것이 다시 해석된다. 말씀은 성령과 함께 역사한다. 그래서 말씀을 반복하면 성령이 이루신다. 이처럼 꿈을 확신하고 반복하면 거기에 성령이 역사하여 이루신다고 한다. 그래서 나의 세계를 이루려면 긍정적인 생각을 반복하고 그 꿈과 긍정적인 생각을 중심으로 기도해야 한단다. 그러면 말씀이 성령과 함께 역사하는 것처럼, '나의 세계'가 이루어진다. 역시 '나'를 중심으로 모든 것을 바꾸었다.

말씀과 성령이 역사한 결과 바뀌어야 하는 것은 '나'이다. 말씀과 성령의 원리를 따라 '내'가 내 생각을 기도로 밀어붙이면 나의 세계가 이루어지는 것이 아니다. 말씀도 나를 바꾸는 것이 목적이고, 성령도 나를 바꾸는 것이 목적이다. 하지만 '잘되는 나'의 복음은 나의 꿈, 곧 나를 '이루는' 것이 목적이다. 중심이 '나'이다. 내가 이 모든 것을 이용해서 '잘되는 나'의 세계를 이룰 수 있다는 것이다.

복음의 핵심은 '잘되는 나'가 아니다. 복음의 중심은 '나'가 아니라 '예수 그리스도'이다. 그분이 채찍에 맞아서 내가 낫는 것보다 더 중요한 것은, 그분이 죽고 부활하신 사실에 있다. 그리스도께서 나에게 어떤 유익을 준 것보다 더 중요한 것은, 내가 그리스도와 함께 죽고 부활한 사실이다. 그리스도와 함께 죽었으니, 잘되고 안 되고를 떠난 것이다. 그리스도와 함께 부활하였으니, 그 이상 어떻게 잘되는가? 그래서 이 땅에서는 잘 안 되는 길도 가는 것이다.

복음의 중심은 내가 아니다. 예수 그리스도이다. 병 낫는 내가 아니라 그런 병도 고칠 수 있는 그분이다. 배불러진 내가 아니라 참 생명이신 그분이다. 예수님을 믿어서 복을 받는 것이 아니라 예수님이 복음이고 예수님 자신이 복이다. 예수님이 나에게 무엇을 주는 것이 아니다. 내가 예수님을 받고 예수님 안에 참여하는 것이다. 그 이상의 복은 없다. 나는 그대로 있고 예수님이 나를 돕는 것이 아니다. 내가 예수님을 받아 함께 살고, 그래서 내가 그분과 같이 변화되는 것이다. 그래서 예수님과 함께 죽고 부활하고 승천하여 그분과 함께 다스리는 그 길을 가는 것이다. 그 이상 어떻게 잘될 수 있는가?

복음이란, 나의 길이 아니라 그분의 길을 가는 것이다. 내 인생을 살지만 사실은 그분이 사시는 것이다. 내가 꿈꾸고 내가 결정한 길을 복음이 도와주는 것이 아니다. 그 길의 끝은 '잘되는 나'가 아니다. 하나님이 나를 위하여 꿈꾸셨고 나를 위해 결정하신 길을 가는 것이고, 그 길의 끝은 '그리스도의 형상으로 빚어진 나'이다. 그 길은 '잘되는 나'로도 이를 수 없는 길이다. 누가 '잘되는 나'인가? '그리스도의 형상으로 빚어진 나'이다.

따져보면, '잘되는 나' 신학의 핵심가치는 '생존'이다. 생존에 도움이 되지 않으면 복음이 되지 않을 것이다. 그러므로 더 잘 생존하게 하는 것이 '더 진짜 기쁜 소식'인 것이다. 하지만 복음의 핵심가치는 하나님의 영광이다. 하나님의 영광을 위해 '잘될 수도, 안 될 수도' 있다. 예수 그리스도와 연합하여 그분의 길을 가는 것 자체가 하나님의 영광이다. 예수 그리스도는 항상 하나님의 영광이다. 내가 잘되어야 물질로 도울 수 있어서 하나님께 영광이 아니라, 예수 그리스도와 함께 있어 하나님께 영광된 열매를 맺는다. 하나님께서 '잘되는 나'를 받으신 것이 아니라 예수 그리스도를 받으셨기 때문이다.

무엇이 복인가? 당신이 정하는가? 예수님 자신이 정하는가? '잘되는 나'의 복음은 복음을 설명하기 이전에 이미 '무엇이 복인가'에 대해 스스로 결정하고 들어간다. 그들은 '예수님의 팔복'을 설교하지 않을 것이다. 무엇이 복인지는 하나님이 결정하신다. 예수님이 결정하셨다. 그것이 복이다. 팔복의 중심은 예수 그리스도이다. 그분 안에서 그분과 함께 그분의 길을 가는 것이다.

그래서 복음의 중심은 '잘되는 나'가 아니라 예수 그리스도이다. 생존이 아니라 하나님의 영광이다. 꿈이 아니라 말씀이고, '나의 긍정적인 생각'이 아니라 '하나님의 뜻'이다. 성령과 기도는 내 꿈을 이루어 주는 것이 아니라 나를 바꾸신다. 기도 응답이란 나를 위한 나의 꿈이 이루어지는 것이 아니라 나를 위한 하나님의 뜻이 이루어지는 데에 있다. '잘되는 나'가 아니라 '그리스도의 형상으로 빚어진 나'이다. '그리스도의 형상을 따라 빚어진 나'보다 어떻게 더 잘되는가? 가슴이 아프다. 복음은 다 어디로 갔는가? 교회를 뒤덮은 이 흙탕물은 언제나 걷힐 것인가?

말씀을 떠나, 입맛대로 설교하는 죄

하나님의 말씀을 그대로 전하지 않고, 말씀을 빙자해 세속적 가치관을 독버섯처럼 퍼뜨려 강단을 속되게 하는 것은 이루 말할 수 없이 중한 죄이다. 오늘날 이런 식으로 말씀을 빙자하여 '자기 입맛대로' 설교하는 설교자들은 교회를 미혹에 빠뜨린다. 퍼즐 하나하나를 보면 모두 성경 말씀이고 조각조각은 다 틀림없이 성경에서 가져온 말씀들이다. 하지만 그것 전체를 짜맞추어 하나의 틀로 제시하는 것은 그 설교자가 이미 갖고 있는 보이지 않는 그림이다.

그 그림이 시극히 현세적이고, 세상의 썩어지고 더럽고 허무한 것들을 그 어느 것보다 더 간설히 사모하는 복으로 여기는 것일 때, 성도들은 속고 교회는 한없이 더러워진다. 미혹하는 자가 따로 있을까? 어찌하여 이런 속된 복음이 서룩한 강단을 지배하게 되었을까?

성경 말씀은 문맥이 결정적이다. 조각조각, 부분 부분, 이단들이 늘 그렇게 하는 것처럼, 말씀을 깨진 유리조각들 쓸어 담듯 그렇게 읽어서는 안 된다. 전체를 봄으로써 결국 하나님의 얼굴, 그분의 거룩하시고 자비하시고 공의로우신, 그 영원하신 형상이 떠오르게 되어야 한다. 결국 전체 그림이 썩지 않고 더럽지 않고 쇠하지 않는 나라를 사모하게 해야 한다. 설교 전체를 다 들었을 때에, 결국 예수 그리스도의 그 빛나는 형상 앞에 서게 해야 한다.

말씀을 조각조각 골라내어 세상 헛된 복에 혹하게 만들고, 그것을 미끼로 교회가 아닌 예배당 건물과 자기 자신의 권력과 세상의 안위를 견고하게 하려는, 그 속에 탐욕과 방탕이 가득한 회칠한 무덤 같은 설교자들은 이단들의 더러움과 무지에서 나오는 악취를 방불케 한다.

말씀을 제대로 배우라. 남의 말을 들어도, 중간에 한두 마디만 떼어서 그것을 왜곡하고, 제 입맛에 맞게 골라 퍼뜨리면 그게 죄악이 아니고 무엇인가? 하물며 하나님의 말씀이랴. 그 한 조각의 말씀 속에서도 전체의 뜻을 들으려 해야 한다. 그래서 그 말씀으로 하여금 먼저 당신이 갖고 있는 그 마음의 동기를 샅샅이 폭로하게 해야 한다. 그 말씀들이 칼이 되어 뼈마디를 쪼개듯이, 당신이 이미 마음에 품고 있는 이 세상에 속한 썩어지고 더럽고 헛된 가치관들을 사정없이 베어버리게 해야 한다.

그 불방망이 같은 말씀이, 당신이 그 말씀을 입맛대로 요리하기 전에 먼저 그 더러운 혀와 세상으로 나뉜 마음에 불붙어 뜨겁게 타버리게 해야 한다. 거룩한 강단에서 세상을 설교하고 세상을 팔고 세상을 끌어들여 거룩한 주의 교회를 더럽히느니, 차라리 입을 열지 않는 편이 낫다. 오, 주여, 우리를 거룩하게 하소서. 우리를 도우소서. 불쌍히 여기사 구원하소서.

4

구원은 이동(移動)이다!

(1장 13-21절)

구원은 실로 풍성하다. 단순히 죄 용서함 받은 것이나 의롭다 여기심을 받은 것 그 이상이다. 베드로는 구원을 이동으로 설명한다. 한 곳에서 다른 곳으로 이동하는 것이다. 출애굽이 아주 좋은 예이다. 종 된 땅 이집트에서 나와 약속된 땅 가나안으로 가듯이 이동하는 것이다. 그래서 교회가 구원을 받았고, 받고 있고, 받을 것이라는 말씀은, 교회가 이동 중에 있다는 뜻이다. 그 이동은 두 번째 출애굽(Second Exodus)이다. 옛 이스라엘이 노예로 살던 땅 이집트를 나와 약속된 땅 가나안으로 들어갔듯이, 이제 부르심 받은 교회도 출애굽을 한다. 그것이 구원이다. 다만 이제는 이 세상의 어느 한 장소에서 다른 장소로 이동하는 것이 아니라, 이 세상을 지나 하늘에 있는 썩지 않고 더럽지 않고 쇠하지 않는 나라로 이동해 들어가는 것이다. 진정한 의미의 출애굽이다.

그러므로 베드로가 가르치고 있는 구원에 대해 가장 역행하는 개념은, 이 세상을 벗어나지 못하는 교회와 그런 신앙이다. 구원이란 세상 복을 받지 못한 상태에서 세상 복을 받은 상태로 이동하는 것이 아니다. 개척교회에서 대교회로 이동하는 것이 아니다. 성도에서 집사나 장로나 목사로 직분 이동을 하는 것도 아니다. 진짜 이동은 세상을 지나 하늘 보좌 앞에 이르는 것이다. 그것은 오직 예수 그리스도와 연합하여, 그분의 길을 따라갈 때에만 그 목적지에 이를 수 있는 이동이다. 구원은 이동이다. 우리는 어디에서 어디로 이동하고 있는가?

그래서 13절에서 21절까지, 가장 중요한 주제는 '소망'이다. 이제껏은 이 세상에서 여행자 된 교회가 받은 구원이 얼마나 견고한 것이며, 보장된 것이며, 영광스러운지를 설명했다. 그 길은 예수 그리스도의 피로 시작해서(2절), 예수 그리스도의 고난의 길을 따라 결국 약속의 땅, 곧 하늘에 간직된 영광의 나라에 이르는 길이다(4, 11절). 그 목적지에 이르는 것이 '살아 있는 소망'(3절)이다. 흥미롭게도 이 단락은 소망(13절)에서 시작해서 소망(21절)으로 끝난다. 그만큼 소망은 이 땅의 교회의 삶에 중심이다. 그렇다면 이제 교회는 이 소망의 길을 어떻게 걸어야 하는가?

잊혀진 출애굽 신앙(13-21절)

"그러므로." 13절에서 21절까지 계속되는 이 단락은 이렇게 시작한다. 잠깐 결론을 짓고 가겠다는 뜻이다. 사실 아직 베드로는 교회가 진정 무엇인지, 그 본질과 장차 될 소망의 내용을 다 설명하지는 않았다(참고. 1:22-2:10). 하지만 12절까지 말한 것만으로도 숨이 차다. 하늘로부터 성령께서 오셨고, 이 땅에 복음이 전해지는 광경을 내려다보는 천사들의 모습(12절), 여기까지만 해도 교회는 이미 놀라운 존재이다. 이제 영광스런 교회의 본질에 대하여 아직 더 말할 것이 많지만, 베드로는 잠시 멈추고, 이제 교회가 어떻게 살아야 하는지 실제적인 권면의 말을 주고자 한다. 13절부터 읽어 보자.

> [13]그러므로 여러분의 마음의 허리를 동여매어 정신을 차리고, 예수 그리스도께서 나타나실 때에 여러분에게 가져오실 은혜에 온전히 소망을 두십시오.

영광된 부르심을 받은 교회는 어떻게 살아야 하는가? 이 질문에 답하려면 본문에 의거해 새로운 질문을 해야 한다. 즉, 당신의 소망은 어디에 있는가? 무엇에 소망을 두고 사는가? 당신의 소망이 이 세상이나 세상에서 받아 누릴 복에 있다면, 본문이 가르치는 소망의 삶을 살 수 없다. 왜냐하면 13절이 가르치는 소망의 삶이란, 곧 출애굽(Exodus) 신앙이기 때문이다. 마치 옛 이스라엘이 노예로 살던 땅 이집트에서 탈출해, 홍해를 건너고 광야를 지나 약속된 땅 가나안에 들어갔듯이, 그렇게 실제적으로 '이동'하는 삶이기 때문이다. 본문이 요구하는 첫 번째 태도는 그래서, 당신의 소망이 어디에 놓여 있는가에 관한 것이다. 이것을 명확히 해야 한다. 본문은 주께서 나타나실 때 가져오실 '은혜'에 모든 소망을 걸어 두라는 것이다. 그때 구원이 완성될 것이다. 그것은 또한 은혜일 것이다.

베드로는 서신에서 은혜를 8회나 언급한다. 흩어진 여행자 같은 교회에게 필요한 것은 은혜와 평강이다(1:1). 당신에게 무엇이 필요하다고 생각하는가? 우리 교회에 무엇이 필요하다고 생각하는가? 하나님은 '모든 은혜의 하나님'이시다(5:10). 교회가 받은 구원의 복음은 '은혜'의 복음이다(1:10). 그래서 교회는 하나님의 은혜로 태어났고, 또한 하나님께서 주시는 은혜들로 제 기능을 하며 성장해 간다(4:10; 5:5). 아마도 베드로가 언급한 '참된 은혜'(5:12)는 교회로 하여금 고난 가운데서 그리스도의 영광에 참여하도록 인도하시는 하나님의 섭리를 가리킬 것이다. 하지만 그보다 더 큰 은혜가 우리를 기다리고 있다(1:13; 참고. 3:7). 은혜 위에 은혜이다. 은혜로 시작했고, 은혜로 진행하고, 결국 더 큰 은혜를 받는 자리로 나아간다. 이것이 신자의 삶이며, 교회가 가는 길이다.

그러므로 어떠한 복을 받았든지, 어떠한 처지에 있든지 간에 주께서 부르신 그 부르심을 따라 앞으로 나아가지 않을 이유가 없지 않은가. 더 큰 은혜가 기다리고 있기 때문이다. 그래서 예수 믿는 삶은 행복하지 않을 수 없다. 현재보다 늘 미래가 낫기 때문이다. 소망은 억지로 바라는 것이 아니다. 현재를 희생하고 바라는 것만도 아니다. 현재를 버리고라도 소망을 붙잡을 수 있는 이유는, 장차 오는 소망이 훨씬 더 나은 은혜이기 때문이다. 그렇게 하지 않는 사람이 바보이고 어리석은 것이다. 그래서 신자는, 교회는, 현재가 아니라 장차 주께서 주신 은혜에 소망을 걸어야 한다. 그래서 우리를 부르신 자를 향해서 적극적으로 나아간다. 어떻게 나아가는가?

옛 이스라엘이 온갖 두려움과 실패의 가능성을 떨치고 오직 믿음으로 홍해를 건너며, 광야를 지나 약속의 땅에 들어가려고 믿음의 발걸음을 내디뎠던 이유도 '살아 있는 소망' 때문이었고 '더 나은 은혜' 때문이었다. 그래서 출애굽 신앙을 따라 소망의 삶을 살았다. 본문도 이와 같다. 특별히 '여러분의 마음의 허리를 동여매어'라는 표현은 출애굽기 12:11을 생각나게 한다(Green, 43). 출애굽을 앞두고 유월절을 지키며, 양의 고기와 무교병과 쓴 나물을 먹을 때 그것을 어떻게 먹을지 지시한 내용이다. "너희는 그것을 이렇게 먹을지니 허리에 띠를 띠고 발에 신을 신고 손에 지팡이를 잡고 급히 먹으라. 이것이 여호와의 유월절이니라."(개역개정) 유월절이 어린양의 피를 문설주에 뿌리고, 죽음의 사자가 그 피를 보고 그 집을 넘어가기(pass over)를 기다리던 절기였음을 기억하면, 베드로가 '예수 그리스도의 피 뿌림'(3절)을 언급했던 것도 출애굽 배경에 잘 들어맞음을 알게 된다.

그래서 구원은 출애굽 사건처럼, 정신을 차리고 급히 이동하는 것을 핵심 내용으로 삼는다. 구원이라는 표현 자체가 어디에서 어디로 건져냄을 받는 과정을 나타낸다. 오늘날 교회는 구원의 확신에 너무 집착한 나머지, 구원이 이동의 과정이라는 사실을 간과하는 경향이 많다. "너희는 그것을 이렇게 먹을지니." 이 말씀은 유월절의 양을 어떻게 받아들여야 하는지에 대한 지침이다. 그 유월절의 양을 확신과 감사함으로만 먹고 출애굽은 하지 않는다면 얼마나 어리석은가? 오늘날 신자들이 그와 같다. 그리스도의 보혈로 죄 사함 받고도 세상에서 빠져나올 생각을 하지 않는다. 하지만 유월절 양의 피와 살은 구원을 상징함과 함께 이미 심판이 시작되었음을 의미한다. 죽음에서 구원받은 자들은 속히 애굽을 떠나 새로운 땅, 약속의 땅으로 이동해야 하는 것이다.

하지만 이제 '흩어진 초대교회들'의 출애굽은 그저 장소적 이동이 아니다. 애굽에서 가나안으로가 아니라, 이 세상에서 하늘로 옮겨 가는 이동이다(3:18-22). 그래서 허리가 아니라 마음을 동여매라는 것이다. 여기서 '마음의 허리'라 할 때 '마음'(디아노이아, διάνοια)은 단지 감정적이거나 의지적인 차원만이 아니라 '생각, 가치관, 판단'과 같은 정신적 작용을 가리킨다. 즉, 진리에 관한 판단이다. 세상과 자신의 삶을 바라보는 관점, 가치관에 있어서는 흐트러짐이 없어야 한다. 생각이 중요하다. 생각이 잘못되면 말과 행동이 바로 나오지 않기 때문이다. 생각은 자동차의 핸들과 같다. 차에 있어서 엔진이 심장이라면, 핸들은 그 사람의 사고방식이다. 그래서 베드로는 2:11 이후 세상 속의 교회에게 구체적 지침들을 주기 전에, 그들이 누구인지, 어디에서 와서 어디로 가는지, 교회의 본질과 목적에 대해 장황하게 설명한 것이다. 이 모든 것을 충분히 소화해서 받아들이고 잊지 말라는 뜻이다. 그것이 '마음의 허리'를 질끈 동여매는 것이다.

그 다음, '정신을 차리고'(네폰테스, νήφοντες)는 깨어 있으라는 뜻인데, 거꾸로 말하면 취하여 정신을 잃지 말라는 뜻이 된다. 무엇에 취하는가? 세상에 취하는 것이다. 취하면 마비된다. 제대로 움직이지 못한다. 술에 취하면 정신도 몸도 통제력을 잃는다. 취한다는 것은 자신의 통제력을 다른 것에 내주어 그것에 종노릇하는 결과를 초래한다. 음식이든, 돈이든, 쾌락이든, 명예이든, 처음에는 내가 통제력을 갖고 즐기고 그럴 수 있다고 생각하지만, 그것에 취하면 점차 내가 나의 통제력을 그 중독된 대상에게 내주고, 결국 그것에 매여 종노릇하게 된다. 정신을 차리라는 말은, 이런 위험성을 눈치채고 분별하여 오직 '살아 있는 소망'(3절), 곧 주께서 나타나실 때 주실 큰 '은혜'를 바라는 소망(13절)이 자신을 통제하도록 깨어 있으라는 뜻이다.

흔히, 세상 사람들은 취하지 않으면 제정신으로는 살기 어려운 세상이라고들 한다. 신자는, 또 교회는 어떻게 이렇게 유혹 많고 걸림돌이 많은 세상 속에서 정신을 차리고 취하지 않은 채 살아 있는 소망에 온 마음을 두고 살 수 있을까? 베드로는 이제 그 구체적인 원리들을 잠시 소개하려 한다. 첫째, 세상에 대하여는 하나님을 따라 거룩한 사람으로 변해 가는 것이고(14-16절), 둘째, 하나님께 대하여는 경외함, 곧 두려워하고 의지하는 삶을 사는 것이다(17-21절).

거룩함, 세상에 대하여(14-16절)

원래 복음도 교회도 신앙도 그 본질상 '세상 부인적'(world-denial)이다.[2] 세상은 본질상, 부패하고 더럽고 헛된 데로 돌아가 하나님의 심판과 정죄 아래 있기 때문이다. 하지만 오늘날의 교회는 세상과 너무 친숙하다.

---

2. 채영삼, "신약의 자기 부인의 영성과 칼빈의 이해," 〈칼빈과 영성〉 개혁주의 신학과 신앙총서 4. 개혁주의학술원 (2010) 참조.

세상이 교회를 낯설어하지 않고, 교회도 세상이 전혀 낯설지 않다. 그만큼 세상적이다. 가르치고 배운 복음이 세상적이기 때문이다. '예수 믿고 복 받는 것'이 복음의 전부라면, 교회가 세상과 다를 방법이 없다. 교회는 세상과 같이 되는 것이 소원일 때 반드시 망하게 되어 있다. 세상이 가는 길을 세상과 함께 간다면, 세상이 결국 도달하는 그 목적지에 함께 도달할 수밖에 없지 않은가? 이제 14-16절의 말씀은 교회의 부르심이 세상 속에 놓인 교회에게 어떤 방향을 정해 주는지를 설명한다.

> [14]순종하는 자녀들로서, 이제 여러분들은 이전에 알지 못한 채로 정욕을 따라 행하던 방식대로 행하지 마십시오. [15]도리어 여러분을 부르신 거룩하신 분을 따라 여러분 자신도 행하는 모든 일에 거룩한 자들이 되십시오. [16]왜냐하면 '너희는 거룩한 자들이 되어라, 이는 내가 거룩하기 때문'이라고 기록되었기 때문입니다.

베드로는 이미 교회를 '택하여 부르심 받은 자들에게'(에클렉토이스, ἐκλεκτοῖς)라 불렀다(1:1-2). '썩어 가고 더럽고 쇠해가는' 세상으로부터 불러 내셔서 '썩지 않고 더럽지 않고 쇠하지 않는' 나라에 속하게 하신 것이다(1:4). 특별히 그들 속에 예수 그리스도의 부활 생명을 주사 '거듭나게' 하심으로써 그렇게 하신 것이다(1:3). 그래서 '자녀'(테크나, τέκνα)라는 말이 나온다(14절). 세상에 속하지 않은, 죄와 죽음을 이긴 부활 생명이 그 속에서 숨 쉬는, 자녀 된 교회에게 하나님께서 친아버지 되시기 때문이다. 자녀는 아버지를 닮는다. 그럴 수밖에 없음을 베드로는 역설하려 하는 것이다. 교회는 세상을 닮을 수 없다. 아버지 하나님의 자녀 되었기 때문이다. 세상과는 다른 길을 가고, 다른 모습으로 변화된다. 다른 존재이기 때문이다.

다른 트랙에서 뛰지 말라(14-15절)

국제대회의 경우는 드물지만 국내 마라톤 대회의 경우 가끔씩 트랙을 벗어난 선수들의 어처구니 없는 이야기가 나올 때가 있다. 두세 시간에 육박하는 길고 힘겨운 달리기를 하면서, 결국에는 자신이 트랙을 벗어나 실격 당했다는 사실을 알 때는 황당하고 또 이미 늦은 것이다. 어느 한순간, 선수는 정해진 트랙이 아닌 다른 길로 들어설 수 있다. 문제는 속히 돌이키지 못할 경우, 죽을 힘을 다해 쓰러질 듯 최선을 다한 경주라도 결국 실격에 처해진다는 것이다. 그래서 열심히 뛰는 일 이전에 중요한 것이 어떤 길을 따라 뛰느냐 하는 방향의 문제이다. 속도보다 방향이 먼저이지 않은가?

지금 베드로가 하려는 말이 꼭 그렇다. 방향에 관한 이야기이다. 운동장이 있다면, 어떤 트랙에서 경주를 해야 하는지를 보여 주고 있다. 두 트랙이 있다. 한쪽 트랙을 따라 달리면 아무리 빨라도 실격이고, 다른 쪽 트랙을 따라 달리면 그저 달릴수록 성공이다. 14절에서 이전의 정욕을 따라 '행하던 방식대로'(수스케마티조메노이, συσχηματιζόμενοι)라 할 때, 이 표현 안에는 '스케마'(schema)라는 단어가 들어 있는데, 이는 어떤 '습관, 모양, 형식, 틀, 방식(pattern)' 등을 뜻한다. 그래서 위의 표현은 그 틀, 그 방식, 그 습관, 그 길들에 함께 동화되지 말라는 뜻이다. 즉, 무엇을 '따라'가느냐의 문제인데, 이는 그 다음 15절에서 '여러분을 부르시는 거룩하신 분을 따라'라고 할 때, '따라'(카타, κατά)라는 전치사에서도 그대로 반영된다. 어떤 트랙을 따라 경주를 할 것이냐가 문제이다.

무조건 열심히 하는 것으로는 부족하다. 부족한 정도가 아니라, 자주 치명적이다. 속도가 아니라 방향이 먼저이다. 교회는 하나님 아버지의 미리 아심을 '따라'(카타, κατά), 성령의 거룩하게 하심으로 태어났다고 말했지 않은가!(1:2). 교회는 하나님의 뜻의 표현이다. 탄생도 성장도 완성도 그러하다. 오늘날의 교회는 교회와 세상의 온갖 것들을 다 총동원해서 열심히 '세상을 따라' 간다. 그렇게 성장해서 무엇이 되었는가? 세상이 되지 않았는가! 세상을 따라 열심히 성장했기 때문이다. 그래서 세상에게 도리어 버림받고 짓밟히지 않는가. 세상이 교회에서 하나님의 은혜와 진리, 그 거룩과 영광을 목격하지 못하기 때문이다.

여기서 수신자들은 주로 세상에서 이방인이었다가 신자가 된 자들을 묘사하는 듯하다. '알지 못함'과 '정욕을 따라' 행하는 것은 하나님을 떠난 사람들의 상태를 묘사하는 두 가지 큰 방식이다(Feldmeier, 105). 생각해 보라. 이 표현들도 정확히 트랙과 경주의 이미지에 들어맞는다. '모르는 것'이 먼저이다. 하나님을 알지 못하기 때문에 세상의 트랙에서 뛸 수밖에 없다. 그들을 열심히 뛰게 하는 것은 정욕이다. 사람의 정욕들(desires), 예컨대 식욕, 성욕, 명예욕, 사랑하고 인정받고 싶은 욕구 등은 그 자체로는 하나님의 '좋은 선물'(도나 보나, δονα βονα)이다. 하지만 이런 욕구들이 하나님과 그분의 진리에 대한 무지로 인해, 세상이라는 트랙에 묶여 세상과 함께 달리면서 잘못된 대상을 향해 잘못된 방식으로 나아가게 된다. 결국 돈을 사랑하며, 탐욕, 허영, 사치, 그리고 남과 다르다는 구별 짓기에 대한 강한 열망들을 좇아가면, 결국 '썩어지고 더럽게' 되어 죄와 사망이라는 결승점에 도달하게 된다.

그러므로 결국은 '따라'의 문제이다. 교회는, 그리고 우리는 무엇을 따라 열심을 낼 것인가? 그것을 알고자 하면, 먼저 하나님의 뜻을 묻고 말씀에서 길을 찾아야만 한다. 그리고 성령의 거룩하게 하심으로 자신의 심령의 동기와 목적을 정직하게 살피는 훈련을 사모해야 한다. 또한 어떠한 방식으로 달려야 할지에 대해, 하나님의 말씀과 하늘의 순결한 지혜의 풍요한 조언들을 받아야만 한다(참고. 약 3:13-18). 하나님과 그분의 뜻을 아는 지식에서 먼저 자라가라. 그리고 성령께서 주시는 뜨겁고 거룩한 열정에 사로잡히라. 이런 경주의 결국은 '생명의 면류관'이다(벧전 5:4; 약 1:12).

내가 '변해야' 하는 경주(16절)

교회가 해야 하는 경주는 시작과 끝이 분명하게 정해져 있다. 그 출발선과 결승선은 모두 '여러분을 부르신 자'(톤 칼레산타 휘마스, τὸν καλέσαντα ὑμᾶς)이다. 그분의 '부르심'은 확정적이다. 한 번에 결정된 부르심이다. 그분의 '영광과 덕으로써' 부르신(참고. 벧후 1:3), 그분의 거룩한 이름이 걸려 있는 후회 없는 부르심이다. 그래서 교회는 하나님에게서 출발하고, 하나님과 함께 가고, 하나님께로 이른다. 그분이 이 후회 없는 부르심으로 부르신 자이기 때문이다. 교회의 목표는 하나님께 이르는 것이다. 곧, 하나님께서 주신 '거듭난 생명'이 온전히 성장하고 성숙하여, 아버지 하나님을 닮는 온전한 자녀가 '되는' 일이다. 아버지 하나님의 생각, 뜻, 의지, 정서, 지혜, 성품, 그 모든 것을 닮고 반영하는 그분의 형상(image)으로 온전한 성숙의 자리에 이르는 것이다. 그래야 그분의 나라, 곧 '썩지 않고 더럽지 않고 쇠하지 않는' 나라를 유업으로 받아 하나님의 대리 통치자로 그 나라를 다스릴 수 있게 될 것이다.

그래서 15절에서 말하는 대로, '이 모든 행실들'보다 '거룩한 자들이 되십시오'라는 권면을 주의 깊게 보아야 한다(참고. 레 11:45). 사람은 변하지 않은 채, 교회에 속한 것 같은 행위들만 보이는 것으로는 부족하다. 아니, 부족함을 넘어서 치명적이 될 수 있다. 예수 믿고 복을 받았는데, 간절한 기도 제목들을 놓고 기적적인 응답을 받았는데, 혹은 개척한 지 수십 년 만에 굴지의 대교회가 되었는데, 그 사람 자신이 하나님을 따라 거룩함으로 변화되고 성숙해진 것이 없다면 그것은 다른 트랙에서 다른 경주를 한 것일 뿐이다. 그것도 죽어라고 열심히 달려 다른 결승점에 도달한 것이다. 얼마나 허망한 일인가!

주의하여 보라. 본문에서 권면의 강조점은 명령형으로 된 주동사인 '되어 가라'(게네떼테, γενήθητε)에 놓여 있다. 물론 되게 하시는 분은 하나님이시다. 그분이 섭리하시고 간섭하신다. 훈련하시고 연단하신다. 하지만 하나님이 달라지는 것이 아니라, 당신과 내가 달라져야 한다. 한두 번이 아니라, 온전해질 때까지 계속적으로 달라지고 달라지는 전 과정을 거쳐야 한다. '되어 가라'는 표현은 그런 지속적이고 반복적인 훈련과 성장의 전 과정을 요약한 표현이다.

그러므로 '모든 행실들 속에서' 훈련하는 것이다. 드러내고 다시 비추어 보고 돌이켜서, 하나님의 거룩한 사람이 되어 가는 일에 힘쓰는 것이다. 힘쓸 곳은 내 자신이다. 내가 변해야만 한다. 하나님께서 주신 거듭난 생명으로 살아서, 그 생명의 힘으로 말씀을 따라 하나님의 뜻을 생각하고, 그 생각들을 펼쳐 가치관을 형성하고, 그것을 따라 말과 행동, 습관과 성품을 훈련하여 복종케 하는 것이다. 말씀의 사람이 되어 가는 것이다. 세상을 좇아, 세상의 형상을 따라 새롭게 지음 받아 가는 존재가 아니라, 하나님의 영광의 빛으로 기득하신 예수 그리스도의 형상을 따라 새롭게 지음 받고, 하나님의 뜻이 빚어낸 사람으로 성장해 가는 것이다.

두려움을 정복하는 두려움(17-21절)

신자가 세상의 방식을 따라가지 않으면 자주 두려움과 마주 서게 된다. 세상은 세상을 따라가지 않는 신자와 교회를 두려움으로 위협한다. 지금 이 서신을 받아 보는 로마제국 변방의 흩어진 교회들이 겪는 가장 큰 어려움도 아마 사방으로부터 몰려오는 두려움이었을 것이다. 특별히 소외감, 따돌림, 간헐적인 핍박이 점차 가중시키는 무거운 두려움이다. 말씀대로 살려고 해 보라. 썩어 가는 세상에서 부패한 방식을 따르지 않겠다고 해 보라. 모두가 정직하지 않아도 되는 관행 속에서 혼사 정직을 행하겠다고 해 보라. 모두가 침묵할 때, 하나님의 진리를 올곧게 선포한다고 해 보라. 진리는 때로 외로운 것이다. 교회는 이 세상에서 외로운 게 마땅하다.

세상과 같이 갈 수 없기 때문에, 세상의 방식을 찬동하지 않기 때문에 외로운 게 맞다.

그러나 세상을 대하여는 소외감과 불안을 느끼지만, 하나님을 향하여는 그렇지 않다. 왜 그러한가? 베드로는 그 이유들을 제시한다. 첫째는, 하나님의 심판이 있기 때문이다(17절). 둘째는, 교회는 세상보다 존귀하기 때문이다. 베드로는 이를 세상과 차별되는 그리스도를 묘사함으로써 설명한다(18-20절). 마지막으로, 교회는 죽음에서 그리스도를 일으키신 하나님을 믿기 때문이다(21절). 그러므로 교회는 믿는 바도, 바라는 바도, 세상이 아니라 하나님 자신이어야 한다. 이런 시각으로 17-21절을 새롭게 읽어 보자.

> [17]만일 여러분이 차별 없이 각자의 행위를 따라 공정하게 심판하실 그분을 아버지라 부를진대, 이 땅을 잠시 지나갈 때를 두려움으로 보내야 할 것입니다.
> [18]마땅히 알 것은, 조상 대대로 전해 내려오는 허망한 행실들로부터 여러분이 해방된 것이 썩어질 금이나 은으로써가 아니라, [19]흠도 점도 없는 어린양 같은 그리스도의 보배로운 피로 대신 값 주고 되었다는 사실입니다. [20]그는 세상의 기초가 놓이기 이전에 미리 알려진 바 되신 자로서, 이제 시간의 마지막 때에 여러분을 위하여 나타내신 바 된 분이십니다. [21]여러분은 그를 통하여 하나님, 곧 죽은 자들 가운데서 그를 일으키시고 그에게 영광을 주신 하나님을 믿는 자들입니다. 이렇게 하심은 여러분의 믿음과 소망이 하나님께 있게 하시기 위함입니다.

심판하시는 하나님께 대한 두려움(17절)

오늘날의 하나님은 자주 물러터진(?) 하나님으로 비친다. 믿지 않는 사람뿐 아니라 신자들에게도 종종 교회의 하나님은 성탄절의 산타클로스 정도처럼 가볍게 여겨진다. 무력하고 무능하다. 오늘날 포스트모던 시대 자체가 '관용'(tolerance)의 시대이기 때문이기도 하다. 이 시대는 다원주의가 표방하는 것처럼, 다른 것뿐 아니라 틀린 것들까지도 얼마든지 용인하라고 주문하고 강요한다. 무엇이든 성경 말씀에 비추어 명확히 잘못된 것이라고 지적당하는 것을 거부한다. 하나님도 그렇게 물에 술 탄 듯 흐릿한 존재로 비쳐진다.

하지만 성도가 '아버지'(1:3, 13)라 부르는 하나님께서는 동시에 그들을 '차별 없이' 오직 '각자의 행위를 따라' 심판하시는 엄위하신 하나님이시다. '각 사람의 행위들'(토 엑카스투 에르곤, τὸ ἑκάστου ἔργον)이란 믿는 사람이거나 그렇지 않은 사람이거나, 그들의 믿었던 바와 그에 근거해서 행한 모든 행위를 포괄한 그들의 삶 자체를 가리킨다. 한 사람의 행위는, 하나님과 자신과 이웃 그리고 세상과의 관계 속에서 그가 믿는 바에 따른 가치 판단의 결과이기 때문이다. 그래서 하나님과의 관계에 근거한 그 사람의 존재와 행위 모두를 포함한다. 그런 의미에서 '각자가 행한, 이룬 일'이라고 할 수 있다.

하나님은 속지 않으신다. 당신의 말, 당신이 바친 것들, 당신이 행한 '주의 사업'에 혹은 갖고 있는 여러 가지 직분이나 타이틀에도 결코 속지 않으신다. 하나님은 우선 당신이 과연 중심에서 그분을 닮아 있는지 보실 것이다. 그 거룩함과 긍휼, 진실함과 사랑의 열매를 보실 것이다. 세상 사람들 눈으로 보기에 큰 것과 하나님께서 보실 때에 큰 것은 항상 같지는 않다. 그래서 이 세상을 '외국인으로서, 여행객으로서 잠시 머물며'(파로이키아, παροικία; 참고. 1:1; 2:11) 지나가는 기간 동안 우리는 흐트러짐 없이, 종말에 모두를 거짓 없이 심판하실 하나님께 대한 '두려움'을 가지고 근신하는 마음으로 살아야 한다.

사람이 자신의 신분이 노출된 고향 지역을 떠나 먼 타지에서 잠시 머물게 되면 자기의 본분을 잊기가 쉽다. 아무도 눈치채지 못할 것이라고 생각하기 때문이다. 신분이 노출된 고향에서는 존경받던 사람이, 잠시 해외에 여행을 갔다가 탈선을 하는 경우들을 종종 듣고 보지 않는가? 자신의 행위에 대해 곧바로 이렇다 저렇다 판단할 사람들도 없고, 간섭할 사람도 없다고 느끼기 때문이다. 그래서 멀쩡하던 사람, 높은 신분의 사람도 타지에 잠깐 여행가서 머물게 되면 생각 밖의 이탈을 하고 수치스런 일을 만들기도 하는 경우를 본다. '심판에 대한 두려움'을 잠시 잊었기 때문이다. 자신을 판단할 자들이 멀리 있다고 느끼기 때문이다. 하지만 그들이 여행지에서 행한 일들은 머지않아 낱낱이 드러나 매스컴에 알려지고 모든 이가 보는 앞에서 심판대에 오르지 않던가?

또한 오늘날의 교회는 마치 최후의 심판을 기다릴 필요가 없는 듯이, 마치 지금 여기서 결론이 나는 것이 최종적인 것인 양, 세상의 판단과 힘을 빌려 결론을 내리는 일을 너무도 쉽게 생각한다. 종말에 주님과 더불어 교회가 세상을 판단할 것을 다 잊고(고전 6:1-7), 믿음의 형제들이 서로의 멱살을 붙잡고 세상 법정에 서는 이유가 무엇인가? 하나님을 두려워하지 않기 때문이 아닌가. 공의로 심판하실 하나님이 보이지도 않을 만큼 눈이 멀었기 때문이 아닌가. 그만큼 지금 여기서 자기의 뜻대로 해버리고 싶기 때문이 아닌가(참고. 약 2:6; 4:11).

베드로는 이 세상 한복판에 던져져 사방이 세상으로 둘러싸인 작은 교회들에게 이렇듯, 교회가 마땅히 '두려워해야 할 하나님'을 가르친다. 교회 자신뿐 아니라 로마의 황제와 권력자들, 많은 신들을 섬기는 수많은 헬라인들, 전통을 붙들고 스스로를 눈멀게 만든 유대인들 그리고 허다한 민족들과 열방들을 모두 '각기 그 행위대로' 공의로 심판하실 전능하고 전지하신 하나님, 그 앞에서 온 세상이 두려워 떨 수밖에 없는 그런 초월적이고 전권(全權)을 가지신 심판주 '하나님 앞에서'(코람 데오, χοραμ Δεο) 살라고 말한다. 전권을 가지신 하나님께서 모든 굽어진 것을 바로 펴실 그 최후의 날을 믿는 것이 참된 신앙이다. 그래서 인내할 수 있다. 그래서 낙심하지 않고 계속해서 선을 행할 수 있다(벧전 4:5, 14; 5:4, 10). 열매가 있고 심판이 있기 때문이다. 하나님을 두려워하는 신앙을 회복해야 한다.

헛된 두려움으로부터의 해방(18-20절)

종종 세상의 판단에 휘말리는 성도들을 본다. 걱정과 근심뿐 아니라 두려움에 휩싸인다. 모든 것이 다 끝난 것처럼 여긴다. 마치 세상 사람들의 판단이 최종적인 것처럼 생각한다. 돈을 두려워하고 사람을 두려워하고 미래를 두려워하여, 세상에 종노릇을 자처한다. 그래서 사람에게 종이 되고 돈에 종이 되고 죄의 종이 된다. 사람이 마땅히 두려워해야 할 것을 두려워하지 못하면, 온갖 다른 두려움들에 사로잡히게 된다. 거꾸로, 사람이 마땅히 두려워해야 할 하나님을 두려워하면, 다른 모든 두려움들로부터 해방된다. 18-20절에서 베드로가 강조하는 바는, 이렇듯 심판하시는 하나님께 초점을 맞추고 또한 그분께서 어떻게 교회를 자유하게 하셨는지를 깨닫는다면, 오히려 두려움 없이 세상을 자유하게 살아갈 수 있음을 보여준다. 본문을 읽어 보자.

> [18]마땅히 알 것은, 조상 대대로 전해 내려오는 그 허망한 행실들로부터 여러분이 해방된 것이 썩어질 금이나 은으로써가 아니라, [19]흠도 점도 없는 어린양 같은 그리스도의 보배로운 피로 대신 값 주고 되었다는 사실입니다. [20]그는 세상의 기초가 놓이기 이전에 미리 알려진 바 되신 자로서, 이제 시간의 마지막 때에 여러분을 위하여 나타내신 바 된 분이십니다.

본문을 들여다보면, 흩이져 있는 교회들은 아마도 대부분이 이방인 출신 신자들이었을 것으로 짐작할 수 있다. 하지만 '여러분의 아비들이 대대로 전해 준 그 허망한 행실들'(18절)이라는 표현은 유대인들에게도 해당된다. 교회가 세상 속에 처해 있다는 것은, 그들과는 다른 전통과 관습, 제도에 둘러싸여 있음을 뜻한다. 로마 사회는 제국에 속한 타민족들의 종교에 대해서 대체로 관용했지만, 그것은 일상적이고 지엽적인 영역에서 그러할 뿐이었다. 공적인 정치적 행사는 항상 그들이 섬기는 신들을 숭배하는 종교행사와 맞물렸고, 그리스도인들은 한때 그 문화 속에 있었지만 이제는 더 이상 그럴 수 없는 신앙고백을 갖고 있었다. 그것은 한두 번 일상적인 충돌과 갈등의 단계를 거쳐, 점점 더 위협과 소외, 더러는 보이고 보이지 않는 비난과 적대감, 핍박의 형태로 나타났다.

그것은 흩어진 여행자들 같은 작은 교회들에게 커다란 두려움이었을 것이다. 종말에 이 모든 것의 옳고 그름을 심판하실 하나님을 신뢰하지 않는다면 결코 이겨 낼 수 없는 두려움이다. 여기서도 역시 소속과 방향이 중요한 역할을 한다. '아비들이 대대로 전해 준'(파트로-파라-도토스, πατροπαράδοτος; 개역개정, '너희 조상이 물려 준')이란 표현은 신약의 다른 곳이나 칠십인경(LXX, 구약의 헬라어 번역)에도 나오지 않는 용어이다. 당시 그레꼬-로망 세계에서는 종종 과거로부터 물려받은 조상들의 소중한 가치나 전통, 습관들을 지칭하는 단어로 긍정적으로 쓰였다(Elliott, 370).

흥미로운 것은, 이 표현 속에 '아비'(파테르, πατήρ)라는 단어가 들어 있다는 점이다. 이는 앞서 14-15절에서 신자들이 자녀들이요 그들을 부르신 하나님이 아버지라는 사실과 확연히 대조를 이룬다. 교회는 아버지 되신 하나님이 부르셨고, 그분의 거룩하심이 따라야 할 핵심적인 내용이다. 그리고 성도들이 이전에 속했던 그 전통 속의 '아비들'(조상들)이 전해 준 '허망한' 행실들도 따라야 할 내용이 된다. 여기에 그 사회 속에 머물 수밖에 없는 교회의 갈등이 있고, 그들에게 위협과 두려움이 존재한다. 그래서 여기서 하나님 아버지의 거룩하심과 조상들의 허망한 행실들이 대조된다. 누구를 따라야 할지는 명백하다. 단지 그것을 따르는 문제 이전에, '당신이 누구인가, 누구에게 소속되어 있는가, 누구를 닮도록 되어 있는가?' 의 문제를 확인하는 것이 중요하다.

'허망하다'(마타이오스, μάταιος)는 것은 속이 텅 비어 결국 아무런 결과도 내지 못한다는 뜻이다. 씨앗으로 말하면 죽은 것이요, 빵으로 치면 공갈빵 같은 것이다. 문맥적으로 말하면, 진리를 떠난 무지(無知)함에서 나온 것이고, 부패하여 썩은 행실이다. 예컨대, 제사상을 차리면 조상의 귀신들이 와서 먹는다고 믿고 죽은 조상들 때문에 산 며느리를 괴롭히는 것이다. 사람은 죽어서 귀신이 되지 않는다. 성경에서 귀신들은 모두 타락한 천사들이다. 없는 귀신들을 위해 제사상을 차리는 것은 헛된 풍습이다. 다른 예로, 교회가 커다란 예배당을 짓고 성장했다고 믿는 것도 자본주의적 세상의 풍속을 따르는 현대판 미신에 가깝다. 교회란 건물이 아니라 성도들이기 때문이다. 교회 성장은 성도들이 그들을 부르신 하나님 아버지를 따라 거룩함에 이른 것을 말한다. 예배당은 어마어마한데 거기에 모이는 성도들과 그들을 모은 목회자는 세상의 상식에도 못 미치는 수준의 도덕과 부패함 속에 살고 있다면, 그것 역시 '무엇이든 큰 것이 성공한 것'이라고 믿는 경제 만능 세상의 허망한 행실을 따르는 것이다.

베드로는 성도가 이런 허망한 행실들에서 '해방되었다'(엘류트로쎄테, ἐλυτρώθητε; 개역개정, '대속함을 받은,' 18절)고 선언한다. 이 표현은 '그리스도의 피'와 함께 신약에서 여기에만 나온다. 그것은 '대속함'을 의미할 수도 있고(참고. 고전 6:20; 7:23, 개정, '값 주고 산'), 혹은 문맥에서 '그리스도의 피'가 언급된 것을 주목하여, 유대교에서 개종하는 회심자에게 행한 '피 뿌림'과 같은 것으로 보기도 한다(Unnink). 하지만 베드로는 이미 1:2에서 그리스도의 피 뿌림과 연관하여 구원을 언급했다. 그 배경은 유월절 상황이었으며, 그래서 제2의 출애굽을 시사했다. 18절의 문맥도 마찬가지이다. 구약에 뿌리를 둔 표현으로서, 영원하신 어린양 그리스도의 피로써 해방된 사실을 암시한다(참고. 출 6:6; 15:13; 신 7:8; 9:26; Elliott, 370).

교회가 거듭난 자녀의 생명으로 하나님을 아버지로 모셨으니, 이제 그들은 그들의 전통 속에서 아비들이 전해 준 허망한 행실로부터 해방된 것이다. 장소를 벗어난 것이 아니라 세상의 그 허망한 행실들로부터 해방된 것이다. 여기에 주목해야 할 강조점이 있다. 베드로는 미래에 주께서 나타나셔서 은혜로 완성할 구원은 하나님의 심판과 진노에서 건짐을 받는 '구원'(소테리아, σωτηρία, 1:5, 9)으로 묘사하는 반면, 이미 얻은 구원은 이렇게 그리스도의 피와 연관시켜 '대속의 은혜로 해방됨, 자유를 얻음'(1:2, 18)의 개념으로 해석한다는 점이다(Green, 41).

이는 베드로가 출애굽 신앙을 강조하기 때문이다. 즉, 예수 그리스도 피로 단순히 죄 사함을 받았다든지, 의롭게 여기심을 받았다는 것을 말하려는 것이 아니다. 구원은 이동이다. 그렇다고 첫 번째 출애굽처럼 단순히 이집트에서 가나안으로 옮겼던 지리적 이동만을 뜻하는 것도 아니다. 옛 이스라엘은 약속의 땅에 들어왔어도 그 '허망한 행실들'을 버리지 못했다. 하지만 이제 교회는 진짜 출애굽을 하게 되었다. 짐승의 피가 아니라 보배로운 그리스도의 피로 구속을 받았으므로, 그것은 그들을 이집트나 로마에서 건져내는 것이 아니라 그들의 양심을 새롭게 하여(참고. 히 9:9, 14), 드디어 죄와 죽음의 권세, 그리고 그 결과인 '부패하고 헛된 행실들'에서 해방되게 하는 참된 출애굽인 것이다.

그래서 베드로는 주께서 십자가 위에서 '피 흘려 주심,' 곧 죄 용서하심을 말하려는 것이 아니라, 문설주에 뿌려진 유월절 어린 양의 피처럼 '뿌려짐'을 강조한다. 출애굽, 곧 부패한 행실들에서 해방되었다는 사실을 말하고 싶기 때문이다. 그러므로 교회는 세상이 양심과 그리스도를 아는 믿음을 위협하며 두렵게 하는 그 헛된 두려움에 사로잡힐 이유가 없다. 조상들의 전통이 그중 하나이다. 고대사회에서는 '오래된 것이 더 좋은 것'('the older is better'), 권위 있는 것, 가치 있는 것으로 여겨졌다(Green, 37). 하지만 지금 베드로는 그 전통들보다 훨씬 오래된, 세상이 창조되기 이전부터 존재했던 그리스도를 들이댄다(20절). 어떤 것이 더 오랜 전통인가? 조상들의 전통 운운하지만, 그리스도는 세상이 지음받기 이전부터 미리 알리신 바 된 자이다. 어떤 것이 더 오래된 권위이며 전통인가? 어떤 것을 따라야 마땅한가?

오늘날처럼 테크놀로지가 광속처럼 빠르게 발전하는 시대에는 거꾸로 가장 새로운 것, 가장 최신의 유행이 가장 권위 있는 것으로 대접받는다. 그리스도인들은 종종 이런 시대의 유행에 뒤처지는 것을 두려워한다. 하지만 미래에, 종말에 이 땅에 나타나실 그리스도를 따라 사는 삶보다 더 앞선, 최신식 선진(先進) 문명이 또 있는가? 그러므로 그리스도를 따라 사는 삶, 전에도 계셨고 이제도 계시고 장차 오실 하나님을 따라 사는 거룩한 삶은, 전통으로 보나 유행으로 보나 가장 권위 있는 삶의 형태이다. 세상을 따를 일이 아니다. 이 세상은 그리스도와 비교될 수 없다. 그것들은 그리스도 후에 지음 받았고, 그리스도가 오시면 사라질 것이다.

그러므로 세상의 부패한 관행을 따르지 말아야 한다. 허영을 좇지 말아야 한다. 남보다 우월한 부(富)를 누리고 사는 것으로 허탄한 자랑을 삼는 일에 일생을 보내서는 안 된다. 무엇보다 돈 때문에 정직을 버리고 거짓을 일삼지 말아야 한다. 사업을 한다면 속이지 말아야 한다. 사역을 한다면 진리 아닌 것을 가르쳐서 부흥 성장하겠다고 하지 말아야 한다. 헛된 두려움에 사로잡히지 말아야 한다. 이 모든 것을 불꽃 같은 눈으로 심판하실 하나님만 두려워해야 한다. 그것이 교회이며, 성도이다. 바로 이 때문에 베드로는 그리스도의 존귀함은 물론, 그분이 죽음에서 부활하셨음을 선포한다(19-21절). 성도는 그리스도의 피의 대가, 그분의 죽으심의 대가로 부패한 세상으로부터 해방되었다. 그들은 세상을 빠져나왔다. 그래서 무엇을 잃었는가? 세상의 헛된 행실들을 거부하면 무엇을 잃게 되는가?

성도란 세상을 다 잃어도 아무것도 잃은 것이 없는 사람이다. 그리스도 안에서 자신의 생명을 얻었기 때문이다(참고. 마 16:25-26). 그가 얻은 생명이신 그리스도는 세상과 비교할 수 없다. 세상에서 가장 귀한 것이 '금과 은'이다. 보석들이다. 하지만 그것도 세상과 함께 썩을 것이다. 그러나 교회가 얻은 그리스도는 이미 세상이 창조되기 이전부터 계셨던 분이다(20절; 참고. 11절). 세상보다 크신 분이다(요일 4:4). 세상이 그분으로 말미암아 지은 바 되지 않았던가(요 1:3). 세상보다 귀한 분을 얻은 교회가 세상을 따르지 않다가 세상을 잃더라도, 아무것도 잃은 것이 없고 도리어 그리스도를 더욱 얻고 누리게 되는 것이면(빌 3:7-11), 이보다 더 큰 복이 어디에 있는가?

경외와 탄복으로서의 두려움(21절)

교회가 세상을 이기지 못하면 교회가 될 수 없다. 베드로는 교회가 세상을 이길 수밖에 없는 근거들을 제시한다. 어떻게 이기는가? 하나님을 두려워함으로이다. 베드로는 오직 심판하시는 하나님만을 두려워하고, 그분을 따라 거룩함에 이르기 위해 세상의 헛된 행실들을 따르지 말 것을 요구했다(14-16절). 이 세상을 잠시 머무는 외국인처럼, 여행자처럼 지나갈 때에 '두려움'으로 살라는 것이다(17절). 하나님께 대한 이런 '두려움'을 잃으면 세상을 따르지 않을 때 오는 위협과 소외감, 불안과 그로 인한 온갖 두려움들을 이기지 못한다. 생각해 보라. 교회가 부패한 세상의 허망한 행실들을 따르지 않으면, 세상은 죽음의 권세로 위협할 것이다. 그것이 세상이 가진 가장 큰 무기가 아닌가? 하지만 교회는 그리스도를 가졌다. 그리스도는 누구이신가? 그리스도를 주신 하나님은 어떤 분이신가? 이것이 21절의 내용이다.

[21]여러분은 그를 통하여 하나님, 곧 죽은 자들 가운데서 그를 일으키시고 그에게 영광을 주신 하나님을 믿는 자들입니다. 이렇게 하심은 여러분의 믿음과 소망이 하나님께 있게 하시기 위함입니다.

교회는 무엇인가? 믿는 자들이다. 무엇을 믿는가? 하나님을 믿는다. 어떤 하나님이신가? 첫째는 그리스도를 죽은 자 가운데서 살리신 하나님이시요, 둘째는 그에게 영광을 주신 하나님이시다. 그리스도에 관한 이 두 가지 사실은 베드로전서 전체를 관통한다고 해도 과언이 아니다. 매우 단순해 보이지만 베드로에게 있어서 이 두 가지 사실, 이 두 가지 진리가 서로 연속적으로 연결되어 있다는 사실은 너무나 핵심적이다.

사실, 베드로가 이 두 가지, 곧 그리스도의 죽으심과 영광을 처음부터 연결할 수 있었던 것은 아니다. 복음서의 기록을 보라. 베드로는 십자가를 지려고 예루살렘으로 올라가시는 그리스도 예수를 전혀 이해할 수 없어 한다. 특히 그리스도의 고난을 결코 이해하지 못한다. 자신의 입으로 "주는 그리스도시요 살아 계신 하나님의 아들"이라 고백하고도, 곧바로 그 그리스도께서 십자가를 지시고 고난받고 죽으시기 위하여 예루살렘으로 올라가려 하실 때 그분을 가로막는다(참고. 마 16:16, 21-23). 이후 주님의 예언의 말씀대로 베드로는 새벽닭이 울고 크게 회개하지만, 나중에 부활하신 주님께서 그에게 목양의 사역을 부탁하실 때에도 여전히 자신이 받을 고난에 대해서는 받아들이지 못한다(참고. 요 21:15-23). 그리스도의 고난과 죽으심, 그 후에 부활과 영광의 이 당연한 순서가 베드로에게는 그렇게 받아들일 수 없는, 그래서 그리스도를 이해하지 못하게 하는 걸림돌이었던 것이다.

그러나 지금 베드로는 예수께서 그리스도이심을 충분히 깨닫고 있다. 이 서신에서 베드로는 이 그리스도의 '고난과 영광'을 함께 연결하는 데에 주저함이 없다(3:9, 17-22; 4:13; 5:1, 9-10). 그 길을 먼저 가신 분이 바로 베드로 자신이 세 번이나 부인했던 주님이시다. 그리스도의 피 뿌림을 받고, 성령의 거룩하게 하심으로 거듭나게 된 성도는, 그래서 그리스도와 연합하는 세례를 받고(3:21) 그리스도의 길을 간다. 특별히 베드로전서에서 고난은 그리스도 자신의 것(1:2, 11, 19)이면서 동시에 교회의 몫(1:6, 7, 17)이다. 메시아와 그의 백성이 겪는 새 하늘과 새 땅을 출산하는 고통이다(Green, 39). 그리고 결국 영광에 이르는 길이다. 그러므로 그리스도의 길은 곧 교회의 길이며, 교회의 길은 그리스도의 길이다. 이 둘은 결코 분리되지 않는다. 이것이 베드로가 깨달은 목회의 길이며, 자신의 길이었고(참고. 벧후 1:10-11), 이 땅을 지나가는 교회의 유일한 길이다.

교회는 분명 그리스도의 영광에로 부름을 받았다. 물론, 교회가 이 땅을 지나가는 길은 고난과 죽음의 길일 수 있다. 하지만 그 길은 확실히 황홀한 여행길이다. 교회의 믿음과 소망이 부활과 영광의 하나님께만 있기 때문이다. 또한 그분을 알고 신뢰하는 믿음과 그분이 예비하시고 함께하시고 공급하시는 모든 은혜에 취해서 가는 길이기 때문이다. 이 하나님은 실로 놀라우신 분이시기 때문이다. 교회가 이 땅에서 갖는 믿음이란 그래서 하나님께 대한 경탄과 놀라움을 포함하는 두려움을 뜻한다. 믿음이란 날마다 새롭게, 하나님께 대하여 감탄하는 것이다. 그분의 권세와 능력, 그분의 지혜와 부요함, 그분의 끝없는 사랑과 긍휼 앞에서 '아!' 하고 감탄하여 서며, 또 엎드러져 감격하고 그분을 더욱 사랑하고 두려워하는 것이다. 그분이 예비하신 구원과 이미 주신 놀라운 선물들을 누리면서 경탄하는 놀라운 경외감으로 사는 것이다.

天堂至福永遠至樂

천당의 복은 영원한 즐거움이요!

심판하시는 하나님께 대한 두려움과 내세에 대한 살아 있는 소망은, 오늘날 현세에서 복 받고 잘사는 것이 목적인 신자들에게는 낯선 신앙이다. 그래서 반드시 회복해야 하는 신앙이다. 현실이 어둡고 절망적이면 내세를 바라보기가 훨씬 수월하다. 하지만 현실이 그런대로 살기 편하다면, 신앙도 다가오는 심판과 내세를 잊고 현실에 몰두하기 쉽다. 그래서 일어나는 현상이 세속화(世俗化)이다. 진리를 버리고, 거룩을 버리고, 세상과 함께 썩어지고 더럽고 허무한 길에 빠져드는 것이다. 그래서 오늘날은 더욱더 내세적인 신앙관이 필요하다.

한번 일제 강점기하에서 독립투쟁을 하던 신앙의 인물들을 떠올려 보라. 오늘날처럼 예수 믿고 나 혼자 복 받고 사는 것이 목표가 아니었다. 하나님을 생각했고, 최후의 심판을 생각했고, 영원한 나라를 생각했고, 진리를 위해, 복음과 민족을 위해, 대의(大義)를 위해 자신의 한 몸을 던졌던 신앙을 생각해 보라. 하나님의 심판에 대한 두려움과 내세에 대한 신앙이 없다면 현실을 하나님의 뜻대로 살기 어렵다. 그러므로 현실을 가장 잘 사는 길은 영원한 나라에 대한 살아 있는 소망을 가지는 것이다.

안중근 의사(義士)는 독실한 신앙인이었다. 교회와 민족이 일제(日帝)의 탄압을 받고 자유와 인권을 박탈당하며, 동양평화를 짓밟는 잔혹한 약탈과 신사참배의 우상숭배를 강요하는 식민통치 아래서 모든 이들이 신음하고 있을 때, 그는 자기 자신을 버려 교회와 민족을 구하고자 했다. 그는 당시 대한 제국 의병 참모중장으로서 일본 통감 이토 히로부미를 저격한 후, 약탈국인 일제가 국제법에 의거하지 않고 졸속으로 치른 재판을 통해 사형을 언도 받는다. 하지만 그는 감옥에서 자신의 죽음을 당당하게 그리고 평화롭게 받아들였다. 그의 고상

하고 화평한 인격은, 감옥에서 그를 지키던 일본인 간수들 사이에서도 존경과 감복을 불러일으킨 것으로 유명하다.

그중 지바 도시치라는 군인은 안중근을 존경하여 "당신 같은 훌륭한 분을 중대범인으로 간수하게 된 것이 매우 괴롭다."고 할 정도였다. 안중근은 형장에 끌려가는 날 아침에, 글 하나를 남겨 달라는 그의 간절한 부탁으로 '위국헌신 군인본분'(爲國獻身 軍人本分, '나라를 위하여 자신의 몸을 바치는 것이 군인의 본분') 이라는 글을 써서 선물했다. 자신의 죽음이 대한 제국 의병 참모중장으로서 당연한 일을 한 것이며, 동시에 그 일본군도 자신의 마땅한 의무를 다한 것임을 이해하는 글이었다. 후에 전범(戰犯)이 될 이토 히로부미 같은 이들이 파괴해 버린 동양평화를 위한 대의를 지키면서도, 용서와 화평을 간절히 구하는 마음이 담긴 글이었다. 나중에 이 일본군인은 고향으로 돌아갔고, 안중근 의사를 존경하는 마음에 그의 영정과 위패를 모셔 놓고 아침저녁으로 조공을 드렸으며, 그의 사후에 그의 아내도 그렇게 했다는 일화는 유명하다.

안중근 의사가 붙들었던 내세에 대한 살아 있는 소망은, 그를 현실에서 원수도 감화시킬 만큼 고결하고 숭고한 인물로 만들었던 것이다. 1910년 3월 25일, 사형을 언도 받아 죽기 전날 안중근 의사가 어머니께 드린 편지에서도 그의 내세에 대한 살아 있는 소망은 역력히 드러난다.

"예수를 찬미합니다.…이슬과도 같은 허무한 세상에서 이 불초자를 너무나 생각해 주시니, 훗날 영원의 천당에서 만나 뵈올 것을 바라오며 또 기도하옵나이다. 이 현세의 일이야말로 모두 주님의 명령에 달려 있으니, 마음을 평안히 하옵기를 천만 번 바라올 뿐입니다.…드릴 말씀은 허다하오나 후일 천당에서 기쁘게 만나 뵈온 뒤 누누이 말씀드리겠습니다. 위아래 여러분께 문안도 드리지 못하오니, 후일 천당에서 기쁘게 만나 뵈옵겠다고 전해 주시기 바라옵니다"(〈안중근평전〉 김삼웅, 423).

오늘날도 나만 예수 믿고 복 받는 것이 아니라 하나님의 이름을 생각하는 성도, 교회 전체를 생각하는 성도, 나만이 아니라 나라와 민족을 생각하는 성도가 절실히 필요하다. 이를 위해서는 하나님 나라에 대해 뜨겁게 살아 있는 소망이 있어야 한다. 안중근 의사가 남긴 유묵 중에 그가 즐겨 썼던 글은 그의 고귀한 삶과 죽음을 지탱했던 그의 신앙의 요약이었다. "天堂至福永遠至樂"(천당의 복은 영원한 즐거움이다). 천국 소망이 살아 있어야 한다. 당신은 영원을 살 사람이다. 이 땅에서 그의 나라와 의를 위하여 무엇을 선택하였는가?

5

세상을 이기는 말씀

(1장 22-25절)

어떻게 하면 신자가 세상을 이길 수 있을까? 어떻게 하면 세상 속의 교회가 세상을 넉넉히 이길 수 있을까? 세상 속의 교회라는 주제를 다루는 공동서신은 한결같이 그 비결을 '말씀, 진리, 복음'에서 찾는다. 단순하지만 결정적인 해답이다. 오늘날 돈이 근본이 되는 사회가 칭송하는 외형적 성장만을 추구하며 달려온 교회들은, 그 넘쳐나는 역기능들 때문에 오히려 세상에게서조차 말 못할 비난들을 받고 있다. 그리고 이에 대한 해답으로 이제는 더 이상 세상의 패턴을 좇는 대신 복음으로 돌아가야만 한다고 말한다. 말씀대로 살아가는 삶을 이루어 내야 한다고 말한다. 진리를 전하고 배워야 한다고 말한다. 이것 외에, 세상을 이길 다른 방도가 없기 때문이다.

본문도 그러하다. 21절까지에서 베드로는 과연 어떠한 신앙이 세상의 거세고 강력한 홍수와 같은 물결을 거스를 수 있는지를 숨 가쁘게 설명했다. 그것은 한 마디로 소망의 삶이다. 신자의 믿음과 소망이 그를 부르신 하나님께만 있는 삶이다. 하지만 실제적으로 신자가 어떻게 이런 강력한 소망의 삶을 살게 되는가? 베드로는 그 비결이 '말씀'에 있음을 알려 준다. 특별히 썩어 가고 더럽고 헛된 데로 휩쓸어 가려는 세상의 강력한 쓰나미 앞에서, 신자를 거룩하게 하고 능력 있게 하고 영원하게 하는 것은 하나님의 말씀뿐임을 역설한다. 실로, 베드로전서의 첫 단락인 1:1-2:10의 중심부에 놓인 것이 바로 1:22-2:3에 이르는 '말씀'에 관한 부분이다. 그만큼 세상을 이기는 교회의 능력이 말씀에 있음을 강조한다. 이 단락의 전반부에 해당하는 22-25절의 말씀을 옮겨 보자.

> [22]진리를 순종함으로 여러분의 마음이 거룩해진 가운데, 거짓 없이 형제를 사랑
> 하기에 이르고, 깨끗한 마음으로 서로 뜨겁게 사랑하십시오. [23]여러분이 거듭나게
> 된 것은 썩어지는 씨앗으로부터 된 것이 아니라, 하나님의 썩지 않고 살아 있고
> 항상 있는 말씀으로 말미암아 된 것입니다. [24]그러므로 모든 육체는 풀과 같고
> 그 모든 영광은 풀의 꽃과 같아서, 풀은 마르고 꽃은 떨어지지만, [25]주께서 하신
> 말씀은 영영히 거합니다. 이것이 또한 여러분에게 전해진 그 복음의 말씀입니다.

22절은 '사랑'을 이야기한다. 흥미롭게도 그 앞절인 21절에 믿음과 소망이 언급되었다. 믿음과 소망이 나왔으니 사랑이 나오는 순서가 마땅하지 않은가. 사도 바울도 믿음과 소망과 사랑을 언급했지만(고전 13장), 베드로가 이렇게 언급하는 것도 이상하지 않다. 예컨대, 마가가 바울도 도왔고 베드로도 도왔던 것뿐 아니라(벧전 5:13; 행 12:12, 25), 베드로와 바울은 사도로서 이미 서로 잘 알았고 친분이 있었다(행 15장; 갈 2장). 어쨌든 21절과 22절에서 연이어 믿음과 소망과 사랑이 언급된 것은 흥미롭다. 또한 21

절에서 언급된 믿음과 소망은 그리스도를 죽은 자 가운데서 부활시키신 하나님을 향한 것이다. 그것은 교회가 들었던 기쁜 소식, 곧 그리스도의 죽으심과 부활 사건에 기초한 복음이다.

따라서 22절의 "진리를 순종함으로 여러분의 마음이 거룩해진 가운데"라는 말은 바로 예수 그리스도의 죽으심과 부활의 복음을 듣고 그 복음을 믿고 순종한 사실을 가리킨다. 또한 그렇게 전해진 복음의 말씀을 믿어 하나님께 소망을 둔 심령이 거룩해졌다는 뜻이다. 여기서 '거룩해진 가운데'(헤그니코테스, ἡγνικότες)는 헬라어의 완료형 분사이다(참고. 1:3). 즉, 그 복음을 듣고 믿음과 소망을 갖게 되었고, 그리스도와 하나님께 속한 사람이 되었으며, 현재도 여전히 그렇게 하나님께 속한 사람으로 존재한다는 뜻이다. 그리고 그 진리의 말씀, 곧 그리스도의 죽으심과 부활의 복음이 그에게 준 것은 믿음과 소망뿐이 아니다. 거짓 없는 사랑도 솟아나게 한다. 진리의 말씀이 그의 심령을 거룩하고 정결하게 만들어, 거기서 거짓 없는 사랑이 흐르게 만든다는 것이다. 참으로 놀라운 설명이 아닐 수 없다.

사랑의 공동체를 세우는 비결(22절)

평이한 말씀 같지만, 세세히 뜯어 보면 여기에 참된 교회를 세울 수 있는 비법이 숨어 있음을 알게 된다. 우리가 서로 사랑하는 공동체, 그 안에 믿음의 형제자매들이 서로 진실하게 하나님의 사랑으로 사랑하는 공동체를 만들려면 어떻게 해야 할까? 이런 사랑으로 묶여 있는 공동체는 분명 외부의 어떤 방해나 공격, 훼방이나 핍박에도 흔들림 없이 그리스도 안에서 꾸준히 성장할 것이다. 사랑의 결속력이 있기 때문이다. 베드로는 그 비법을 확실히 전달한다. 그것은 '진리를 순종함으로 마음을 거룩하게, 깨끗하게 하는 것'이다. 그러면 거기에서부터 거짓 없는 사랑이 솟아난다. 방법은 진리의 말씀을 가르쳐 그들의 심령을 깨끗하고 거룩하게 만드는 것이다. 왜 이것이 사랑의 공동체를 세우는 비법이 되는가?

다시 묻자. 사랑은 어디서 오는가? 본문에 의하면, 심령이 깨끗함에서 온다. 무엇이 심령을 깨끗하게 하는가? 하나님의 말씀이 그 비법이다. 22절에서, '진리를 순종함으로'라고 할 때 쓰인 전치사 '엔'(ἐν)은 방법, 수단을 가리킨다. 사람의 생각, 마음, 영혼이 거룩하여지는 것은 오직 진리의 말씀을 순종함으로써 그렇게 된다. 말씀을 순종하지 않으면 영혼, 생각, 마음이 거룩해질 방법이 없다. 반대로 말씀으로 심령이 거룩해지며, 거기에서 거짓 없는 사랑이 나온다. 거꾸로 말하면, 베드로는 '거짓 사랑'을 잘 알고 있는 셈이다.

생각해 보면, 베드로 자신이 이 '거짓 사랑'을 잘 알지 않았는가? 그는 예수께 헌신과 사랑과 충성을 맹세했었다. 하지만 그것이 거짓 사랑이었음을 알게 된 경위가 무엇이었는가? 예수께서 그에게 하신 예언의 '말씀,' 참되고 거짓 없는 계시의 '말씀'이었지 않는가!(마 26:33-36) 베드로는 그 계시의 말씀 앞에서 고꾸라졌다. 그리고 회개했다(마 26:69-75). 그리고 그 속에서 참된 사랑이 솟았다. "네가 나를 사랑하느냐?" 예수께서 물으셨을 때, 베드로는 세 번이나 확실히 대답할 수 있었다(요 21:15-17). 주님의 말씀이 이미 그의 심령을 깨끗하게 하셨기 때문이다. 사람은 복음, 진리의 말씀, 하나님의 말씀이 그의 심령을 꿰뚫고 지나가기 전까지는 자신이 누구인지조차 알지 못한다. 그가 하는 사랑이 어떤 사랑인지조차 전혀 알지 못한다. 그런 사랑은 그리스도께서 받으실 수 없는 사랑이다. 말씀이 먼저 그를 거룩하게 해야 한다. 그의 죄와 어둠과 거짓을 낱낱이, 골수를 쪼개듯이, 밝게 비추어야 한다. 그 계시의 말씀의 빛 앞에 고꾸라져 보지 않으면, 그는 하나님의 사랑으로 형제를 사랑할 수 없는 사람이다.

요즘의 교회들을 보라. 아예 말씀을 가르치려 들지 않는다. 교제가 중심이다. 친교하고 교제하게 해서 인간적인 끈을 만들어 놓으면 그들이 교회에 붙어 있을 것이라고 생각한다. 설혹 그렇게 붙어 있더라도, 그 모임은 기필코 더러워진다. 그 안에 말씀이 없고, 말씀에 순종함이 없고, 그래서 심령의 깨끗함으로 사랑하지 못하기 때문이다. 그러므로 교회에 사랑이 풍성하게 하려면, 말씀을 충실히 가르치고, 부지런히 그 말씀으로 그들의 심령을 거룩하게 하고 깨끗하게 하는 일을 해야 한다.

본문에서 주동사는 서로 뜨겁게 '사랑하십시오'(아가파싸테, ἀγαπήσατε, 22절)이다. 아가페 사랑으로, 하나님의 사랑으로 사랑하는 것이다. 뜨겁게 사랑하는 것이다. '뜨겁게'라는 말은 원래 아가페 사랑의 본질적인 특징이다. 뜨겁지 않은 아가페 사랑은 없다. 하나님의 긍휼은 언제나 불붙듯이 뜨겁다. 그것은 원래부터 뜨거운 긍휼이다. 성도들의 심령 안에는 그리스도의 영, 곧 주께서 거하신다. 그분은 사랑이시다. 뜨거운 긍휼이시다. 내 사랑으로 사랑하는 것이 아니다. 하나님의 사랑으로 사랑할 때 거짓이 없다. 하나님의 사랑으로 사랑할 때 거기에 은혜와 치유와 회복의 참된 역사가 일어난다. 내가 그 뜨거움을 만들어 내는 것이 아니다. 하나님의 그 뜨거운 용암 같은 긍휼을 흘려보내는 것이다. 성도의 심령에는 죽은 자를 살리신 하나님의 그 '많으신 긍휼'(1:3)이 이미 가득 차 있다. 이제 그것을 형제 사랑, 이웃 사랑으로 흘러가게 해야 한다. 막힌 곳을 뚫어야 한다.

그것이 '진리의 말씀'의 사역이다. 그저 신실하게 하나님의 진리의 말씀, 순결하고 진실한 말씀을 전하라. 그런 말씀을 꾸준히 배우고 순종하고 행하라. 그러면 뜨거운 하나님 사랑의 사람이 된다. 뜨거운 하나님 사랑으로 사랑하는 공동체가 된다. 재정으로 하는 것도, 최신 유행하는 복음성가나 유행처럼 뜨고 지는 교회 성장 프로그램이 하는 것도 아니다. 오직 거룩한 진리의 말씀이 하신다. 왜 그러한가? 말씀은 우리 속에서 '거짓'을 제거하기 때문이다. 말씀으로 거룩해지지 않은 사랑은 더러운 사랑일 수 있다. 썩어가는 것과 더러운 것과 헛된 세상과 자아의 동기로 나오는 사랑일 수 있다.

말씀으로 거룩해진 거짓 없는 사랑은 요란하지 않아도 울림이 크다. 그런 깨끗한 사랑은 드러나는 것이 적다 해도 깊이 있고 따뜻하다. 말을 많이 하고 주는 것이 많아도, 그 사랑이 진실하지 못하고 깨끗하지 못하고, 그의 심령에 붙어 있는 더러운 찌끼들, 예컨대, 교만, 우월감, 허영, 부주의함, 형식주의, 숨겨진 이기심, 조종하고 이용하려는 생각 등이 포함되어 있다면 그것은 전혀 사랑에 이르지 못한다. 그러므로 형제 사랑을 외치기 전에, 사랑을 부르짖기 전에, 주님의 거룩한 말씀 속에 그대의 심령을 세탁하라. 더러움이 모두 떨어져 나갈 때까지 비비고 빨고 두드리고 털어서 순백색의 색깔이 나올 때까지, 그대의 심령과 삶을 세탁해야 한다. 그리고 그분의 태양같이 밝고 뜨거운 말씀의 온기 속에 그대의 심령을 오래도록 널어 두라. 거기서 교회의 참된 사랑, 뜨거운 하나님의 긍휼이 솟아난다.

말씀이 세상을 이기는 이유(23-25절)

그렇다면 왜 말씀은 거짓 없는 사랑을 만들어 내는가? 말씀이 무엇이기에 그런 놀라운 기능을 할 수 있는가? 이제 베드로는 이 말씀, 복음, 곧 진리에 집중한다. 진리란 참된 것이다. 세상은 거짓되다. 그래서 진리가 세상을 이긴다. 믿어지는가? 말씀은 영원하고, 세상은 시들고 지나간다. 그래서 말씀을 가진 자가 세상을 이긴다. 이것은 공동서신이 한결같이 강조하는 메시지이다. 복음은 이미 그리스도께서 죽음을 이기시고 세상을 이기시고 하늘에 오르셨다고 선포한다. 이 복음을 가진 교회가 죽음을 이기고 세상을 이기고 하늘에 오를 것이다.

오늘날 교회들은 성령 충만을 부르짖지만 말씀에서 떠났다. 봄가을로 성령집회를 열지만 세속적인 복을 주려고 하지, 정작 세상이 썩어지고 더럽고 헛된 것에서 벗어나게 하는 회개와 거룩함에 이르게 하지 못한다. 성령운동을 세속적인 욕심과 결탁하게 만든 순수하지 못한 복음 때문에 교회가 더러워진 것이다. 말씀 안에는 불이 있다. 말씀 자체가 생명이다. 하나님의 말씀은 거룩하고 영원하다. 22-25절에 기록된 말씀에 대한 베드로의 설명은 사실 베드로가 전하는 교회의 본질과 목적에 있어서 핵심적인 자리를 차지한다. 교회가 교회 되려면 하나님의 말씀이 있어야 한다. 하나님의 말씀이 교회를 만든다. 베드로는 공동서신의 논조를 따라, 바로 이 하나님의 말씀이 교회로 하여금 세상을 이기게 하는 능력임을 선포한다.

먼저, 23절에 보면 성도의 거듭남과 말씀을 연관 짓는다. 흥미로운 점은, 이미 베드로가 1:3에서 거듭남을 언급했고 거기서는 그리스도의 죽으심과 부활의 복음과 더불어, 문맥상 성령의 거룩하게 하신 역사가 한층 강조되었다(2절). 하지만 지금 23절에서는 명확하게 거듭남의 역사가 '말씀'을 통해서 된 것임을 부각시킨다. 사실 말씀과 성령, 성령과 말씀의 역사함은 서로 떨어질 수 없다. 말씀을 도외시한 성령운동은 반드시 타락한다. 세속화된다. 자기 욕심을 채우고자 성령을 이용하는 것으로 전락하고 만다.

반면, 성령의 역사를 사모하지 않으면서 말씀만 강조하는 것도 어리석다. 그것은 마른 막대기로 성도들의 머리를 때리며 교훈하는 것과 같다. 마른 막대기가 무슨 생명의 아름다운 열매를 맺으랴. 이런 태도는 성령도 말씀도 잘못 이해한 것이다. 성령께서는 말씀과 더불어 역사하신다. 태초에 하나님께서 "빛이 있으라" 하시고 세상을 창조하셨을 때, 그분의 신이 수면에 운행하신 것과 같다(창 1:1-3). 말씀 속에는 생수가 솟아오르고, 하나님의 사랑과 공의의 뜨거운 불길이 타오른다. 말씀을 받았는데 성령으로 충만해지지 않을 수 없고, 성령으로 충만해졌다면 그것은 하나님 자신의 뜻, 곧 그분의 말씀을 깨닫고 순복하는 데에로 나아가게 한다. 둘은 결코 떨어지지 않는다.

또한 베드로는 성령의 역사를 동반하는 이 말씀을 '썩지 않는'(아프싸르투, ἀφθάρτου, 23절) 씨앗이라고 표현한다. '썩지 않는'다는 표현은 이미

4절에서 '썩지 않고 더럽지 않고 쇠하지 않는' 나라를 유업으로 받는다고 할 때 나왔던 표현이다. 더구나 3절은 '거듭남'에 대해서 언급했다. 이렇게 보면, 지금 23절은 신자가 죽음을 이기신 그리스도의 부활 생명으로 거듭나서(3절) '썩지 않고 더럽지 않고 쇠하지 않는'(4절) 나라를 유업으로 받은 사실을 다시 '말씀'을 통해 새롭게 설명하고 있는 셈이다. 이를 간략한 도표로 보면 아래와 같다.

> **3-4절:**
> 거듭남(성령) → 썩지 않고 더럽지 않고 쇠하지 않는 (유업) → 살아 있는 (소망)
> **23절:**
> 거듭남(말씀) → 썩지 않고 거짓이 없는 (말씀) → 살아 있고 항상 있는 (말씀)

두 본문의 반복과 대조를 보면 흥미롭다. '거듭남'의 사실뿐 아니라, '썩지 않는', 그리고 '살아 있는'이라는 표현까지 모두 세 가지가 모두 반복된다. 무슨 뜻일까? 3-4절에서 거듭남은 성령의 역사처럼 비쳐진다. 썩지 않고 더럽지 않고 쇠하지 않는 것은 장차 신자가 받을 유업이다. 그의 심령에 살아 있는 것은 소망이다. 하지만 23절에서 이 모든 표현들은 한 가지로 '말씀'을 수식한다. 거듭나게 하는 것도 말씀이고, 썩지 않는 것도 말씀이며, 살아 있고 영원히 거하는 것도 말씀이다. 무슨 뜻인가? 말씀은 하나님을 떠나 죄와 사망에 종노릇하는 세상의 본질과 질적으로 다르다는 것이다. 세상은 썩어지고, 더럽고, 헛된 데로 빠져든다. 그 안에 있는 하나님의 모든 좋은 선물들도 이 부패하고 더럽고 헛된 죽음의 지배 아래서 함께 썩이지고, 더러워지고, 헛된 일에 봉사하게 된다. 사랑이 그렇고, 정의가 그렇고, 음식이 그렇고, 자연이 그러하다.

그러나 말씀은 그렇지 않다. 그 본질이 세상과 다르다. 그래서 말씀이 있으면 세상을 이긴다. 말씀은 '썩지 않고 살아 있고 영영히 거한다'(23절). 정확히 세상의 특징과 반대이다. 말씀은 교회가 장차 유업으로 받을 그 '썩지 않고 더럽지 않고 쇠하지 않는' 나라의 특징을 정확히 담고 있다. 그래서 23절에서 '살아 있고'(존토스, ζῶντος)는 하나님을 묘사하는 것이라기보다 말씀을 묘사하는 것이 맞다. 마찬가지로, '썩지 않는' 씨앗, 말씀이란, 말씀이 이 세상의 본질과 다름을 극적으로 표현한다. '영영히 거하고'(메논토스, μένοντος)는 세상이 헛된 데로, 허무한 데로 돌아가는 본질과 극적으로 대조된다.

그러므로 말씀이 핵심이다. 말씀이 거듭나게 하며, 썩지 않는 하늘의 유업을 소유하게 하고, 그 속에 소망이 불붙듯이, 샘솟듯이 살아나게 한다. 그 모든 역할을 하나님의 말씀이 하신다. 복음이, 진리의 말씀이 하는 것이다. 하나님의 말씀을 주면 거듭난다. 말씀을 주면 썩지 않고 더럽지 않고 쇠하지 않는 유업을 바라고 사모하는 사람이 된다. 말씀을 주면 살아 있는 소망이 생긴다. 말씀이 비결이다. 당신은 얼마나 말씀을 사모하는가? 얼마나 살피고 찾고 배우고 그대로 살려고 애쓰는가? 그렇게 하지 않으면서 썩어지는 세상, 더러운 세상, 헛된 세상을 이길 생각을 하지 말라. 그렇게 하지 않으면서 가슴이 후련하고 심령이 물댄 동산처럼 만족스럽고 풍요해질 것이라고 생각지 말라. 그럴 수는 없다. 당신이 그렇게 될 비법을 버렸기 때문이다.

오늘날의 교회는 말씀을 버렸다. 설교단은 목회자의 사적인 정견 발표 시간이 되었다. 행복한 인생을 위한 자기 개발 철학을 파는 가판대 같은 자리가 되었다. 주여, 우리를 불쌍히 여기소서! 목회자는 강단에 설 때마다 하늘에서 벼락이 떨어질 것 같은 두려움으로 서야 한다. 하나님께서 그 아들의 피로 값 주고 사신 양들을 먹이는 순간이다. 하나님의 것이 아니라 자신의 것으로 먹이는 거짓 목자들에게 화가 있을 것이다. 예수 그리스도의 몸에는 예수 그리스도를 주어야 한다. 그것이 설교이다. 곧 그분의 말씀을 주는 것이다. 그렇게 하지 않고 세상을 이길 수 있는 교회는 없다. 교회는 그렇게 만들어져 있지 않기 때문이다.

말씀, 진리, 복음이 이를 듣고 행하는 사람으로 하여금 '거짓 없는 뜨거운 사랑'을 할 수 있게 만드는 이유는 말씀 자체가 깨끗하기 때문이다. 말씀 자체가 거룩하기 때문이다. 말씀 자체가 '썩어지고 더럽고 헛된' 세상에 속해 있지 않기 때문이다. 그래서 '하나님의'(떼우, θεοῦ)의 말씀이다. 하나님에게 속해 있고, 하나님에게서 나오는 말씀이다. 말씀은 세상에 속해 있지 않고 세상으로부터 나온 교훈도 아니며 세상살이를 위한 철학도 아니다. 말씀은 하나님께 속해 있고 하나님에게서 나오고 하나님의 영광을 위하여 주어진다. 말씀을 간절히 사모하라. 말씀이 세상을 이기게 한다.

교회, 세상에 흩어진 말씀(24-25절)

말씀과 세상의 선명한 대조는 24-25절에서 베드로가 이사야 40:6-8을 인용하는 데에서 결정적으로 드러난다. 이사야 40:6-8은 옛 이스라엘이 포로 된 후 기록된 중간기 문헌들이나 공동서신처럼 '흩어진' 하나님의 백성들 위해 기록된, 소위 '디아스포라 서신'들에 자주 등장하는 특징적인 본문이다.[3] 8절만 옮기면 이렇다. "풀은 마르고 꽃은 시드나 우리 하나님의 말씀은 영원히 서리라"(개역개정). 원래 이사야의 문맥에서 '우리 하나님의 말씀'은 무엇이었을까? 그것은 하나님의 변치 않는 약속이었다. 장래에 하나님께서 이스라엘의 실패를 용서하시고 그들을 회복하시리라는

---

3. Donald J. Verseput는, "Wisdom, 4Q185, and the Epistle of James," *JBL* 117/4 (1998), 705-707, 이렇게 사 40:6-8을 사용한 '언약적 디아스포라 서신'으로 제2바룩서 82:7나 4Q185 1-2 i 9-13 그리고 신약에서 야고보서와 베드로전서를 예로 든다; 구체적으로, 사 40:6-8이 약 1:18-21에서 어떻게 쓰였는지를 보려면, 채영삼, 『지붕 없는 교회: 야고보서의 이해』 이레서원 (2012), 135-140을 참고하라.

약속이었다. 그들은 포로 된 나라로 끌려가서, 그 비참과 절망 속에서 그 언약의 말씀을 굳게 붙들 수밖에 없었다. 그 말씀이 유일한 희망이었다. "풀은 마르고 꽃은 시드나." 비록 하나님의 백성으로서 하나님께서 주신 은혜와 특권을 남용하여 열방 앞에서 하나님의 율법을 버리고 하나님의 거룩한 이름을 땅에 떨어뜨린 용서 받을 수 없는 실패였지만, 그들을 쇠사슬로 묶어 종으로 삼은 앗수르와 바벨론, 그 이방 나라들은 한낱 '풀과 풀의 꽃의 영광'에 지나지 않는다는 외침이다.

하나님은 그분의 택하신 백성을 버리지 않으신다. 그분의 약속은 신실하셔서 반드시 이루어진다. 그것이 약속의 땅에서 쫓겨나 타국에 흩어져 있는 당시 하나님의 백성의 유일한 희망이었다. 그리고 이사야 선지자는 먼 미래에 위로의 때, 회복의 때, 하나님의 긍휼이 부어지는 그 날을 바라보고 노래했다. 그것이 이사야 40장이다. "너희의 하나님이 이르시되 너희는 위로하라. 내 백성을 위로하라…그 노역의 때가 끝났고 그 죄악이 사함을 받았느니라"(1-2절, 개역개정). 그리고 이사야는 그 날에 광야에 외치는 자의 소리가 있어 이렇게 외칠 것이라고 예언한다. "너희는 광야에서 여호와의 길을 예비하라. 사막에서 우리 하나님의 대로를 평탄하게 하라"(3절, 개역개정).

독자들은 이사야의 이 예언이 이미 세례 요한에게서 이루어졌음을 들었을 것이다(마 3:1-12; 막 1:1-8; 눅 3:1-18). 세례 요한은 이사야의 예언이 성취되었음을 알렸다. 그는 주의 길을 예비했고, 주께서 오셨다. 드디어 이사야가 바라보았던 그 종말에 '여호와의 영광'이 나타난 것이다(사 40:5; 요 1:14-15). 베드로의 문맥도 동일하다. 그래서 베드로가 이사야 40:6-8을 인용하면서, 그 '썩지 않고 살았고 영영히 거하는 말씀'이라 할 때 그 말씀은 일차적으로 예수 그리스도의 죽으심과 부활, 그로 인해 거룩함을 입은 거듭난 하나님의 새로운 백성, 그 교회를 탄생시킨 복음을 가리킨다. 23절에서 '하나님의 말씀'이라는 표현이 주로 '복음'을 지칭한다는 것은 신약에 고루 퍼져 있다(행 4:29; 13:44, 46; 고후 2:17; 골 1:5, 25, Achtemeier, 140). 이사야가 붙들었던 그 '영영히 서는 말씀'은 이제 그리스도 예수 안에서 성취된 하나님의 약속, 곧 이제 전해진 그 복음을 의미한다.

앗수르도 바벨론도 한때 세계를 제패하며 위용을 자랑했다. 하나님의 백성을 심판하는 도구로 사용될 만큼 강력했다. 하지만 그 제국들은 지금 다 어디로 갔는가? 지금도 하나님의 언약은 변함없이 신실해서, 그들이 보고 듣는 대로 온 세상에 예수 그리스도의 복음으로 퍼져 나가고 있다. 정말 그 강력한 나라들은 풀이나 풀의 꽃의 영광처럼 하루아침에 사라졌다. 그러면 로마는 어떠할까? 지금 로마의 주변에 흩어져서 여행자처럼, 잠시 거주하는 외국인처럼 위축되어 살아가는 교회는 어떻게 될까? 그들을 둘러싸고 그들을 적대하고 위협하며 따돌리는 이 로마제국과 그 권력과 영광은 어떻게 될까? 풀과 그 풀의 꽃의 영광처럼 하루아침에 사라질 것이 아닌가! 그러면 무엇을 붙들어야 하는가?

자명하지 않은가. 복음, 곧 하나님의 살아 있는 말씀을 붙들어야 하지 않는가. 이런 메시지는 오늘날 세상에 잔뜩 취한 교회들에게도 적실하다. 송곳처럼 예리하게 정확하며, 골수를 쪼갤 만큼 날카롭다. 교회가 세상을 부러워할 것이 무엇인가? 세상처럼 되고 싶어 하는 것이 다 무엇인가? 어떻게 썩지 않고 살아 있고 영영히 거하는 말씀으로 거듭난 교회가 풀의 꽃처럼 사라질 세상의 영광을 붙잡으려 하는가? 어리석지 않은가? 그런 짓이 어리석다는 사실이 바로 그들이 받은 복음의 내용이다. 바벨론은 망했지만, 하나님의 약속은 그대로 이루어져 그들 교회를 태어나게 했다. 그런 교회가 어찌 다시 세상을 붙잡고 세상의 영광을 따라갈 수 있는가? 이것이 베드로가 역설하는 바이다.

한 가지 더 놀라운 사실이 있다. 베드로는 성도들이, 교회가 거듭난 것이 '썩지 않는 씨앗'으로 되었다고 말한다(23절). 이번에는 '씨앗'(스포라,

σπορά)에 초점을 맞추어 보자. 신자는 복음의 말씀, 진리의 말씀, 하나님의 살아 있고 영영히 거하는 말씀으로 거듭났다. 즉, 그 속에 말씀의 생명과 같은 썩지 않는 하나님의 생명, 부활 생명을 받은 것이다. 상징적으로 말하면, 예수님께서 비유로 말씀하신 대로 천국 복음이 그 마음에 뿌려진 것이다(마 13:1-43). 야고보서 식으로 하면, 하나님께서 진리의 말씀으로 그들을 낳으신 것이고, 그 말씀이 그 심령에 심긴 것이다(약 1:18, 21). 신자의 본질이 그들의 심령에 심긴 하나님의 말씀에 있다는 이해는 공동서신, 특히 세상 속에 놓인 교회의 본질을 이해하는 데 결정적이다.

그래서 지금 베드로는 교회를 정의하면서 그들을 '디아-스포라'('흩어진 자들,' διασπορά)라고 부른다(1:1). 흥미롭게도, 23절의 '스포라'(씨앗, 말씀)과 1절의 '디아-스포라'는 서로 발음상, 이미지상 서로 깊은 상관관계가 있다(Hartin). 씨앗은 땅에 흩어 뿌린다. 그리고 그 흩어져 떨어진 자리에서 씨앗 속에 있는 나름대로의 생명의 열매를 맺는다. 포도 씨앗은 포도 열매를, 올리브 씨앗은 결국 올리브 열매를 맺을 것이다. 그렇다면 교회는 어떠한가? 그들의 심령은 '썩지 않을 씨앗', 곧 하나님의 살아 있고 영영히 거하는 '말씀'으로 거듭났다. 그들 속에 그리스도의 복음, 하나님의 말씀이 심겨 있다. 믿음으로 받았지만, 하나님께서 심으신 것이다. 그래서 그들 속에서는 '살아 있는 소망'이 샘솟듯이 솟아난다. 좌절이 불가능할 만큼 그들은 영원한 소망에 시달린다(?)! 자신이 절망해도, 그들의 심령에 심긴 영원한 말씀이 살아서 계속 소망하게 하기 때문이다. 그리고 그들 속에서 거짓 없는 사랑이 흘러나오기 시작한다. 그들 속에 심겨 있고, 말씀으로 듣고 있고, 하늘로부터 오는 지혜를 받아, 계속해서 그들의 심령이 거룩한 채로 더욱 정결해지기 때문이다.

더 중요한 것은, 그렇게 살아 있는 말씀이 심겨 있는 성도들과 교회가 이 세상 속에 '흩어져'(디아스포라) 있다는 사실이다. 마치 말씀처럼 땅에 흩어 뿌려져 있는 것이다. 이것은 교회가 흩어져 거하는 곳, 잠시 머무는 곳에, 그 '썩어 가고 더럽고 허망한' 세상 한복판에 '썩지 않고 거룩하며 살아 있는' 말씀의 사람들이 심겨 있는 것과 같지 않은가! 이것이 교회가 '디아스포라', 곧 흩어진 교회 된 의미이다. 그들은 세상 속에 흩어 떨어져 있지만, 결단코 이 세상의 생명을 갖고 있지 않다. 그들 속에 거하는 것은 말씀의 거룩한 생명이다. 땅이 그 땅에 떨어진 씨앗과 같지 않은 사실을 생각해 보라. 씨앗은 땅이 아니다. 땅에는 잡초들이 나겠지만, 하나님께서 말씀으로 심으신 사람들 속에서는 하나님 나라의 열매가 달리게 되어 있다. 열국들 가운데 하나님께서 심으신 생명의 나무들이 자라는 것이다. 천국은 그렇게 세상에 흩어진 교회들을 통해 이 땅에 더욱 임하게 된다.

그렇다면 정말 교회는 세상일 수 없다. 씨앗은 흙이 아니듯이, 토양이 그 토양에 심긴 씨앗이 될 수 없듯이, 교회는 세상이 될 수 없는 것이다. 존재와 생명이 다르다. 마찬가지로, 그 땅에 생명의 씨앗들이 떨어져 있지 않다면, 그곳은 사람들이 거할 수 없는 황무지가 되고 말 것이다. 무엇이 세상을 에덴동산과 같이 물댄 동산처럼 풍요한 것으로 바꿀 수 있는가? 무엇이 사막을 변하여 푸른 동산이 되게 하겠는가? 무엇이 세상을 바꾸어 하나님의 풍성한 생명의 나라로 바꿀 수 있겠는가? 하나님은 그런 목적으로 그분의 말씀으로 교회를 거듭나게 하시고, 온 세상에 흩어 뿌리신 것이다. 교회여, 교회여! 그대는 무슨 열매를 맺고 있는가? 어떤 생명을 원하는가? 어떤 생명으로 살고자 하는가? 그대 속에 심긴 말씀의 생명이 이미 풍성하게 살아 있음을 알지 못하는가? 교회가 세상을 부러워하는 것처럼 어리석은 일이 또 있는가! 교회는 세상을 이기고, 세상을 치유하고, 세상을 회복할 생명의 능력을 이미 받았고, 자기 안에 가지고 있다. 그것이 '썩지 않고 살아 있는 영영히 거하는' 하나님의 말씀이다. 주님의 사랑하는 교회여, 부지런히 말씀으로 돌아갈지라.

프로그램과 진리

왜 교회에 프로그램이 필요한가? 말씀과 기도, 봉사와 교제, 선교와 세상의 고통을 덜어 주는 일 외에 교회에 무슨 다른 일이 필요한가? 프로그램이 없으면 허전함을 느끼는 교회는 이미 병든 것이다. 술 담배를 끊지 못한 성도나 프로그램을 끊지 못한 목회자나 전혀 다를 바 없다.

본질로 돌아가라. 말씀과 기도를 대치하는 프로그램과 싸우라. 된장찌개와 현미밥이면 된다. 빈 속에 술 담배가 얼마나 해로운가? 차라리, 아니 적극적으로 교리교육을 하라. 교회가 프로그램 중독증에서 벗어나야 한다. 박카스 마시면 반짝한다. 하지만 잠시 후면 몸이 떨린다. 그런 것이다. 교회가 꾸준한 말씀교육과 지루하고 심심해 보이는 기도 사역에 힘써야 한다.

프로그램은 인간이 고안한 교회 부풀리기 박카스와 같지만, 말씀과 기도는 그분의 교회를 위해 하나님 자신이 고안하신 은혜의 방편, 곧 유일한 하나님의 프로그램이다. 하나님의 교회에는 하나님의 프로그램을 쓰라. 교회는 인간들의 것이 아니기 때문이다. 그러므로 사역자는 오직 말씀과 기도에 능해야 한다. 비법은 없다. 늘 링거액을 맞으며 크는 아이가 어찌 건강하겠는가.

그래서 진리를 아는 것은 뜻밖에도 아주 중요하다. 그 사람이 진리를 명확히 알고 있다면, 그를 통해 사람들은 진리의 길에 함께 머무를 수 있다. 교회의 핵심은 찬양도, 모임이나 교제도, 헌금이나 봉사도 아니다. 진리가 중심에 있어야 한다. 보이지 않는 그 진리가 교회의 틀을 세우고 사람들을 묶어 낸다. 명확하고 바르게 '진리의 기둥과 터'로 세워 나간다. 사역자는 먼저 뚜렷한 진리의 사람이 되어야 한다.

달라지고 싶거든

만일 하나님의 말씀이 참되다면, 그대는 둘 중 하나를 해야 한다. 그 말씀, 그 약속을 액면 그대로 믿든지, 아니면 아예 돌아서든지. 하나님의 약속은 그런 결단을 요구한다. 믿는다는 것은 전폭적으로 나 자신을 그분의 약속에 던져 넣어 버리는 것을 의미한다. 믿든지, 그렇지 않든지이다.

하나님은 '없는 것을 있는 것처럼' 부르신다. 하나님께서 '새로운 피조물'이라 하시면 그대는 진정 새로운 피조물이다. 결코 그 이하일 수 없다. "이전 것은 지나갔다."고 하셨으면 지나간 것이다. 눈으로 보지 말고 귀로 듣지 말라. 믿음으로 걸으라. 그것은 때로 황당할 만큼 무모하다. 하나님의 말씀이 "새것이 되었도다" 하셨으면 새것이다. 아무도 못 바꾼다. 어쩔 수가 없다.

말씀을 의지하고 뚫고 나아가지 않으면 아무 데도 이르지 않는 것이 믿음 생활이다. 그렇게 해 보라. 그 자리이다. 말씀을 의지하고 그대로 믿고 나아가는 일은 단순하지만 절대적이다. 그 순간만큼은 절대적이다. 하나님의 말씀이 그렇다면 그런 것이다. 당신의 상식이나 눈에 보이는 것이나 귀에 들리는 것은 모두 말씀에 대적하여 설 수 없다.

말씀을 미적지근하게 듣지 말라. 말씀은 그런 태도를 용납하지 않는다. 말씀이 옳든지, 그대가 틀렸든지. 말씀이 참이면, 온 세상이라도 거짓이다. 말씀은 절대적인 신뢰를 요구한다.

오직 믿음 위에만 굳게 서라. 말씀이 삶을 만든다. 하나님은 말씀으로 세상을 지으셨다. 하나님의 약속이 미래를 만든다. 당신의 생각이 아니라, 그대의 감정이 아니라 말씀을 붙들라.

그대의 과거가 아니라, 온 세상이 아니라, 듣고 보는 것이 아니라, 오직 말씀을 붙들라. 오직 그 말씀대로 한 걸음씩 걸어 보라. 그 이전과는 전혀 다른 곳에 이른다. 하나님의 말씀이 그대를 인도했기 때문이다. 그렇게 전진해야 한다. 그래야 달라진다.

보고 싶다

나는 네가
말씀을 품어 내는 것을
보지 못했다.

너는
너를 붙들고 울지만
나는 네가
말씀을 붙들고
말씀 때문에
통곡하는 소리를
듣고 싶다.
그날이
네가 너를 찾는
첫 날이 될 것이기
때문이다.

모세도 아브람도
그리고 그 새벽의 시몬도
그리고 바울이 된 사울도
그 빛 앞에

고꾸라졌다.
아무도
말씀의 빛이 그를
통과하지 않으면
자신이 누구인지
알 수 없다.

나는 네가
말씀을
품어 내는 것을
보고 싶다.

6

살아 있는 교회, 세상의 제사장

(2장 1–10절)

교회란 무엇인가? 오늘날 우리는 교회를 무엇으로 생각하는가? 흔히, 예배당과 교회조차 쉽게 구분이 되지 않는다. 성경이 누누이 교회란 '부르심을 받은 성도들' 자신이라고 밝혀도(벧전 1:1; 참고. 엡 2:19-22), 일상에서 우리는 예배당 건물을 '교회'로 부르는 관행을 고칠 생각이 전혀 없는 듯하다. 사실 건물을 교회로 부르는 것은 신약에서도 없는 사례이다. 신약의 교회는 모두 어떤 지역에 흩어져 있는 가정교회들이었다. 가정에서 모이는 '부르심 받은 성도들'이 교회이다. 한 번도 그들이 모인 건물을 교회라고 부르지 않았다. 베드로 역시, 예루살렘 성전 건물을 중심으로 신앙생활을 했던 유대교를 벗어나, 이제 종말에 새로운 이스라엘이 될, 로마 각 지역에 흩어져 있는 예수 그리스도를 믿는 신자들, 곧 그의 교회에게 편지를 쓰면서 이 문제에 부딪힌 듯하다.

베드로가 2:3-8까지 강력하게 선포하는 것이 바로 이 점이다. 베드로는 아마도 다시는 예루살렘 성전 건물을 중심으로 신앙생활을 할 수 없는, 해서도 안 되는 '흩어진 주 예수의 교회들'에게 그들이야말로 '살아 있는 반석'이신 예수님을 기초로 그 위에 세워진 '영적인 집, 성전'임을 역설하고 있다. 오늘날로 표현한다면, 예배당 건물을 빼앗긴 성도들이 흩어져 가정집에서 모이는데, 그들을 향해 "여러분이 바로, 그 안에 하나님께서 거하시는 진짜 예배당 건물입니다!"라고 말하는 것과 같다.

그리고 이에 덧붙여, 베드로는 9-10절에서 이제 예수 그리스도 안에서 부르심을 받은 새로운 교회들이 바로 옛 이스라엘이 받았던 그 놀라운 하나님 나라의 '국민교육헌장'과 그 국민교육헌장에 기록된 하나님 나라 백성의 모든 특권과 또한 부여된 '역사적 사명'을 위임받았다는 사실을 장엄하게 선포한다. 이로써 베드로는 2:10에 이르러 비로소, 이 세상을 지나가는 교회가 그 세상 속에서 어떻게 해야 할지를 말하기 시작하는 2:11 이전까지, 과연 '교회란 무엇인가?'에 대한 모든 이해와 설명을 마치게 된다. 마치 달리기를 하려고 모든 준비를 마치고 출발선 앞에 선 선수처럼 말이다. 우리는 이제 이 단락들을 차례로 살펴볼 것이다. 하지만 그 이전에 2:1-2을 먼저 다루어야 한다. 이는 앞서 '말씀'에 대하여 밝혔던 내용들을 근거로 교회들을 격려하고 권면하는 대목이다.

말씀, 교회를 교회 되게(2:1-3)

교회가 성장한다는 것은 무엇인가? 만일 신약성경이 말하는 교회가 예배당 건물이라면, 교회 성장이란 작은 예배당에서 성장해 큰 예배당을 지어야 할 만큼 커지는 것을 의미할 것이다. 서양 중세에는 그런 식으로 거대한 예배당 건물들을 많이 지었다. 지금은 대부분 관광명소가 되었거나 술집이나 레스토랑으로 쓰고 있지만, 당시에는 그 지역의 군주나 주교의 세력을 과시할 용도로 신도들의 가난을 쥐어짜서 세워지긴 했어도, 신앙의 증거요 믿음의 자랑거리였을 것이다. 신약성경도 이런 식의 교회 성장을 지지할까?

놀랍게도 이런 발상은 기초부터 뿌리째 흔들린다. 교회란 건물이 아니라 성도들이기 때문이다. 그렇다면 교회 성장은 곧 성도들의 성장이다. 성도들의 성장을 숫자의 증가로만 평가할 수 있다고 누가 말하겠는가. 만일 당신의 자녀들이 성장했다고 할 때, 당신은 점점 더 많은 아이들을 낳은 것으로 그 성장을 평가하지 않을 것이다. 혹은 그 아이의 키가 컸다거나 몸무게가 늘었다는 것만으로 성장을 평가하지도 않는다. 그럴 부모는 아무도 없다. 단지 성도들의 숫자를 많이 모아 놓은 것으로 교회 성장을 평가한다는 것은, 그저 아이들을 많이 낳아 놓는 일에만 몰두하는 것과 하나도 다르지 않다.

진정 교회가 성장한다는 것은, 양 무리들이 예수 그리스도 안에서, 그분을 배워 알고 따르고 닮는 일에 성장한다는 것을 의미한다. 하나님 아버지를 따라 그분의 거룩함에 이른다는 것을 뜻한다. 말씀으로 거듭난 그들 속에 있는 영적 생명이 또한 말씀으로 더욱 강건하고, 깊고, 넓고, 풍성해져서 능히 세상을 이기는 하나님의 사람으로 빚어져 가는 것이다. 이를테면 말씀-교회론이다. 말씀이 교회의 영적 생명의 본질이기 때문이다.

2장의 1-2절 본문은 바로 이런 점에서, 그 다음에 이어지는 '참된 성전' 곧 참된 교회 이야기와 잘 들어맞는다. '말씀으로 자라나라'는 참된 교회가 되는 길이기 때문이다. 그러므로 말씀에서 성장할 것을 말하는 1-2절이, 성전이란 더 이상 예루살렘에 있지 않고 그리스도 안에서 함께 지어져가는 성도들임을 확인하는 9-10절에 앞서 오는 이유가 여기에 있다. 먼저 1-2절의 말씀을 귀 기울여 들어 보자.

[1]그러므로 모든 악한 것들, 속이는 것과 위선, 또한 온갖 시기와 남을 헐뜯는 모든 말들을 벗어던져 버리고, [2]이제 막 갓 태어난 어린아이처럼 그 영적 본성에 합당한 순전한 젖을 갈망하십시오. [3]이로써 주의 선하심을 맛보며 구원에 이르기까지 자라도록 하기 위함입니다.

말씀에 대한 가르침은 이미 2:22에서부터 시작했다. 1:22-25이 본론이고 2:1-2은 적용이다. 신자는 말씀의 존재이다. 말씀으로 태어났고, 말씀으로 세상을 이긴다. 말씀이 본질이고 방법이다. 그러므로 말씀을 먹으며 자라나야 한다. 말씀이 그의 생명이기 때문이다. 성도들이 성장한다는 것은 무엇인가? 직분이 바뀌는 것인가? 예수 믿고 복 받아 삶이 풍요해지는 것인가? 하나님을 아는 지식과 그분을 닮아 가는 일에 성장하지 않는다면, 어떤 다른 성장이 있는가? 그래서 본문은 말씀을 통해 성장한다는 것이 무엇인지를 잘 드러내 보여 준다. 첫째, 말씀을 먹고 성장하는 것은 삶 속에서 실제적 거룩함을 행할 수 있는 길이 된다. 둘째, 말씀이 진실로 신자의 영적 본질에 해당함을 이해하는 것이다. 마지막으로, 베드로전서의 문맥에서 보면, 말씀을 통해 주님의 인자하심을 맛보는 길이 적대적인 세상을 이기는 실제적인 해결책이라는 점이다. 이를 하나씩 살펴보자.

우선, 1절과 2절의 대조를 눈여겨 보라. 1절은 악덕(惡德)들의 목록이다. '악한 것'(카키아, κακία)은 질적으로 부패해서 나빠진 것을 의미한다. 빵에 핀 곰팡이요, 썩은 음식과 같은 것이다. '저질적'이고 덕스럽지 못한 무엇이다. '속이는'(돌로스, δόλος) 것은 낚시로 치면 가짜 미끼 같은 것이다. 위기를 모면하거나 이득을 취할 양으로 알면서 상대방을 속이는 행위이다. '위선적'(휘포크리시스, ὑπόκρισις)이란 말은 겉으로 드러나는 것과는 다르게 속으로는 다른 생각, 다른 꿍꿍이, 다른 짓거리를 하는 이중적인 태도를 가리킨다. '시기'(프쏘노스, φθόνος)는 그 질투로 생각이 병

들어 감정과 의지도 삐뚤어진 것이다. 그리고 '남을 헐뜯는'(카타랄리아, καταλαλιά)다는 표현은 정당한 이유도 없고 잘 알아보지도 않고 무조건 반대하여 모욕하고 참소하는 태도를 가리킨다. 여기까지 1절에 열거된 악덕의 목록들을 살펴보면, 마치 정글 속을 들여다보는 느낌이다. 이리, 늑대, 사자, 뱀들이 득실거리는 약육강식의 동물의 왕국처럼 보인다. 실로 로마 사회 주변에 흩어진 교회들이 맞닥뜨린 당시 세상이 그러했을 것이다. 오늘날 교회가 처한 세상도 다르지 않다.

그런데 2절을 보라. 우선 '젖먹이 어린아이'(프레포스, βρέφος)가 나온다. 극명한 대조이다. 그렇지 않은가. 젖먹이 어린아이가 어떻게 저런 야수와 맹수들을 당할 수 있단 말인가? 주께서 제자들을 파송하시며 "내가 너희를 보냄이 양을 이리 가운데로 보냄과 같도다. 그러므로 너희는 뱀같이 지혜롭고 비둘기같이 순결하라"(마 10:16, 개역개정)고 하셨다. 어떻게 양이 짐승들 속에서 자기를 지키며 살아남을 수 있는가? 말씀의 사람이 되는 것이다. 거기에 생명의 길이 있고, 지혜가 있고 순결의 능력이 있다.

무슨 말인가? 단서는 1절과 2절의 대조가 불균형이라는 사실에 놓여 있다. 즉, 1절은 악덕들의 목록을 나열했다. 그렇다면 2절에는 참된 덕의 목록들이 나와야 균형이 맞는 대조이다. 예컨대, '모든 선함과 모든 정직과 진실과 배려 그리고 세워 주는 말을 하라'는 식으로 나와야 짝이 맞다. 하지만 본문은 지혜롭게도 그렇게 되어 있지 않다. "순전한 젖을 사모하라"고 하고 "자라도록 하기" 위함이라고 말한다. 말씀을 먹으며 성장하여, 말씀의 '사람이 되라'는 것이다. 그러면 이 모든 세상의 들짐승들 같은 악덕들을 벗어던지게 된다는 것이다. 예컨대, 아이가 자라면 몸에 맞지 않는 옷은 더 이상 못 입는다. 성장했기 때문이다. 말씀을 먹고 성장하게 되면 더 이상 어울리지 않는 악덕들을 걸치고 있을 수가 없다. 그것은 그가 먹고 자란 말씀 자체가 거룩하고 썩지 않는 하나님의 생명을 갖고 있기 때문인 것이다.

그러므로 1절의 행함의 덕들과 2절의 자라남의 비결을 대조하는 것은 놀랍고도 매우 실제적인 해법이 된다. 또한 신자의 영적 생명의 본질은 말씀이라는 사실을 기억해야만 한다. 2절에서 '그 [영적 본성에] 합당한 순전한 젖을'(로기콘 아돌론 갈라, λογικὸν ἄδολον γάλα; 개역개정, '순전하고 신령한 젖을')은 번역하기 쉽지 않는 문구이다. 우선 '순전한'(아돌론)은 별 문제 없다. 바로 1절에 나오는 벗어 버려야 할 태도로서 '돌로스'(δόλος, '속이는')의 반대 의미이다. '젖, 우유' 곧 말씀은 속이지 않는, 그 영혼과 심령을 채우고 성장하게 하는, 이단적인 거짓이나 세속적인 것에 오염되지 않은 참된 진리의 양식이다.

문제는 '로기코스'(λογικός)이다. 이 표현은 세 가지로 번역될 수 있다. 첫째, '말씀의'로 옮길 수 있다(KJV, NASB). 그래서 '순전한 말씀의 젖'으로 번역된다(Achtemeier; Elliott). '로기코스'라는 단어 속에서 '로고스'(λόγος)를 찾는 경우이다. 문맥적으로도 1:23과 연결될 수 있다. 또한 말씀을 통한 중생이라는 개념은 신약의 다른 곳에서도 자주 등장한다(참고. 약 1:18; 딛 3:5; 요 3:3-13). 하지만 실제로 '로기코스'라는 단어가 '말씀의'라고 쓰인 경우는 거의 없다. 로마서 12:1의 경우, 그렇다면 '말씀의 제사'가 되어야 하는가? 어색하다.

둘째, 2절의 '로기코스'를 '신령한'으로 옮긴 경우이다(개역개정, NIV; 참고. 롬 12:1, 개역개정, '영적인' 제사). 이는 2:5에서 두 번이나 나오는 '신령한'이라는 단어와 문맥적으로 연관된다고 보는 것이다(Selwyn; Beare). 하지만 '신령한, 영적인'으로 옮기는 것은 다소 지나치다. '로기코스'에는 그런 뜻이 없다.

셋째, 이 단어는 원래 '어떤 것의 본성에 속하여 합당한'('belonging to the real nature of X')의 의미이다. 그래서 이런 뜻으로 이해할 때 2:2의 '갓 태어난'이라든지 1:23의 '거듭난'이라는 문맥에 더 잘 어울린다. '그런 본성에 속한, 합당한' 순전한 젖이라는 뜻이다. 즉, 아이가 자라나려면 젖을 먹어야 하듯, 신자가 자라나려면 그 본성에 합당한 것, 곧 말씀을 먹어야 한다. 그런 의미이다. 다른 것을 먹을 수 없지 않은가?

오늘날 교회는 대형건물 속에 우람하게 서 가는데, 그 속에 있는 목회자나 성도들은 더러 미숙아처럼 행동하여 사회의 지탄까지 받는 이유가 무엇인가? 자라지 않았기 때문이 아닌가? 그렇다면, 무엇을 먹었기에 자라나지 못했는가? 목회자가 강단에 올라서서 순결하고 진실한 하나님의 말씀을 주지 않고, 자기의 것, 세상의 것, 거짓된 것을 준다면, 그것을 먹고 성도가 어떻게 성장하겠는가? 교회를 진정으로 성장하게 하려면, 교회가 그것으로 말미암아 거듭난 그 복음, 그 말씀(1:2, 23), 그 동일한 하나님의 말씀을 먹어야만 한다. 그런 의미이다. 교회는 말씀 없이 설명될 수 없다. 말씀 없이는 그 출생도 성장도, 그리고 결국도 설명되지 않는다. 이 말씀을 먹고 이 말씀 속에서 자라가는 것이 교회가 교회 되는 길이다. 당신은 말씀에서 지금 어떻게 자라 가고 있는가?

고달프나 황홀한(3절)

마지막으로, 3절은 '주의 선하심을 맛보며 구원에 이르라'고 말한다. 구원이라는 목적지까지 가는데, 그 과정에서 주의 선하심을 맛보며 가라는 것이다. 여행길이 쉽지는 않겠지만 여행자 자신은 행복할 수 있다. 이 세상을 지나가는 교회의 처지가 그러하다. 1절을 당시 교회의 배경으로 이해한다면, 성도들은 주변에서 악한 일을 만나고 정당한 일에도 속임을 당하며, 겉 다르고 속 다른 경우도 만나는가 하면 시기와 온갖 모욕적인 말들, 비방하는 말을 들을 수도 있다. 그러나 그 한가운데서도 교회는 주님의 선하심을 맛보며 끝까지 이 길을 갈 수 있다. 기쁜 소식이 아닐 수 없다. 그 비결이 무엇인가? 말씀을 먹고 그 말씀 속에서 자라 가는 일에 달려 있다.

사실 3절은 '너희는 주께서 인자하심을 맛보아 알지어다'라는 뜻으로 시편 34:8을 인용한 것이다. 시편 34편은 다윗이 아비멜렉 앞에서 미친 체 하다가 쫓겨나서 지은 시이다. 하나님께서 장차 이스라엘의 왕으로 '택하시고 부르신' 자로서 다윗은 그 마땅한 지위를 얻지 못하고, 광야로 들판으로 쫓겨 다녔다. 그 험난한 여정 속에서 자주 악한 자들의 핍박을 받을 때 하나님께 그 고통을 호소하며, 또한 응답 얻은 것을 감사하고 찬송하며, 다시 한 번 하나님 앞에서 하나님께서 요구하시는 의의 길을 걸을 것을 다짐하고 확신하는 찬송과 고백의 시(詩)가 바로 시편 34편이다. 그래서 베드로는 이 시편을 3:10-13에서 다시 한 번 길게 인용한다(시 34:12-17). 이것은 무엇을 의미하는가?

시편 34편에서 엿보이는 다윗의 정황과 지금 베드로의 수신자인 흩어진 교회들의 상황은 정확히 일치한다. 둘 다 하나님께서 약속하신 영광으로 택하여 부르심을 받았고, 두 경우 모두 지금은 여기저기 나그네로 쫓겨 다니며 잠시 고난을 받는 처지이다. 하지만 다윗으로 하여금 그런 나그네 생활, 약속을 받았지만 고난 중에 기다려야 하는 고된 삶 속에서도 그를 견디게 했던 것은 무엇인가? '주의 선하심을 맛보아 알았기' 때문이다(시 34:8). '주의 선하심'(크레스토스 호 큐리오스, χρηστὸς ὁ κύριος)에서 강조점은 오히려 '선하심'보다 '주(主)'께 있다. 우리가 믿는 대상이요 소망을 그에게 둔 그분이 누구이신지를 마치 맛난 음식을 맛볼 때 맛있게 느끼고 배부르게 느끼는 것처럼 그렇게 알아간다는 것이다. 그분이 얼마나 '선하신지, 믿을 만한 분이신지, 존귀하신지, 자비로우시며 친절하신지'를 깨닫게 되고 그것에 배부르며 그것으로 장성함에 이른다는 것이다.

그렇다면 다윗은 구체적으로 '어떻게' 그 선하심을 맛보아 알았는가? 시편 34편에서는 그가 주께 피하였고 부르짖으며 그를 경외함으로써 그리 했다고 암시하지만(8-9절), 지금 베드로는 2:3에서 그 방법을 보다 구체적으로 제시한다. 여행길에서 굶주려 보았는가? 한참을 굶다가 식당을 만나 뜻하지 않은 성찬을 대해 보았는가? 고된 길을 걷다가 갑자기 눈앞에 펼쳐진 믿을 수 없이 아름답고 찬란한 광경을 목격한 적이 있는가? 교회가 가는 길이 그러하다. 잠시 고달프고 때로 배고픈 여행길이지만, 또한 기대 가득하고 황홀한 일이지 않은가. 곧 교회는 '썩지 않고 살아 있는 영영히 거하는' 하나님의 말씀을 먹음으로써, 그 말씀을 간절히 사모하고 받아들이고 따르며 또한 그것으로 인해 살고 성장함으로써, 그렇게 주의 선하심을 맛본다고 가르친다.

버림받았으나 택하심을 입은(4-8절)

하나님의 말씀이 당신에게 어떤 사명을 부여하고 명령을 할 때, 그저 아무런 대책 없이 그렇게 하는 법은 없다. 사랑하라고 명령하면, 당신이 사랑할 수 있고 또 사랑할 수밖에 없는 모든 근거를 다 제공한다. "빛이 있으라"라고 하셨을 때, 그 말씀은 전혀 공허한 말씀이 아니다. 빛이 있게 될 모든 능력과 지혜가 함께 동반된다. 하나님은 예비하심 없이 그저 명하지 않으신다. 자기 아들을 주시고, 그 아들을 따르라 하신다. 세상을 이기라고 하셨으면, 그것은 교회가 세상을 이길 모든 능력과 근거를 그분에게서 이미 받았음을 전제하는 것이다. 하나님은 그런 분이시다. 그러므로 그분의 명령조차 은혜이고 기쁜 소식일 수밖에 없다.

새로운 단락을 시작하는 2:11부터는 '체류하는 외국인과 여행자' 같은 교회에게 적극적으로 명하시는 내용들이 나온다. 이 지점에 이르기까지 베드로는 교회가 왜, 그리고 어떻게 이렇게 살 수 있는지 그 철저하고 풍요한 근거를 선물한다. 세상 속의 교회, 세상의 적대감과 비방과 모욕하는 말들과 간간이 핍박에 부딪히는 교회는 어떻게 해야 하는가? 베드로는 충분한 해결책과 근거를 제시한다. 그것이 2:4-8의 내용이다. 우선, 본문을 새롭게 읽어 보자.

> [4]바로 그분에게, 여러분이 나아옵니다. 그분은 사람들에게 쓸모없다고 버림을
> 받았으나 하나님께는 택하심을 받은 존귀한 산 돌입니다. [5]그리고 여러분도 역
> 시 산 돌들처럼 성령의 전(殿)으로 지음 받아가고 있는데, 이는 예수 그리스도
> 를 통하여 하나님께서 받으실 만한 신령한 제물을 가져오는 세사장직을 위한
> 것입니다. [6]이는 성경에 기록되어 있는 바, '보라, 내가 택한 보배로운 모퉁잇
> 돌을 시온에 두노라. 그를 믿는 자는 부끄러움을 당하지 아니하리라' 한 것과
> 같습니다. [7]그러므로 믿는 여러분에게는 보배이지만 믿지 않는 자들에게는 '건
> 축자들이 쓸모없다고 버린 돌인데, 이것이 모퉁이의 머릿돌이 된' 것입니다. [8]
> 곧 걸려 넘어지는 돌이요 부딪히는 반석입니다. 그 말씀을 믿지 않음으로써 걸
> 려 넘어지는 것이요, 이는 또한 그렇게 될 수밖에 없는 것입니다.

세상 속에 흩어져, 세상과 부딪히며 여러 갈등을 빚는 교회는 어디에서 해답을 얻을 수 있을까? 오늘날의 교회들은 동일한 문제에 부딪혀서 어디서 어떻게 해결책을 찾는가? 흥미롭게도 베드로는 그 해법을 그리스도 예수 자신에게서 찾는다(4절). 이는 단순해 보이지만, 매우 결정적인 해결책이다. 이어서 베드로는 흩어진 교회에게 거의 혁명적인 소속감을 제공한다(5절). 적대적인 세상 속에서 그들을 하나로 묶어 주는 것은 예배당 건물이 아니다. 옛 예루살렘 성전의 전통도 아니다. 그들 자신들이 그리스도 안에서 새로운 성전이다. 또한 그들은 세상을 위한 제사장들이다. 놀라운 신분이다.

마지막으로, 베드로는 이제 세상 사람들이 이 복음, 이 반석, 이 말씀 앞에서 두 편으로 선명하게 나뉜다는 사실을 명확히 밝힌다(6-8절). 반석이신 그리스도가 그 분기점이다. 그들은 말씀을 받고 순종한 새로운 교회

이다. 걸려 넘어진 자들을 이상하게 여길 필요도 없고, 그 앞에서 위축될 이유도 없다. 그들은 이제 '반석' 위에 선 교회이다. 이제 세 개의 작은 단락들을 하나씩 살펴보자.

세상과 부딪히는 교회의 해법(4절)

교회가 세상과 부딪히기 시작하면, 교회는 어디에서 해법을 찾는가? 더러는 회개운동을 하기도 하고 윤리운동을 하기도 한다. 개혁을 외치며 단체를 조직하기도 하고 성령운동에 몰두하기도 한다. 당신은 어떻게 하는가? 개인적으로 세상과 부딪혀서 유혹을 받거나 조롱을 받으며, 핍박을 받거나 시련을 당하면 이를 어떻게 회복하는가? 어디서 길을 찾는가? 4절의 원문은 다시 '바로 그분에게로'(프로스 혼, πρὸς ὃν) 나아가는 것으로 시작한다. 독자들은 이 단락이 3절과 곧바로 이어짐을 쉽게 알 수 있다. '주의 선하심을 맛보아 알지어다'(3절) 하고는 바로 '그분에게 나아와'(4절)로 시작한다. 예수 그리스도가 연결점이다. 베드로는 여기에서 세상 속에서 갈등하는 고난받는 교회의 답을 찾는다.

예수님은 누구이신가? 지금 베드로가 소개하는 그분은 4절에 명확히 설명되어 있다. '사람들에게 쓸모없다고 버림을 받았으나 하나님께는 택하심을 받은 산 돌'이시다. 원래 이 문구는 시편 118:22에서 온 것이다. "건축자의 버린 돌이 집 모퉁이의 머릿돌이 되었나니." 시편 118편은 찬송시의 하나로서, 레위지파들이 유월절과 연관하여 어린양을 잡을 때 불렀던 시편들에 속한다(참고. '그리스도의 피 뿌림,' 벧전 1:2, 19). 악인들에게는 고난을 당하고 버림을 받지만, 하나님께는 택하심을 입고 구원을 얻는다는 내용의 찬송시이다. 22절의 '버린 돌, 머릿돌'의 표현은 일상에서 볼 수 있는 이런 돌의 이미지를 택해 시인의 처지와 또 하나님께서 택하신 백성의 고난과 구원을 효과적으로 드러내고자 사용되었을 것이다.

하지만 베드로가 본문에서 시편의 이 구절을 사용한 것은 사실, 이 신비한 돌에 관한 구약의 다른 많은 말씀들과 함께, 예수 그리스도의 정체와 사역을 구약의 '돌'에 관한 말씀들로 설명한 초대교회의 소위 증거구절모음집('테스티모니아,' Testimonia)의 일부였을 것이다.[4] 예컨대, 6절에서 이사야 28:16을 인용한 것이나('시온에 택하여 둔 보배로운 모퉁잇돌'), 7절에서 다시 언급한 시편 118:22('건축자의 버린 돌, 머릿돌'), 그리고 8절에서 사용한 이사야 8:14('걸려 넘어지는 돌이요 부딪히는 반석')을 사용한 경우들이다. 이렇게 '산 돌'이라는 표현은 5절에서 더욱 풍성하게 설명되지만, 지금 당장은 택함을 받았지만 버림받고 고난을 당하는 역설적인 정황이 더 중요한 단서가 된다.

무슨 말인가? 하나님께 택함을 받아 존귀한 신분이요 장래의 영광을 약속 받았지만, 지금은 사람들에게 버림을 받아 쫓겨 다니며 멸시와 천대를 받는 처지이다. 생각나는 것이 없는가? 3절에서 우리는 이미 '주의 선하심을 맛보아 알지어다'라는 표현이 시편 34:8에서 왔다는 사실과, 시편 34편은 다윗이 왕이 되리라는 약속을 받고도 쫓겨 다니며 공격을 받고 미친 척까지 해야 하는 수모를 당하는 상황에서 기록된 노래임을 살펴보았다. 그런데 이제 다윗의 경우와는 비교도 되지 않을 만큼 존귀한 분으로서, 동시에 유대인들을 포함해 세상의 버림을 받았던 예수 그리스도께서 소개된다. 이분이야말로, 하나님께 택함을 받았으나 사람에게는 버림을 당한 자의 원형(原型)이시다.

---

4. 초대교회는 하나님께서 그 아들 예수 그리스도를 보내셔서 행하신 큰 일, 그 구원의 행동 계시를 이해하는 데에, 구약의 계시의 말씀, 예언의 말씀을 사용하였다. 동일한 하나님의 권위를 가진 계시의 역사였기 때문이다. 예를 들면, 시편 110편은 오순절 베드로의 설교에서처럼(행 2장), 예수님께서 부활 후 승천하셔서 어떻게 되셨는지에 대한 성취로서 선포되었다. 신약과 초대교회 문헌에 자주 등장하는 그런 핵심적인 옛 언약의 말씀들을 모아 놓은 것이 '증거구절모음집'(*Testimonia*)이다.

이제 베드로가 4절에서 예수 그리스도를 '이런 식으로' 소개하는 이유는 짐작하기 어렵지 않다. 교회는 예수 그리스도에게서 너무도 큰 위로를 받는다. 주님 자신이 지금 자신들의 처지보다 더 절절하게 그런 처지에 계셨기 때문이다. 그것이 교회의 운명(?)이요 가는 길이다. 하나님께는 택함을 받은 존귀한 존재요, 세상 사람들에게는 버림을 당한 존재이다. 황홀한 영광을 약속 받았고 그 살아 있는 소망을 누리지만, 세상에서는 만물의 찌끼처럼 능멸과 모욕을 당할 수 있는 존재이다. 주님께서 먼저 이 길을 가신 것이다. 그래서 4절은 베드로의 교회론이 정확하게 기독론에 정초(定礎)하고 있음을 보여 준다.

교회란 무엇인가? 베드로는 그렇게 대답할 것이다. 당신이 예수 그리스도가 누구인지에 대답하기 전에는, 결코 교회가 무엇인지를 알 수 없다고. 그렇다면 예수 믿는 당신은 누구인가? 당신은 이 세상에서 무엇인가? 무엇이라고, 무엇이 될 수 있다고, 혹은 무엇이 되고 싶다고 말하겠는가? 당신은 당신이 믿는 예수 그리스도가 이 세상에서 어떤 존재로 살아갔는지에 대해 답을 얻지 못한다면, 결코 세상 속에 살아가는 당신 자신에 대해서도 답을 내릴 수 없다. 교회론은 기독론에 기초하기 때문이다. 예수를 알지 못하면 당신은 결단코 당신 자신이 누구인지 알 수 없다.

건물이 아닌 교회, 세상을 위한 제사장(4-5절)

그래서 베드로는 지금 세상 속에 놓인 교회의 문제를 해결하기 위해 예수 그리스도에게 집중한다. 그분은 '사람들에게 쓸모없다고 버림을 받았으나 하나님께는 택하심을 받은 존귀한 산 돌'이시다(4절). 그리고 베드로는 4절의 기독론을 기초로 해서, 5절에서 교회론을 펼친다. 첫째는, 수신자인 그들도 '산 돌들처럼 성령의 전으로 지음 받아가고' 있다는 것이고, 둘째는, 그 안에서 '신령한 제물을 가져오는 제사장직'을 받았다는 사실이다. 즉, 그들 자신이 성전이고 동시에 제사장의 역할을 한다. 선뜻 이해가 되지 않는다. 하나씩 살펴보자.

교회가 무엇인가? 베드로에게 물으면 두 가지로 대답할 것이다. 우선 건물이 아닌 성도들이다. 그리고 세상을 위한 제사장들이다. 이런 사실은 귀에 익숙하다. 문제는 현실이다. 현실에서 실제로 교회마다 '담임목사나 전문 사역자들'은 자주 소위 '평신도'들과 하나님 사이에 중재자 노릇을 하는 것으로 여겨진다. 또한 건물이 아니라 성도들 자신이 교회라고 들었어도, 실제로는 예배당 자체를 '하나님의 영광이 거하는' 교회로 여긴다. 불행하게도 오늘날 교회의 무수한 부끄러움과 수치, 문제들과 고통이 이 두 문제에서 불거져 나온다는 것도 여지없는 사실이다. 무엇이 잘못 되었는가?

본문은 이 두 가지에 대해서 명확히 가르친다. 그리고 오늘날의 교회가 주저함 없이 이 가르침을 따라올 것을 권고한다. 교회가 믿는 믿음의 대상인 예수 그리스도 자신이 '살아 있는 돌'이다. 사실 '살아 있는 돌'(리쏜 존타, λίθον ζῶντα)이라는 표현 자체가 모순적이다. 영어로는 '리빙 스톤'(living stone)인데 이 말은 다듬어지지 않은 거친 돌이라는 의미로서, 본문의 원래 의미를 살리지 못한다. 4절의 '살아 있는 돌'은 결국 새로운 성전의 모퉁잇돌로 쓰일 만큼 어느 정도 다듬어진 건축 재료이다. 그래서 이런 '돌'과 '살아 있는'을 연결시키는 것은 모순적이라 할 만큼 낯선 개념이다.

그런데 구약을 살펴보면, 이런 매우 이상하고 낯선 돌이 군데군데 나온다. 가장 처음 등장하는 예는 출애굽기 17:6에 나오는 '물이 나오는 반석'이다. 이스라엘 백성이 광야에서 마실 물이 없게 되자, 하나님을 의심하고 불평을 쏟아 놓으며 모세를 원망했다. 그때 하나님께서 모세에게 명하여, 하나님께서 호렙산 반석 위에 서 있을 것이니 모세의 손에 든 지팡이로 그 반석을 치면 거기서 물이 나올 것이라고 했고, 말씀대로 되었다(출 17:1-7). 이상하지 않은가? 바위를 치니 거기서 물이 나온 것이다(참고, '후에 성전에서 물이 나오는 이미지들,' 겔 47:1-12; 요 7:37-39; 계 22:1-5). 상식적으로 생각하면 이상하기 그지없다. 하지만 호렙산 반석은 그 위에 서신 하나님의 임재와 분리해서 생각할 수 없다. 물이 나오기도 하지만, 그 위에서 계신 하나님의 임재 때문에 '살아 있는 돌'처럼 생각될 여지가 있다.

사실 생각해 보면 시편에서 하나님은 얼마든지 반석으로 비유된다. 하나님은 환난 날에 우리가 피할 바위이시다. 그런 의미에서 하나님은 '살아 계신 바위, 산 돌'이라 부를 수도 있을 것이다. 하지만 실제로 시편에 그런 직접적인 표현은 없다. 그래서 예수 그리스도를 '살아 있는 돌'이라 하고, 베드로전서의 본문처럼 이를 성전과 연관시키는 것은 훨씬 더 진전된 이미지이다. 물론 구약에서, 베드로가 지금 사용하는 경우들처럼, '건축자의 버린 돌, 머릿돌'(시 118:22)이나 '시온에 택하여 둔 보배로운 모퉁잇돌, 반석'(사 28:16), 그리고 '종말에 거치는 돌, 걸리는 반석'(사 18:14-15) 등의 예들을 찾아볼 수 있다. 하지만 보다 직접적으로는 예수님께서 당시 예루살렘에 서 있던 그 부패한 성전 건물을 두고, 자신이 그 성전을 무너뜨리고 사흘 만이 다시 세울 것을 예언하면서, 자신의 몸을 종말의 새로운 성전으로 나타내신 사실에서 찾을 수 있다(요 2:13-22; 마 21:12-13; 막 11:15-17; 눅 19:45-46).

그러므로 자신을 예루살렘의 성전을 대치할 종말의 새로운, 살아 있는 성전, 살아 있는 반석으로 제시한 근거는 바로 예수님 자신이다. 베드로는 이에 근거해서 예수님을 명확히 구약에서부터 예언한 그 '살아 있는 돌', 종말에 예루살렘에 있는 성전을 대치할 그 '살아 있는 반석, 새 성전의 기초 돌'로 선포하고 있는 것이다. 더구나 베드로는 '살아 있는'이라는 표현을 좋아한다. 2:4에서 예수님에게 적용하기 전에 이미 1:3에서 예수 그리스도의 죽으심과 부활을 근거로 거듭난 신자들 속에 '살아 있는' 소망이 있다고 말했고, 22절에서는 더욱 명확하게 우리들이 거듭난 것은 썩지 않고 '살아 있는' 예수 그리스도에 관한 복음, 곧 하나님의 말씀으로 된 것임을 선포했다. 이처럼 교회는 말씀과 성령의 역사를 통해 예수 그리스도의 부활 생명을 얻어 거룩해지며, 세례를 통해 더욱 이를 확증하여 그와 연합하게 되었음을 공포하는 것이다(참고. 벧전 3:21).

그렇다면 이제, 베드로가 예수 그리스도를 '살아 있는 돌, 반석'이라 말하고, 성도들을 그 위에 세워져 가는 성령의 전, 곧 영적인 집이라 표현하는 것은 전혀 이상한 일이 아니다. 그렇지 않은가. 이사야가 바라본 대로, 하나님께서는 종말에 예루살렘에 부패한 성전을 대신할 구원의 반석을 두시겠다고 약속하셨다(사 28:16). 그 종말에 시온에 둘 반석 혹은 구원자는 시편 기자들이 종종 말한 대로, 사람에게는 버림을 받았지만 하나님께는 택함을 받은 보배로운 돌이다(시 118:22-23).

그리고 성도들은 '살아 있는 돌'이신 예수 그리스도를 기초로 세워지는 '살아 있는 성전'이다. 성전이란 무엇인가? 가장 결정적인 요소는 하나님의 임재이다. 그런 면에서 그리스도께서 기초가 되시는 살아 있는 성도들의 공동체는 그 자체가 하나님의 성전이다. '성령의 전'(오이코스 프뉴마티코스, οἶκος πνευματικὸς, 개역개정, '신령한 집')으로 번역한 것은 이런 의미에서이다. 여기서 '오이코스'는 건물로서의 집일 수도 있지만 '권속'(family)으로서 가족, 친족의 무리를 뜻할 수도 있다(Elliott). 만일 후자라면 '신령한 가족'으로 옮길 수도 있을 것이다. 하지만 문맥이나 또한 베드로가 사용한 구약의 말씀들은 한결같이 성전을 염두에 두고 있다(Best, Achtemeier, Michaels; 참고. '오이코스,' 요 2:12-14).

두 번째로, 교회는 그 기초 돌이신 예수님이 그러하신 것처럼, 세상 사람들의 관점에서는 무가치하고 쓸모없다고 버림받는 존재일지 모르나, 하나님의 관점에서 보면 오히려 세상을 위하여 택하신 제사장직을 맡긴 '제사장 공동체'이다. 그래서 시편 기자는 건축자의 버린 돌이 모퉁잇돌이 되었다고 말한 후에, "이는 여호와의 행한 것이요 우리 눈에 기이한 것이로다."(시 118:23)라고 한 것이다. 이런 관점의 전환은 세상 속에 처한 교회가 날마다 확인해야 하는 시각이다. 베드로는 처음부터 이런 삼위 하나님의 관점, 구약 계시로부터 바라보는 관점, 하늘의 관점을 제시해 왔다. 그리고 이제 예수 그리스도의 관점을 제시하는 것이다. 신자가 이런 관점에 철저히 익숙해지지 않으면, 자신도 모르게 세상의 관점으로 스스로를 바라보게 되는 것이다. 그러면 스스로 초라해지고 버림받은 것처럼 느껴지며, 소외감 속에서 결국 자신도 세상처럼 되고자 하여 자신의 신분도 방향도 목적지도 잃어버리는 처지에 놓이게 된다.

그러나 결코 그렇지 않다. 세상은 교회를 우습게 여기고 이상한 집단이라고 따돌릴지 모르나, 하나님은 교회에게 세상을 중보하는, 예수 그리스도로 말미암아 세상을 하나님께로 이끌고 나와야 하는 제사장직을 맡기셨다(5절, 9절). 사실 5절은 종교개혁 당시, '만인제사장'설의 근거가 되었다. 만인제사장설은 가톨릭이나 구약에서처럼 하나님의 백성들 안에서 사제나 레위인들과 같은 어떤 특정한 계급만이 나머지 백성들을 위한 제사장이 아니라, 모든 신자가 다 제사장이라는 것이지만, 본문은 여기에 강조점이 있지 않다(이를 위해서는, 4:10-11을 보라). 본문의 보다 직접적인 강조점은 인류 앞에 교회가 갖는 공동체적인 정체성과 사명이다. 마치 과거 옛 이스라엘 백성이 열방들을 위한 '제사장 나라'가 된 것과 같다(출 19:6). 그리고 이제는 하나님의 새로운 언약 백성으로서의 교회가 한 공동체 전체로서 인류 앞에 제사장의 역할을 한다는 뜻이다(Elliott, 166-169).

이런 점을 생각해도, 본문은 오늘날 교회에게 시사하는 바가 많다. 교회의 본분은 세상을 위한 제사장이다. 교회 안에서 다시 계급처럼 나뉘어져 목사는 중세교회의 사제처럼 행동하고, 성도들은 '평신도'라 하여 그 안에서 다시 구약의 제사장 놀음을 하는 것처럼 어리석은 일이 또 있을까?

교회는 이끌고 따르는 자가 상관없이 모두가 함께 '썩지 않고 더럽지 않고 쇠하지 않는' 나라를 바라보며, 함께 힘을 합쳐 이 세상 속에서 이 세상을 그 거룩한 나라로 이끌어 내기 위한 제사장의 직분을 감당해야 한다. 베드로는 앞으로 이런 이야기를 계속해서 강조할 것이다. 교회는 결단코 교회 자신을 위하여 있지 않고, 세상을 위한 제사장으로 존재한다는 점을 잊지 말아야 한다.

하지만 교회를 적대하는 세상에 대하여 교회가 제사장직을 가졌다는 것은 매우 역설적이다. 제사장은 사람들을 하나님 앞으로 데리고 나오는 직분이다. 그렇다면 교회 곧 성도들이 세상 속에서 어떻게 세상 사람들을 하나님께로 이끌고 나오는 제사장들이 될 수 있는가? 어떻게 그들을 하나님 앞으로 인도할 것인가? 본문은 예수 그리스도를 통하여 하나님께서 받으실 만한 '신령한 제물'(프뉴마티카스 쑤시아스, πνευματικὰς θυσίας)을 드려야 한다고 말한다(5절). 여기서 말하는 '신령한 제물'은 무엇일까? 기도와 찬송인가(Bigg), 그리스도처럼 자신을 드리는 것인가(Feuillet), 그리스도인의 헌신된 삶인가?(Brox; 참고. 롬 12:1) 유대교에서처럼 동물 제사만이 아니라면, 믿음으로 하는 이 모든 것을 포함할 것이다.

하지만 더 구체적으로 말하자면 답은 5절의 본문 속에 숨어 있다. 역설적이지만, 교회는 바로 교회를 무가치하고 쓸모없게 여겨 버리는 그런 세상의 비난과 오해 속에서 이 제사장직을 수행하도록 되어 있다. 즉, 고난 속에서 악을 악으로 갚지 않고 선을 행하며, 그 선행에 대하여 오히려 악으로 갚는 것마저도 참음으로써 제사장의 직을 수행한다. 베드로는 이런 제사장직의 원형을 예수 그리스도에게서 찾는다. "의인으로서 불의한 자를 대신하셨으니 이는 우리를 하나님 앞으로 인도하려 하심이라"(3:18, 개역개정). 바로 이런 대제사장이 교회의 기초이시다. 교회는 그리스도께서 행하셨던 바를 좇아, 불의한 세상을 위한 제사장직을 수행하도록 부름 받고 있다. 이것이 베드로가 9절 이하에서부터 지속적으로 강조하는 주제이다. 세상을 위한 선교적 고난을 감당하는 제사장으로서의 교회, 바로 그것이다.

복음이 드러내는 당신과 세상의 정체(6-8절)

어린아이와 어른의 차이가 있다면, 그것은 그가 자신이 누구인지 그 정체성을 분명히 알고 있느냐에 달려 있다고 할 수 있다. 그래서 사춘기의 아이들은 정체성의 혼란을 겪는다. 나는 누구인가? 지금 베드로가 하고자 하는 이야기도 마찬가지이다. 6절에서 8절까지 베드로는 이전에는 함께 왔을지 모르나, 이제는 더 이상 함께 갈 수 없는, 더 이상 '같다'고 할 수 없는 명확한 상황을 설명한다. 정체성이 다르다는 것이 이제 드러났기 때문이다.

이미 옛적에 이사야 선지자는 종말에 하나님의 백성들 안에서 이런 상황이 올 것을 예언했다. 하나님께서 부패한 예루살렘의 성전을 허무시고, 그 시온 산 위에 한 '바위'를 둘 것을 말씀하셨다. 건축자들이 버렸지만 하나님이 택하셔서 보배로운 모퉁잇돌이 되게 하신 것이다. 모퉁잇돌(cornerstone)이란 하나의 건축물을 세울 때 기준이 되고 기초가 되는 돌, 즉 다른 모든 돌이 그 돌을 중심과 기준을 삼아 세워지는 기초 돌을 의미한다. 새로운 건물의 시작을 알리는 주춧돌이다. 그런데 이사야는, 장래에 건축 전문가들이 이 모퉁잇돌을 알아보지 못하고 내다 버릴 것이라고 내다보았다(사 28:16).

이처럼 유대 지도자들, 바리새인들과 서기관들, 대제사장들과 장로들도 예수 그리스도가 하나님께서 보내신 그분의 아들이심을 알아보지 못했다. 그들은 예수를 성문 밖에서 십자가에 달아 죽였고, 그분의 흘리신 보혈로부터 그분의 교회가 태어났다. 그분의 십자가와 빈 무덤이 새로운 하나님의 백성의 공동체, 새로운 '살아 있는 성전' 곧 교회의 모퉁잇돌이 된 것이다. 결국 그 '살아 있는 돌'을 버린 자들이 있게 되었고, 그 반석 위에 선 자들이 있게 되었다. '베드로'라는 이름은 반석을 뜻한다. 주께서 그의 신앙고백 위에 자신의 교회를 세우시겠다고 한 그 베드로이다(마 16:16). 지금 그 베드로가 교회의 참된 '반석' 되시는 주님을 증거하고 있다.

처음에는 베드로도 이 반석이신 예수님께 걸려 넘어졌다. 그리스도가 하나님의 택하시고 보내신 아들이요 종인데도(마 3:15-17) 십자가에서 고난을 당하시고 죽으셔야 함을 받아들이지 못했기 때문이다. 그때는 그도 걸려 넘어졌다. 하지만 베드로는 결국 이 반석 위에 굳게 선 반석 같은 사도가 되었다. 어떻게 그렇게 되었을까? 베드로는 주의 '말씀'을 듣고 회개했다. 그 새벽에 그는 주께서 그에게 하신 '말씀'을 기억했다. 하나님의 계시의 말씀이 빛처럼 비추면, 그 빛은 그 사람의 영적 본질을 그대로 드러낸다. 베드로는 택함 받은 사도였다. 그는 회개했다. 후에, 부활하신 주께서 그에게 "네가 나를 사랑하느냐?"고 물으시고, 또 그에게 "내 양을 치라."고 하신 말씀을 받았을 때, 그는 그 말씀에 순종했다(요 21:15-23). 그리고 그는 이름대로 반석 위에 선 반석 같은 사도가 되었다.

물론 8절에서 "그 말씀을 믿지 않음으로써 걸려 넘어지는 것이요"라고 할 때, 그 말씀은 우선적으로 예수 그리스도의 복음을 뜻한다. 하지만 그 뜻은 다소 폭이 넓다. 베드로 자신도 이 '말씀'을 우선 복음으로 이해하지만(1:2-3), 이사야가 예언한 말씀을 인용하는 맥락을 보면(1:23-25) '말씀'을 훨씬 폭넓게 이해하고 있음을 알 수 있기 때문이다. 결국 말씀은 그 말씀에 부딪히는 사람의 본질을 드러낸다. 복음이 전해지면 결국은 그가 어디에 속한 사람인지 드러난다. 이것이 "그 말씀을 믿지 않음으로써 걸려 넘어지는 것이요"(8절)라는 의미이다. 원래 '걸려 넘어지는 돌이요, 부딪히는 반석'이라는 표현은 이사야 8:14에서 온다. 하지만 이에 관련된 더 선명한 이미지는 다니엘 2장에 나오는 '뜨인 돌', 즉 '날아다니는 돌'이다. 돌이 그저 땅바닥에서 움직이지 않고 버려진 채로 있는 것이 아니라, 살아 있는 것처럼 떠다니며 진흙과 놋과 금과 은으로 만든 신상(神像)들을 파괴한다(단 2:31-35). 부딪혀 그 거대한 각종 우상들을 산산이 조각내 버리는 것이다. 뚜렷한 심판의 이미지이다.

그러므로 누구든 그리스도의 복음, 그분의 말씀, 그분에게 부딪혀 받아들이지 못하고 걸려 넘어지면, 그것은 그 사람에게 곧 심판을 의미한다. 그리고 그 결과로 드러난 심판과 구원은, 비록 아직 최종적인 주의 재림과 심판이 이르지 않았지만 결정적이다. 복음은 그에 부딪힌 사람의 본질을 드러낸다. 이것이 또한 '그렇게 될 수밖에 없는 것입니다'(에테떼산, ἐτέθησαν, 8절; 개역개정, '그렇게 정한 것이라')의 의미이다. 하나님께서 그들의 회개할 수 없도록 이미 그들의 불신앙과 멸망을 예정하셨다는 뜻이 아니다. 그들의 완악함이 그리스도의 복음의 말씀과 부딪혀 그대로 드러나게 되었다는 뜻이다. 그렇게 될 수밖에 없다는 의미이다. 빛이 오면 어둠은 어둠으로 드러난다. 빛 아래서 모든 사물은 제각기 모습을 감출 수 없다. 빛에 속한 것들은 빛으로 나아오고, 그렇지 않은 것들은 숨는다. 빛에 속하지 않았기 때문에 그럴 수밖에 없다.

이제 복음이 전해졌고, 교회가 태어났다. 그리고 세상은 더욱 세상으로 드러난다. 그 세상 속에서 교회는 더욱 교회가 되어야 한다. 성도는 더욱 성도답게 되어 가야 한다. 세상은 더욱 세상처럼 썩어지고 더러워지고 헛된 일에 미쳐갈 것이다. 악인은 더욱 악인임을 드러낼 것이다. 세상은 그 자신이 어둠이고, 하나님과 그의 교회와 나라에 반역임을 더욱더 격렬하게 드러낼 것이다. 동시에 교회는 썩지 않고 더럽지 않고 쇠하지 않는 나라에 속했음을 더욱 드러낼 것이다. 길이 다르고, 존재가 다르고, 반응이 다르고, 방향이 다르다. 성도인 당신과 내가 먼저 해야 할 일은 이 본질적인 다름을 철저히 받아들이는 것이다. 결단코 세상과 같아지려고 하지 말라. 처음부터 꿈도 꾸지 말라. 지금은 잠시 곁에 있지만, 결국 동(東)이

서(西)에서 멀 듯, 전혀 다른 길을 가는 것이다.

다시, 하나님의 꿈을 위하여(9-10절)

당신이 낯선 외국의 도시 한복판에서 길을 잃었다 하자. 말도 안 통한다. 무엇을 하겠는가? 지도를 꺼내는 것이 가장 쉬울 것이다. 지도는 전체 그림을 보여 준다. 그 안에서 내가 어느 위치에 서 있는지를 알려 준다. 이디로 가면 가고자 하는 목적지에 도달할지를 알려 준다. 지금 베드로가 로마제국의 변두리에 흩어져 있는 교회들을 위하여 하는 일이 이것이다. 그들은 단지 로마제국이라는 나라의 주변에 흩어져 있는 것이 아니다. 베드로가 그린 지도는 겨우 이 정도가 아니다. 세상이 보는 관점에서 보도록 하지 않았다. 삼위 하나님을 동원해서, 구약 계시를 펼쳐 보이면서, 그리고 하늘에서 일어나는 일들을 알려 주면서 정말 광대한 지도를 펼쳐 보였다. 그 속에서 교회는, 당신과 나는 누구이며 어디에 서 있는가?

지금 베드로가 말하고자 하는 9-10절도 이런 맥락이다. 오늘날 교회의 가장 큰 병 중에 하나는 이 큰 그림을 보지 못하는 근시안(近視眼)이 된 것이다. 교회가 보는 것은 교회 자신뿐이다. 하나님도, 구약 계시는 물론 성경 말씀도, 하늘의 관점은 물론 세상도 보이지 않는다. 교회의 최우선 과제는 교회 자신의 성장일 뿐이다. 강단은 '우리 교회' 이야기로 가득하다. 하나님도, 예수님도, 성령님도, 성도들도, 그리고 이 세상도 모두 '우리 교회'를 성장시키는 데 공헌해야만 한다. 길을 아주 잃은 것이다. 9절의 말씀도 이런 식으로 이해되기 십상이다. 성도가 스스로 '얼마나 귀한 존재인지'를 확인할 목적으로 사용한다. 하지만 9절은 단순히 우리의 자존감을 높이기 위해 기록되었다고 보기에는 너무나 중요한 큰 그림을 보여 준다. 먼저 9-10절을 새롭게 옮겨 보자.

[9]하지만 여러분은 택하심을 받은 족속이고 제사장 나라이며, 거룩한 민족이고 또한 그의 소유된 백성입니다. 이는 어둠에서부터 여러분을 불러내셔서 그의 기이한 빛 안으로 들어가게 하신 분의 덕을 널리 전파하게 하려 하심입니다.
[10]여러분은 이전에 하나님의 백성이 아니었지만, 지금은 하나님의 백성입니다.
여러분은 긍휼을 얻지 못했었지만, 지금은 그 긍휼을 입은 사람들입니다.

이 말씀들을 읽으면 무엇이 먼저 눈에 들어오는가? 우리는 자동적으로 택하심 받은 족속, 왕 같은 제사장, 거룩한 나라, 그의 소유된 백성이라는 황홀한 칭호들에 사로잡힌다. 하지만 9절에서 주동사는 '널리 전파하게 하려 함이라'(엑상게일레테, ἐξαγγείλητε)이다. 다른 모든 설명들은 이를 위하여 있다는 뜻이다. 또한 10절은 이 주동사의 보충으로서, 9절에서 열거한 여러 신분들이 설혹 택하심 받은 존귀한 것이라도 긍휼을 입어 된 것임을 확인하여 강조한다. 즉, 그러한 본분을 잊지 말고 사명에 충실하라는 의미이다. 하나님께 택함 받고 그 보배로운 사명을 받은 것이 결코 스스로 잘나서 된 것이 아니라 오직 하나님의 긍휼하심을 입은 까닭임을 절대로 잊지 말라는 당부인 셈이다.

그렇다면 무엇을 널리 전파하라는 것인가? 본문을 통해 보면, 하나님의 덕과 긍휼이다. 하나님의 '덕'(아레테, ἀρετή)은 하나님의 탁월하심이다. 특별히 죄와 더러움과 죽음의 어둠 한가운데 있던 사람들을 그의 경탄할 수밖에 없는 빛 가운데로 불러내신 구원의 능력이다. 그것은 단지 기적을 일으키는 힘만을 가리키지 않는다. 우리는 어떤 경우에 '그 사람 덕이 있네'라고 하는가? 그만하면 이제 화를 내고 돌아설 만도 한데 그렇지 않은 경우, 또는 그만하면 이제 그런 인간 따위는 다시는 용서하지도 받아들이지도 말아야 마땅하건만 그래도 불쌍히 여겨 또 받아 주고 기회를 주는 그런 사람, 그런 사람을 만날 때 우리는 덕 있다고 표현하지 않는가. 하나님을 생각해 보라. 하나님은 그런 분이시다. 그분의 긍휼, 불쌍히 여기심이 그분의 덕의 내용이다.

교회는 그분의 덕을 입은 사람들이다. 그분의 긍휼, 불쌍히 여기심을 입은 사람들이다. 그래서 교회는 세상 앞에서 세상 사람들에게 자신들이 받고 경험한 '하나님의 덕'을 끼치게 된다. 그럴 의무와 사명을 받았다. 썩어 가고 더럽고 허망한 세상에게 하나님의 그 무한하고 뜨거운 긍휼을 드러내 보여 주어야 할 특권과 사명을 받은 것이다. 특별히 '널리 전파한다'는 표현에는 '밖으로' 알리고 드러낸다는 뜻이 강하게 들어 있다. 자기네끼리 안에서만 나누는 것이 아니라, 하나님께서 어떻게 덕스러운 분이신지, 그분이 어떻게 긍휼히 여기시는지를 전혀 알지 못하는 세상에 대하여 널리 전파하는 사명을 받은 것이다.

(1) '택하신 족속'과 교회 세습(9절)

다시, 교회란 무엇인가? 9절에 나오는 교회에 대한 4중적인 묘사는 바로 그들이 오직 하나님의 덕과 긍휼로 얻게 된 특권뿐 아니라, 이를 근거로 그들에게 주어진 사명을 뚜렷하게 보여 준다.[5] 먼저, '택하심을 받은 족속'(게노스 엑크렉톤, γένος ἐκλεκτόν)이다. 무슨 뜻인가? 유사하게, 이사야 43:20에는 '나의 택한 족속'(토 게노스 무 토 엑크렉톤, τὸ γένος μου τὸ ἐκλεκτόν, LXX; 개역개정, '내가 택한 자')이라는 표현이 나온다. 이는 직접적으로는 바벨론 포로기에 있던 옛 이스라엘을 가리킨다. 그런데 지금 베드로는 이런 표현을 옛 이스라엘이 아닌, 예수 그리스도의 복음을 믿음으로 교회를 이룬, 다양한 족속들에서 나온 성도들에게 적용한다.

그렇다면 혈통적으로 한 족속이 아닌데, 어찌해서 택함을 받은 '족속'이

5. 채영삼, "교회란 무엇인가?(2): 베드로전서 2:9의 주해," 〈백석신학저널〉 25호(2013) 참고.

되는가? '게노스'하면 출생과 관련된 기원(起源), 곧 뿌리를 생각해야 한다. 족보라는 말이 '게네시스'(γένεσις)인 것을 생각해 보라. 구약에도 신약에도 족보가 더러 나온다(창 5:1-32; 마 1:1-17). 족보는 혈통을 기초로 한다. 그렇다면 유대인 출신과 이방인 출신들이 뒤섞여 있는 수신자들, 곧 예수 그리스도의 흩어진 교회를 향해 '택하심을 받은 족속'이라 부르는 것은 아주 신선한 표현이다. 족속이라면 같은 혈통인데 지금 수신자들인 교회 구성원들은 전혀 그렇지 않기 때문이다. 그렇다면 그들이 한 혈통, 한 족속이 된 것은 유일하게 하나님께서 '택하여 부르신' 이유 외에는 다른 것이 없다. 아브라함 자신도 혈통이 아니라 하나님의 택하여 부르심을 따라 믿음의 조상이 되었고, 그 아들도 '약속을 따라 난 자'인 것처럼(창 12, 15, 17장; 갈 3:16, 4:21-31), 이제 하나님은 예수 그리스도를 믿는 믿음을 통하여 이 지구상에 매우 색다른 혈통, 족속을 탄생시키신 것이다.

그래서 이런 별난 그리스도인들 공동체는 당시 로마 사회에서 골치 아픈 '족속'으로 비쳐지기도 했다. 로마의 수에토니우스(Suetonius)가 쓴 글에는 그리스도인들을 특별한 족속으로 묘사한 부분이 있는데, "그리스도인들에게 징벌이 가해졌습니다. 이들은 새롭고 잘못된 미신에 사로잡힌 족속(genus)입니다"(Nero 16; Jobes, 159)라고 쓰기도 했다. 그들은 확실히 별난 족속이었다. 그들의 출처가 세상 사람들과는 달랐기 때문이다. 실제로는 다양한 족속들이 모였지만, 그들이 믿는 하나님과 그분을 따라 사는 거룩한 문화, 관습은 당대의 사람들에게는 적대적으로 보이기 일쑤였다.

그러므로 교회는 '택하신 족속'이다. 오직 그리스도의 피로 된 한 족속이다. 다른 '혈연'(血緣)은 효력이 없다. 오늘날 한국 교회가 교회 세습으로 몸살을 앓고 있다. 그것도 큰 교회들, 모범이 될 만한 교회들이 세습에 앞장선다. 9절 말씀에 의하면 그들은 교회가 아니다. 아직 혈연에 의해 '족속'이 되는 세상 사람들인 셈이다. 세상 사람들에게 세상에 널리 전파할 하나님의 덕이 어디에 있으며, 하나님의 긍휼이 어디에 있고, 드러낼 기이한 빛이 어디 있다는 말인가? 어둠에 어둠을 더할 뿐이다.

(2) '제사장 나라'와 특권의식(9절)

9절에서 '제사장 나라'(βασίλειον ἱεράτευμα)를 '왕 같은 제사장'(개역한글, 개역개정)으로 번역하는 것은 오해의 소지가 있다. 우선, '바실레이온'(βασίλειον)은 '왕국, 왕의 거처(royal residence)'를 의미하는 중성 명사형으로 보아, '왕 되신 하나님께서 거하시는 나라' 곧 '제사장 공동체'로 보는 것이 이 표현의 배경이 되는 출애굽기 19:6[LXX]의 문맥과도 잘 들어맞는다. 또한 실제로 갈라디아와 갑바도기아에는 당시 황제의 거처가 있었는데, 베드로전서 1:1에서 언급된 이 지역들에 흩어져 있는 교회들이 곧 하나님께서 거하시는 거처 혹은 나라로서 진정한 왕께 속한 제사장 공동체라는 메시지를 전달했을 가능성도 배제할 수 없다.

물론 여기서 '바실레이온'(βασίλειον)을 제사장들을 수식하는 '왕의, 왕에게 속한, 왕 같은'(royal)의 의미로 중성 형용사격으로 볼 수도 있다. 하지만 이런 경우에도 '왕 같은'보다는 '왕을 위한' 혹은 '왕에게 속한'이 더 적절하다. 비록 중간기에는 왕의 직분과 제사장의 직분이 더러 한 사람에게 겹치기도 했지만 그것은 언제까지나 예외였다. 원래 구약에서 왕의 직분과 제사장의 직분은, 사울 왕의 예가 보여주듯 한 사람이 겸하여 가질 수가 없는 것이었다. 또한 무엇보다 원래 이 칭호는 출애굽기 19:6에서 왔다는 점을 기억해야 한다. 여기서 '나라'(βασίλειον)란 '야곱의 집' 곧 이스라엘이고(출 19:3), 옛 이스라엘이 하나님께서 구별하여 자신의 목적을 위해 따로 세우신 백성이라는 표시로 그들에게 사명을 주신 칭호가 바로 이 표현인 것이다.

흥미롭게도 칠십인경(LXX)의 출애굽기 19:6은 이 칭호를 그대로 '바실레이온 히에라튜마'(βασίλειον ἱεράτευμα)로 옮겼는데, 개역개정이나 개역한글은 이 동일한 표현을 이번에는 '제사장 나라'(a kingdom of priests)로 그대로 옮겨 놓았다. 즉, 같은 표현을 옛 이스라엘에 대하여는 '제사장 나라'로, 또 베드로전서에서 교회에 대하여는 '왕 같은 제사장'으로 다르게 번역한 것이다. 굳이 그럴 이유가 있을까?[6] 혹시 그리스도께서 왕도 되시고 제사장도 되시기 때문에, 교회도 그 두 직분을 한꺼번에 갖게 되었다는 의미에서 '왕 같은 제사장'으로 번역했을 수도 있다. 필자는 이런 가능성도 배제하지 않는다.

하지만 지금 베드로전서의 문맥에서 '왕'이라는 개념은 생소하다. 더구나 하나님의 새 백성으로서 교회의 정체성과 사명을 4중적으로 표현하는 이 대목이 출애굽기 19:5-6에서 옛 이스라엘에게 주었던 그 용어들과 거의 동일하다는 사실이 중요하다. 이 표현이 주는 충격은 그 표현들을 다르게 바꾼 데에 있는 것이 아니라, 사명을 받는 대상이 바뀌었다는 데에 있다. 즉, 반석이신 그리스도를 거절하고 그 돌에 걸려 넘어진 자들에게 주어졌던 사명이, 이제 그 반석이신 그리스도를 믿고 그 위에 선 교회에게 주어졌다는 사실이 결정적이다. 이제 세상 열방을 향한 하나님의 구원 사역에 있어서, 하나님의 대리 통치자가 바뀐 것이다.

중요한 것은 교회가 어떤 지고하고 높은 신분에 올라갔느냐가 아니다. 옛 이스라엘은 하나님께로부터 받은 제사장 나라의 사명을 잊었다. 자기중심적 특권의식에 빠졌기 때문이었다. 그들은 택함 받은 백성임을 자랑했다. 하나님을 믿고 복을 받아 세상처럼 되기를 간절히 소망했다. 결국

---

6. 그것은, 제롬의 라틴 벌게이트(Vulgate)는 출애굽기 19:6에서 '제사장 나라' (*regnum sacerdotale*; 'priestly kingdom')라 해 놓고, 베드로전서 2:9에서는 '왕 같은 제사장' (*regale sacerdotium*; 'royal priesthood')으로 옮겨 놓았는데, 이것이 오랜 세월 동안 영어 번역본들의 기준이 되었기 때문이었을 것이다(Elliott, 437).

그들이 들어간 땅에서 열방들이 보는 앞에서 하나님의 거룩한 이름을 땅에 떨어뜨리고 짓밟았다. 오늘날 교회는, 하나님께서 그것을 결단코 그대로 방치하지 않으셨다는 사실 앞에 두렵고 떨림으로 서야만 한다. 하나님은 이제 그 사명을 교회에게, 당신과 나에게 맡기신 것이다. 결코 우리가 '왕 같다'는 특권의식에 우쭐할 일이 아니다. 온 땅과 하늘을 지으신, 만물과 온 세상의 주요 왕 되신 하나님께서는 세상 열방 사람들, 썩어짐과 더러움과 허무함에 종노릇하는 어둠에 속한 그들을 구원하고자 하시는 것이다. 바로 이 일을 위해 교회를 부르셨다. 교회는 그들이 이미 경험한 하나님의 그 '기이한 빛' 가운데로 세상을 이끌어 와야 하는 제사장의 사명을 받은 것이다.

생각해 보라. 베드로가 지금 '흩어진 교회'에게 이러한 위대한 사명을 선포한 것은 실로 놀라운 일이다. 그들은 소외되고 위축된 주변 공동체였다. 항상 눈치를 받고 있고, 그들이 속한 지역에 자연재해가 있거나 불운한 일이 있으면 쉽사리 희생양으로 지목될 수 있는 열악한 위치에 있었다. 그런데 지금 베드로는 그들에게 로마 사회를 향하여 하나님을 위한 '제사장직'을 수행할 것을 요청하고 있다. 중요한 것은 지위가 아니라 사명이다. 그렇다면 어떻게 그렇게 미미한 교회가 로마 사회를 한한 하나님의 제사장의 직분을 감당할 수 있다는 것일까? 이 질문이 바로 2:11 이후에서 베드로가 자세히 다루고 싶어 하는 내용이다.

결론을 미리 말한다면, 그것은 그리스도의 고난과 영광에 참여함으로써이다. 특별히 선한 양심으로 살아, 의인으로서 불의한 자를 대신하는 고난을 통해서이다(3:16-18). 왕 같은 제사장이라고 목에 힘줄 일이 결코 아니다. 교회 안에서 목회자가 성도들 앞에서 으스댈 근거도 아니고, 교회에게 그저 자존감 회복을 위해 사용하라고 수신 칭호도 아니다. 하나님께서 불의한 자들, 부패하고 더럽고 허무한 것에 종노릇하는 세상 사람들을 이제 당신과 내 어깨 위에 얹어 놓으셨다는 뜻이다. 교회는 교회를 위해 존재하지 않는다. 하나님을 위해 존재한다. 하나님께서는 아직 세상을 버리지 않으셨다. 자신을 떠난 열방들을 불러내시기 위해 우리를 택하셨고, 사용하고 싶어 하신다. 그래서 교회는 왕을 위한 제사장이다. 온 세상을 회복하실 하나님의 꿈을 품고 세상 속에 흩어져, 세상을 하나님께로 향하게 하는 제사장 나라이다.

(3) '거룩한 민족'과 민족주의(9절)

교회의 4중적 정체성을 표현하는 칭호들은 한결같이 역설적이다. '거룩한 민족' 역시 마찬가지이다. 여기서 '거룩한 민족'(에쓰노스 하기온, ἔθνος ἅγιον)은 개역개정에서 '거룩한 나라'라고 옮긴 칭호이다. 문제는 '민족'(에쓰노스, ἔθνος)인데, 이를 '나라'(nation)로 옮길 수도 있지만 민족이 더 적절하다. 이 표현 역시 출애굽기 19:6이 출처인데, 거기서 사용된 '거룩한 민족'에서 '민족'에 해당하는 히브리어는 '고이'(גוי,)인데 원래 '부족(tribe)'의 뜻에 가깝다(Feldmeier). 종종 '백성'(עם)이라는 용어와도 교차적으로 사용되거나 이것으로 대치되었는데, '백성'보다는 훨씬 동질적인 언어나 관습, 전통을 공유한 부족적, 민족적 개념에 더 가까운 용어라 할 수 있다. 또한 이 단어는 사실 오늘날 청중들의 귀에 익숙한 종족, 민족이라는 의미의 '에쓰닉'(ethnic)의 어원이다. 흔히 '다민족'(multi-ethnic)이라 할 때 쓰는 그 말이다. 한 국가 안에는 다양한 민족들이 있을 수 있다. 이런 점에서도 정치체제를 전제하는 '나라'보다는 민족이 더 적절한 번역이다.

그렇다면 '거룩한 민족'은 무슨 뜻인가? 본문에서 이미 교회는, 베드로 자신과 같은 유대인 출신 그리스도인들 뿐 아니라, 10절에서 말하듯 이전에는 긍휼을 입지 못했으나 이제는 긍휼을 입은 이방인 출신 그리스도인들이 섞인 '다민족 공동체'가 아닌가? 이미 다양한 민족 출신들로 구성된 다민족적인 교회를 향해서 하나님은 저들이 이제는 하나님께서 구별하시고 거룩하게 하신 새로운 민족이라고 선포하는 셈이다. 단언컨대, 이 세상에 이런 민족은 없다. 민족이라는 개념 자체가 지금 '거룩한 민족'이라고 부르는 이 개념과 충돌한다.

왜 그러한가? 민족이란 같은 피를 나누었을 뿐 아니라, 같은 문화 같은 언어 같은 가치관과 일체의 관습을 나누어 가진 생존 공동체이기 때문이다. 이런 다양한 민족들이 모여 하나의 국가를 이루는 경우도 있지만, 민족은 민족 나름대로 강한 연대감을 갖게 마련이다. 그러나 이제 하나님께서는 이렇게 다양한 민족들로 구성된 교회를 향하여, 너희는 '거룩한 한 민족'이 되었다고 선포하고 계신 것이다. 이런 개념은 세상에서 우리가 보는 민족 개념에 근본적이고 신선한 충격을 준다. 하나님께서 세상을 새롭게 하시고자 하는 계획의 일환임을 잘 보여 주는 표현이 아닐 수 없다.

먼저, 교회란 다양한 민족에서 모인 다양한 사람들이 하나의 '거룩한 민족'을 이루는 것이므로, 세상에서 횡행하는 민족적 차별과 같은 악행이 교회 안에 있을 수 없다. 오늘날 한국에서 동남아 이주 노동자들이 얼굴색이 다르고 언어가 다르고 관습이 다르다는 이유로 종종 말 못할 차별과 때로는 불법적인 학대를 받기도 한다. 원래 '다민족 공동체'인 교회는 '거룩한 민족'으로서 이런 일을 방관해서는 안 된다. 이스라엘도 한때는 애굽 땅에서 타민족이었고, 거주하는 외국인이었고, 여행자 신분이었다. 그들이 해방된 후, 하나님께서는 거듭해서 이스라엘에게 그들 가운데 거하는 타민족과 체류 외국인들, 여행자들을 그들 자신과 동등하게 대우하라고 가르치셨나. 한국 사람들이 단일민족이라고 해서, 한국 교회가 단일민족으로 이루어진 민족 교회라는 생각은 비성경적 발상이다. 교회는 하나의 '거룩한 민족'인 것이다.

또한 이런 점에서, 한국 교회를 한 민족으로 이루어진 단일한 민족 공동체와 동일시하는 착각도 반성경적이라 할 수 있다. 흔히 기독교 일각에서 한국 민족은 하나님께서 택하신 제2의 유대인이라는 소리를 한다. 한국 교회를 하나님께서 택하셨고, 한국 교회는 한국 민족의 교회이니 결국 한국 민족이 택함을 받았다는 논리이다. 그러나 하나님께서는 옛 이스라엘도 민족적 기준으로 택하신 것이 아니다. 원래 아브라함도 '믿음의 조상'이지, 혈통이나 문화 때문에 조상이 된 것이 아니다(갈 3:1-18). 이 땅의 어떤 민족이 택함을 받는 일은 없다. 한국 교회이든 아프리카의 교회이든, 교회란 민족을 넘어선 믿음의 공동체이다. '거룩한 민족' 곧 이 세상에는 그런 민족이 없는, 하나님께서 복음과 말씀으로 새롭게 창조하신 전혀 새로운 민족이다. 그러므로 한 민족이 제2의 유대인이라는 식의 발상은 허술한 논리에 근거한 착시현상에 불과하다.

마지막으로, '거룩한 민족'으로서 교회는, 그 안에 어떤 하나의 민족적 동질성이 결단코 그 중심이 될 수 없다. 하나님 나라의 문화, 하나님 나라의 언어, 하나님 나라의 삶의 관습과 체제가 거룩한 민족의 전통이다(벧전 1:14-16). 그러므로 교회가 '거룩한 민족'이라는 것은, 교회가 이 세상 속에서 전혀 새로운 하나의 '다민족적 민족'으로 존재하면서, 세상의 민족주의적 아집과 교만에 맞서야 함을 가르친다. 독일의 히틀러나 일본의 제국주의 같은 경우는 매우 파괴적이고 사악한 민족주의의 전형이었다. 교회는 하나님의 '거룩한 민족'으로서 이 땅에 속한 이런 자기중심적 민족주의에 맞서야 한다.

오히려 하나님께로부터 받은 거룩한 전통, 거룩한 관습에 따라 새로운 문화, 하나님 나라의 문화를 이 땅에 건설해야 할 사명을 실현해야 하는 것이다. 오늘날의 한국 교회는 어떠한가? 한 민족 우월주의에 빠지지는 않았는가? 하나님께서 우리 민족을 사랑하셨다고, 다른 민족이나 나라를 적대시하고 특권의식에 눈이 멀어 가지는 않는가? 이 땅의 교회의 문화는 충분히 다민족적인가? 충분히 세상 문화와는 다른 하나님 나라의 전통과 관습을 드러내고 있는가? 이는 쉽게 감당할 수 있는 칭호도, 사명도 아니다. 깨어서 정진해야 한다.

(4) 소유된 백성, 누구의?(9절)

그의 '소유된 백성'(라오스 에이스 페리포이에신, λαὸς εἰς περιποίησιν)은 무슨 뜻을 담고 있는가? 이는 하나님의 구원과 보호뿐 아니라 목적과 사명, 특별히 세상을 향하신 하나님의 계획과 의지가 잘 드러나는 표현이다. 생각해 보라. 온 세상, 모든 열방들이 하나님께서 지으신 그분의 소유가 아니던가? 땅과 바다, 들과 산, 그 위에 모든 사람들, 민족들, 나라들도 모두 이미 주의 '소유'가 아닌가? 하지만 정작 이 세상은 하나님의 소유권, 그분의 주권과 통치를 인정하지 않는다. 그런 의미에서 하나님은 특정한 사람들을 택하셔서 그분의 소유로 삼으신다. 그들은 그분의 베푸신 구원을 알고, 그분의 보호하심을 받으며, 정작 그분의 소유가 되었어도 그분을 떠난 세상을 향한 막중한 사명을 부여받는다.

이 사실은 "세계가 다 내게 속하였나니"로 시작한 출애굽기 19:5의 문맥이나, 이사야 43:21에서 "내가 구원하여 얻은 나의 백성"(라온 무 혼 페리에포이에사멘 λαόν μου ὃν περιεποιησάμην, LXX; 개역개정, "이 백성은 내가 나를 위하여 지었나니" MT)라는 표현에서도 잘 드러난다. 온 세상이 이미 하나님의 소유이지만, 세상 열방은 하나님을 떠났고, 이제 하나님은 그들 가운데 한 백성을 구원하셔서 그들이 원래부터 하나님의 소유임을 알게 된 백성으로 만드신 것이다. 그러므로 '나의 소유된 백성'이라는 표현은 다른 열방들은 그의 소유가 아니라는 뜻이 아니다. 이제 모든 열방들이 원래 그분의 소유임을 깨닫게 된 한 백성이 생겨난 것이다. 그러나 이스라엘은 어떻게 응답했는가? 이사야의 같은 문맥에서 하나님은 한탄하신다. "그러나 야곱아 너는 나를 부르지 아니하였고 이스라엘아 너는 나를 괴롭게 여겼으며 … 네 죄짐으로 나를 수고롭게 하며 네 죄악으로 나를 괴롭게 하였느니라"(사 43:22-24, 개역개정).

그리고 이제 종말에 그분의 아들 메시아 예수를 보내셔서, 그로 하여금 예루살렘의 새 성전, 곧 시온의 부딪히는 반석을 삼으셨고, 그를 믿는 자는 구원하시기로 하셨다(벧전 2:3-8). 이제 베드로는 옛 이스라엘이 아니라, 이스라엘의 남은 자들과 이방인들 가운데 이 반석 위에 굳게 선 교회를 향하여 하나님의 '소유된 백성'임을 선포한다. 하지만 지금의 문맥에서 이것은 앞서 1장에서 상세히 논한 것처럼 하나님의 구원과 보호하심, 그 소망의 영광만을 뜻하지 않는다. 하나님은 열방을 포기하지 않으신다. 원래부터 그분의 소유된 그분의 창조세계를 포기하지 않으신다. 이제 교회는 구원을 통해 자신이 하나님의 소유임을 확인하며, 하나님과 함께 온 세상이 하나님의 소유로 다시 회복되어야 함을 깨닫는다. 그리고 만물의 회복, 곧 이 세상 나라가 하나님의 나라가 되기까지 그 일에 자신을 드리게 된다(참조. 계 11:15).

생각하면 놀랍다. 로마제국의 변두리 아나톨리안 반도에 흩어진 적은 무리의 교회들에게 하나님은 로마제국 자체의 회복을 명하고 계신 셈이다. 마치, 로마의 운명은 시저나 로마 시민들이 아니라 당신들 흩어진 교회에게 달려 있다고 말씀하시는 것과 같다. 그들은 정말 이런 사명을 의식했을까? 적어도 서신의 본문 내용들은 베드로가 이를 명확히 인식하고 또 독려하고 있음을 알게 된다. 지극히 연약한 자들, 사회적으로 미미한 약자들, 노예, 믿지 않는 남편을 가진 아내, 억울한 고난을 당할 수밖에 없는 처지에 있는 성도들에게 베드로는 선포하는 것이다. '바로 당신들 손에 로마에 가득한 수많은 영혼들의 회복이 달려 있다'고. 어떻게 이런 일이 있을 수 있을까? 베드로는 본문에서 바로 이 문제에 대답한다.

그 전에 한두 가지 짚고 넘어가야 할 것들이 있다. 오늘날 교회와 관련해서 '소유'라는 말은 참 예민한 주제이다. 교회는 누구의 소유인가? 너무도 답이 명확하지만 현실은 어렵다. 삯꾼 같은 목회자들의 턱없는 탐심 때문이다. 누구든 교회에서, 하나님께서 그 아들의 거룩한 피로 값 주고 사신 양 무리들을 마치 제 소유처럼 생각하고 그 위에 군림하려 한다면, 그러한 삯꾼 목자들에게 무서운 심판이 있을 것이다. 교회가 기업처럼 운영되는 세속화된 시대에, 교회를 마치 제 소유처럼 세습하거나 목사 자신의 소유처럼 전횡을 휘두른다면, 이는 참된 교회의 소유자이신 하나님께 저주를 받아야 마땅하다.

목회자는 교회를 위하여 일평생을 바쳐도 교회를 소유할 수 없다. 그가 설혹 피를 흘렸다 한들, 그 피가 누구의 죄를 속한다는 말인가? 그저 부르심을 받아 충성할 특권을 마음껏 누리다가 가는 종일 뿐이다. 종이 그 집을 위하여 충성을 다하였더라도 그 집을 소유한 주인이 되지 않는다. 그저 무익한 종일뿐이다. 물론 교회는 수고한 종을 마땅히 돌아보아야 한다. 그러나 종을 주인 삼는 어리석음에 빠져서는 안 된다. 교회가 개인의 사적 소유로 전락하면, 교회는 그 원래의 사명을 감당하지 못한다. 곧 세상을 하나님의 소유로 회복하는 그 사역 말이다. 도리어 교회는 교회 자신을 위하여, 그 교회를 소유하겠다고 하는 개인 자신을 위하여 존재하게 된다. 그리고 하나님의 영광과 뜻은 열방들이 보는 앞에서 땅에 떨어진다. 하나님께서 '소유'하셔서, 원래 그의 소유인 열방들을 돌아오게 할 그 막중한 사명도 사람들의 발에 짓밟힌다. 교회는 진정 누구의 소유인가? 날마다, 순간마다 교회는 하나님의 소유임을 고백해야 한다.

'황홀한 여행' – 세상으로부터 불러내신 교회

여행을 떠나기 전에 당신은 무엇을 하는가? 목적지를 확인할 것이다. 그리고 지도를 살펴볼 것이다. 물론 들고 갈 수 있는 꼭 필요한 짐을 챙겨야 한다. 여행 중에 별다른 사고 없이, 그 여행의 목적을 이룰 수 있는 만반의 준비를 해야 한다. 이 책의 1장은 여기까지이다. 1장 1절부터 2장 10절까지, 베드로가 독자들에게 해 주고 싶은 것이 바로 이것이다. '이보게, 자넨 여행자이네. 우리의 목적지는 황홀할 만큼 아름답네. 여기서 이러고 있을 게 아니야. 짐을 싸게. 지도는 여기 있네. 안내자도 붙여 주겠네. 그가 먼저 이 길을 갔으니, 충분히 자네를 인도할 수 있네. 잘 따라가시게.' 이렇게 말한 것이다.

실로, 베드로는 로마 변방에 흩어진 적은 무리였던 교회들에게 그들의 정확한 목적지를 보여 주었다. 로마도 화려하고 번쩍였겠지만, 교회의 종착지는 '썩지 않고 더럽지 않고 쇠하지 않는 나라'이다. 죽음을 이기시고 부활하신 그리스도의 영광에 참여하는 황홀한 소망이다. 비교가 되는가? 전혀 비할 바가 아니다. 당장 짐을 싸야 한다. 지도는 있는가? 베드로는 지금 이 땅에서 교회가 위치한 자리를 내비게이션보다 폭넓고 자세하고 정확하게 보여 준다. 지도의 폭은 영원에서 영원까지이고, 길이와 높이는 구약 선지자들에서부터 하늘의 천사까지이다. 이번 여행은 삼위 하나님이 계획하시고, 인도하시고, 완성하신다. 누가 막으랴! 목적지를 정하셨을 뿐 아니라, 과정에서도 보호하시고 인도하신다. 어찌 실패하랴! 그뿐 아니다. 이번 여행은 오래전 구약의 선지자들도 그렇게 알기를 원하고 보기를 기대했던 여행이다. 하늘의 천사들도 하늘에서 굽어보며, 이 땅의 교회가 성령 하나님의 인도를 따라 어떻게 그 하늘에 이르게 될지, 그 흥미진진한 실황을 앞다투어 보기 원한다.

이제 하늘과 땅의 모든 초점은 교회에 맞추어져 있다. 정신을 바짝 차리고 신발 끈을 동여매고, 부르신 자를 좇아 중단 없이 달려야 한다. 구원은 제자리에 앉아 그저 확신만을 갖는 것이 아니다. 구원은 이동이다. 여행이다. 목적지에 이르는 것이다. 이전의 지나온 길들은 버려야 한다. 부르신 자와 그 목적지를 향해 부르신 대로 걸어야 한다. 목적지에 시선을 고정해야 한다. 앞서 가는 가이드에게서 눈을 떼면 안 된다. 그가 길을 알기 때문이다. 교회는 언제나 예수 그리스도에게 돌아가야 한다. 거기에 길이 있다. 그분이 가신 길을 교회가 가고 있기 때문이다.

그리고 교회가 이 여행길을 지나며 할 일이 있다. 그저 놀면서 즐기면서 지나가는 것은 아니다. 하나님께서 교회를 이 세상으로부터 불러내신 목적은, 교회에게 말씀의 생명을 주며 거룩하게 하시고 영광스럽게 하셔서, 결국 썩어 가고 더럽고 허무한 데에 굴복하는 세상을 주께로 돌아오게 하시려는 것이다. 하나님의 심장 한복판에는 교회가 있지만, 그 심장 더 안쪽에는 그분을 떠난 아픈 세상이 있다. 교회는 하나님 아버지의 마음을 품고, 세상을 위해 울어야 한다. 돌아오게 해야 한다. 하나님을 위하여 세상을 그에게로 데려오는 제사장으로 부르심 받은 것이다. 그것이 교회가 세상에 존재하는 이유이다. 교회는 교회를 위해 존재하지 않는다. 하나님과 세상을 위하여 있다. 그렇지 않았다면 이 세상을 지나갈 필요가 없었으리라.

이제 교회는 자신이 세상에 속해 있지 않음을 분명히 안다. 그뿐 아니라 교회는 세상을 향한 막중한 제사장직을 받았다. 어떻게 이 제사장직을 수행할 것인가? 무엇을 어떤 방식으로 할 것인가? 어떻게 교회가 경험한 하나님의 '그 기이하고 황홀한 영광' 그 덕과 긍휼을 드러낼 수 있을 것인가? 오직 먼저 가신 예수 그리스도를 바라보고 그를 좇으라. 여행자인 교회여, 이제 짐을 싸고 떠날 때가 왔다. 세상 한복판에서 하나님의 거룩한 이름을 높여 드리자. 주님과 함께, 그리고 서로 함께, 주님을 따라 이 황홀한 여행길을 가자.

예배당 신학

오랜만에, 지난 시절 같은 교회에 다녔던 후배를 만나게 되었다. 착하고 신앙생활 잘 하던 청년이었다. 지금은 40대 중반에 머리가 다 세 버린 중년이지만. 이야기를 하다 보니 교회를 다니지 않는단다. 놀란 내가 물었다. 무슨 일이 있었느냐고. 바쁘기도 바빴지만, 결혼하여 부부가 함께 나가기 시작한 작은 교회에서 겪은 일을 들려 주었다. 각설하고, 요지는 목사님이 그 교회 강단을 크리스털 강단으로 바꾸기 위해 헌금을 책정하고 각 교인들에게 할당 헌금을 분배했다는 것이었다. 결국 그 부부는 교회를 나왔고, 아직도 배회 중이다.

얼마 되지 않은 과거에 예배당의 강단은 거의 다 나무로 된 소박한 강단이었다. 십자가도 그랬다. 그러고 보니 최근 시골의 한 교회를 방문했던 기억이 난다. 그 작은 교회의 강단도 역시 크리스털 강단이었다. 십자가도 수정으로 된 휘황찬란한 모양이었다. 왜 점점 예배당 안의 기물들이 화려해져 가는 것일까? 이왕 예배당 기물들에 대한 이야기를 한 김에 하나 더 하겠다. 신학교 시절 개혁적인 메시지로 유명했던 교수님을, 유학하던 시절 만난 적이 있다. 그분이 성례를 집례하실 때 옆에서 눈여겨본 것이 있는데, 그분은 따로 성례용 가운이 없으셨다. 강단에 올라가는 길에, 성가대실에 들러 아무 장식도 없는 검정 가운 하나를 입고 올라가셨다. 나중에 물었다. 왜 그러셨냐고. 대답이 기억에서 지워지지 않는다. 신학교에서 졸업을 하는데 졸업하는 목회후보생들이 한결같이 가운 날개며 어깨와 팔에 계급장이 몇 개 더 달린 화려한 가운을 원했다는 것이다. 그래서 그분은 자신은 졸업식 때 아예 박사 학위 가운을 입지 않고 올라갔다는 것이다. 개혁주의가 뭔지 보여 주고 싶었다고 하셨다.

청년 시절 나에게 가장 편안했던 예배당이 있었다. 그 예배당은 지하에 있었다. 마치 원형극장처럼, 강단이 가장 낮은 곳에 있었다. 강단은 돌로 된 탁자 하나가 전부였다. 그 뒤로는 원통형 돌을 무 잘라 놓듯이 잘라 놓은, 등받이도 없는 돌 의자 몇 개가 둘러 있었다. 벽에는 나무로 된 십자가 위에 고통이 극에 달하신 주님의 형상이 걸려 있었고, 그 위로 천정에는 창(窓)을 내어 빛이 위에서 내리비쳐 그 낮은 강대상 위를 은은히 비치고 있었다. 그 예배당에 종종 혼자 찾아가, 한없이 앉아 있기도 하고 가끔은 통곡 섞인 기도를 올리기도 했다. 가장 쉽게 마음을 열 수 있는 편안한 공간이었다. 당시 보통 교회의 강단은 고개를 쳐들어야 볼 수 있는 높은 곳이었고, 그 뒤를 둘러 있는 의자들의 등받이는 엉뚱하게도 교황이나 주교들이 앉을 법한 인상을 갖게 했다. 물론 그런 예배당도 얼마든지 안위를 얻고 기도할 수 있는 공간이었지만, 내게는 그 지하 예배당 공간이 훨씬 편했다. 빛 가운데 놓인 단순한 돌 탁자와 원형으로 된 단순한 의자들. 벽에 걸린 고난받는 그분의 나무 십자가. 모두가 내 마음을 열어 주기에 충분히 단순하고 진실한 공간이었다. 그 공간은 지금도 나에게 가장 이상적인 예배당의 모습으로 남아 있다.

한 시대의 예배당은 그 시대의 신학의 표현이다. 초대교회 카타콤이 순교 신학의 표현이고, 중세 고딕성당이 천성을 향한 경건의 표현이듯이, 이 시대의 예배당과 그 예배당 안의 기물들은 과연 어떤 신학을 반영할까? 원래 기독교는 보이지도 손에 잡히지도 않는다. 복음의 광채는 대체로 소박함 속에 숨겨 있다. 예수님을 보라.

근묵자흑(近墨者黑)? 거룩의 전염!

오늘날 교회는 세속화되는 사회에서 점점 더 수세적이 되려 한다. 소금이 소금통에 숨으려는 것과 같다. 안전하기 때문이다. 소금끼리 서로 '정통' 소금임을 확인하며 소금통 속에 머무는 것으로 스스로 짠맛을 낸다고 착각하게 된다.

그리스도인은 스스로가 옳고 거룩하며 정통이라는 것을 만방에 알리는 것만으로는 '충분한' 그리스도인이 되지 않는다. 그리스도인은 세상이 썩고 있고, 이단 사설이 난무하며, 모두 세속화되고 있는 더럽고 오염된 곳임을 선포하는 것으로써 그리스도인이 되지 않는다.

만일 그렇게 함으로써 그리스도인이 되는 것이라면, 예수님은 하늘에서 이 더럽고 오염되고 이단 사설과 우상숭배가 만연한 세상 속으로 들어오실 필요가 없으셨을 것이다. 그저 하늘에서 '나는 우상숭배를 하는 너희들을 반대한다'라고 배너를 걸어 붙이거나, 정 필요하다면 전도 전단지를 뿌리시면 되었으리라. 하지만 주님은 이 땅에 오셔서, '나는 세상의 빛'이라고 말씀하셨다. '나는 하늘로서 온 생명의 떡'이라고 하시며, 자신을 내주셨다.

그리스도인은 거짓 가르침이나 이단 사설이나 악을 극도로 미워하고 싫어하여야 한다. 그리고 그것에 물들지 않도록 자신과 또 하나님의 양 무리를 지키고 보호해야 한다. 하지만 거룩은 분리로만 지켜지지 않는다. 그럴 필요도 없다. 유다서는, 거짓 가르침에 속아 자신을 더럽힐 위험에 처해 있거나, 이미 그렇게 된 자들을 어떻게 대하여야 할지를 명확히 가르친다. "어떤 의심하는 자들을 긍휼히 여기라. 또 어떤 자를 불에서 끌어내어 구원하라. 또 어떤 자를 그 육체로 더럽힌 옷까지도 미워하되 두려움으로 긍휼히 여기라" (22-23절).

소방관들은 불난 집 앞에서 그저 '불이 났다, 접근하지 말라'고만 말하고 끝나지 않는다. 만일, 당신의 어머니, 형제, 아들, 딸이 그 불난 집에 있다면, 그 앞에 '접근금지' 팻말을 꽂는 것으로 그칠 수 없을 것이다. 할 수 있다면, 불 속에서 그들을 구해 내야 한다. 가장 밑바탕에 있는 마음은 하나님의 마음, 예수님의 마음, 곧 구원하려 하는 긍휼한 마음이다.

'먹을 가까이하면 검어진다'는 말로 거룩을 지키려는 태도는 원래 그리스도인의 특권을 잘 모르는 태도이다. 맞다. 확실히 나쁜 사람과 사귀면 물들기 쉽다. 하지만 예수님을 보라. 어느 날 예수께서 길을 가셨다. 나병환자가 그에게 왔다. "원하시면 나를 깨끗하게 하실 수 있나이다." 주께서 불쌍히 여기시고 그에게 손을 대셨다. 그러자 그의 나병이 나았다. 어느 날 예수께서 길을 가셨다. 혈루증 앓던 여인이 그분의 뒤에서 그분의 옷깃을 만졌다. 율법에 의하면 죄인이나 병자와 접촉한 자는 함께 더러워진다. 근묵자흑이다. 그래서 바리새인들은 죄인들과 격리하는 것을 거룩의 기준으로 삼았다. 분리의 거룩이다.

그러나 이해할 수 없는 일이 일어나고 있었다. 예수님이 죄인을 만지고 죄인이 예수님을 가까이했는데 예수님이 더러워지지 않고 죄인이 깨끗함을 입었다. 바리새인들은 거룩을 위해 어떻게 하면 죄인들을 피할 수 있을까를 생각했다. 예수님은 죄인들의 거룩을 위해 어떻게 하면 죄인들을 가까이할 수 있을까를 생각했다. 새로운 소식이었다. 분리해서 얻는 거룩이 아니라 예수님을 소유해서 얻는 거룩이다. 예수님이 거룩이었다. '전염되는 거룩'(contagious holiness)이다. 죄와 죽음을 이기신 생명의 주님이기 때문이다. 이것이 기쁜 소식이다. 당신은 진정 진리를 소유했는가? 생명을 소유했는가? 빛을 소유했는가? 예수를 소유했는가? 기쁜 소식을 가졌는가? 근묵자흑이다. 당신은 거룩을 전염시키는 자여야 한다. 당신 때문이 아니다. 당신 안에 거하시는 그분 때문이다. 그분이 비추시게 하라.

Chapter 2

선한 양심의 순례

세상을 지나 하늘에 이르는 교회

(2장 11절-3장 22절)

●

베드로에 의하면 그리스도인으로 세상을 산다는 것은 이런 선한 양심, 거듭난 심령의 회복된 양심으로 산다는 것을 뜻한다. 그것이 바로 믿음으로 사는 것이다.

오늘날 교회에서 사라져 가는 것들이 많다. 천국에 대한 강렬한 소망, 지옥에 대한 설교, 하나님의 심판에 대한 경고, 모든 것을 초월하신 절대자 하나님, 공의의 하나님, 세상의 헛됨, 죄의 무서움, 양심이나 정직에 관한 설교, 이런 주제들을 우리는 설교 강단에서 얼마나 자주 듣게 되는가? 귀에 친숙한 주제들도 있다. 축복, 복, 건강의 복, 물질의 복, 사업의 복, 영육 간의 복, 교회 성장, 부흥, 전도폭발 그리고 '예수 믿고 부자 되세요' 같은 인사말 등이다. 물론 모든 교회들이 다 그렇지는 않다. 하지만 70년대 이후, 한국 교회를 휩쓸기 시작한 이 거대한 탁류(濁流)에 지금도 많은 교회들이 떠내려가고 있다. 어디로 가고 있는가?

예수 믿고 세상 복 받는 것이 복음의 중심일 때, 교회는 세속 한복판으로 밀려 간다. 바라고 기도하던 바, 믿는 바 소망이 세상의 복 받는 것이었기 때문이다. 세상 한가운데서 세상과 함께 뿌리를 내리고, 같이 썩고, 같이 더럽고, 같이 허무한, 나락의 길을 가는 것이다. 교회가 세속적이 된 까닭은 교회가 전한 복음이 현세적(現世的)이었기 때문이다. 70년대 한국에서 '잘살아 보세'를 외치며 새마을운동을 하던 시기에 교회 역시 '예수 믿으면 복 받는다'고 외치며 폭풍 같은 외형 성장을 이루었다. 대도시에 고층빌딩 올라가듯, 곳곳에 세계에서 손꼽는 대형예배당 건물들이 세워졌다. 하지만 예배당은 결코 교회가 아니다. 예배당 건물은 63빌딩과 경쟁하듯 우람해졌지만, 정작 교회는 세상 앞에 고개를 숙이고 사죄를 하고 반성을 해야 하는 일들이 많아졌다. 신문 1면 기사에 오르고, 매스컴을 타고 세상 사람들에게 손가락질 받는 일도 다반사로 생겼다. 그 거대한 예배당들 속에서 지도자와 성도들 모두가 교회로서 얼마나 성장한 것인가? 예배당 건물이 교회가 아니라면, 정작 교회는 무엇인가?

베드로는 이미 1:1의 인사말부터 시작해서 2:10에 이르기까지 교회가 무엇인지를 선명하게 드러내 보여 주었다. 이제 베드로는 이런 교회가 어떻게 세상을 지나가야 하는지를 알려 줄 것이다. 지도를 보여 준 것만이 아니라, 어떻게 그 길들을 실제로 걸어가야 하는지를 속속들이 알려주겠다는 것이다. 교회는 장래에 '썩지 않고 더럽지 않고 쇠하지 않는' 기업을 받을 '살아 있는 소망'만을 가진 것이 아니다(1:1-12). 교회는 이 세상 한가운데를 걸어가되, 세상 모든 족속들에게서 나와 '택하심을 입은 족속'으로 태어났고, 모든 민족들 가운데서 부르심을 받아 '거룩한 민족'으로 형성되었으며, 잃어버려진 세상으로부터 하나님의 '소유로 회복된 백성'이 되어, 이제 그 세상을 하나님께로 이끌 '제사장 나라'로 세상 속에 보내어진 것이다.

그러므로 교회에게 이 세상은 결단코 최종적인 목적지가 아니지만, 그럼에도 그들의 어깨 위에는 이 세상을 위하여 하나님께서 짊어지게 하신 중대한 사명이 놓여 있다. 교회는 이 세상을 지나가는 여행자이면서도, 그가 세상에서 만나는 뭇 백성들을 이끌어 하나님 앞으로 인도해 내어야 하는 제사장인 것이다. 결국 도착지인 하늘에 이를 때에, 교회는 홀로 있지 않을 것이다. 세상의 불의한 자들이라도, 그 세상을 '선한 양심'으로 지나간 교회를 따라, 그들도 그 하늘 하나님 보좌 앞에 이르게 될 것이다. 이것이 베드로가 여행하는 교회를 위하여 보여 주고 싶어 하는 내비게이션이다.

그래서 2:11에서 3장 마지막 절인 22절까지, 전체 단락을 꿰뚫는 주제는 '선한 양심의 순례(巡禮)'이다. 교회는 이 세상을 여행하면서 그 목적지에 이르기까지 하나의 순례 길을 간다. 최종 목적지는 하늘에 계신 하나님 아버지와 예수 그리스도의 보좌 앞이다. 거기서 그분을 뵈옵는 것이다. 그 길을 다 가는 동안 교회가 가져야 할 가장 중요한 믿음의 표현은 '선한 양심'과 거기서 나오는 선한 행실이다. 이 부분은 맨 나중에 오는 단락인 3:13-22에서 절정에 이른다. 세상을 지나가는 교회의 원리인 '선한 양심'이 정작 무엇인지 그리스도와 연관하여 극적으로 설명하는 부분이다. 또한 여기에 이르기까지 베드로는 각기 2:11-17과 2:18-3:12에서, 이 긴 여정을 출발하는 교회가 힘을 얻고 더 큰 확신을 갖도록 하는 핵심적인 지침들과, 또한 수신자들이 실제로 처해 있는 삶의 구체적인 상황들 속에서 교회가 행해야 할 내용들을 상세히 기술한다. 이제 그 첫 단락인 2:11-17을 살펴보자.

1

자유한 하나님의 종

(2장 11-17절)

교회는 역설적인 존재이다. 하나님께서 진리의 말씀으로 낳으신 '택하신 족속'이라는 말도 그렇고, 다민족적인 교회를 두고 '거룩한 민족'이라 부르는 것도 그러하다. 세상으로부터 부름 받아 세상 너머에 있는 썩지 않고 거룩하며 영원한 나라에 들어가게 되어 있으면서도, 지금은 그 세상 속을 지나가는 교회이다. 영광을 약속 받았으나 지금은 잠시 풀무 불 같은 불 속을 지나간다. 또한 이제 2:11-17에서 설명할 것처럼, 교회란 자유를 얻은 '자유자'로서 동시에 '하나님의 종'으로 살게 되어 있는 존재이다. 역설적이지 않은가. 세상에 그리스도인처럼 놀라운 자유를 얻은 존재가 어디에 있는가? 그는 이 세상이 가는 썩어짐과 더러움과 허무함의 여정에서 자유를 얻은 존재이다. 난파하여 침몰하는 타이타닉(Titanic)호와 같은 이 세상과 함께 영원히 어둡고 차가운 바다 속으로 빠지지 않아도 되는 존재, 하나님께서 직접 건지시고 구원해 내신 존재이다.

하지만 그는 하나님의 종으로서 그 자유를 오직 그분의 뜻과 주신 목적을 위해 사용함을 배워야 한다. 이번 단락은 바로 이 점을 집중적으로 설명한다. 먼저, 11-12절은 이 주제에 대한 서론이다. 이후 나오는 본문이 여러 극중 인물들과 장면들을 등장시키는 하나의 연극과 같다면, 이 서론 격의 두 구절은 그 장면들을 펼치기 위한 무대요 서막과도 같다. 스토리의 가장 큰 주제와 배경, 그리고 주된 메시지를 미리 알려 준다. 그 다음 13-17절은 제1막이다. 장면은 국가와 교회이다. 정부 관리들과 그 지역에 사는 그리스도인들이 등장한다. 그리스도인들은 정부의 법이나 정책들에 어떻게 반응해야 하는가? 믿지 않는 그 지역 시민들은 어떻게 대하여야 하는가? 이 단락은 마지막에 선명한 지침들로 마무리된다(16-17절). 확실히 '자유한 하나님의 종'이라는 주제는 세상 속을 지나가는 교회의 신앙이 어떻게 드러나야 할지를 분명히 일러 준다. 후에, 이 주제는 18절 이하에서도 계속되며 여러 다른 삶의 정황 속에서도 동일한 원리로 통용된다.

사회의 적대감, 교회의 선행(11–12절)

흔히들 기독교가 오래 지배했던 서양 중세시대를 '암흑의 시대'라 하지만, 사실 암흑의 시대가 아닌 적은 없었다. 사람 속에 있는 죄나 한 시대의 사회와 문화 속에 구조화 되어 있는 죄와 악의 올무는 우리가 종종 착각하는 것보다 훨씬 강하고 견고하다. 오늘날, 종교개혁의 후예들로서 개신교(Protestant) 신앙을 굳게 붙드는 '오직 믿음으로' 구원받는다는 교리는, 신자의 삶에서 '행위'를 어디에 위치시켜야 하는가의 문제를 일으켜 왔고, 종종 '행위'를 필요 없는 것처럼 오해하게도 만든다. 사람이 어떤 선한 행위로 구원받는 것이 아니라 오직 믿음으로 구원받는 것이라면, 도대체 선한 행실을 해야 하는 이유가 무엇인가?

답은 많을 것이다. 당신은 어떻게 대답하겠는가? 여기서 그 답들을 검토해 보자는 것은 아니다. 다만, 지금 베드로는 이 질문에 대한 매우 신선하고 충격적인, 교회가 진지하게 살펴보아야 하는 답을 제시하고 있다는 점이다. 그것은 '하나님의 영광'이다(12절). '하나님의 이름' 때문이다. 내가 구원을 받느냐 못 받느냐의 문제가 일단 아니다. 그 구원을 받기 위해 선한 행실이 필요하냐, 필요하지 않느냐의 문제가 아니다. 베드로가 요구하는 이런 차원을 떠나 전혀 다른 차원에서 생각해 보라는 것이다. 본문은 신자가 해야 하는 선한 행실에 관하여, 반드시 생각해 보아야 할 새로운 관점을 제시한다. 이 중요한 본문을 뉘앙스를 살려 새롭게 옮겨 보자.

> 11사랑하는 여러분, 체류하는 외국인이나 여행자 같은 교회에게 권합니다. 영혼을 거슬러 싸우는 악한 정욕들을 붙잡지 마십시오. 12이방인들 가운데서 여러분의 행실을 선하게 가지십시오. 이는 저들이 여러분더러 악을 행하는 자들이라 비방할 때 그 선한 행실들을 주목하게 됨으로써, 하나님께서 돌아보시는 날에 그에게 영광을 돌리게 하기 위함입니다.

본문을 잘 보시라. 12절에는 수신자 교회들이 로마 사회 주변에서 살아가면서 겪고 있는 정황이 비쳐져 있다. 곧 그들을 둘러싼 도시의 로마 사람들이 이 낯선 그리스도인들을 비방하여 그들을 '악을 행하는 자들'(카코포이온, κακοποιῶν; 개역개정, '너희를 악행한다고')이라 불렀던 것처럼 보인다. 베드로전서가 기록되었던 시기와는 다소 차이가 있겠지만, 네로 황제 때에 일어났던 로마의 대화재 당시(64년), 그리스도인들이 방화한 것으로 덮어씌워 '범죄자들'로 소문을 내고 핍박한 사건은 그 극단적인 예라 할 수 있다. 하지만 지금 12절에 비쳐진 배경은 그런 공식적인 박해를 암시하고 있지는 않다. 사실 로마 사회가 공식적으로 정부 차원에서, 정책적으로 기독교를 핍박한 것은 2세기 경 트라얀 황제 통치 이후인데, 베드로전서의 정황은 아직 로마 정부와는 충돌하지 않고 있고(벧전 2:12-13), 대체로 일상적이고 지역적인 차원에서 부딪히는 오해나 비방 혹은 간헐적인 핍박 정도의 차원이다. 또한 베드로의 언급들을 살펴보면, 이런 환경은 아직은 충분히 그리스도인들의 선행으로 극복될 수 있을 것으로 비쳐진다(벧전 3:13).

그렇다면 당시 그리스도인들은 왜 '악을 행하는 자들'이라는 비방을 듣게 되었을까? 정말 그리스도인 공동체들 안에 악행들이 많아서 그런 것이었을까? 역사적 배경이나 본문의 뉘앙스는 반드시 그런 의미를 드러내지는 않는다. 여기서 '악을 행하는 자들'이라는 낙인은 어떤 법적인 용어라기보다는, 당시 패역하고 타락한 세속 문화에 동조하거나 동참하지 않는 그리스도인들을 향해 붙여진 별명에 가깝다. 당시 로마 사회에서 선이라고 믿는 관행을 교회가 따르지 않았기 때문이다. 본문에서도 '악을 행하는 자들'이라는 표현은 구체적 사례에 상관없이 항상 붙어 다니는 낙인 같은 인상을 주고, '비방한다'(카타랄루신, καταλαλοῦσιν)는 말도 굳이 일부러 반대로 비틀어 나쁘게 말하는 태도에 가깝다.

시기적으로는 다소 늦지만 이런 사실을 알려 주는 표시들은 전형적으로 '격노케 하는 행동들'과 '그리스도인'이라는 이름이 서로 연관되는 흔적에서 발견되기도 한다(Plin, Ep 10.96.2; Tacitus 15.44.2). 마찬가지로, 그리스도인들에게 붙여졌던 갖가지 낙인들, 예컨대 '무신론자들,' '인류를 증오하는 자들,' '참아 줄 수 없이 교만한 자들,' '폭동을 일으키는 무리들,' 또는 성찬식을 오해하여 '식인종자들'(cannibalism)이라든지 성도들 간에 형제 자매하는 것을 두고 '근친상간자'라고 부르는 비난과 낙인들은, 교회가 당시 사회 속에서 충돌하고 있었던 그 저변에 깔려 있는 종교적 이유들에 대해 알려 주는 바가 많다(Feldmeier, 2-5; Achtemeier, 175).

사실 당시 교회가 로마 사회로부터 받았던 뿌리 깊은 적대감에는 종교적인 이유가 가장 컸다. 그리스도인들은 당시 로마 사회의 대부분의 사람들이 믿고 섬기고 있었던 '여러 신들'을 우상들이라 하여, 그런 신들에게 예배하는 공식 행사들에는 참여하기를 꺼려했기 때문이다. 로마는 정치와 사회 체제 자체가 많은 신들을 모시는 것을 골자로 하고 있었던, 실상은 매우 종교적인 국가였기 때문에, 그리스도인들이 여러 신들에 대해 갖는 배타적인 태도는 독선적이고 무모한 것으로 비쳐지기에 충분했다. 또한 로마의 공식적인 종교행사라는 것이 결국 술잔치나 그에 따르는 음란한 행실 등의 부도덕한 관행들로 이어지기 일쑤였으므로, 그리스도인들은 소위 이런 문화행사들에도 참여하기를 꺼려했음도 분명하다(참고. 벧전 4:3-4). 평상시 일상생활 속에서는 그런대로 섞여 살 수 있었지만, 로마가 그 종교적, 도덕적 본색을 드러내는 경우 교회는 그들에게 결코 서로 섞일 수 없는 낯설기만 한 단체로 비쳐졌다.

결국 중요한 것은, 이렇게 주로 종교적인 이유로 주변 사회로부터 낯설게 여겨지고 오해를 사거나 비방을 듣는 상황에서 베드로가 내린 본문과 같은 처방이다. 세상 사람들이 어떠한 이유로든지 교회를 '악행하는 자들'이라고 딱지를 붙여 비방할 때, 교회는 더욱 적극적으로 선을 행해야 한다. 교회가 점차로 그 신앙의 내용 때문에 대중들에게 사회적 적대감을 유발시킬 때, 교회는 더욱더 선한 행실에 열심을 내야 할 이유가 있는 것이다.

더구나 오늘날과 같이 교회가 도리어 '악한 정욕들'에 휘말려(11절), 신앙적 내용이 아니라 도덕적 이유로 사회의 적대감을 불러일으킨다면, 그것은 더더욱 본문이 가르치는 바와 멀리 떨어져 나간다. 베드로는 말하자면 불에 기름을 붓지 말라고 가르치는 셈이다. 사회가 적대시 하는 이유가 실제로는 종교적인 내용의 이질감 때문일지라도 그것이 도덕적인 비난으로 표현되기 쉽기 때문에, 그들의 비방대로 정말 교회가 '악행을 하는 자들' 인지 그렇지 않은지를 선행으로 증명해 보이라는 것이다.

베드로의 이런 권면은 오늘날 교회들에게 교훈하는 바가 크다. 정황이 똑같지는 않지만, 본질적으로 종교적 거부감과 도덕적 비방에 직면했다는 점은 같기 때문이다. 다만, 한국 교회의 경우는 베드로가 염두에 둔 초대 교회보다 사회 속에서 훨씬 더 큰 영향력을 가진 경우이고, 또한 도덕적인 비방들에 더 많은 원인을 제공한 면이 있다고 여겨진다. 하지만 베드로전서를 살펴보면 당시의 교회들 역시 때로는 정당한 이유가 있지만 때로는 왜곡된 이유로 교회를 비방하고 적대하는 사회에 직면해 있다. 이런 상황에서 베드로가 제시하는 해법은 그야말로 오늘날 교회에게 적실한 길잡이가 된다.

세상 사람들 가운데서(12절)

그 해법으로 본문이 제시하는 것은 선한 행실이다. 하지만 그 강조점은 '이방인들 가운데서'(엔 토이스 에쓰네신, ἐν τοῖς ἔθνεσιν)에 놓여 있다. 주의해서 관찰하면, '이방인들'이라는 표현에 '민족'(에쓰노스, ἔθνος)이라는 단어가 들어 있고, 이는 그 바로 앞서 9절에서 교회를 향하여 '거룩한 민족'(에쓰노스 하기온, ἔθνος ἅγιον)이라 언급한 사실과 직결됨을 알 수 있다. 이렇게 읽으면, 하나님께서 여러 민족들 가운데 사람들을 택하시고 부르셔서 따로 '거룩한 민족' 곧 교회를 만드신 이유는, 이 새로운 '거룩한 민족'으로 하여금 다시 그 민족들 곧 이방인들 가운데에서 하나님의 거룩하심과 영광을 드러내게 하려는 의도임이 분명해진다.

특별히 '거룩함'에 대해서는 이미 1:14-18에서 출애굽 모티브를 배경으로, 교회가 무지함과 잘못된 정욕을 따라 행하던 삶에서 해방되었고, 이제 그들을 부르신 하나님을 따라 거룩한 자가 되어야 하며, 이전에 따랐던 조상들의 허망한 행실들에서도 해방된 것을 분명히 하는 길을 따라 나아가야 함을 밝힌 바가 있다. 하지만 흥미롭게도 지금 2:11-12에서는 같은 '거룩함'에 대한 권면이라도 훨씬 상황이 다름을 알 수 있다. 무슨 말인가? 즉, 베드로는 이제 11절에서 "영혼을" 혹은 "생각과 뜻을 거슬러 싸우는 악한 정욕들을 붙잡지 마십시오."라고 거룩함에 대한 요구를 하지만, 이제는 특별히 세상 사람들 가운데서 그렇게 하라고 권면하는 것이다. 그것은 베드로가 이미 그에 앞선 9-10절에서, 교회가 '거룩한 민족'이요 민족들 가운데서 그들을 하나님께로 이끌어 낼 '제사장 공동체'임을 선포한 것과 정확히 맞아 떨어진다.

이런 관찰이 무엇이 그리 중요한가? 중요하다. 오늘날 교회들은 믿는 자들의 선행을 오직 구원론의 관점에서만 바라보는 경향이 있기 때문이다. 이런 경향은 매우 치명적이다. 오직 은혜로, 오직 믿음으로 구원받는 나는 진리를 붙잡다가 선행을 해야 하는 이유들에 대해서 너무 협소하게 생각하기 때문이다. 실제로 교회들은 예정론이나 '행위가 아니라 오직 믿음으로 구원받는다'고 하는 교리들이 의도하는 바와는 다르게, 정작 착한 행실을 해야 할 이유를 발견하지 못하거나 느슨해지기 일쑤이다. 예컨대, 선한 행위를 독려하고 윤리적인 삶을 요구하면, '뭐, 그렇다고 믿음으로 받은 구원이 취소되겠나.' 하는 식으로 생각한다. 문제는 취소되느냐 아니냐가 아니라, 선한 행실의 요구 자체를 너무 '구원론적'인 테두리 안에서만 생각한다는 것이다.

하지만 12절의 본문은 교회가 적극적으로 선한 행실을 해야 하는 배경과 이유를 다르게 설명한다. 그것은 자신을 위해서라기보다는 '하나님의 영광'을 위해서이며, 하나님 앞에서 구원을 얻기 위해서가 아니라 '이방인들 가운데서' 곧 세상 사람들 앞에서 그렇게 하라는 것이기 때문이다. 나 자신의 구원이 달린 문제만이 아니다. 하나님의 거룩한 이름, 하나님의 영광이 달린 문제이다. 사실 베드로는 신자의 구원의 문제에 관해서는 1:1-2:10까지, 즉 지금 본문인 2:12에 오기 전에 이미 장황하게 설명했다. 삼위 하나님께서 계획하시고 실행하시고 인도하시는 황홀한 구원이다. 그리고 이제 그 삼위 하나님은 자신을 떠나 '썩어 가고 더럽고 허무한 데 굴복하는' 세상에 갇힌 열방들을 자기에게로 이끌어 올 거룩한 백성, 곧 그의 '제사장' 된 교회에게 명하고 계신 것이다.

그러므로 12절에서 명하는 선한 행실은 구원론적이 아니라 선교적인 명령이다. 그것은 나의 구원보다는 하나님의 영광을 위한 선행의 명령이다. 그렇다면 과연 누가 하나님께 영광을 돌리도록 되어 있는가? 교회가 아니다. 바로 그 이방인들, 세상 사람들이다. 교회는 자신들의 선한 행실을 보고 세상 사람들로 하여금 하나님께 영광을 돌리도록 되어 있다. "이같이 너희 빛이 사람 앞에 비치게 하여 그들로 너희 착한 행실을 보고 하늘에 계신 너희 아버지께 영광을 돌리게 하라." (마 5:16, 개역개정)[7] 교회가 세상에서는 말도 안 되는 짓을 하면서 예배당 안에 갇혀 자기들끼리 하나님께 찬송하며 영광을 돌리는 것으로는 부족하다는 뜻이다. 12절의 명령은, 교회가 당당히 세상 사람들 속에서 선한 행실들을 증거함으로, 그 세상 사람들이 어쩔 수 없이 하나님께 영광을 돌릴 수밖에 없도록 만들라는 명령이다. 그것이 '제사장 나라' 된 교회의 사명이 아니고 무엇인가!(9절)

목자(牧者)의 심판과 선한 행실

이렇듯 하나님은 교회의 주님이실 뿐 아니라 온 세상을 통치하시는 창조주요 심판주이시다. 하나님의 양 무리에는 구속 받은 교회가 있지만, 종

7. 교회의 선한 행위의 동기와 목적으로 제시되는 '하나님의 영광, 하나님의 거룩한 이름'에 대한 성경적, 신학적 주제를 살피려면, 채영삼 『긍휼의 목자 예수: 마태복음의 이해』 이레서원(2011), "새 이스라엘, 세상 앞에서 하늘 아버지께 영광을" (마 5:13-16), 111-115를 참조하라.

국에는 온 세상 모든 사람들이 하나님께서 인도하시는 양 무리에 속한다. 교회도 세상과 함께 하나님 앞에 서 있는 것이다. 이런 사실은 12절에서 하나님께서 교회와 세상 모두를 '돌아보시는 날에'(엔 헤메라 에피스코페스, ἐν ἡμέρᾳ ἐπισκοπῆς) 판단하시는 장면을 보면 더욱 선명하게 드러난다. 흥미로운 것은 '돌아보심'(에피스코페, ἐπισκοπή)이라는 표현이다. 개역개정은 이를 단순히 '오시는' 날로 옮겼고, 개역한글은 '권고하시는'으로 번역했다. 하지만 원래 이 단어는 2:25에서 개역개정, 한글 모두 '감독'(에피스코폰, ἐπίσκοπον)으로 번역한 그 용어와 같은 어근이다. 또한 이 '감독'이라는 칭호는 여기서도 목자(포이멘, ποιμήν)와 연결되어 있지만, 원래 목자의 직무 중 양 무리를 자세히 살펴서 병든 것이나 약한 것 혹은 못되게 굴어 다른 양들을 괴롭히는 놈들을 감찰하고 판단하는 직무를 표현한 단어이다(겔 34:11, בָּקַר ἐπισκέπτομαι[LXX]; 참고. CD-A 13:7-12).

감독은 양 무리를 '돌아보는 직무'를 담당한다. 그것은 양 무리 간에 판단하고 심판하며 치유하며 공의를 세우는 전 과정을 의미한다. 즉, 판단이나 심판은 이 문맥에서는 목자의 직무 가운데 하나인 셈이다. 더 살펴보자. 지금 2:12에서 하나님께서 '돌아보시는' 날을 두고 하나님께서 성도들 간에 판단하시는 때인가, 아니면 이방인들이 회개하고 돌아오는 때인가, 혹은 대체로 최후의 심판 때를 가리키는가 등의 다양한 견해들이 있다. 사실 '그 날에'는 구약에서 종말에 하나님께서 심판과 구원으로 찾아오시는 날, 곧 '주의 날'을 표현하는 전형적인 용어를 생각나게 한다(슥 14:1-20; 말 4:1). 하나님께서 직접 오셔서 판단하시고 심판과 구원을 행하시는 날이다. 이런 점에서, 마태복음 25:31-46에서 예수께서 모든 영광으로 천사와 함께 다시 오실 때에 "모든 민족을 그 앞에서 모으고 각각 구분하기를 목자가 양과 염소를 구분하는 것같이 하여"(31절)라고 한 것처럼, 심판주가 종말의 목자라는 사실은 의미심장하다. 베드로 역시 5:1-4에서처럼, 예수께서 목자장이며 감독으로(2:25) 종말에 장로들을 심판한다고 한 것도 같은 맥락일 수밖에 없다.

덧붙여서, 12절은 목자장 되시는 그리스도께서 최종적으로 모든 민족들을 판단하실 때에, 마태복음 25장에서 '양과 염소'를 가르는 심판의 비유에서처럼 선한 행실의 중요성을 부각시킨다. 물론 마태복음 25장의 문맥에서 '지극히 작은 자들'은 우선적으로 그리스도인인 '형제들' 가운데 작은 자들, 곧 역사적으로 보면 주로 순회하는 가난한 복음전도자들을 가리켰지만, 그 문맥에서도 역시 그가 누구든 헐벗고 굶주리고 갇힌 바 된 처지에 있는 작은 자들도 포함한다(채영삼, 『긍휼의 목자 예수』, 423). 이렇게 보면 베드로전서 2:12은 매우 흥미로운 광경을 그려 준다. 즉, 돌아보시는 날에 심판주 되신 목자께서 양과 염소를 가르듯 돌아보실 때에, 이번에는 교회가 세상에게 한 선행이 기준이 되고, 세상이 교회의 선행을 증거하는 증인으로 등장하게 되는 셈이다. 교회의 선한 행실로 말미암아 그들이 하나님께 영광을 돌리게 되기 때문이다.

그렇다면 왜 '선한 행실'인가? 이것은 교회가 세상과 소통해야 하는 교회에게 있어서 결정적인 질문이다. 교회는 세상을 향해 복음을 증거하고 그들에게 믿음이 생기기를 소원해야 한다. 그러나 세상은 믿음이나 믿음의 내용을 알지도 이해하지도 못한다. 하지만 그들은 '선한 행실'이 무엇인지는 본성적으로 이해하고 깨닫는다. 물론 무엇이 '선한' 것이냐고 물으면 다른 대답들이 나올 수 있고, 또한 사람들 속에 있는 '양심'(conscience)의 존재는 비록 흐릿하고 왜곡된 부분이 있지만, 선한 것에 대한 갈망과 그것을 인정하는 근본적 성향이 있기 때문에(참고. Achtemeier, 174-176), 교회가 세상을 향해 선한 양심으로 소통하는 것은 잊지 말아야 하는 중요한 요소이다.

더구나 지금 베드로가 염두에 두는 로마 사회에 흩어진 교회들, 그 지역에 체류하는 외국인이요 여행자 같은 교회에게 있어서 주변 세상과 소통하는 일은 매우 결정적인데, 그 역할의 중심부에서 요청되는 것은 먼저 소극적으로는 '영혼을 거슬러 싸우는 악한 정욕들을 붙잡지 말라'는 것이고(11절), 적극적으로는 선한 행실을 하라는 것이다(12절). 여기서 '붙잡지 말라'(아페케스따이, ἀπέχεσθαι)는 것은 12절에서 선한 행실을 '하라'(에콘테스, ἔχοντες)는 명령과 대조를 이룬다. 문자적으로 하면 하나를 놓고 다른 것을 잡으라는 뜻이다. 개역개정의 '육체의 정욕'이나 '제어하라'는 번역의 표현들은 쉽사리 금욕주의적인 태도를 생각나게 한다. 본문은 그런 뜻이 아니다. 정욕들은 그 자체로는 정당하다. 하지만 여기서 '육적인'(싸르키콘, σαρκικῶν)이라는 말은 주로 악한, 즉 잘못된 대상을 향해 잘못된 방식으로 잘못된 목적을 따라 행하는 죄된 정욕들이다. 그런 정욕들이 일어날 수는 있다. 하지만 그것을 붙잡지 말고, 도리어 선한 행실들을 적극적으로 붙잡고 따라가라는 의미이다.

그렇다면 구체적으로 무엇이 선한 행실인가? 베드로는 앞으로 이 주제에 대해 세밀하게 대답할 것이다. 하지만 그 전에 우리의 처지들을 돌아보자. 교회는 특권의식 속에 갇혀 있기 일쑤이다. 세상 사람들이 양심의 소리를 내고, 비록 죄로 인해 부패했다고는 하나 세상 사람들이 선하다고 믿는 수준에서 교회를 향한 비판의 소리를 내어도 교회는 그것을 일축하기 십상이다. 그런 세상에 대하여 교회는 자신들만이 알아듣는 믿음의 언어들로 반박하고, 자신의 교리적 체계 안에서, 있는 문제를 없는 것처럼 만들어 버리는 경우도 허다하다. 본문의 말씀은 교회가 세상에 대하여 갖는 이런 일방적이고 독선적인 태도를 꾸짖는다. 교회는 분명 세상과 소통할 통로가 있다. 믿음의 언어는 알아듣지 못하나, 세상은 어느 정도 선한 행실, 선한 양심의 소리에 반응한다.

12절의 본문에서 베드로가 주목하는 바가 바로 이것이다. 오늘날 우리들의 교회가 세상을 이기기 위해 반드시 함께 주목하고 배워야 하는 부분이다. 왜냐하면 목자장 되시는 주께서 심판하시는 그날, 그분은 교회의 강변(强辯)이 아니라 세상의 증거를 돌아보실 것이기 때문이다. 그들의 입에서 교회의 선한 행실로 말미암아 하나님은 과연 살아계시고 공의로우시며 정직하시고 영광을 받으시기에 합당하시다는 고백이 나오게 될 것인가? 하나님은 그 날 그것을 세상의 입에서 들으시겠다는 것이다. 그러므로 오늘날 교회는 심판의 날 주께서 판단하실 때에, 교회인 우리 자신에 대해 증언할 세상의 증인들에 둘러싸여 있다는 긴장감에 떨어야만 한다. 그렇지 않은가!

칼빈의 낯선 하나님

칼빈(John Calvin)은 종종 우리를 당황하게 한다. 그는 우리가 알고 있는 하나님과 다른 하나님을 알고 있는 듯이 말한다. 한번 읽어 보라.

"사실, 우리가 조금이라도 분별력을 갖고 있다면, 우리는 누군가가 우리에게 그렇게 하라고 권하지 않더라도 하나님의 명예를 지키기 위해 열심을 낼 것입니다. 우리는 하나님이 자신의 명예에 대해 갖고 계신 열정으로 인해 불타올라야 하며, 누군가가 그분의 위엄을 더럽히거나 비방하는 것을 볼 때 크게 분노해야 합니다. 그러나 보십시오! 우리는 우리 자신의 명예를 지키는 일에는 지나치게 몰두하면서도, 우상숭배에 빠진 세상에서 하나님의 명예가 짓밟히고, 농담과 조롱의 대상이 되고, 심지어 갈가리 찢길지라도, 그 모든 일을 못 본 체합니다. 우리는 하나님의 명예를 지키는 일에 우리가 마땅히 해야 할 만큼의 노력을 기울이지 않습니다. 그러나 만일 우리가 계속해서 그 일에 게으르고 무관심하다면, 그래서 하나님 자신이 그런 식으로 우리에게 무시당하신다면, 그분은 그 일로 인해 우리에게 되갚을 것입니다"

확실히 이 시대의 신(神)은 '행복해야 하는 나'이다. 무엇이든 '나의 기분을 불쾌'하게 하는 것은, 그것이 신학이든 신앙이든 신이든 모두 틀린 것이다. 맛있는 것이 진리이다. 기분 좋은 것이 진리이고, 그래서 엔터테인먼트가 곧 종교이다. 삶을 누리는 것이야 당연한 것이지만, 정작 하나님은 저 멀리 계신다. 칼빈이 성경을 통해 알았던 하나님이 우리에게 낯선 까닭은, 이 시대가 '내 기분'의 우상숭배에 깊이 젖어 있기 때문이다. 이 모든 일에 하나님은 어떤 기분이실까?

하나님이 나를 위해 존재해야 하는 시대에 살고 있다. 복음이 그렇게 왜곡되었다. 그렇게 복음을 왜곡하고 팔아먹은 자들을 하나님께서 심판하시기를! 그 심판이 이미 시작되었다. 하나님의 영광의 복음을 더럽힌 교회는 스스로를 더럽히고, 더럽혀진 교회는 하나님의 이름을 더럽힌다. 실은 모든 것이 하나님의 영광을 위해 존재하건만, 우리는 자신을 그 자리에 놓았다. 하나님이 당신을 위해 봉사해야 하는 것이 아니다. 유사 복음에서 나오라. 당신은 하나님의 영광을 위하여 창조되었다. 인간에게 그것보다 더 큰 기쁨과 만족은 없다.

'선한 행실' - 왜 필요한가?

오직 믿음인데, 왜 굳이 선한 행실을 해야 하는가? 어리석은 질문 같지만, 실제로 꽤 자주 드는 의문이다. 이런 생각을 빌미로 자꾸 죄를 정당화하며, 하나님의 말씀의 수준에 미달하는 자신을 얼마든지 용납하고 변명하기 때문이다. 물론 우리 모두는 약하기 짝이 없다. 그래서 실수는 불가피하다. 선행을 구원론의 테두리에서만 생각하면, 선행이란 그럼에도 불구하고 우리를 구원하시는 하나님의 신실함에 대한 인간의 허튼 수작에 불과해진다.

그래서 어떤 이들은 신자의 선한 행위가 결국은 구원을 결정짓는 요소라고 주장하려 든다. 인기는 없지만, 그리고 의혹의 눈초리를 받지만 여전히 이렇게 주장하려는 사람들이 있다. 선행이 구원의 조건이 아니라면, 즉 꼭 선행을 해서 당신이 구원받는 것이 아니라면, 왜 굳이 당신이 일터에서 정직해야 하며, 가정에서 사랑과 순복을 행하며, 악한 사람들을 만나도 은혜를 끼치는 사람이 되어야만 하는가?

베드로는 다르게 설명한다. 하나님의 영광이다. 당신이 구원받았다면, 구원받은 당신 속에는 점점 더 하나님의 영광을 사모하는 불붙는 열정이 생긴다. 그것은 일찍이 모세가, '내 이름은 생명책에서 지워도 좋지만, 하나님께서 애굽에서 건져내신 이 백성은 쓸어버릴 수 없습니다. 열방이 하나님의 이름을 어떻게 생각하겠습니까!'라고 했던 것과 같은, 하나님의 영광을 향한 그 주체할 수 없는 열정이다. 내가 지옥에 떨어져도 상관없지만 내 백성은 구원해 달라고, 하나님의 이름이 땅에 떨어져 짓밟히는 것은 도저히 볼 수 없다는 그런 마음이다.

구원을 확신하는 당신에게 그런 마음이 있는가? 애국자 없는 나라는 망한다. 하나님의 나라도 애국자를 원한다. 하나님의 이름이 세상 앞에서 땅에 떨어져 짓밟히는 것을 보고 다윗은 분개했다. 그는 자신의 패배한 백성들과 함께 굴욕을 당하는 그 '만군의 여호와의 이름으로' 겉으로는 상대가 되지 않는 골리앗을 향해 달려갔다. '만군의 여호와의 이름'으로. '거룩한 주의 이름'으로. 그 이름의 영광을 사모하여 자신의 모든 것을 내어 주는 자, 그 이름이 거룩히 여김을 받는 일이라면 자신의 모든 것이라도 내어 줄 그 사랑. 그것이 구원받은 자의 증거이다. 진정으로 구원받았다면, 그의 속에 하나님의 이름을 사모하는 뜨거운 사랑이 살아 있을 것이다.

그래도 물을 것이다. 그렇게 살지 않으면 구원이 취소되나요? 명확한 것은, 구원은 나를 위한 것이지만, 구원받은 나는 그분의 영광을 위한 것이다. 구원론의 블랙홀에서 빠져나오라. 하나님의 영광의 세계로 들어오라.

세속 정부에 대하여(13-15절)

그렇다면 교회가 세상 속에서 어떻게 구체적으로 선한 행실을 하는가? 선한 행실이라고 하면 우리는 흔히 구제나 봉사를 생각한다. 가난한 이웃에게 성금을 주고 장애우를 지원하고 노인들을 불러다가 경로잔치를 하는 등 봉사에 관련된 선행들을 생각한다. 그러나 베드로는 그것들을 우선적으로 거론하지 않는다. 무엇을 거론하는가? 베드로는 교회가 먼저 세상 사람들이 다 지키는 정당한 법부터 잘 지켜야 한다고 말한다. 이 사회 속에 사는 믿지 않는 이방인들도 지키면서 살아가는 기본적인 법, 양심적인 법, 공정한 법들을 잘 지켜야 한다고 역설하는 것이다. 그것이 이방인들로 하여금 교회를 칭찬하게 하는 지름길이라고 말하는 것이다. 그것이 세상에서 체류하는 외국인이요 여행자로 지나가는 교회가 행해야 할 우선되는 선한 행실들이다. 12-15절의 본문을 읽어 보자.

> 13그러므로 여러분은 인간들에 의해 인정된 모든 창조 질서에 주를 위하여 순복하십시오. 위에 있는 최고통치자에게든지, 14또는 그에 의해 행악하는 자들을 벌주고 또 선행하는 이들을 상 주기 위해 보냄 받은 관리들에게든지 그렇게 하십시오. 15왜냐하면, 이같이 하여 선한 행실들로 어리석은 자들의 무지(無知)함을 침묵시키는 것이 하나님의 뜻이기 때문입니다.

치열한 접전을 벌이는 축구 경기를 본 적이 있을 것이다. 감독은 11명의 선수들을 운동장에 들여보내 놓고 라인 밖에 서서 도무지 앉을 줄을 모른다. 수많은 관중들이 운동장을 가득 메웠고, 매스컴을 통해 전 세계 축구팬들이 지켜보고 있는 결정적인 게임이다. 이 11명이 정말 잘 뛰어 주어야 한다. 상대는 거칠게 경기하는 막상막하의 라이벌이다. 주심은 정말 까다롭다. 잘못하여 파울을 많이 받아 퇴장 선수라도 생기면 그때는 게임을 아예 놓칠 수도 있다. 감독은 선수들에게 끊임없이 조심하라고 지시한다. 이 게임은 반드시 이겨야 하기 때문이다. 비유가 어떨지 몰라도, 지금 본문이 그려 주는 정황은 이와 크게 다르지 않다. 세상이라는 운동장에 교회가 던져졌고, 주심은 휘슬을 불었다.

자, 교회는 이제 어떻게 뛰어야 하는가? 규칙대로 해야 한다. 골을 넣어야 하지만, 우선은 규칙대로 해야 하는 것이다. 그래야 나중에 이겨도 상대편도 관중도 모두 할 말을 잃는 법이다. 그렇지 않은가? 그런데 오늘날 교회는 자신이 세상과 더불어 이런 경기를 하고 있다는 사실조차 잘 의식하지 못한다. 자신만의 경기를 뛰는 셈이다. 생각해 보라. 축구 선수가 골을 넣기 위해 범할 수 있는 파울을 모두 범해 가면서 골을 넣으면 그것을 인정할 상대가 어디에 있으며, 그것을 받아들일 관중이 어디에 있는가? 그런데도 오늘날의 교회는 상대가 없는 자기 혼자만의 경기에 열중한다. 무엇이 틀렸는지, 어디가 어긋났는지도 잘 모르고 또 관심도 부끄러움도 없다. 원래 경기는 하나님 앞에서 혼자 하는 것이라고 믿기 때문이다. 본문은 이런 식의 사고방식에 큰 경종을 울린다.

13절 번역은 신중해야 한다. 우선 '질서'를 뜻하는 '크티시스'(κτίσις)를 '기관'(institution, RSV, NRSV, NEB)으로 번역하는 것은 헬라문헌에 그런 예가 없고, 개념 자체가 현대적이다(Elliott, 489). 그렇다고 이를 '인간들의 피조 된 세계'로 옮기면, 해와 달 같은 만물을 섬기는 우상숭배처럼 들려서 적절치 않다. 이는 하나님께서 지으신 창조세계(creation)를 생각나게 하는데, 여기서는 분명히 인간들이 대리통치를 하는 질서의 세계를 말한다. 다만 추상적으로 '인간들에 의해 만들어진 질서' 정도로 번역해 놓으면, 우리의 본성은 금방, '그렇다면 인간들의 질서가 잘못된 경우는 어떻게 합니까?'라고 묻고 싶어진다. 결국 13절은, "인간들에 의해 인정된 모든 창조 질서에 주를 위하여 순복하십시오."라는 표현이 적절하다.

또한 하나님의 창조세계이든 인간들이 대리통치하는 질서이든, 이 모든 영역들을 다스리시는 '주(主)' 되신 하나님을 생각해야 한다. 그래서 본문은 '주를 위하여'(디아 톤 큐리온, διὰ τὸν κύριον)라는 문구를 포함한다. 문맥적으로는 이미 9절에서 교회를 향해 '택하신 족속, 제사장 나라, 거룩한 민족, 소유된 백성'이라 했을 때, 하나님께서 열방들 곧 온 세상의 하나님이시요 주님이심을 전제했다. 그렇지 않다면 '제사장 나라'라는 표현이 의미가 없는 것이다. 모든 나라와 방언과 민족들 가운데서 하나님의 거룩한 이름, 구원 되시는 이름, 영광된 이름을 높이기 위해 교회를 부르셨기 때문이다. 세상의 어떤 인간의 제도나 통치 영역도 주 되신 하나님과 그분의 그리스도의 통치권을 벗어나는 영역은 단 한 치도 없다.

그러므로 모든 권력은 하나님께로부터 나오고, 오직 하나님께서 허락하시며 폐하기도 하신다. 그래서 '주(主)'이시다. 세상 정부의 권력도 하나님의 최종적인 권력 아래 있고, 하나님의 주권적 통치 아래 놓여 있기 때문이다. 교회가 세상 정부와 아무런 상관이 없이 행동할 수 없는 이유가 여기에 있다. 때로 교회는 세상 정부의 하는 일과는 아무런 관련이 없는 것처럼 행동한다. 어떤 경우에는 세상 권력이 정당한 법적 요구를 하는 데도 굳이 예외적인 종교적 특권을 고집하고, 다른 경우에는 세상 권력이 부패하여 불의를 행하는 때에도 굳이 교회는 세상과 아무런 관련이 없는 것처럼 무관심하게 행동하기도 한다.

그러나 교회가 하나님을 '주'(큐리오스, κύριος)라 부른다면, 교회는 그 주님께서 권력으로 인정하신 세상의 정부나 법에도 순복해야 한다. 그것이 간접적으로 주를 순복하는 것이고, 또한 13절과 같이 주를 '인하여, 때문에' 혹은 주를 '위하여' 사는 것이기 때문이다. 순복의 문제는 권위의 문제이다. 역시 '순복하십시오'(휘포타게테, ὑποτάγητε)라는 말도 위로부터 주어진 어떤 권위 아래에 자신을 위치시키는 태도를 가리킨다. 이 '순복'(subordination)이라는 개념은 신약에서 강조되는 개념인데, 13-14절에서처럼 시민 사회의 유지를 위한 당시 그레꼬-로망의 '도시 경영'(폴리테이아, πολιτεια)에 관한 교훈들과 비교해도 매우 특이하다. 당시의 정치적 질서나 혹은 '집안 경영'(오이코노미아, οικονομια)에 있어서도 시종일관 강조되는 것은 집안의 가장, 곧 우두머리의 권위(authority)였다(Elliott, 508-509). 하지만 신약에 나타나는 '집안 경영 규칙들'에서 최종적인 권위는 항상 하나님께 있으며, 그로부터 나온 '질서'에 순복하는 것이 초점이 된다.

혁명적인 순복

그래서 순복이라는 말은 권위의 최종적인 정점에 계신 하나님을 가리키는 개념이고, 또 그분에게 의존하는 질서를 받아들이고 따름을 의미한다. 혹시 우리가 '청종한다, 순종한다' 할 때는 마음으로부터 우러나서 듣고 신뢰하고 따르는 것을 가리킬 수 있다. 그렇다면 순복은 설령 청종할 마음이 없더라도, 즉 마음으로는 선뜻 내키지 않더라도, 최종적인 권위자인 하나님을 인정하기 때문에 그로 인해 허락된 권위 아래에 기꺼이 자신을 두는 태도를 가리킨다. 만일, 세속 정부가 정당하고 공의로운 법이 아닌 불의한 법들을 강요하거나 할 때는 어찌하는가? 이럴 때에도 정부가 권위이기 때문에 순복해야 하는가? 원칙적으로 그렇지 않다. 본문은 명확하게 세속 정부의 권력의 행사가 '악행을 징벌하고 선행을 장려하는' 도덕적 권위의 제한 속에 있다는 점을 명확히 하고 있기 때문이다(14절).

그것은 또한 구약에서 율법이 죄를 억제하고 의로운 삶을 보호하는 역할을 한 것과도 유사하며, 비록 타락한 소산 아래 있지만 인간의 보편적인 양심도 어느 정도 선을 장려하고 악을 제한하는 역할을 하는 것과 유사하다. 그래서 인간이 양심을 버리듯이, 기록된 율법을 범하듯이, 만일 세속 정부가 거꾸로 선행을 징벌하고 악행을 장려하는 쪽으로 간다면, 교회는 원칙적으로 이를 그대로 따를 필요가 없고 그래서도 안 된다. 왜냐하면 그것은 결단코 그들에게 법과 양심을 주신 최고통치자인 '주를 위한' 것일 수가 없기 때문이다. 주는 거룩한 분이시고, 교회는 이 땅에서 양심이나 세상 법을 포함하면서도 그보다 높은 그분의 거룩하심을 따라 거룩한 자들이 되도록 부르심을 받았기 때문이다(벧전 1:14-18).

그래서 이런 경우에도 원리는 역시 13절의 "주를 인하여, 주를 위하여"라는 문구에 함축되어 들어 있다. 궁극적 권위는 주 되신 하나님과 그 그리스도이시다. 하나님의 말씀과 양심에 비추어 정의롭지 않고 옳지 않은 사안들에 대해서는, 가능한 합법적인 절차를 밟아 하나님의 권위와 말씀에 순복하는 태도를 하나님과 사람들 앞에 드러내야 할 것이다. 그러므로 본문은 맹목적인 순복이 아니라 혁명적인 순복(revolutionary subordination), 즉 혁명적인 변화를 목적으로 하는 순복을 가리킨다(J. H. Yoder, *The Politics of Jesus*). 분별 있고 선별적인 순복을 통해서 참으로 순복해야 할 분이 하나님 한 분뿐임을 설득하는 방식이다.

지금 베드로가 서신을 보내는 흩어진 교회들도, 그들의 지역에서 간혹 있게 되는 여러 신들을 숭배하는 행사는 공식적인 축제라도 참여하지 않았을 것이다. 심지어 그들은 우상숭배에 바쳤던 음식조차 시장에서 사 먹기를 꺼릴 만큼 조심했을 것이고(참고. 고전 9-11장), 이와 관련되어 도덕적으로 바람직하지 못한 세속적 관행들, 예컨대 술 취함과 음란과 방탕한 관습에 참여하기를 거절했다(벧전 4:3). 후에 초대교회는 교부 터툴리안(Tertullian)이 "우리에게 있어 국가보다 더 낯선 것은 없다."고까지 토로한 것처럼(Feldmeier, 9), 점차로 종교와 정치가 일체가 된 로마제국 자체가 그들의 '썩지 않고 더럽지 않고 쇠하지 않는 나라'에 대한 신앙과 정면으로 부딪힌다는 자각을 하게 된다.

오늘날에는 어떠한가? 종교의 자유를 인정하는 정치 체제 아래에서는 종교적인 문제로 교회와 세속 정부가 부딪히는 일은 그리 많지 않다고 할 수 있다. 하지만 세속 정부가 제한적이지만 선악을 관장하는 하나님의 권위의 위임통치자로서 역할을 발휘할 때, 교회가 이에 어떻게 관계를 맺고 반응해야 하는가 하는 문제는 다시 교회 자신의 종교적 문제와 깊이 연결되어 있다. 만일 교회가 사회의 부패를 방조하거나 함께 참여한다면 어떻게 되겠는가? 혹은 적극적으로 악한 세속 권력의 역기능을 독려한다면 어떻게 되겠는가? 교회는, 비록 하나님께서 맡기신 영역은 다르지만 모두 최고 권력자이신 '주를 위하여'라는 원칙을 기억해야 한다.

예배당 건물 밖 세상 권력도 주께서 통치하시는 영역이다. 예배당만큼이나 국회의사당이나 재판정이나 증권거래소도 중요하다. 그래서 교회는 정부와 더불어, 하나님의 주권 아래에 있는 다른 영역을 담당한 구성원으로 합당한 선지자의 역할을 함으로써, 그 정의로운 치유와 회복을 추구해야 한다. 종교적 우월감이나 비판을 통해 파괴하려는 목적에서가 아니라면, 교회는 단지 흐릿한 양심(良心)의 법에 따라 움직일 수밖에 없는 정부가 타락한 세상 속에서 탐욕과 무지, 거짓과 부패에 이끌려 가려 할 때, 양심 이상의 거룩한 법을 가진 동역자로서 그 치유와 회복을 위해 선지자적인 지도력을 발휘해야만 하는 것이다.

하지만 오늘날은 거꾸로, 교회가 세상 권력이나 일반 시민들이 지키는 상식적인 법, 양심의 기준에도 못 미치는 수치스런 일을 하고도 이를 종교적으로만 정당화하려는 모습까지 보일 때가 적지 않다. 본문은 바로 세상 속에 처한 교회가 망각하기 쉬운 이런 치명적인 위험성을 경고하는 결정적이고 적절한 말씀이다. 만일 교회가 세속 정부 권력의 정당한 법, 일반 세속 시민들의 양심의 기준에도 어긋나는 일들을 하게 된다면 어떻게 될까? 이미 기독교 신앙의 내용에 대해서도 적대적인 감정을 갖고 있는 사회 속에서, 그들이 상식적이고 합법적으로 여기는 양심에 따른 기준들에도 교회가 어긋나는 행위들을 하는 것으로 알려진다면 과연 어떻게 될까? 그것이 지금 우리의 교회가 당면하고 있는 어려운 처지이다. 그것은 단지 더 이상 교회 성장이 안 된다든지, 개신교 인구가 하락한다든지 하는 교회의 생존이 달린 문제만이 아니다. 본문은 결코 그런 실용적인 접근을 하고 있지 않다.

그러면 무엇이 문제되는가? 하나님의 영광이다. 정작 문제가 되는 것은 이것이다. 과연 오늘날의 교회는 교회의 부흥과 성장만큼이나, 세상이 교회로 인하여 알게 되는 하나님의 거룩한 이름과 평판(reputation), 그 하나님의 영광에 대해서 관심이 있는가? 정말 교회가 세상 사람들의 입에 오르내리는 하나님의 평판에 대해 관심이 있다면, 그렇게 쉽게 위법적인 일들, 세상의 부패한 양심에 비추어도 함량이 미달되는 일들을 계속할 수 있을까? 15절의 말씀은 무엇이라 하는가? 결국 하나님께서 마지막 날 심판하실 때에, 교회와 세상을 그 앞에 데려다 놓고 서로 무게를 달아 보았을 때, 과연 무엇이 세상의 그 교만하고 무지한 입을 틀어막을 근거가 될까?

베드로전서의 말씀은 그것이 교회 안에서 성도들이 고백하는 그런 교리들만이 아니라, 그들이 세상 가운데서 행한 '선한 행실들'이라고 증언한다. 우리 주님으로 하여금, 주님과 주님의 나라를 반역하며 교회를 멸시하고 핍박한 그들의 입을 틀어막을 강력한 증거는 교회가 그들 속에서 보여 준 선한 행실이라는 것이다! 그들 속에 세운 놀랍도록 크고 높은 예배당 건물이 아니다. 그들이 깜짝 놀랄 만큼 수많은 성도들을 모았던 거대한 집회들도 아니다. 그날 주님으로 하여금 이렇게 말씀하실 수 있도록 할 수 있는가? 곧 주께서 말씀하시되, "보아라. 너희가 내 자녀들, 나의 택한 족속이요, 제사장 나라요, 거룩한 민족이요, 내 소유된 백성에게 흠 잡을 것이 무엇이 있더냐! 너희들이 유일하게 잣대로 삼은 그 양심과 도덕의 기준에도 내 자녀들이 훨씬 탁월하지 않더냐! 이제 너희의 무지와 부패함에 대한 내 심판이 얼마나 합당한지를 알겠느냐!" 이렇게 말이다.

교회는 그날 주께서 세상의 무지몽매한 말들, 하나님을 모독하며 그분의 나라를 알지 못한 어리석음을 꾸짖으실 수 있도록, 지금 세상 속에서 마땅한 제사장직을 수행해야 한다. 그러나 그것은 교회가 교회 안에서 말하는 믿음과 방언과 교리들처럼 우리만 아는 언어와 행위들로 하는 것이 아니다. 그것은 아직도 세상 사람들 속에 하나님과 그분의 통치에 대한 흔적으로 남아 있는 그들의 '양심'과 교류하는 것이다. 그래서 선한 양심, 선한 행실이 이렇게 중요하다. 그것은 특별히 교회가 세상 속에서 갖는 선교적 전략, 소통의 통로, 그리고 종말론적인 심판의 현재적 증거를 위하여, 즉 '주를 위하여'(13절) 결정적인 전략이다.

자유 사용설명서(1) – '악을 덮지 말라'(16a절)

하지만 교회가 세상 속에서 길을 잃는다면? 마치 선수들이 운동장에 들어가서 마음껏 뛸 자유를 얻었지만, 감독의 지시는 까맣게 잊고 작전도 없이 자기 하고 싶은 대로 운동장을 뛰어 돌아다닌다면 게임의 승패는 불을 보듯 뻔할 것이다. 그렇게 뛰려면 운동장에는 왜 들어갔는가? 그런 의미에서 오늘날 16절의 이 말씀처럼 치명적인 말씀은 없다. 이 말씀은 예리한 칼날처럼 교회의 뼈마디와 골수를 쪼개고 들어온다. 말씀을 옮겨 보자.

16자유하나 그 자유로 악을 가리는 데 쓰지 말고

'자유하나.' 자유를 전제한다. 본문에 '자유하나'(엘류쎄로이, ἐλεύθεροι)는 것은 물론 당시 교회 구성원들의 사회적 신분을 가리키지 않는다. 그들은 다양했고, 또 전체적으로는 자유한 시민보다는 아래에 놓인,

그리고 노예들보다는 위에 위치한 체류하는 외국인이요 여행자의 신분이었다. 그러므로 그들이 '자유'하다는 것은 사회적 신분이 아니라, 그들을 '하나님의 종들'로 표현하듯이 신자 된 신분으로서 그러하다는 뜻이다. 사실 베드로는 교회가 받았고, 받고 있으며, 장차 충만히 받을 그 황홀한 영광에 대해 충분히 설명했다(1:1-2:10). 그들은 단연코 세상으로부터 불러내심을 받은 자들이다. 삼위 하나님께서 계획하시고 거룩하게 하시고 지금도 보호하시며 인도하신다. 썩어지고 더럽고 쇠해 가는 허무한 데에서 해방되어, 부활 생명 거듭난 생명 살아 있는 소망으로 사는 자유한 자들이다. 세상 여러 족속들 가운데 '하나님께서 택하신' 족속이요, 모든 민족들에서 불러내신 거룩한 민족이며, 온 세상을 위한 제사장 나라이고 그분의 소유된 백성이다.

그러므로 이 자유는 그들의 영적이고도 더욱 실제적인 자유이다. 그들은 도리어 이 세상에 매여 있지 않다. 썩어짐과 더러움과 허무함에 굴복될 수 없는, 굴복되지 않는 복된 백성들이 아닌가. 복음은 자유를 가져온다. 역사상 어느 민족 어느 나라를 불문하고, 복음이 들어가서 자유를 얻고 광명을 찾고 의식이 깨이고 문명이 발전하고 삶의 질이 향상되지 않은 예는 찾아보기 힘들다. 사람이 복음을 듣고 믿어 하나님과 그의 나라를 알면, 그가 복을 받는 것은 전혀 이상하지 않다. 소경이 고침을 받아 빛에 비치는 만물을 보고 누리는 것이 이상하지 않듯이 말이다. 복음은 진정한 자유를 준다. 영적인 자유이지만 그것은 이 세상으로부터의 자유이기 때문에, 설사 사회적 조건과 상황은 그대로 있다 하더라도 말할 수 없이 실제적인 자유를 누리게 한다. 그들은 아무것도 갖지 못했지만 모든 것을 가진 자들이고, 무명한 자들이나 유명한 자들이고, 죽은 자 같으나 실로 산 자들이다(고전 6:9).

문제는 예수 믿으면 복을 받는다는 사실이 아니다. 그것은 당연하다.

진짜 문제는 그 다음이다. 그는 복을 안다. 영광스런 소망을 알고, 삼위 하나님의 뜨거운 사랑과 긍휼을 안다. 택함 받은 족속이요 거룩한 민족이다. 우쭐하지 않은가? 하나님의 그 영광된 약속이 취소될 리가 있는가? 택하시지 않았는가? 그래서 자유는 서서히 그에게 방만함과 느슨할 기회들을 열어 준다. 다시 썩어지고 더럽고 허무한 세상으로 미끄러져 들어갈 기회를 열어 놓는다. 물론, 자유는 자유이다. 자유는 취소되지 않는다. 베드로는 지금 자유 자체에 문제가 있다고 말하지 않는다. 자유하지만 문제는 그 다음이다. '자유로 악을 가린다'는 것은 무엇을 말하는가? 문자 그대로 하면, 그 놀라운 자유를 사용하는 방식에 관한 문제이다. 교회는 그 자유를 어떻게 사용하는가? 당신은 그 자유를 어떻게 사용하는가?

자유에는 목적이 있다. 그래서 목적을 잃은 자유는 위험할 뿐 아니라 때로 사악(邪惡)하다. 하나님께서 주신 자유는 '무엇으로부터의 자유'이기도 하지만 동시에 '무엇을 위한 자유'이기도 하기 때문이다. 종 된 땅 애굽으로부터 나와서 얻는 자유가 있지만, 동시에 그 자유는 약속의 땅 가나안에 들어가기 위한 자유였다. 하나님의 말씀을 받아, 그 말씀을 따라 하나님을 섬기고 이웃을 섬길 자유이다. 교회가 썩어지고 더럽고 허무한 데 굴복하는 세상에서 나온 것은 자유를 얻은 것이다. 동시에 그 자유는 썩지 않고 더럽지 않고 쇠하지 않는 나라를 소유하고 누리며, 그래서 그 거룩한 나라를 섬길 자유이다. 이 둘은 떨어지지 않는다. 분리하는 순간, 자유는 더 이상 자유가 되지 않고 도리어 더 큰 속박으로 돌변한다.

마찬가지이다. 그리스도인에게 자유를 주신 것은, 마음대로 죄를 짓고 다시 용서받으며, 그 죄를 반복하고 즐기다가 다시 더러운 데에 얽매이라고 주신 것이 아니다. 구원받은 사람들을 다시 방하게 만들기 위해 주신 자유가 아니다. 그 자유는, 그가 이제 죄와 사망의 사슬, 걱정과 두려움, 죄책감과 절망의 굴레를 벗어 버림으로 일생에 매여 종노릇하는 데에서 해방될 뿐만 아니라, 오직 그분을 영화롭게 하며 그분을 영원토록 즐거워하는 사람으로 성장하기 위한 자유이다. 필연적인 자기 사랑, 자기 집착에서 벗어나, 하나님의 사랑을 받아 그분을 사랑하며 그렇게 이웃을 자신의 몸과 같이 사랑할 수 있는 사람이 될 수 있는 자유인 것이다.

사람이 누구에게 과도한 빚을 지고 있으면 어찌 남을 도울 여력이 있겠는가? 사람이 자기 몸이 병들어 항상 병원에 드나들어야 한다면 어찌 남을 도울 여력이 있겠는가? 마치 자기가 가진 부에 붙잡혀 가난한 자를 도울 기회를 놓쳐서 천국에 들어가기 어려웠던 그 부자청년처럼, 사람이 자기 사랑에 빠져 자신을 위해 가능한 많은 것들을 쌓아 놓고 살기를 추구함으로 이런 일에 바쁘면, 그는 아무리 많은 것을 가진 사람이라도 그것으로 남을 도울 자유를 얻지 못한다.

더구나 그리스도인들이 그들에게 주어진 자유를 잘못 사용하기 시작하면, 그 자유는 목적을 잃은 자유가 된다. 즉, '어디로부터 나온 자유'는 되지만, '무엇을 위한 자유'는 되지 못하기 때문에 방종과 죄악에 빠지기 쉬운 것이다. 여기서 한 걸음 더 나아간다. 그들은 이런 무목적적인 방종과 죄악을 다시 그 자유라는 이름으로 정당화하기까지 한다. 목적을 잃은 자유는 그래서 위험하고 또 사악하다. 16절에서 "자유로 악을 가리는 데 쓰지 말고"라는 표현은, 하나님께서 그리스도의 죽으심과 부활의 복음으로, 성령의 거룩하게 하심으로 자유하게 하신 그 자유를 사용하는 방식에 대해 말한다. 자유를 그런 식으로는 사용하지 말라는 뜻이다. 어떤 식인가? 악을 덮는 식으로이다. 여기서 '덮음'(에피칼루마, ἐπικάλυμμα)이란 밑에 놓여 있는 악처럼 더러운 물체는 그대로 두고 그 위를 보이지 않게 덮어씌우는 행동을 말하는데, 진실을 가리기 위해 연막(smokescreen)을 쓰는 것과 같다. 문제는 교회가 잘못한 일에 대해 세상의 비난을 받을 때, 그런 악을 덮어씌우고 정당화하는 방식으로 자유를 들먹이지 말라는 것이다.

마치 이렇게 말하는 것과 같다. “우리는 택한 민족이다. 하나님께서 한 번 구원하신 것을 다시 뒤엎으시겠는가? 불가항력적인 은혜라 하지 않는가? 죄가 더한 곳에 은혜가 넘친다고도 했다. 그 정도 잘못한 것은 얼마든지 용서받을 수 있다. 하나님은 그 선택과 예정을 취소하지 않으신다. 더럽지 않은 사람이 어디에 있는가? 썩은 냄새 하나 없는 사람, 단체가 어디 있는가? 살다 보면 다 그런 것이지. 은혜롭게 합시다.” 이렇게 하지 말라는 것이다.

무엇이 잘못되었는가? 자유는 이렇게 쓰라고 주신 것이 아니다. 은혜도 이렇게 쓰라고 주신 것이 아니다. 악은 드러나야 한다. 그리스도의 보혈로 덮어지기 위하여서는 반드시 먼저 빛 가운데 드러나야 한다. 그래야 십자가를 통해 처리될 수 있다(요일 1:5-11). 그러한 정직한 죄의 고백과 철저한 회개 없이, 그저 은혜와 사랑과 구원의 확신과 예정과 자유의 이름으로 그 악취 나는 악을 그대로 두고 덮어 버린다면, 그것은 악을 키워 영육간에 사망을 초래하는 것일 뿐만 아니라 하나님께서 주신 은혜와 자유를 값싼 것으로 내팽개쳐 버리는 결과를 가져온다.

이스라엘이 이런 짓을 하다가 약속의 땅에서 눈이 뽑히고 손발이 묶인 채로 포로 된 나라로 끌려갔다. 서구의 기독교가 하나님의 은혜와 주신 자유를 이렇게 남용하다가 공산주의를 맞았고, 오늘날 텅 빈 교회 건물들만 남게 되었다. 하나님께서 주신 자유는 분명한 목적이 있는 자유이다. 그 자유 속에서 다시 우리 자신의 죄와 악을 덮으라고 주신 것이 아니다. 오늘날 얼마나 많은 신자들이 예정론을 헛되이 붙들며, 하나님의 은혜를 모독하고, 하나님께서 주신 자유로 자신들의 죄를 가리며 악을 덮어 쉽사리 정당화하고 있지 않은가? 그러나 실제로는 그 속에 있는 탐욕과 더러움과 세상을 뼈저리게 사랑하는 것을 전혀 회개하지 않고 있지 않은가! 가증한 일이다. 하나님께서 우리에게 자유를 주신 것은, 그 가증함 속에서 악과 더불어 썩어지고 더러워지고 허망해지라고 주신 것이 아니다. 자유를 주신 데에는 썩지 않고 더럽지 않고 허무하지 않은 거룩하고 공의롭고 영원한 목적이 있다. 교회는 자유의 사용법을 철저히 배워야 한다.

자유 사용설명서(2)- '하나님의 종과 같이' (16b절)

그렇다면 세상에서 체류하는 외국인과 여행자 같은 교회는 그에게 주어진 자유를 어떻게 사용해야 하는가? 베드로는 교회가 얻은 자유, 성도가 얻은 자유를 잘못 사용할 수도 있다는 경고를 한 후에, 이제는 적극적으로 그 자유를 어떻게 사용해야 할지, 세상을 지나가는 외국인이요 여행자와 같은 교회가 그 자유를 어떤 목적과 어떤 방식으로 사용해야 할지를 명확히 제시하고 구체적인 지침들까지 제공한다. 이 귀한 말씀을 새롭게 옮겨 보자.

16b 도리어 하나님의 종들과 같이 하십시오.

혹시 이에 대해 '아니, 자유면 자유이지 자유를 따로 사용해야 하는 방법과 목적이 있다면 그것이 어떻게 자유인가'라고 물을지 모른다. 그것은 자유에 대한 이해가 달라서이다. 무엇이 자유인가? 흔히 인본주의적인 문화 속에서, 자유란 그저 마음대로 하는 것이다. 아무런 규제가 없고, 제재도 제한도 없는 것이 자유이다. 타락한 세상, 죄와 죽음이 지배하는 이 세상 속에는 무엇 하나 하나님께서 원래 만드신 대로의 찬란함을 그대로 보존하는 것이 없다. 모든 것은 썩고, 더러워지고, 허망한 데로 돌아간다. 사람의 목숨이 그렇고, 아름다움도 빛 바래는 것이고, 인간의 이성(理性)이나 양심도 그러하다. 하나같이 어둠 속에 갇힌 물건들처럼 곰팡이가 슬고 썩어 가는 상태에 놓여 있다. 사람들이 흔히 생각하는 '자유'도 그런 경우이다.

생각해 보라. 아무런 제한이 없는 자유란 오직 하나님만 누릴 수 있는 종류의 것일 것이다. 인간이 그런 자유를 누릴 수 있는가? 자유라고 해서 아무것이나 다 먹고, 빌딩 위에서 새처럼 날겠다고 뛰어내리고, 자동차를 마음 내키는 대로 운전하면, 그것은 결과적으로 그 사람에게 자유를 주는 것이 아니라 오히려 돌이킬 수 없는 불편과 구속과 부자유를 주게 된다. 피조물이 누리는 자유에는 조건들이 주어져 있고, 자유란 오히려 그 조건을 충분히 누리는 데에서 나온다. 예컨대, 물고기는 바다 속에서 자유롭다. 마음대로 한다고 물 밖으로 나오면 그것이 고통이고 부자유이다. 사람은 공기를 마시고 숨을 쉰다. 그것이 자유이다. 하나님을 경외하고 순복하게 되어 있다. 그것을 지키는 것이 자유이다. 차를 몰면서 중앙선을 넘지 않고 신나게 달리면 얼마든지 드라이브의 맛을 누리는 것처럼, 이웃의 것을 탐하지 않고 서로 존중하면 그 법과 틀 안에서 상당히 놀라운 자유와 기쁨을 누릴 수 있다. 자유란 그런 것이다.

하나님께서 우리를 자유하게 하신 것은, 그럴 수 없는 상황에서 우리를 해방하신 것이다. 차가 고장 나면 드라이브를 할 수 없다. 법규를 어겨서 면허증을 빼앗겨도 드라이브를 할 수 없다. 아예 운전하는 법을 애써 배우지 않았다면, 차가 있고 도로가 있어도 드라이브의 자유로운 즐거움은 맛보지 못한다. 마치 이 모든 문제를 해결한 것처럼, 하나님께서는 우리를 사망과 죄와 허무함의 권세로부터 해방하셨다. 그러면 이제 무엇을 하는가? 차를 몰아야 한다. 그것이 자유이고 기쁨이기 때문이다. 어떻게 모는가? 배워야 한다. 이에 대해 베드로는 '하나님의 종으로 살라'고 표현한다. 하나님의 종으로 사는 법을 배우는 길이, 하나님께서 우리를 자유하게 하사 자유를 주신 그 자유를 가장 마음껏 행복하게 누리는 길이다.

그렇다면 '하나님의 종들과 같이'(호스 떼우 둘로이, ὡς θεοῦ δοῦλοι, 16b) 한다는 것은 어떻게 하는 것인가? 조금 후에 베드로는 '하나님의 종'

으로 산다는 것이 어떤 것인지 예수 그리스도 자신의 삶을 통해 명확히 보여 준다. 그는 '너희를 위하여 고난을' 받으셨고, 죄를 범치 않으시고, 욕을 받으시되 대신 욕하지 않으시고, 친히 우리 죄를 위하여 그 몸으로 우리 죄를 담당하셨다. 베드로는 이사야 53장의 '고난받는 어린양'에 관한 말씀을 인용하고 있는 것이다. '고난'이 키워드(keyword)이다. 무엇을 위한 고난인가? 하나님의 뜻을 행하기 위한 고난이다. 예수님께서 세례 요한에게 세례를 받으시고 물 위로 올라오셨을 때, 하늘에서 소리가 나서 예수님이 누구이시며 어떠한 일을 할 것인지 선포하셨다. "이는 내 사랑하는 아들이요 내 기뻐하는 자라"(마 3:17, 개역개정). 여기서 '내 사랑하는 아들'은 시편 2:7에서 온 것으로, 다윗에게 약속하신 영원한 나라를 세우실 메시아요 왕이심을 선포한 것이다.

한편 '내 기뻐하는 자'란 이사야 42:1의 말씀이다. 이방에 공의를 세울 "내가 붙드는 나의 종, 내 마음에 기뻐하는 자 곧 내가 택한 사람"이다. 왜 그를 기뻐하시는가? 그분의 뜻을 행하는 종이기 때문이다. 그리고 이사야는 53장에서 그 '종'이 어떻게 이스라엘을 회복하고 열방들을 위한 이방의 빛이 되는지를 설명한다. 고난을 통해서이다. 베드로는 지금 '하나님의 종'이라는 표현을 통해 이사야 40-66장이 노래하는 '여호와의 종, 고난받는 여호와의 종'을 떠올리는 것이다. 그 종은 우선 메시아 자신이고 또한 집합적으로 그를 믿는 그의 백성을 가리킨다. 베드로는 이미 교회가 하나님의 택하신 족속이요 거룩한 민족이며 세상을 위한 그분의 제사장 나라라고 선포했다(2:9). 그리고 그들은 사람들에게는 버림을 받았으나 하나님께는 택하심을 입은 살아 있는 돌이었던 예수님 자신처럼(2:7), 지금 고난을 통해서 하나님의 뜻을 이루어 가는 '이방의 빛'이다. 그분의 기이한 빛과 놀라운 덕을 선포하는 자들인 것이다(2:10).

그러므로 이제부터 베드로는 교회를 향하여 그들이 받은 놀라운 사명,

세상 모든 족속들과 구별되는 하나님의 택하신 족속이요 열방을 위한 제사장 나라로서, 그들이 어떻게 '하나님의 종'으로서 이방을 위한 사역을 감당할 수 있을지를 자세히 설명할 것이다. 하지만 그것은 추상적이거나 어찌 될지 모르는 막연한 사명이 아니다. 그리스도 예수께서 이미 그들 대신 고난받으신 어린양으로서 그 길을 가셨다. 그들은 '하나님의 종'으로 이 고난과 영광의 길을 다 가신 그분의 뒤를 좇아간다. 하나님의 뜻을 위하여, 이웃의 짐을 대신 지고, 고난의 길을 가는 하나님의 종의 길, 그것이 교회 앞에 나 있는 여행길이다. 그 여행길의 도착지는 하늘의 영광스런 보좌 앞이지만, 주님과 함께, 믿음의 형제들과 함께 인내하며 다 가야 하는 생명의 길이다. 무엇보다 주께서 주신 자유를 하나님과 이웃을 위하여 마음껏 사용할 수 있는, 가장 성숙한 인간의 길이다. '자유한 종' 그것이 이 땅의 교회의 길이다.

모든 이를 존중함, 무례하지 않은 기독교(17절)

그렇다면 교회가 이 세상 한복판에서 '하나님의 종'으로 사는 것은 구체적으로 어떻게 하라는 것인가? 핵심은 고난을 뜻하지만, 너무 장렬하게 생각하지 말라. 비장하고 장렬한 순교적 순간이란 그리 자주 오지 않는다. 베드로는 우선 하나님의 권위에 기초한 질서에 순복할 줄 아는 법부터 배우라고 말한다. 제사장 나라요 택하신 족속이란 특권이 아니라, 이제 온 세상이 하나님의 주권 아래 있다는 것을 알고, 그 하나님의 통치 아래서 현명하게, 주어진 모든 상황에서 주 되신 하나님을 인정하고 순복하는 그 나라의 착실한 시민 노릇을 하는 것을 뜻한다. 장차 썩지 않고 더럽지 않고 쇠하지 않는 나라를 물려받을 하늘의 시민처럼, 이 땅에서도 그런 하나님의 주권을 인정하고 사는 시민의 모습을 보여 주어야 한다. 그것이 하나님을 잃고 주인을 잃은 채 무지하고 썩어 가고 더럽고 허무한 데 굴복하는 이 세상 시민들 앞에서 드러내 보여 주어야 할 하늘나라 시민의 모습이다. 그들이 이 땅에서 어떻게 살아야 하는지 17절의 원칙들을 확인해 보자.

> 17모든 사람들을 존귀하게 대하고, 믿음의 형제들을 사랑하며, 하나님을 두려워하고 주권자를 존중하십시오.

뜻밖이다. 오늘날 교회란 세상에서 어떤 모습으로 비추어지는가? 복받기에 혈안이 되어 있는, 예배를 드리기 위해서라면 예배당 주변 아무곳이나 불법 주차도 서슴지 않는, 전도라는 최고의 가치를 위해서 아무 데서나 소리 지르고 안 믿는다고 윽박지르거나 종종 무례하기 짝이 없는 자들로 비치지는 않는가? 물론 눈에 띄지 않는 곳에서 어려운 이웃들과 더불어 그들의 인정을 받으며 존귀한 교회의 모습을 세워 가는 수많은 교회들이 있다. 하지만 교회는 종종 세상에 대하여, 세상 사람들에 대하여 마땅한 존중과 예의를 잃기 십상이다. 본문은 교회가 세상을 지나면서 상대하는 사람들의 부류에 따라 크게 세 가지로 교훈한다. 첫째는 모든 세상 사람들이고, 둘째는 믿음의 형제들이고, 마지막은 세상 통치자들이다.

우선, 모든 사람들을 '존귀하게 대하라'(티메사테, τιμήσατε)는 명령을 살펴보자. 모든 사람들이다. 불교인, 천주교인, 동남아시아 이주 노동자, 당신이 모든 사람들 속에 넣고 싶지 않은 부류의 사람들 모두이다. 좌파, 우파, 보수, 진보, 자유주의자, 근본주의자, 또 무엇이 있는가? 낙태찬성론자, 반대론자, 동성애자, 동성애를 혐오하는 자, 당신이 꺼리는 자들도 포함해야 한다. 모든 자들을 '존귀하게' 대하라 할 때, 그 '존귀함'은 하나님께서 그들에게 주신 천부의 권리로서의 '가치'이다. 그들도 하나님의 형상으로 지음 받은 사람임을 잊지 말라.

그래서 주님은 이 땅에 계실 때, 사람을 그의 라벨(label)로 분류하지 않았다. 바리새인이든 죄인이든, 그 한 사람을 잃어버려진 하나님의 자녀, 깨어졌지만 치유 받고 회복되어야 할 하나님의 형상으로 대하셨다. 교회도 세상 어떤 사람들, 어떤 부류를 만나더라도 그렇게 해야 한다. 결코 무례한 기독교인이 되어서는 안 된다. 원수도 사랑하라 하였거늘, 원수도 아니고 그저 다른 생각, 다른 가치관을 가진 사람들을 멸시하는 태도로 대하는 것은 교회가 세상을 사는 방법이 아니다. 교회는 하나님 앞에서 옳은 진리를 갖고 있다고 확신하기 때문에, 그런 진리와 복음을 갖지 못한 세상 시민들 앞에서 무례해지기 쉽다. 하지만 말씀은 그들을 '공경하는' 자세, 곧 '존귀하게' 여기는 태도로 대하라고 말한다. 쉬운 일이 아니다. 하지만 그것도 하나님의 권위에 순복하는 일이며, 그분의 통치를 이 땅에 가져오는 방식이다.

하지만 17절의 말씀은 그들을 굳이 '사랑하라'(아가파테, ἀγαπᾶτε)고까지 말하지는 않는다. 그런 아가페 사랑, 하나님의 사랑은 일단 믿음의 형제들을 향한 것이다. 그들에게는 이런 하나님의 무조건적이고 언약적인 신실한 사랑을 쏟아 부어야 한다. 하지만 그렇게 하는 것이 교회 밖의 불신자들, 세상 사람들을 미워하거나 무시하거나 그저 '지옥 갈 사람들' 정도로 취급하는 것을 허락하지는 않는다. 교회는 그들을 '존중함'으로부터 시작해야 한다. 무조건 윽박지르거나, 나라의 정권을 기독교 정권으로 바꾸어 법과 힘으로 강제하고 밀어붙이려 하거나, 그들의 지성이나 감정을 묵살하는 식으로 강요해서도 안 된다. 그들을 향한 하나님의 사랑은 그들을 마땅히 하나님의 형상으로 존중하는 것에서 시작해야 한다.

다음은 왕을 대하는 문제이다. 당시에는 황제였다. 가장 큰 원리는 두려움에 관한 것인데, 베드로는 교회가 마땅히 두려워해야 할 존재는 궁극적으로 하나님뿐이심을 명시한다. 교회는 조상들의 전통이 아니라 그들을 부르신 거룩한 자, 세상과 교회 모두를 심판하실 그분을 두려워해야 함을 이미 설명했다(1:17). 하나님께 대한 두려움을 인하여, 그분의 권위 아래서 허락된 세상의 통치자를 존중하는 것이다. 그래서 베드로는 세상 통치자를 존중하라는 권면 바로 앞에 '하나님을 두려워함으로'라는 문구를 앞세운다. 그것은 하나님을 두려워하는 것처럼 통치자를 두려워하라는 말이라기보다는, 참으로 두려워해야 할 자를 두려워함으로써, 세상 통치자를 바른 방식으로 존중하라는 뜻이다. 여기에는 균형 감각이 있다. 하나님의 뜻이라 하며 세상 통치자를 두려워하여 맹종하는 것이나, 반대로 하나님의 뜻이라 하여 세상 정부의 하는 일을 무조건 비판적으로만 여기는 태도는 본문이 가르치는 태도가 아니다.

사실 '왕, 통치자를 존중하라'는 권면은 유대교에서도 있어 왔다. 중간기의 옛 이스라엘은 황제를 공경하는 뜻으로 예루살렘 성전에서 매일 그를 위하여 제물을 드렸다(Philo, Legat, 279-80; Josephus, Ag. Ap. 2.76-78). 또 왕들과 통치자들을 위한 기도를 드리는 관습도 있었다(cf. 스 6:10; 1 Macc 7:33). 이런 전통은 하나님의 백성과 교회가 이 땅에서 평안한가운데 하나님 나라의 일을 이루고자 하는 목적으로 그리스도인들에게도 이어졌다(딤전 2:2; 1 Clem. 61:1-2).

하지만 이런 경우에도 '하나님을 두려워하고 경외하는 것'이 가장 두드러진 명령이 된다. 특히 베드로 자신이 '사람의 말 듣는 것보다 하나님의 말씀 듣는 것' 그리고 '사람보다 하나님을 순종하는 것'을 우선시한 것을 보라(행 4:19; 5:29). 베드로의 이런 간결한 입장은, 서신서가 기록된 그 훨씬 이후 순교자들이 생겨났을 때 그들의 입장에서 더욱 두드러진다. 카르타고(Carthage)의 순교자들은 "왕을 왕으로 존중하라, 하지만 우리가 두려워할 분은 하나님이시다."라는 말을 남겼다(Acts of the Scillitan Martyrs 9). 저스틴 마터의 제자 타티안(Tatian)도 이와 유사한 말을 남긴다. "사람은 같은 사람으로서 존중할 것이요, 오직 하나님만 경외하심을 받아야 한다" (Orat. 4; Elliott, 501).

그 시절 한 개인의 생사이탈권까지 뜻대로 행사할 수 있었던 황제에 대하여, 그가 결국 같은 사람으로 존중받아야 할 그 이상은 아니라는 이 사상은 오직 하나님을 주권자로 여기며 두려워하고 섬기는 하나님 주권 신앙에 기인한 것이다. 결국 교회가 세상 정부 권력에 대하여 성경에서 가르치는 바른 태도를 취하지 못하는 경우는 두려움이나 오만 때문이다. 하나님의 권위와 주권에 순복하면 그런 잘못된 두려움에서 해방된다. 동시에 그 권위에 순복함으로 잘못된 오만에서 벗어난다. 결론적으로, 교회는 세상 사람들은 존중함, 공경함으로 대하여야 하고, 믿음의 형제들에게는 그들이 알고 있는 하나님의 사랑으로 대하며, 세상 정부에 대해서는 오직 하나님만을 두려워함으로 순복하고 동시에 선지자적 비판으로, 협력할 수 있는 조력자로 남아야 한다.

복음과 하나님의 이름

복음을 더럽히면, 더럽힌 복음으로 교회를 더럽히고, 더럽힌 교회로 하나님의 이름을 더럽힌다. 그리고 땅에 버려지고 밟히는 것은 하나님의 이름으로 일컫는 '내 백성' 곧 교회 자신이다. 복음을 더럽히지 말라. 예수 믿고 이 세상을 얻는 것이 복음이 아니다. 예수 믿고 예수님을 얻는 것이 복음이다. 예수님이 복음이다. 그분을 얻고 그분을 따라 그분의 길을 가는 것 외에 다른 복음은 없다.

참된 두려움 - 천국법도 따르고, 나라법도 따르고

하나님께 대한 참된 두려움을 회복해야 세상 권위에 대한 바른 태도가 나온다. 마찬가지로, 이 세상 나라의 법을 제대로 따르려면 우선 천국의 법부터 바로 따라야 한다. 이 세상 나라가 천국의 주인이신 하나님과 그분의 그리스도의 통치 아래 있기 때문이다. 예수님께서, "가이사(Caesar, 황제)의 것은 가이사에게, 하나님의 것은 하나님에게"라고 하셨던 말씀과 같다. 예수님은 이 말씀 한마디로, 듣는 모든 이들과 로마의 황제 가이사조차도 전능한 주권자요 심판주이신 하나님 앞에 불러 세우셨다. 실로, 세상 권력자도 그 권력도 모두 하나님의 것이므로, 하나님께 복종함이 그들을 바로 인도하는 길이 된다. 이런 올곧은 신앙관을 보여 준 신앙의 선진들은 무수히 많다. 오늘날 신앙이 오직 '나를 위한 것'으로만 여겨지는 시대에, 우리는 하나님 중심의 올곧은 신앙을 가진 수많은 믿음의 선진들을 기억할 필요가 있다.

한 예로, 일제하에 의주 북하동 교회에 시무하던 이기선 목사는 장로교 총회가 신사참배를 결의하자 교회를 사면하고 신사불참배 동지를 규합하러 전국을 순회하면서 맹활약하였다. 이 목사는 결국 체포되어 심문을 받았다. 일본 형사가, "불교나 유교나 국가를 사랑하는 의미에서 각자의 의식대로 신사참배를 하는데, 너는 어찌하여 반대하느냐." 라고 회유했다. 이 목사는, "기독교의 의식대로 한다면 나도 하겠소." 하고 신사 앞에 가서 찬송을 부르고 일본의 죄를 용서해 달라고 기도하고는, "다 마쳤으니 갑시다." 하였다. 형사가 "절을 해야지요." 하자, "기독교 의식대로 한다더니 절을 해요? 절은 기독교 의식이 아니니 못 합니다." 했다. 다시 형사가, "천황이 '믿지 말라. 믿으면 죽이겠다' 하면 어찌 하겠소?" 라고 묻자 그는 이렇게 대답했다. "할 수 있나요. 천국법도 지키고, 국법도 지켜야지요. 하나님께서 예수를 믿으라 했으니 예수를 믿고, 천황이 죽으라 하였으면 죽으면 되지요." (『한국기독교순교사』, 김성준, 120).

참된 두려움은 우리를 거짓된 두려움으로부터 해방시킨다. 참된 두려움, 곧 하나님께 대한 바른 두려움은, 우리로 하여금 우리가 존중해야 할 다른 모든 권위들에게도 바른 태도를 갖게 해 준다. 하나님을 향한 참된 두려움이 없다면, 우리는 거짓과 악과 불의 앞에서 주의 뜻대로 행할 수 없다. 하나님께 대한 참된 두려움이 없다면, 우리는 하나님께서 허락하신 권위들 앞에서 마땅한 존중과 순복을 감당할 수 없다. 하나님을 향한 참된 두려움 안에서 살기를 소원하라. 그분을 향한 참된 두려움을 회복하라. 그 안에서 살라.

이것도, 무시하지 말라

하나님의 일을 한다고, 상식이나 정당한 법을 어겨서는 안 된다. 특권은 없다. 나는 기도하는 사람이고, 나는 성경을 아는 사람이고, 나는 구원받은 사람이니까, 나는 좀 특별하니까 세상의 법이나 규칙 따위는 예외라고, 그런 식으로 생각하지 말라는 것이다. 왜 그런가? 그것은 단지 세상의 정당한 법을 어기는 것만이 아니다. 그것은 '주' 되신 하나님, 그분의 창조질서와 공의에 합당한 인간적 질서 그 위에서 이 모든 세상을 통치하시는 하나님의 권위에 불복하는 것이기 때문이다. 그런 식의 특권은 없다. 신자들은 오늘날 우리 사회에서 얼마나 오만한가. 교회 안에서 행해지는 일들이 종종 세상 법질서에 어긋나서, 세상 재판정에서 시시비비를 가리고, 세상의 재판관들이 잘잘못을 가려 주어야 가려지는 현실은, 과연 신앙적 특권이 어떤 식으로 오해되고 남용되는지를 보여 주는 우리의 현주소이다.

그래서는 안 된다. 그럴 수는 없다고 베드로전서의 말씀은 힘주어 강조한다. 교회는 특별계시를 받아 구원을 받는 사람들의 모임이기 때문에, 그저 기도만 하고 용서만 구하면 모든 것이 면제되고 치외법권을 누릴 수 있는 것처럼 행동해서는 안 된다. 교회나 기독교단체들이, 그리고 개개인의 성도들이 세상의 정당한 법을 우습게 여기고 무시하고 파행적으로 행동하는 것은, 세상의 정당한 법을 어기는 것이 아니라 하나님의 주권을 무시하고 이에 도전하는 행위이다. 자가당착이다. 입으로는 하나님을 '주님'이라고 부르지만, 실제로는 생활 속에서, 세상 속에서 하나님을 '주님'으로 인정하지 않는 것이다.

주님의 말씀 그대로이다. "나더러, '주여, 주여' 하는 자마다 천국에 들어갈 것이 아니요, 하늘에 있는 내 아버지의 뜻대로 행하는 자라야 들어가리라." 하신 말씀 그대로이다. 입으로만 '주여' 하고, 실제의 삶에 나타난 '주'의 뜻에 순복하지 않으면 가망이 없다. '하늘에 있는 내 아버지의 뜻'은 하나님께서 세상의 주권자들에게 주신 '위임된 권위'와 그들이 만들어 낸 정당한 질서로 나타나기도 하기 때문이다. 예배 드리러 가기 위해 신호등이나 주차 질서를 위반함으로 이웃에게 불편을 주지 말라. 선교 목적으로 돈을 번다고 사업하면서 세금을 떼먹지 말라. 집무실에서 성경 보고 기도한 후에, 나와서 거짓을 말하고 뇌물을 받고 권력을 남용하여 악한 일을 하지 말라. 신자는 세상의 정당한 법에 있어 예외가 아니다. 하나님께서는 세상 속에서, 우리를 일차적으로는 세상의 정당한 법으로 통치하신다. 하나님의 나라는 세상 속에 이런 식으로도 존재한다. 이것을 무시하지 말라.

2

세상 속으로 부르신 목적

(2장 18절-3장 12절)

예수 믿는다는 것은 무엇인가? 처음에 우리는 세상으로부터 교회로 나온다. 예배를 통해 하나님을 바라보고, 그 한량없는 은혜와 긍휼에 젖는다. 죄 사함을 받고, 심령이 새롭게 된다. 선포되는 말씀, 성경에서 읽고 배우고 깨닫게 되는 진리의 부요함에 배가 부르다. 교회의 사랑 속에서 마치 어머니의 품에 안긴 아이처럼 쑥쑥 자란다. 혹은, 세상에서 이리 깨어지고 저리 깨어져 상처 나고 죽을 만큼 되었다가, 응급실 같은 교회, 재활치료실 같은 교회에서 치유 받고 다시 기력을 회복한다. 하지만 이것으로 끝이 아니다. 환자가 계속 병원에 남아서 병원 생활만 한다면 정상이 아니지 않은가? 아이가 계속 엄마 품에만 남아서 젖을 빨고 있다면, 그리고 자라지도 않고 학교도 가지 않고 결혼도 하지 않으며 직장도 찾지 않는다면 그것처럼 큰 골칫거리는 없을 것이다.

유감스럽게도 오늘날 교회가 종종 그러하다. 교회가 마치 교회 자신을 위해 존재하는 것처럼, 사람들을 교회 안으로 모으고 단체로 젖을 먹이는 보육원같이 행동한다. 어느 정도까지는 그렇게 해야겠지만, 병원 응급실에 사람들을 모두 모아 놓고, 혹은 재활치료실에 모두 모아 놓고, 이제 건강해진 사람들에게 응급처치와 재활치료만 계속 제시하고 있다면, 문제가 심각하다. 건강한 성도들은 세상으로 나간다. 세상 속에서 어떻게 그의 건강한 영적 활기를 살아 낼 수 있을지를 고민하게 된다. 그리고 정기적으로 교회의 품에 안기지만, 거기서는 세상 속에서 믿음을 살아낼 지혜와 원칙들, 전략들을 배우지 못함으로 좌절한다. 교회가 사람들을 교회로 부르지만, 그들을 다시 세상으로 보낼 생각을 하지 못하기 때문이다. 세상 '으로부터' 교회를 부르시는 하나님은 익숙하지만, 다시 세상 '속으로' 교회를 부르시는 부르심에는 익숙하지 않다. 문제는 여기에 있고, 베드로전서는 이에 충실하게 답을 해 준다.

지금부터 다룰 본문은 2:18에서 3:12까지이다. 흥미롭게도 이 단락을 함께 묶어 주는 표현이 두 번 반복되어 나온다. "이를 위하여 여러분이 부르심을 입었습니다"(2:21; 3:9). 베드로가 첫 인사말에서 교회에 대하여 쓴 문구, 곧 '택하여 불러내심을 받은'(1:1)이라는 표현을 떠올리면 사뭇 놀라운 말씀이다. 그때는 세상으로부터 불러내심을 받았다는 의미가 강하다. 하지만 베드로는 이 문단에서 두 번이나 하나님께서 교회를 세상 정중앙으로, 썩어 가고 더럽고 허망하며 그 중심에 악(惡)이 자리 잡고 있는 세상 한복판을 지나가도록 부르셨다는 사실에 놀라게 된다.

그 한복판이 악하고 까다로운 상사가 있는 직장이고(2:18-20), 또 믿지 않는 남편과 매일 매순간을 함께 살게 되는 가정이다(3:1-6, 7). 베드로는 이런 삶의 뻐저린 현장 속에서 예수님을 믿고 따른다는 것이 어떻게 하는 것인지를 구체적으로 설명하려 한다. 그리고 큰 원리와 원칙들을 제시한다. 교회는 이 세상 한복판을 지나갈 때, 오직 그리스도께서 먼저 가신 길을 따라가게 되어 있다. 그것은 선교적 고난의 길, 제사장적 고난의 길이며(2:21-25), 선으로 악을 이기는 의인의 길, 생명을 유업으로 얻는 복된 길이다(3:8-12). 이제 이 흥미진진한 본문들을 한 부분씩 들여다보자.

그리스도인의 직장생활(2:18-20)

한때 교회에서 신앙생활을 잘 하다가도, 직장에 들어가면서부터 변하기 시작해서 급기야 신앙마저 흔들리고 교회를 멀리하게 되는 경우가 많다. 그만큼 직장생활은 교회에서 배운 믿음대로 행하기에는 곤혹스런 경우가 많다. 썩지 않고 더럽지 않고 쇠하지 않는 소망이 그 속에 살아 있는 성도가, 이제 썩어 가고 더럽고 허무한 데 굴복하는 세상 한복판에서 그것도 먹고 사는 문제에 동아줄처럼 얽히고설키어 있는 직장생활 속에서, 과연 어떻게 사는 것이 믿음대로 사는 것인가? 이 중요한 본문의 지침을 새롭게 옮겨 보자.

> [18]종들은 모든 일에 (하나님께 대한) 경외심으로 주관자들에게 순복하되, 단지 선하고 관용하는 자들에게만이 아니라 완악한 자들에게도 그렇게 하십시오. [19]만일 어떤 사람이 불의하게 고난을 겪으며 하나님을 아는 양심으로 인해 슬픔을 견디면, 이것은 은혜로운 일이기 때문입니다. [20]만일 여러분이 죄를 짓고 곤란을 당하며 인내한다면 무슨 덕이 있겠습니까? 하지만 만일 선을 행함으로 고난을 당하며 참으면, 이것은 하나님 앞에서 은혜로운 일인 것입니다.

오늘날처럼 무한경쟁 시대에 직장에서 살아남고 또 그 이상을 하기란 전혀 쉬운 일이 아니다. 그것도 그런 살벌한 전쟁터 같은 현장 속에서 믿음대로 산다? 설교단에서 선포되는 원칙적인 말씀들만을 가지고는 감당하기 힘겨운 일이 많다. 지금 베드로의 권면도 그렇게 한가한 설교처럼 들릴지 모른다. 하지만 이 말씀이 주어지는 당시 사회적 배경과 정황을 이해한다면,[8] 지금 베드로가 권면하는 내용이 얼마나 치열하고 절절한 내용인지를 알게 될 것이다. 우선 18절에서 '종들'(오이케타이, οἰκέται)이란 주로, 당시 로마 사회에서 한 집안에 살면서 그 집(오이코스, οἶκος) 주인과 가족을 섬기는 노예 신분의 종들을 가리킨다.

당시 로마 경제는 사실상 노예 경제였는데, 기록에 의하면 1세기 말 로마 도시의 경우 전체 인구 120만 명 중에 노예들은 3분의 1인 40만 명에 이르렀고, 이탈리아에 거주하는 5-6백만의 시민들 중 1-2백만이 노예들이었다고 추정한다. 보통 집안에서 일하는 노예들은 1-2명 정도였고, 부유한 집안일 경우에는 400명에 이르기도 했으며(Tactius, Ann. 14.43), 기록에 의하면 어떤 자유인의 집안에는 4,000명이 넘는 노예가 있었고, 황제의 집안에는 대략 2만 명이 넘는 노예들이 있었다(Carcopino, 74-79).

더 중요한 사실은, 지금 베드로가 '선을 행함으로 고난을 당하라'고 권면하는 그 노예들의 사회적 환경은 이루 말할 수 없는 열악한 환경이었다는 점이다. 이들은 자유인이 아니었으므로 시민권을 가지지 못했고, 합법적으로 결혼하거나 합법적으로 아이를 낳을 수도 없었다. 더구나 주인들이 그들에게 벌을 주는 데 있어 어떤 법적 제한이나 규제도 없었다. 재산목록의 일부로 취급되었던 노예들에게는 상표가 붙었고, 신체가 절단나기도 했으며, 거세(去勢)되거나 강간을 당하기도 하는 등, 육체적이고 성적인 남용에 있어 주인의 의지나 기분에 종속되는 일이 다반사였다. 그들은 가족들과 집으로부터 강제로 분리되어, 더 큰 이윤에 정도로 다루어진 채,

8. 본문의 문학적 배경이 되는, 그레꼬-로망 사회의 '집안 경영 전통'(household management tradition)에 관해서는 이 책의 부록에서 설명한 개요를 참조하라.

어떤 존귀나 영예도 주어지지 않았다. 사회적으로 그들의 주인 외에는 다른 도울 자들이 없었다. 그들은 '집안'(household)의 가장 낮은 계급에 속했으며, 외국인들과 착취당하는 일용노동자들을 제외하면 전체 인구들 가운데서도 가장 낮은 층에 속했다(Achtemeier; Elliott).

이렇듯 당시 노예들은 어떤 사회적, 법적 보호 장치가 전혀 없었다. 아리스토텔레스는 "노예에게 불의가 가해질 수 있다는 것은 불가능한 말이다. 왜냐하면 노예는 단지 재산일 뿐이기 때문이다" (Nic. Eth. 5.10.8)라고 했을 정도이다. 그들은 전혀 '인격'으로 여겨지지 않았고, '재산'으로 분류되었다. 그들은 농사일이나 뱃일, 광산이나 건축현장 같은 노동력을 요구하는 현장에서나, 혹시 집안에서 간병, 육아, 혹은 가정교사 같은 좀 나은 일을 하는 경우에도 근본적으로 마찬가지였으며, 그들의 소유주이자 집안의 가장인 남자주인의 전적인 통제 아래 있었다. 더구나 그 주인이 못된 사람인 경우라면, 종이 당하는 고역은 통상 주인의 재산처럼 취급당하는 것 이하였을 것이다. 보통 자기 재산은 잘 지키려 하지만, 그것도 함부로 다루는 경우가 있는 것과 같다.

이와 같이 본문을 살펴보면, 베드로는 지금 노예들이 억울하게 불리한 일, 악한 일을 당하는 경우를 상정하고 있다. 18절에서 말하는 '완악한'(스콜리오스, σκολιός; 개역개정, '까다로운') 주인 아래서 겪는 어려움인데, 여기서 '완악하다'는 표현은 길로 치자면 마치 평탄치 않고 항상 울퉁불퉁하고 협착하거나 아슬아슬한 곳이 많은 험한 길을 나타내며, 고의적으로 부당하게 대하고 성품이 왜곡된 사람을 가리킨다. 19절에서 '억울하게 고난을 겪으며 슬픔을 견디면'(휘포페레이, ὑποφέρει)이라는 표현은 마치 어떤 종이 불의하게도 부당한 요구를 당해서 슬프고 억울한 마음과 몸의 짐을 짊어지고, 고개를 푹 떨군 채 묵묵히 걷고 있는 모습을 상상하게 만든다. 더구나 자신은 잘못한 일이 없는 경우이다. 그리고 20절에서 말하듯 선한 일을 행하고 있으면서도 도리어 고난을 겪게 되고, 그 고난 중에서 계속 견디고 있는 모습이다. 그것이 어떤 종류의 부당한 일인지는 알 수 없다.

비록 당시에 노예들이 법적으로 보호받을 수 있는 여건이 되지 않았다 하더라도, 주인이 노예들의 안전과 신변을 보장하는 것은 당연한 관례로 여겨졌다. 그것은 내가 물건을 망가뜨리지 않고 잘 관리하여 오래 쓸 수 있도록 하는 차원과 크게 다르지 않을 것이다. 노예들을 주인이 소유한 재산이나 소모품 이상으로 생각하지 않던 사회 속에서, 부당한 일이라는 것은 그 종류를 헤아릴 수 없을 만큼 많았을 것이다. 이렇듯 노예들을 대하는 태도에서 보면, 당시 로마 사회보다는 성경에 따른 유대적 전통이 훨씬 더 선진국(?) 형에 가깝다고 할 수 있다.

옛 이스라엘의 전통에서는 당시 로마 사회가 노예들을 대하는 태도보다는, 비록 최소한이기는 하지만 사회적·법적으로 훨씬 나은 대접이 보장되어 있었다. 제대로 지켜지지 않는 것이 문제이기는 했지만, 더러는 노동의 대가를 지불하기도 했고(레 25:40), 법적으로는 안식년이 되는 7년째나 희년이 되는 50년차에는 자동적으로 노예 상태에서 해방되도록 했다(출 21:2-6; 레 25:10-17; 신 15:1-6). 게다가 주인에 의해 다친 노예들은 곧바로 놓여나도록 정해져 있었고, 노예를 죽이는 경우는 처벌까지 받을 수 있었다(출 21:20-27). 그만큼 유대 전통은 노예들의 인간적 권리를 어느 정도 보장하였다. 로마 사회에서처럼 그저 물건이나 소모품 정도로 취급하지는 않는 것이다.

그렇다면 초대교회는 어떠했는가? 지금 베드로는 '까다로운 주인' 밑에서 그저 소모품 취급을 당하며 불의한 요구를 짊어지고 고통을 당하는 종들에게 무엇을 요구하고 있는가? 초대교회에서 젤롯당(Zealots) 같은 부류였다면 사회적 혁명을 가르쳤을지도 모른다. 제도를 뒤엎으라고 말이다. 하지만 사도전승과 초대교회의 주류는 그렇게 가르치지 않았다. 이렇듯 오늘날로 보면 상상하기 어려운 사회, 경제적 노동 환경이었지만, 초기에는 이런 사회 체제 자체를 바꾸어야 한다는 생각은 많이 노출되지 않는다. 사실상 교회가 적극적으로 교회 안에 있는 노예들을 해방할 수 있도록 독려 받은 것은 4세기 콘스탄틴 대제가 칙령을 발표하면서였다(Kyrtatas, 69-71). 하지만 교회가 적극적으로 사회 제도의 변혁을 추구하지 않았던 이유 중에 하나는, 초대교회가 견지하고 있었던 하나님 나라의 임박한 종말론 때문이기도 했다. 바울이 가르쳤던 것처럼, 이 세상은 이미 쇠하여 사라져 지나가고 있기 때문에 각자 처한 위치에서 '있는 자는 없는 것처럼' 지내는 것이 주된 권면이었다(고전 7:20, 31).

왜 억울한 자가 참아야 하는가?

그렇다면 교회는 이렇게 불의한 사회 구조에 대해서 전혀 손을 놓고 있었는가? 로마 사회가 종들을 그저 물건 취급하는 경우들을 그저 보고만 있었는가? 옛 이스라엘이 그래도 노예들의 최소한의 인권을 보장하던 것만도 못한 태도를 취하고 있었는가? 적극적인 사회-제도 변혁이 아니라면, 그리고 임박한 종말에 있게 될 최후의 심판이라는 극적인 해결책이 아니라면, 교회는 당시 이런 제도에 대해 어떤 생각을 가지고 어떤 식으로 접근했는가? 오늘날 우리들은 또한 이런 종류의 문제에 대해 어떤 태도를 취해야 하는가?

그 처음 단서는, 흥미롭게도 본문의 문맥에 잘 드러나 있다. 18절에서 '종들'에게 권면하는 내용이 나오기 직전에 이미 16-17절에서 베드로는 이들을 두고 '하나님의 종'(떼우 둘로이, θεοῦ δοῦλοι)이라 명명했다. 그들은 집에서 주인의 종들로 살았지만, 그들의 실제적인 정체성은 '하나님의 종들'이라는 것이다. 그들은 이미 복음 안에서 '자유'했다(16절). 이런 자유는 그저 추상적이고 개념적인 자유가 아니다. 무엇보다 영적인 자유이고, 또한 교회 공동체 안에서, 그리스도 안에서 종과 자유자가 따로 없는 형제 사랑을 통해 경험하고 누리고 확인할 수 있는 구체적인 자유였다. 실로 당시의 교회는 '썩어 가고 부패하고 허망한' 로마라는 세상이 아닌, 썩지 않고 더럽지 않고 쇠하지 않는 하나님의 나라가 그들 가운데 임한 것을 성령과 복음의 말씀 안에서 적극적으로 누리고 있었다. 교회는 노예들이라도 그리스도 안에서 영적, 공동체적 자유를 누리게 하고, 종과 자유자가 따로 없는 형제 공동체를 추구함으로써 거친 바다 같은 불의한 세상 한복판에서 희망의 항구 같은 역할을 했던 것이다.

이런 배경에서 베드로는 그들이 사회적으로 종으로 살고 있다 해도, 그들이 신자로서 어떻게 삼위 하나님의 부르심을 받았고, 어떠한 긍휼과 은혜로 거듭나게 되었으며, 그들 속에 있는 살아 있는 소망의 실체가 얼마나 영광스러운지를 이미 장황하게 설명했다(1:1-4). 그리고 그들이 세상에서 잠시 당하는 환난이라도 그 안에서 하나님의 보호하심이 얼마나 능력 있으며, 그들에게 가장 중요한 믿음을 연단하사 장차 그들의 진짜 '주인' 이신 그리스도께서 나타나실 때에 누릴 영광과 칭찬에 대해 설명했다. 그렇기 때문에 이제도 그들은 고난 가운데서 주님과 함께 사랑의 교제를 나누며 얼마든지 기뻐하는 것이다(1:5-9).

그러므로 18절에서 '종들'이라 할 때, 이들은 복음 안에서 교회 안에서 믿음 안에서 이미 16절 끝에서 선포한 대로 '하나님의 종들'인 것이다! 그들은 하나님의 종들이라는 이미 자유한 신분으로서, 그 세속의 집안에서 주인을 섬기는 종들로 다시 나아가는 것이다. 그들은 여전히 종이지만, 실제로는 전혀 '다른' 종이다. 문맥은 그들이 세상 속에서 여전히 '종'의 일을 하지만, 이제는 '하나님의 종'임을 명확히 한다. 엄밀히 말하면 그들은 그들 집안의 주인에게 속해 있는 것이 아니다. 오히려 하나님의 종으로서 이제 그 집안으로 파송을 받아 나간 '제사장'인 셈이다. 이런 역설은 당시 노예들에 대한 사회적, 도덕적 태도를 보면 충격을 받을 만큼 놀라운 선언이 된다.

앞서도 언급했지만, 당시 노예들은 그저 '재산'에 불과했다. 로마 사회가 그들에게 사회적으로나 도덕적으로 당시 시민들에게나 주어졌던 어떤 '인격적 주체'의 역할을 주려 한 적이 없다. 옛 이스라엘 전통 역시, 그들의 최소한의 인격을 보장하려 한 정도이지, 그들에게 '하나님의 종'이라는 신분을 부여하지는 않았다. 더구나 베드로의 문맥상, 그들이 세상 속에서 '제사장' 역할을 하는 공동체임을 역설하지는 않았다. 하지만 성경 본문은 다르다. 18절 이하 본문에서 가장 중요한 점은, 지금 베드로가 권면하는 대상이 주인들이 아니라 종들이라는 사실에 있다. 이는 당대 유대 문헌이나 로마 세계의 스토아학파들이 가르쳤던 사회적 주체들의 의무조항들(duty codes)을 살펴볼 때, 종들에게는 어떠한 도덕적 요구를 일체 하지 않고 오직 주인들에게만 하는 것을 보아도 특이한 현상임을 알게 된다(Davids, 105).

왜 그랬을까? 베드로는 어떻게 당대의 다른 도덕적 관례들과는 다르게, 노예들을 도덕적 주체로 대접하여 상당히 높은 신앙적, 윤리적 요청을 할 수 있었을까? 물론 교회는 그리스도 안에서 사회적, 성별적, 민족적 구분을 철폐한 '택하신 족속'이요 '거룩한 민족'이었고, 그 안에서는 모든 이들이 한 아버지의 자녀들이요 형제자매들로 받아들여졌다(벧전 2:9-10; 참고. 갈 3:28; 고전 12:13; 골 3:11). 하지만 여기에는 보다 깊고 보다 놀라운 의미가 숨어 있다. 지금 베드로는 노예들이 재산이 아니라 인격이라는 정도의 주장을 하려는 것이 아니다. 또한 단지 노예들도 다른 시민들처럼 도덕적 주체가 될 수 있다는 정도로 말하려는 것이 아니다. 그 이상이다.

차라리, 그런 불의한 세속 한복판에서 하나님께서 요구하시는 '제사장직'을 수행할 수 있는 쪽은, 힘이 있는 주인이 아니라 불의한 일을 당하게 되는, 도리어 약자에 속하는 노예 쪽이라는 사실이다. 이것이 또한, 이후에 '아내와 남편'에 관한 교훈에서도 아내에게 그 권면이 집중되는 이유이기도 하다(벧전 3:1-7). 당시 가정에서 모든 권한을 갖고 있는 가장인 남편에게 부탁하는 것이 아니라 굳이 훨씬 더 사회적 약자에 해당하는 아내에게 그런 많은 요구를 하는 것일까? 이 점이 본문에서 우리가 풀어야 할 가장 중대한 이해의 초점이다. 이것이 또한 오늘날 세상 속에서 그리스도인으로서 믿음을 갖고 그 신앙을 살아 내야 하는 성도들과 교회가 반드시 이해하고 받아들여야 하는 신앙의 핵심이 된다. 그것이 무엇인가? 베드로는 왜 지금 불의한 일을 하는 주인들을 정죄하고 장차 오는 심판을 선고하지 않고, 도리어 억울한 일을 당하는 약자인 종들에게 참으라고 하는가? 도대체 왜 억울한 자가 참아야 하는가?

베드로가 전개하는 논리는 곤혹스럽다. 받기 어려울 정도이다. '왜 억울한 자가 참아야 하는가?'라는 질문이 주는 당황스러움은 사실 매우 본질적인 것이다. 전혀 합리적이지도 멋있지도 않다. 하지만 아마 베드로 자신 역시도 마찬가지로 이 문제를 전혀 이해할 수 없었던 때가 있었을 것 같다. 복음서의 기록대로, 그는 메시아이신 그의 '주요 그리스도이시며 살아 계신 하나님의 아들'(마 16:16) 예수께서 왜, 무슨 이유로 예루살렘으로 올라가 대제사장과 서기관들과 바리새인들에게 고난을 당하고 죽어야 했는지, 전혀 그 이유를 알 수 없어 했다. 그렇지 않은가?

그러나 지금 베드로는 이 문제에 대하여 담담하게 답을 내리고 있다. 그의 목소리는 숙연하고 깊으며, 또 한없는 기쁨에 가득 차 있다. 그는 길을 발견한 것이다. 하나님의 뜻, 그리스도의 길을 발견한 것이다(21-24절). 여기에 하나님의 뜻이 있다는 사실을 발견한다. 교회는 세상 속에서 단지 정의(正義)를 수호하는 단체가 아니다. 지금 베드로는 부당한 노예제도 자체에 항거하라고 가르치고 있지 않다. 차라리 그 방법이 불의한 주인을 참아내는 방식보다 쉬울 수도 있다. 그러나 교회가 택한 방식은 이를테면, 사회혁명을 통해 정의를 실현하려고 하는 방식보다 훨씬 더 많은 희생과 고통을 요구하는 방식이다. 왜냐하면 이 싸움은 불의한 주인이나 비인간적인 노예제도나 또는 로마제국과 상대하는 싸움이 아니라, 그 뒤에서 이 모든 것을 조장하는 악(惡)과 악의 세력과의 싸움이기 때문이다(참고. 마 5:46-48).

주인이 회개해도, 노예제도가 없어져도, 로마가 멸망해도, 이 세상의 악은 그대로일 수 있다. 기독교는 악과 싸우는 전쟁이다. 악은 어떻게 항복하는가? 악은 어떻게 없어지는가? 그것이 그리스도께서 십자가로 싸우신 싸움이다. 완악한 주인 밑에서 불의한 일을 당한다면, 누구라도 보복하고 싶을 것이다. 혹은 정당한 절차를 거쳐 그 못된 행실을 바로잡아 혼을 내 주고 싶을 것이다. 그것이 인지상정이다. 하지만 그렇게 해서는 악을 이기지 못한다. 악에 대해 보복하는 것은 악을 더욱 창궐하게 한다. 정의를 추구하면 악은 제한을 받는다. 하지만 '십자가의 은혜'가 나타나면 악은 소멸하고 만다. 그것이 십자가의 길이다. 그래서 본문은 그 '은혜'의 나타남이 하나님 앞에서 인정받을 만한 덕이라고 말한다. 교회는, 성도는, 이 세상에서 생존을 추구하기 위해 존재하지 않는다. 그것이 사명이 아니다. 성도는 이 세상에서 정의를 요구하는 정도를 사명으로 받지 않았다.

교회는 이 세상을 지나가면서 그 '썩지 않고 더럽지 않고 쇠하지 않는' 나라의 실재를 드러내야 한다. 주님도 십자가에서 그 부활 생명, 악을 이기고 승리하신 부활 생명을 드러내셨다. 그 부활 생명이 거듭난 성도들 안에 살아 있다. 그 생명의 나타남은 항상 복수나 정의를 뛰어넘는 '은혜'의 강력으로 드러난다. 바로 주께서 교회인 우리 자신에게 지울 수 없는 강력으로 증거하신 그 십자가의 길이다. 이제 베드로는 악에 대하여 승리하신 그리스도의 발자취를 우리가 따라가야 할 길로 제시할 것이다(21-24절). 베드로 자신이 처음에는 따라갈 수 없었지만, 이제는 따라갈 수 있게 된 바로 그 길이다. 십자가로 승리하는 길이다. 악을 대하여, 강함이 아니라 도리어 약함으로 승리하는 길이다. 그렇다면 실제로 어떻게 이 길을 가라는 것인가?

믿음이란, 회복된 양심(良心)이다

우선적으로, 베드로는 이 장면에서 '하나님'을 소개한다. 이미 말했듯이, 그들은 사회적으로 집안에서 종들이기 이전에 '하나님의 종들'임을 명심해야 한다(16절). 그들은 이미 자유하다. 그들의 '까다로운' 주인이 그들에게 자유를 주는 것이 아니다. 주지 않아도 그들은 이미 자유하다. 그 자유를 누릴 수 있고 누려야 하는 것이다. 동시에 그들은 그 자유로 혹시 모를 그들 자신의 악을 가리는 데 쓰지 말아야 한다. 오히려 하나님의 종들로서, '주를 위하여' 그들의 주인의 권위에 순복하는 것이다. 좋아서 하는 것이 아니고 순종할 마음으로 하는 것도 아닌 경우에도, 주님을 바라보며 주님을 사랑하고 두려워함으로써 순복하는 것이다. 그래서 베드로는 '모든 일에 두려움으로'(엔 판티 포보, ἐν παντὶ φόβω, 18절)라고 말한다. 하나님 한분을 두려워함으로써(참고. 1:17) 다른 모든 두려움들, 그 까다롭고 악한 주인에 대한 공포감과 두려움도 깨끗이 극복하는 것이다. 마땅히 두려워해야 할 하나님을 두려워하면 다른 두려움들에서 해방되기 때문이다.

그 다음은, '하나님을 아는 양심으로 인해'(디아 순에이데신 떼우, διὰ συνείδησιν θεοῦ) 불의한 고난을 견디어야 함을 가르친다. 여기서 '양심'(순에이데시스, συνείδησις)이라는 단어는 베드로전서 전체를 이해하는 데 있어 매우 중요하고 결정적이다. 개역개정은 후에 3장 16절이나 21절에서는 동일한 단어를 '양심'으로 번역하면서, 여기서는 '하나님을 생각함으로'

라고 옮겼는데, 여기서만 굳이 다르게 번역할 이유가 없다. 신약에서도 이 단어는 주로 '도덕적인 분별을 담당하는 기능'을 가리키는 것으로 통상 '양심'으로 번역된다(행 23:1; 24:16; Mauer, *TDNT*, 898-919). 또한 '하나님의'라는 2격이 '양심'의 특징을 묘사하므로, 곧 하나님께서 새롭게 하시고 회복하신 양심의 의미이다. 또는 하나님의 뜻과 그리스도의 가르침을 앎으로써 무엇이 하나님을 기쁘시게 할지 아는 의식이라 할 수 있다.

사실 여기서 '양심'(순에이데시스, συνείδησις)이라는 단어는 문자 그대로 하면, '함께 아는 것, 함께 의식하는 바'이다. 즉, 천부적으로 모든 사람들이 함께 타고나 공유하는 의식이다.[9] 모든 사람들은 사랑이 좋고 죽음이 나쁘다는 것을 안다. 거짓이 판을 치고 서로 속이며 훼방하고 죽이는 사회 속에서 살고 싶은 사람은 없다. 위기에 처한 사람을 돕는 긍휼과 희생은 누구나 환영하는 덕목이다. 떨어진 가족들은, 그들이 어느 민족 어떤 피부색을 가진 어떤 나라 사람들이라도 모두 서로 그리워하고 서로의 아픔에 눈물을 흘린다. 모두가 공감할 수 있는 보편적 가치관을 나누어 가진 마음, 양심이란 그런 것이다.

하지만 이 세상에서 양심은 개인에 따라 그리고 그가 속한 사회 공동체의 문화나 관습, 의식 수준이나 또는 시대적인 환경에 따라 조금씩 다를 수 있다. 더구나 죄와 죽음의 지배하에서 타락한 인간 본성에 따라 좌우되는 보편적인 양심이란 때로 깨지거나 더러워진 거울처럼 빛이나 사물을 투영하는 정도가 매우 떨어질 수도 있다. 그래서 19절에서 언급하는 '하나님께서 회복하신 양심을 인하여'라고 할 때, 이 양심은 문맥상 분명히 복음을 통해 거듭난 생명, 살아 있는 소망, 연단되는 믿음을 통해 새롭

9. 채영삼, "오직 선한 양심이 하나님을 향하여 찾아가는 것이라": 베드로전서 3:21c의 번역과 해석 〈신약논단〉 16/2 (2009): 589-628를 참조하라.

게 살아난 양심을 가리킨다. 세상 사람들이 갖고 있는 양심도 사실 문자적으로 하면, 하나님과 함께 그리고 다른 모든 사람들과 함께 의식하고 있는 바의 가치관들이다. 그렇다면 지금 거듭난 심령이 살아 계신 하나님과 함께 알고 의식하며, 또한 거듭난 성도들과 더불어 의식하고 있는 가치관과 마음은 분명 새롭게 거듭난 양심인 것이다.

그러므로 19절에서 말하는 '양심'은 하나님께서 새롭게 하신 양심, 곧 그분의 많으신 긍휼을 인하여 죽음에서 살리심을 받은 예수 그리스도의 복음을 통해 새롭게 된 심령의 양심이다. 즉, 그렇게 해서 하나님과 그리스도, 성령과 함께 의식하게 된 새로운 가치관, 그것을 따라 생각하고 행동하고자 하는 마음을 가리킨다. 하지만 그것이 동시에 여전히 '양심'으로 표현된 점은 본문의 문맥상 그 어느 것보다 중요하다. 베드로가 지금 이 새로운 가치관, 곧 '썩지 않고 더럽지 않고 쇠하지 않는 나라'를 의식하는 이 양심, 하나님께서 우리를 불쌍히 여기사 '오직 흠 없고 점 없는 어린 양 같은 그리스도의 보배로운 피'(1:19)로 살리신 그 대속적 사랑을 아는 이 양심은, 세상 사람들도 희미하게나마 갖고 있는 양심과 어떤 점에서는 소통할 수 있는 매우 중요한 소통의 통로가 되기 때문이다. 바로 세상 속의 교회가 세상과 소통하는 데에 있어서 결정적인 역할을 하는 것이 바로 이 '거듭난 양심'이며, 베드로는 이것을 단지 믿음이라 하지 않고 계속해서 선한 행실, 선한 양심 등의 말로 표현한다(2:20; 3:2, 9, 11, 16-17; 4:16, 19).

베드로에 의하면 그리스도인으로 세상을 산다는 것은 이런 선한 양심, 거듭난 심령의 회복된 양심으로 산다는 것을 뜻한다. 그것이 바로 믿음으로 사는 것이다. 이러한 믿음생활을 굳이 '하나님의 양심' 혹은 '하나님께서 회복하신 양심'으로 산다고 표현하는 것은, 그렇게 함으로써 그렇게 사는 신자 주변의 믿지 않는 세상 사람들이 그들의 양심을 통해서 빛을 얻기 때문이다. 그들은 믿음의 언어들, 종교적인 언어들, 신앙의 언어들은 잘 알아듣지 못한다. 하지만 양심의 소리는 어느 정도 들린다. 베드로는 모든 사람들이 공유하는 이 양심에 호소하는데, 특별히 성도들이 세상 속에서 그들의 종교적인 믿음으로가 아니라 선한 양심, 새로워진 양심, 거듭난 양심을 통해 접근하고 호소할 것을 가르치는 것이다.

그것은 '하나님 앞에서'(파라 떼오, παρὰ θεῷ) 은혜로운 것이다. 하나님 보시기에, 하나님의 현존 앞에서, 하나님의 판단하실 때에 은혜가 드러난 행동인 것이다. 교회 안에서 신자들끼리 나누는 믿음의 말과 행동이 아니라, 그 믿음이 세속적인 상황 한복판에서 '회복된 양심'으로 드러날 때, 거기가 바로 하나님 앞이다. 선을 행하고도 하나님의 마음과 뜻을 따라 고난을 참아 내는 그 양심의 행동이 하나님 보시기에 은혜의 나타남이 된다는 뜻이다. 여기서 '은혜로운 일'(카리스, χάρις)도 단순히 '아름다우나'로 옮기기에는 부족하다. 그것은 단순히 덕스럽거나 아름다운 일 정도가 아니다. 베드로는 '은혜'라는 말의 신학적 의미를 정확히 알고 있다. 그것은 사람이 만들어 내는 것이 아니라 하나님께서 주시는 선물이다. 베드로가 은혜라는 말을 사용하는 경우들은 한결같이 이런 맥락이다(1:2, 10, 13; 4:10; 5:5, 12). 단순히 선하다는 정도가 아니다. 불의한 일, 정당하지 않은 일에 대해서 선을 행하고도 고난을 당하며 참아 낸다는 것은 이미 합리적인 일도, 당연한 일도, 그저 의로운 일도 아니다.

그것은 말 그대로 '은혜로운' 일이다. 은혜란, 그가 마땅히 받아야 할 그 반대의 대접을 받는 것이다. 죄인들을 대속하신 어린양의 피로, 죽은 자들 가운데서 그들을 다시 살리신 하나님의 긍휼과 같은 종류의 것이다. 그래서 양심이라는 단어를 꺼내는 것이다. 단지 모든 인간들에게 양심을 주신 그런 하나님이 아니라, 베드로가 1:1부터 2:10까지 놀랍게 드러낸 하나님의 긍휼과 은혜, 그리스도의 보배로운 피로 구속하신 교회에게 놀라운 은혜를 주신 그 하나님을 아는 양심을 가리킨다. 그것을 단지 믿음이라고 하지 않은 이유는, 지금 이 고난받는 종들이 믿지 않는 악한 주인을 상대하고 있기 때문이다. 그 주인은 베드로전서 1:1부터 2:10까지를 읽어도 아무런 감흥을 느끼지 못할 것이다. 그에게는 이런 구원의 하나님을 아는 지식이 아직 주어지지 않았다. 다만, 그럼에도 불구하고 그의 속에는 타락하고 깨어졌을지언정 양심이 남아 있다.

성도는 세상에서 이런 회복된 양심으로 그들의 양심을 비추게 되어 있다. 그들의 깨어지고 더러워진 양심이, 선한 것뿐 아니라 그 선한 것의 극치인 지극히 선한 것, 곧 은혜를 감지하게 될 소망이 있기 때문이다. 그래서 성도들은 구원하신 하나님을 아는 믿음이 아니라, 세상 속에서 그러한 회복된 양심으로 살아야 한다. 그것은 정확히 그리스도께서 그들을 위하여 가신 그 길이다. 그리스도께서도 불의한 당신을 위해 이유 없는 고난을 당하셨다. 그리고 그 길을 말없이, 계속해서 선을 행하시며 고난 가운데서 그 '어울한' 짐을 다 지고 가셨다. 바로 이런 그리스도와 이런 그리스도를 주신 하나님을 아는 의식, 그것이 신자가 세상에서 불의한 사람들의 한가운데서 반드시 붙들고 가야 할 '양심'의 길이다.

성경적인 '갑과 을'의 원리

누가 갑이고 누가 을인가? 하나님이 갑이시다. 나머지는 다 을이다. 온 교회의 담임목사님도 한 분 예수님뿐이다. 나머지는 모두 부사역자들이다. 목자장은 한 분 예수님이시다. 나머지는 모두 부름 받은 목자들이다. 그러므로 갑이신 주님을 존귀히 여김으로 서로 협력해야만 한다. 당신이 갑이 아니기 때문이다. 갑'질'하지 말라. 주님이 갑이시다. 당신은 '을'도 아니다. 을'짓'하지 말라. 어깨를 펴라. 당당하라. 오직 주님을 위해 일하라. 오직 주님을 위하여, 주께서 세우신 권위와 질서에 순복하라. 오직 한 분 '갑'이신 주님을 사랑함으로, 사람 앞에서 행하지 말고 그분 앞에서 언제나 자신의 목숨을 내주듯 최선을 다하라.

명심하기 바란다. 당신은 영원히 '갑'이 아니다. '갑'이신 하나님을 두려워하고 그분에게 순복하는 마음으로 동역자들을 대하여야 한다. 당신이 양 무리가 제 소유인 양 사악한 꼴로 갑'질'을 하면, 당신의 참된 '갑'이신 그분께서 당신이 행한 그대로 갚아 주실 것이다. 당신을 부르신 그분을 두려워함으로 당신과 더불어 일하는 동역자들도 존귀하게 대해야 한다.

하나님만이 갑이 되신다는 원리는 회사나 사업장에서도 마찬가지이다. 당신이 속한 회사의 진정한 사장은 예수님이시다. 모든 권세는 그분에게서 나오기 때문이다. 예수님을 섬기듯 일하라. 주님께서 당신이 사는 동안 당신 위에 세우신 질서에 '주님을 경외함으로' 순복하라. 사장이 보든 보지 않든, 주님을 위해 최선을 다하라.

가정에서도 마찬가지이다. 당신이 아버지이고, 어머니이지만, 가장의 '갑'도 주님뿐이시다. 자녀는 당신의 소유가 아니다. 당신의 꿈을 대신 이루어 주는 '대타'도 아니다. 당신이 걱정하지 않아도 당신보다 더 그 아이를 걱정하시는 그분의 뜻을 물어야 한다. 그분의 뜻대로 그 아이를 대하고, 그분의 뜻을 물어 그 아이를 인도해야 한다. 그 아이의 '갑'도 주님뿐이시기 때문이다. 아이는 마땅히 부모를 공경하고 순종해야 한다. 하나님께서 세우신 질서이기 때문이다. 하지만 그 아이의 '갑'도, 부모의 '갑'도 주님뿐임을 항상 기억해야 한다.

남편과 아내도 마찬가지이다. 두 사람의 '갑'도 주님뿐이시다. 누가 누구의 말을 들어야 하는 것인지 따지기 전에, 둘 다 주님의 말씀에 귀를 기울여야만 한다. 그리고 주께서 주신 아름다운 창조 질서에 따라, 남편은 아내를 위해 자신을 주듯 사랑하기를, 그리고 아내는 남편을 순복하기를 즐겨해야 한다. 주님을 '경외함'으로 그렇게 해야 한다. 서로가 서로에게 '을'이다. 함께 '갑'이신 주님께 순복함으로 마음을 낮추고, 함께 주의 일을 이루어 가야 한다.

다름 아닌, 이런 목적으로(2:21)

하나님께서 교회를 부르신 것은, 바로 이를 위한 것이다(21절). 당신은 어떻게 해서 예수 믿는 사람으로서 여전히 이 세상 속에 남아 있다고 생각하는가? 세상 밖으로 부르신 하나님께서 여전히 당신을 세상 속에 두고 계신다면, 그 이유가 무엇이라고 생각하는가? 예수 믿고 복을 받아 문제없이 잘 사는 것이 목적이라면, 차라리 하나님께서 복으로 가득한 하늘나라에서 살게 하시는 것이 더 낫지 않은가? 교회가 이 세상에 존재하는 목적이 무엇인가? 생존의 문제를 세상 사람들보다 더 잘 해결하고, 이 세상을 문제없이 살기 위해서는 분명 아니다.

베드로는 이 부르심의 목적을 21절에서 천명한다. 오늘날 축복받는 것을 최고의 복음으로 여기는 교회에게는 낯설지 모르나, 교회사에서 이 말씀은 결코 낯설지 않았다. 21절은 사실 그리스도의 고난, 특별히 무고한 고난을 따름이라는 주제로서, 후대에 상당한 영향을 끼쳤다. 토마스 아 켐피스(1379-1471)의 『그리스도를 본받아』(*Imitation of Christ*)나 찰스 몬로 쉘던(Charles Monroe Sheldon)의 『예수님이라면 어떻게 하실까』(*In His Steps*, 1896, rep. 1967), 그리고 이러한 전통을 잇는 20세기의 저작으로서 디트리히 본회퍼(Dietrich Bonhoeffer)의 신학적 저술들은 하나님께 순종함으로써 옳은 일을 하다가 당하는 무고한 고난을 강조하는 본문에 관한 훌륭한 설명이라 할 수 있다. 이제 이 중요한 본문을 옮겨 보자.

> [21]이를 위하여 여러분이 부르심을 입었습니다. 그리스도께서도 여러분을 위하여 고난을 받으셔서 여러분에게 본(本)을 남기신 것은, 여러분이 그의 발자취를 따라오게 하려 하심입니다.

"이를 위하여 여러분이 부르심을 입었습니다"(21절). 이 구절은 의외이다. 도대체 무엇을 위하여 부르심을 입었다는 것인가? '이를 위하여'에서 '이것'(투토, τοῦτο)은 무엇을 가리키는가? 바로 그 앞에 20절 끝의 "이것은 하나님 앞에서 은혜로운 일인 것입니다"에서도 여지없이 '이것'(투토, τοῦτο)이 나온다. 그렇다면 교회가 세상 속에서 부르심을 받은 이유, 그 목적이 다름 아닌, '불의한 일로 고난받으며 참는' 일이란 말인가? 그렇다. '이를 위하여 부르심을 받았다'는 표현은 3:9에서 한 번 더 나온다. 그때에도 '악을 악으로 갚지 않는 것'이 교회를 세상 가운데로 부르신 하나님의 부르심의 목적이다. 이 '목적'이라는 표현은 가히 충격적이다.

생각해 보라. 우리는 날마다 하나님께 이런저런 문제의 해결을 위하여 기도하지 않는가? 세상에서 당하는 여러 문제들을 해결해 주는 곳이 교회인 것처럼 선포하는 마당에, 불의한 일을 당치 않고, 혹시 당하면 하나님께서 개입하셔서 말끔히 해결해 주시는 것이 기도 응답이 아니던가! '불의한 일로 고난을 당하는 것'이 하나님께서 우리를 부르신 부르심의 목적이라니? 사실 이 말씀은 베드로전서에서 가장 소화하기 어려운 구절이면서도, 가장 핵심적인 대목이다. 만일 이 말씀이 사실이라면, 그리스도인이 세상에서 불의한 일을 당하고 고통을 겪으며 그것을 참아 내는 일은, 혹시 주어질 수도 있고 그렇지 않을 수도 있는 일이 아니다. 그것은 반드시 주어진다. 우리는 억울한 일을 당할 때 하나님께 호소한다. '하나님, 왜? 도대체 나에게 왜 이러시는 것입니까?' 본문의 말씀에 의하면, 하나님은 이렇게 대답하실 것이다. '얘야, 바로 그 때문에 내가 너를 불렀느니라.' 이해가 되는가?

잘 받아들여지지 않는 것이 정상일지 모른다. 사실 베드로 자신도 바로 이것을 이해하지 못했다. 자신이 '주는 그리스도시요, 살아 계신 하나님의 아들'이라고 고백하고도, 바로 그분이 그 '억울한 고난', 베드로 자신을 포함해서 '우리를 위한' 고난을 받으시고 십자가에서 죽으신다고 하셨을 때, 가장 이해할 수 없어 했던 사람이 베드로 자신이다(마 16:13-23). 그리고 지금 베드로가 이 말씀을 흩어진 교회들에게 주고 있다. 베드로는 무엇을 깨달았던 것일까? 분명 베드로는 그리스도의 고난의 의미에 대해 깊은 인식에 도달한 것임에 틀림없다. 디베랴 바닷가에서 부활하신 주님을 만났을 때, 주님은 그에게 목양을 부탁하시면서 그가 '나중에는 원치 않는 곳으로 이끌려 다닐 것'이라고 하셨다(요 21:18-22). 그때도 베드로는 그 말씀을 이해할 수 없어 했다.

우리 중 누구라도 그럴 것이다. 특별히 오늘날의 교회에게 21절의 이 말씀은 너무 낯선 말씀이다. 하나님께서 무슨 물질의 복을 주시겠다는 것도 아니고, 꼬인 문제들에 대한 기도 응답으로 못되게 한 나쁜 사람들을 벌주시겠다는 것도 아니다. 그분이 우리를 부르신 이유는 '불의한 일로 고난'을 받게 하시기 위함이기 때문이다. 그렇게 함으로써 우리가 선한 양심으로 그 '은혜'를 드러내게 하려 하심이기 때문이다. 교회가 세상에서 '하나님을 아는 의식' 곧 하나님께서 그리스도 예수로 말미암아 새롭게 회복하신 양심을 따라 살게 하려 하심이 목적이라는 것이다. 그리고 그 양심은 단지 옳은 일을 하는 것 그 이상이다.

그래서 베드로가, '체류하는 외국인과 여행자'된 하나님의 교회가 이 세상 안에서 어떻게 행동해야 하는가라는 물음에 답할 때, 세상의 정의를 구현하라고 말하지 않는 것이다. 그것을 함축하지만 훨씬 그 이상이다. 교회가 궁극적으로 상대하는 것이 불의한 구조가 아니기 때문이다. 불의한 구조는 단지 결과이다. 원인은 악(惡)이다. 교회의 문제는 이 세상의 중심에 자리 잡고 있는 이 '악'을 어떻게 상대하는가이다. 베드로는 단적으로, '은혜'를 드러내라고 말한다. 그 은혜를 드러내는 일은 고난을 수반한다. 희생이나 억울함을 수반한다. 정의를 실현하는 것이 아니라, 불의함을 당하고 고난받으나 그것을 악으로 갚지 않는 방식이다. 불의함을 악으로 갚지 않음으로써, 그 불의함을 그대로 불의함으로 드러내는 방식인 것이다(참고. 마 5:38-48; 『긍휼의 목자 예수』, 127-135).

베드로는 이것이 전혀 낯선 부르심이 아님을 설명한다. 그리스도 예수께서도 이 길을 가셨다는 것이다. 그리고 정확히 이런 길의 본을 남기셨다. 여기서 '본'(本; 휘포그람모스, ὑπογραμμός)은 마치 어린아이가 철자를 공부할 때 글자 하나하나를 따라 쓸 수 있도록 만든 교본과 같은 것이다. 교회는 이 세상에서 그분이 남긴 발자취를 마치 어린아이가 글자를 익히며 따라 쓰듯이 하나씩 따라가야 한다는 것이다. 이 길은 어디로 이르는 것일까? 베드로는 아직 그 종착역에 대해서는 설명하지 않는다. 다만, 세상 속의 교회가 바짝 쫓아야 할 발자취들이 그들 앞에 놓여 있고, 이제 그들은 그들의 목자와 감독에게로 돌아온 자들임을 명시한다(25절). 이분이 이끄시고, 이분이 돌아보시며 감독하신다. 누가 이 발자취에서 멀어지는가? 누가 이 발자취를 정확히 따라오는가? 누가 방해하는가? 그가 양 무리 된 교회를 돌아보시며, 바로 이 길, 의로운 자로서 불의한 자를 대신하여 고난 당하는 길, 세상은 갈 수 없는 길, 썩지 않고 더럽지 않고 쇠하지 않는 나라에 속한 은혜의 강력만이 가능하게 하는 이 길로 교회를 이끌어 가고 계신다. 당신은 이 길 어디쯤에 서 있는가?

그분의 발자국을 따라(22-25절)

혼잡한 거리에서 차를 운전하다가 길을 잃으면, 당신은 성급히 내비게이션을 확인할 것이다. 지도가 필요하다. 교회가 세상 한복판에서 길을 잃으면 무엇을 봐야 할까? 베드로는 거듭해서 예수 그리스도를 지목한다. 그분이 길이시기 때문이다. 교회는 거짓되고 거친 세상에 부딪혔을 때 오직 말씀을 통해 '주의 선하심을 맛보아 알게' 되어야 한다(2:3). 세상에서는 적대감을 받아 버림을 당하셨지만, 하나님께는 택하심을 입은 보배로운 산 돌이신 그분께 의지하고 굳게 서야 한다(2:4). 세상에게 불의한 일을 당했을 때도 마찬가지이다. 예수 그리스도에게로 돌아가야 한다. 이는 단순한 해결책이지만, 오늘날의 교회들이 잘 하지 않는 해법이기도 하다. 하지만 바로 이 일에 관해 베드로는 예수께로 돌아간다. 세상에서 악을 만날 때, 교회는 예수께로 가서 길을 찾아야 한다. 본문의 말씀을 옮겨 보자.

> [22]그분은 죄를 짓지 않으셨고, 그분의 입에서는 그 어떤 속임수도 찾을 수 없었습니다. [23]그분은 모욕을 당하셨지만 되갚아 모욕하지 않으셨고, 고난을 당하셨지만 협박하지 않으셨으며, 공의롭게 판단하시는 심판주께 맡기셨습니다. [24]그리고 십자가에서 우리들의 죄를 그분의 몸으로 친히 담당하셨습니다. 이는 우리들로 하여금 그 죄들과 상관없게 하시며, 그 의에 대하여 살고, 그분의 상처로 낫게 하려 하심입니다. [25]그러므로 여러분은 길 잃은 양들과 같았지만, 이제는 여러분의 영혼을 돌아보시는 이시요 목자 되신 그분께로 돌아온 것입니다.

이제 베드로는 세상 속에 놓인 교회에게 지도 위에 있는 길을 정확하게 손가락으로 짚어 보여 준다. '바로 이 길이다'라고. 처음부터 베드로는 예수 그리스도를 소개함에 있어서 출애굽의 모티브를 사용했음을 기억하자. 예수 그리스도의 '피 흘리심'이라 하지 않고 '피 뿌림'이라 함으로써 유월절 어린양과 출애굽을 생각나게 했다(1:3, 19). 그리고 이제 교회는 세상을 지나 세례를 통해 하나님 앞에 이르는 목적지를 향해 간다. 악(惡)이 준동하는 이 세상 한복판을 가로질러 가는 그 길은 다름 아닌 예수 그리스도께서 남기신 발자취를 하나씩, 바짝 뒤따라가는 것임을 보여 준다. 다른 길은 없다. 이 길은 불의한 자를 대신하여 고난 당하는 길이지만, 영광에 이르는 길이다(3:16-22).

이렇게 세상 한복판에서 예수 그리스도의 발자취를 따라가라는 식의 권면은, 그리스도의 고난에 대한 베드로 특유의 이해에 근거한다. 바울의 경우, '그리스도를 본받으라'는 권고는 있지만(살전 1:6; 2:14; 빌 3:17; 고전 4:16), 역사적 예수의 자취를 '따르라'는 구체적인 표현은 찾아볼 수 없다(Elliott, 527). 베드로는 또한 그리스도의 죽으심에 관해서도, 그가 '자신을 드렸다'는 사실보다는 그가 '고난을 받으셨다'는 사실을 강조한다. 앞서 21절에서도, "그리스도께서 여러분을 위하여 고난을 받으사"라는 표현은 전형적으로 '그리스도께서 여러분을 위하여 죽으사'라는 문구를 다르게 표현한 것이다(참고. 히 10:10; 롬 6:10). 그만큼 베드로는 '고난'에 초점을 맞춘다. 단지 예수께서 내 죄를 대속하여 죽으셨다는 결과적인 사실보다, 그분이 그렇게 하시기까지 어떤 고난의 길을 가신 것인지를 제시하고, 교회가 세상 속에서 그 길을 바짝 뒤쫓기를 바라는 의도가 두드러지는 대목이다.

오늘날 우리는 예수 그리스도의 고난과 죽으심을 '나를 위한 것'으로 생각하지만, 그 고난과 죽으심의 십자가가 동시에 '내가 따라가야 할' 길이라고 생각하는 것에 대해서는 주저한다. 하지만 그리스도의 십자가는 하나님께서 나에게로 오신 길이며, 동시에 내가 하나님께로 이르는 길이다. 이 둘을 서로 분리할 수 없다. 그래서 십자가는 하나의 길이다. 하나님께서 나에게로 오신 길이라고만 생각지 말아야 한다. 베드로는 분명 이 길은 하나이고, 그리스도는 우리가 그 길 외에 다른 방식으로는 하늘의 하나님께로 이를 수 없는, 이 세상에서 교회가 반드시 좇아가야 할 유일한 길이라고 천명한다. 그래서 22-24절에서 베드로가 그리스도에 대하여 묘사하는 내용들은 하나같이 모두 교회가 당하는 상황이나 반응하는 행동들과 함께 짝을 이루며, 그리스도께서 본이 되는 방식으로 제시되었다. 하나씩 살펴보자.

자유를 드리신 분(22a절)

먼저, 그분은 죄를 짓지 않으셨다(22절). 본문은 그가 '죄가 없다'고 하지 않고(참고. 히 4:15), 죄를 '짓지 않으셨다'(우크 에포이에센, οὐκ ἐποίησεν)고 말한다. 이것은 그리스도께서 이 땅에서 가지신 자유의 참된 사용의 모범이심을 말하고자 하는 것이다. 원래는 이사야 53:9을 인용한 것인데, 구약 본문의 '강포를 행하지 아니하였고'(개역개정, '무법함')를 다르게 표현한 것이다. 혹자는 이것이 그분의 본래 죄 없으심을 강조하는 것이라고 생각하지만(참고. 1:19; 고후 5:21, Kelly, 120), 문맥은 그가 그의 백성 곧 불의한 자들을 위해 받는 고난 가운데서 입술로 범죄하지 않았다는 사실을 강조한다. 즉, 그럴 수도 있었지만 그렇게 하지 않았음을 강조하는 표현이다. 그래서 교회가 따를 자취를 남기신 것이다.

마찬가지로 교회도 자유하게 되었고, 마찬가지로 이 자유 속에서 그들의 마음과 뜻과 생각을 거슬러 싸우는 죄 된 정욕에 휘말리지 말 것을 경고 받기 때문이다(2:11, 16). 그리스도께서 어찌하여 자유가 없으셨겠는가? 우리는 막연히 그리스도는 사랑이시니까 그저 자신을 희생했다고 생각하기 쉽다. 그렇지 않다. 자신의 자유를 드리는 일이 기계적이었거나 쉬운 일이었다면, 그분께서 겟세마네 동산에서 땀방울이 핏방울이 되기까지 "할 만하시거든 이 잔을 내게서 지나가게 하옵소서."라고 간구하며 씨름까지 하지는 않으셨을 것이다(마 26:36-46).

비유가 어떨지 모르나, 어렸을 때에는 어머니가 자장면을 싫어하는 줄 알았다는 노래 가사도 있지 않은가. 왜 어머니라고 자장면이 먹고 싶지 않았겠는가? 철이 들지 않은 자식이 나이 들어서도 어머니는 생선의 몸통이 아니라 머리만 좋아하신다고 생각하는 것과 무엇이 다른가? 주님께서 하늘 보좌를 버리고 이 땅에 오셨으며, 우리와 같은 몸을 입으시고 종의 모습으로 죽기까지 순종한 모든 것은 자동적으로 되지 않았다. 그리스도께서 온전한 자유를 드리신 까닭이다. 하나님의 뜻에 자의로, 기꺼이 자신의 자유를 드려 순종하신 것이다.

자유에는 목적이 있다. 하나님께서 우리를 죄에서 자유하게 하신 이유가 있다. 그것은 다시 썩어짐과 더러움과 허무함에 종노릇하고, 다시 용서함과 씻음을 받고, 다시 죄에 붙잡히고 세상에 붙잡히고, 또다시 그 은혜를 통해 죄 사함을 누리고, 이런 생활을 반복하라고 주신 자유가 아니다. 죄로부터 해방되었기 때문에, 이제 마음껏 죄를 지어도 되는 생활을 위해서가 아니다. 그렇게 하면 기회를 잃는다. 우리가 자유하게 된 것은, 기회를 얻기 위함이다. 이 세상의 허무함에 종노릇하지 않아도 되고, 썩어짐에 종노릇하지 않아도 되고, 더러움에 종노릇하지 않아도 되기 때문에, 드디어 우리는 하나님의 뜻대로 살아 볼 기회를 얻게 된 것이다. 드디어 죽음과 죄와 허무의 문제에서 해방되어, 하나님을 마음껏 사랑하고 이웃을 마음껏 사랑하고, 세상을 주님의 뜻대로 살아 볼 자유와 기회를 얻은 것이다. 이 기회를 살릴 것인가? 이 자유를 어찌할 것인가? 죄악을 짓고 그것을 덮는 데 사용할 것인가, 아니면 이 기회를 굳게 지켜 주님의 뜻을 이루는 일에 드릴 것인가? 그리스도를 따르라.

고난의 압박 아래서 속이지 않으신 분(22b절)

이제 본문은 그리스도께서 어떻게 그분의 자유를 사용하셨는지를 보여 준다. 그것은 특별히 악(惡)에 대한 것이다. 22절은 계속해서 이사야 53:9을 인용해서, 그분은 자기 백성을 위해 받은 고난의 한가운데서도 죄를 짓지 않으셨고, 그의 입에서는 속이는 말이나 거짓조차 찾을 수 없었음을 강조한다. 불의한 고난을 받을 때, 그리스도께서는 어떤 속임수, 거짓을 말할 수 있었을까? 그런 압박 가운데서, 사람은 누구나 자신의 정체성을 부인할 유혹을 받는다. 혹은 자신이 믿는 신앙의 대상을 부인할 수도 있을 것이다. 속이는 것이요, 거짓을 말하는 것이다. 고난을 피하고자 함이요, 그것도 자신이 당할 필요 없는 부당한 고난을 피하기 위해서라면 얼마든지 그렇게 할 수 있지 않은가.

실은 베드로 자신이 그러했다. 그는 그리스도를 따르는 당연한 고난 가운데서조차, 자신이 주요 그리스도시며 살아 계신 하나님의 아들이라고 고백한 분에 대해 세 번이나 입으로 거짓을 말하지 않았던가? 고난의 압박 아래서 자신을 속이고 남을 속인 것이다(마 26:69-75). 드라마틱하게도, 복음서는 같은 순간에 산헤드린 공의회 앞과 빌라도의 법정에서 자신의 정체를 부인하지 않으시고 진리를 붙드신 그리스도의 모습을 생생하게 보도한다(마 26:57-68; 27:11-26). 유대 지도자들의 권력은 시기(猜忌)에 기초했고, 빌라도가 속한 로마의 권력은 인기(人氣)에 기초했지만, 그리스도와 하나님의 나라는 진리(眞理)에 기초한다. 그리스도는 불의한 죄인들을 위한 고난의 압박에도 진리를 붙드셨고, 거짓을 말하거나 속이지 않으셨다.

베드로는 후에 이 일에 대하여 어떻게 생각했을까? 교회 전통에 의하면, 베드로는 순교 당할 때 자신은 십자가에 바로 매달려 죽을 자격도 되지 않는다고 하며 거꾸로 매달려 죽었다고 한다. 마지막 죽음에 임박해서는 주를 부인하지도, 자신과 세상을 속이지도 않았던 셈이다. 그리고 지금 22절에서 베드로는 그리스도의 이와 같은 반응을, 불의한 고난을 당하는 세상 속의 성도들이 따라야 할 본으로 제시하고 있다. 흥미롭게도 2:1에서는, 교회를 향하여 모든 악한 것들과 '속이는 것'(돌로스, δόλος)을 버리라고 했는데, 그 내용과 용어가 지금 22절의 본문과 일치한다. 베드로가 주께서 부탁하신 목양 사역을 하면서 일평생 배웠던 내용인 셈이다. 고난의 압박 아래서 주를 부인하지 않고, 자신의 신앙에 대해 속이지 않는 것, 그것이 세상 속에서 그리스도의 자취를 따르는 구체적인 길이다.

오늘날은 어떠한가? 사실 대교회의 유행은 무명(無名)의 신자들을 양산하는 데에 기여했다. 이미 교회 안에서도 자신의 신앙을 확인하고 드러내지 않는 신자들이 세상 속에서 자신의 영적 신분을 감추는 것은 어찌 보면 당연한 일이다. 또한 오늘날처럼 기독교에 대해 반감이 증폭된 환경에서, 자신이 기독교인임을 감추며 살아가는 경우도 적지 않다. 자신이 기독교인이라는 것을 사업 관계나 일터에서 드러내면, 그는 이제부터 정당한 권리 주장도 시원하게 할 수 없는 처지에 놓이기 때문이다. 본문은 이런 환경 속에서도, 옳은 일을 하며 선을 행하다가 고난을 당해도 은혜의 강력을 드러내는 삶을 택하라고 권면한다. 따라야 할 다른 기준은 없다. 주께서 먼저 우리에게 그렇게 해 주셨기 때문이고, 그분이 길이시기 때문이다. 세속의 한복판에서 그분의 발자취 하나하나를 따르는 것, 그것이 교회의 길이다.

악을 갚지 않고 심판주께 맡기심(23절)

그리하여 그리스도께서는 자발적으로 악에 부딪히셨다. 죄를 짓지도 않으셨고 속인 것도 없으셨지만, 돌아오는 것은 모욕이었고 고통이었다. 23절의 본문은 이사야 53:7을 사용한 것이지만, 동시에 베드로전서 2:1에서 교회에게 명령했던 '온갖 시기와 남을 헐뜯는 모든 말들'을 벗어 던지라는 문구를 떠올리게 한다. 이 일에도 그리스도께서 따라야 할 본과 자취를 남기신 셈이다. 그러므로 지금 베드로는 특별히 그리스도께서 수난의 마지막 날들 속에서 보여 주신 것을, 단순히 우리를 위한 대속적 죽음이라는 교리의 선포 차원이 아니라, 주를 대적한 그 악(惡)이 아직도 도사리고 있는 세상 한복판을 지나가는 교회가 그와 똑같은 방식으로 통과해야 할 '길'로 제시하고 있다.

주께서는 자신을 향한 거짓 증거와 모욕적인 언사에 혹시 대답하기는 했지만, 같은 모욕적인 언사로 함께 악에 빠지지는 않으셨다(참고. 마

26:59-68). 성도가 이 길을 실제로 따라간다면, 참으로 하나님의 은혜의 강력이 증거될 것이다. 하지만 이는 얼마나 곤혹스럽고 어려운 길인가? 사람은 누구나 자신의 정당성을 증명하고 싶어 한다. 자신을 향한 거짓 증거와 모욕적인 언사를 듣는다면 가만히 있을 사람이 어디에 있는가? 하지만 주께서는 이런 일과 이를 대하시는 일에 익숙하셨다. 여기서 '모욕하지 않으셨고, 협박하지 않으셨고' 또한 공의로 판단하시는 심판주 하나님께 '맡기셨다'는 표현들은, 문법적으로 주께서 한두 번이 아니라 항상 반복적으로 그렇게 하셨음을 암시한다. 그분의 십자가 고난과 죽으심은 단순히 한 사건이 아니라, 그분의 그러한 삶의 태도의 절정이었던 셈이다.

이것이 또한 오늘날 교회가 세상 한복판에서 가야 하는 길에 놓인 이정표이다. 내가 가야 할 길로 잘 가고 있는지를 살피려면, 중간중간 놓인 신호판들을 잘 확인해야 한다. 오늘날 얼마나 많은 교회들이 분규하며 그 안에서 서로 멱살을 잡고 세상 재판정으로 내달리는가? 사도 바울은 장차 천사들과 세상을 심판할 성도들이, 도리어 자신들에게 판단을 받을 그 세상 앞에 나아가 심판을 자청하는 일이 얼마나 어리석은 것인지를 가르쳤다(고전 6:1-7). 교회가 그런 어리석음에 빠지는 이유가 무엇인가? 바울이 지적한 대로, "차라리 불의를 당하는 것이 낫지 아니하냐!"(7절)라는 질문에 "아니요, 결코 불의를 당할 수는 없습니다. 억울합니다. 손해 볼 수 없습니다."라고 대답하고 싶기 때문이 아닌가? 그러면 그런 성도, 그런 교회는 명백히 그리스도께서 남기신 발자취를 벗어나 딴 길로 들어선 셈이다. 교통 표지판이 가리키지 않는 다른 길로 차를 몰았을 때, 그 결과가 어떠할지는 불을 보듯 뻔하다. 설사 세상 재판정에서 승리한다 해도, 세상은 교회를 우습게 볼 수밖에 없다. 적대감도 줄어들지 않을 것이다.

사람이 가장 참을 수 없는 것 중 하나가 '억울함'이다. 더구나 잘못한 것이 없는데 비난을 당할 때는 정당함을 주장하고 싶은 욕구가 이루 말할 수 없이 강렬하다. 하지만 악은 그렇게 상대해서는 다루어지지 않는다. 만일, 정당한 절차를 통해서 해결될 수 있다면 우리는 얼마든지 그런 수단들을 사용할 수 있을 것이다. 그러나 지금 본문이 다루는 것은 악의 문제이다. 물론 악을 대하면서 공의를 버리라고 말하지는 않는다. 공의의 심판은 하나님께 맡기고, 교회는 정의가 아니라 '은혜의 강력'을 드러내도록 요구받는다. 공의의 원칙을 희생한 것이 아니다. 베드로는 여러 번, 교회가 오직 공의로 심판하시는 하나님만 두려워할 것을 가르친다(1:17; 3:12; 4:5, 17; 5:4, 6).

그 참된 두려움 속에서 교회는 하나님을 신뢰하고 그분께 자신의 상황과 미래를 모두 맡김으로써, 이 땅에서 하나님의 뜻, 곧 그 악한 자들에게 그 악을 넘어서는 은혜의 강력을 증거하도록 부르심을 받은 것이다. 이것이 하나님만 두려워하고 그분만 경외함으로써 나타나는 '아름다운' 혹은 '은혜로운' 삶이다. 그리스도께서 먼저 그렇게 사시고 그 길을 가지 않으셨다면 교회는 태어나지 않았을 것이다. 이제 교회는 세상 한복판에서, 축복이나 정의 그 이상의 것, 곧 악에 대해 승리하는 은혜와 진리의 강력, 그 나라의 실재를 드러내도록 부르심 받는다. 교회는 바로 그 길로 그들에게 오신 그리스도를 따라 그 길을 가야 한다.

우리 대신 몸소 고난을 겪으심(24절)

이제 우리는 그리스도께서 보이신 본의 절정에 다다랐다. 사실 그리스도의 고난에 관련하여 그의 '몸'을 강조하는 것 또한 전통적이지만(골 1:22; 히 2:14; 10:10), 베드로는 이를 충실히 반영하여 '그분의 몸으로 친히' 담당하신 사실을 강조한다. '상처'(몰로프, μώλωψ)라는 말노 노예들이 완악한 주인에게 맞기도 했을 법한 채찍으로 난 상처 같은 것을 표현한다(참고. 2:18). 분명, 그리스도의 고난은 단순히 교리에 지나지 않는 것이 아니다. 전혀 추상적이지 않다. 나 한 사람이 성도가 된 것, 우리가 교회가 된 것도 전혀 추상적일 수 없다. 단지 교리가 아니다. 그것은 그리스도의 피와 살로 되어 있고, 그분의 땀과 눈물, 고통과 수치, 극렬한 죽음과 처절한 고통으로 얼룩져 있다.

'십자가에서'라는 표현은 원래 '나무 위에'라는 뜻인데, 신명기의 표현대로 이는 '하나님의 저주'를 뜻한다(신 21:23). 하나님의 저주 받은 자가 달리는 처형대이다. 당시 로마 정부, 특히 주둔 군대는 저항세력이나 혁명적인 활동을 좌절시키기 위해 십자가 처형 방식을 채택했다. 이는 주로 폭력을 사용하는 혁명세력이나 저항하는 노예들을 처치하기 위한 징벌 방식이었다(Hengel, 1977, 46-63). 유대에서 로마는 '평화정책'(pacification program)의 일환으로 수천 명의 유대인들을 십자가에 처형했다(Josephus, J.W. 2.75, 241). 채찍질과 고문에 이어 십자가에 매다는 이 형벌은 그 육체적 고통을 극대치로 가중시킬 뿐 아니라, 공개적으로 그 사람의 존엄성을 완전히 짓밟고 모욕하는 방식이었다. 시세로(Cicero)가 십자가 처형을 '수치의 나무'라고 불렀던 것처럼(Rab. 4; Elliott, 534), 분명 종교적으로나 정치적으로나 사회적으로나 인격적으로 수치와 고통의 절정을 상징하는 죽음이었다.

오늘날로 치면 그것은 아마도, 날마다 매스컴을 타고 온 국민으로부터 조롱을 받으며 그 명예와 위신은 땅에 짓밟힌 채, 가장 고통스런 전기의자 같은 곳에 앉혀 놓고 서서히 사형을 집행하면서 동시에 이를 공개하여 수치를 극대화 하는 그런 처형에 해당할 것이다. 초점은 그리스도께서 우리를 위하여 당하신 수치와 고통이 그분의 '몸으로' 친히 받으신 구체적인 고난이라는 사실이다. 정말 그리스도께서 이런 수치와 저주와 고통을 받으실 이유가 있었는가? 그 크기와 깊이와 높이와 무게로 하자면, 예수 그리스도 자신만큼 이 땅에서 '억울한' 자, '억울했던 케이스'는 없었다. 그렇지 않은가? 하지만 혹시 오늘날도 주께서 이 땅의 교회들을 인하여, 세상 사람들에 의하여 이런 수모와 고통을 당하고 계시지는 않은가?

베드로는 그리스도의 구체적인 고난을 두 가지 방향으로 제시한다. 첫째, 그것은 우리를 위한 것이요, 둘째, 그것은 우리가 따라가야 할 길이다. 그리고 이 둘은 결코 분리되지 않는다. 그리스도는 그 십자가 고난의 길을 통해 악을 이기시고, 죽음을 이기시고, 죄를 이기시고, 교회에게 부활 생명을 주셨다. 그것은 명백한 승리이다. 그리고 교회는 그 길을 통해 우리에게 오신 하나님의 구원을 인해 '자유의 몸'이 되었다. 그리스도께서 친히 '몸'으로 받으신 고난을 인하여, 성도는 '의에 대하여 살게' 되었다. 그리고 그가 받으신 '상처'로 인해서 그들이 낫게 되었다. 그리스도는 그의 몸으로 고난을 친히 겪으셔서 우리로 '자유의 몸'이 되게 하셨고, 의를 행하게 하사 불의하게 당하는 고통의 상처도 낫게 하신다. 이제 교회는 동일한 그리스도의 길을 통해 하나님을 향하여 나아간다. 그래서 하나님께서 그리스도를 통하여 우리에게 오신 그 길과, 우리가 그리스도를 통하여 하나님께 이르는 그 길은 서로 결단코 분리되지 않는다. 이것이 베드로전서의 핵심 메시지이다. 그분이 길이시다. 하나님과 우리가 서로 만나는 오직 한 길이다.

그리고 25절은 그 길에서 교회가 전혀 혼자가 아니라는 사실을 명확히 가르친다. 그들은 목자와 감독 되신 그리스도의 인도하심을 받는다. 성도는 이제 자신을 영광으로 인도할 수 있는 참 목자를 만난 사람이다. 여기서 '목자'와 '감독'은 사실 같은 직분의 다른 이름이다(참고. 겔 34:11; CD-A 13:7-12). 목자의 사역 중 하나가 감독, 곧 양 무리를 돌아보는 일이다. 굳이 구분을 하자면, 목자의 이름으로는 양 무리를 구해 내고 인도하여 나아가는 역할을 하는 것이고, 감독의 이름으로는 돌아보고 치유하며 치리하는 역할, 곧 양 무리 안에 약한 자들을 치유하고 강하게 하며 악한 자들은 제제하고 다스려, 공의와 평강이 거하는 공동체로 다스려 나가는 역할이다(참고. 겔 34:1-24; 『긍휼의 목자 예수』, 182-206).

그러므로 교회는 전에는 양과 같이 길을 잃었다가 이제는 다시 목자요 감독이신 그리스도에게로 돌아온 사람들이다. 베드로가 이 서신을 기록한 한 세기 후에, 폴리캅이 빌립보 교회에게 보낸 서신은 베드로의 그들이 점증하는 당시 사회의 핍박 속에서 어떻게 명확히 그리스도의 길을 붙들었는가를 보여 준다. "이제 우리는 우리의 이 소망 안에서, 그리스도 안에 있는 우리의 의에 대한 서약에 있어 포기함이 없이 인내해야 합니다. 그분은 우리의 죄를 십자가 위에서 그분의 몸으로 담당하셨습니다. 죄가 없으셨고, 그 입에 어떤 궤사도 없으셨지만, 우리를 위해서, 우리가 그분 안에서 살도록 그분은 모든 것을 견디셨습니다. 그러므로 우리는 그분의 인내를 본받아야 합니다. 그리고 만일 우리가 그분의 이름으로 고난을 받는다면 그분을 영화롭게 해야 합니다. 왜냐하면 이것이 그분이 우리에게 친히 보여 주신 본이고, 우리가 믿은 바이기 때문입니다" (Letter to the Philippians 8:1-2). 그리고 아주 오래 후에, 나치의 반기독교적인 유대인 학살에 항거했던 디트리히 본회퍼는 1945년 4월 8일, 플로센부르크(Flossenburg) 감옥에서 행했던 마지막 설교에서 바로 이 본문을 설교했다. 그날은 그가 교수형에 처해지기 바로 전날이었다(Elliott, 537).

교회는 세상 속에서 길을 잃을 수가 없다. 예수님은 십자가에서 나를 위해 돌아가신 것으로 끝난 것이 아니다. 그분은 우리 삶의 목자이시며 감독이시다. 25절에서 '영혼'이라는 표현은 사람의 중심과 그 중심으로 사는 삶 전체를 가리킨다고 보는 것이 옳다. 교회는 홀로 있지 않다. 목자요 감독이신 분과 함께 있고, 그분이 세상 한가운데서 그의 발자취를 따라오도록 친히 인도하신다. 양 무리를 돌아보시고 자신을 따라오는 자들을 치유하시며 강건케 하신다. 또한 치리하시며 교회를 다스리셔서 그가 이미

가신 그 길로 따라오도록 인도하신다. 교회는 왜 세상 속에서 길을 잃었는가? 왜 주님을 놓쳤는가? 오늘날 교회가 세상 속에서 살아갈 때, 그가 가진 것이 말씀과 성령과 교회만이 아니다. 그들은 목자이시며 감독이신 예수님 자신에게 맡겨져 있다. 베드로는 그들이 명확하게 목자와 감독이신 그리스도에게 인도함을 받고 있다고 가르친다.

의로운 고난을 당하는 교회

교회가 세상에서 예수 그리스도의 길을 좇는다는 것은 무슨 뜻인가? 우선 교회는 이익집단처럼 행동해서는 안 될 것이다. 다른 사회단체들이 자신의 이익이 침해될 때, 머리에 띠를 두르고 플래카드를 들고 자신의 권리를 되찾으려 시위하는 모습을 교회나 교단이 따라하는 것은 참고 보기 힘든 광경이다. 설사 그것이 정당하더라도, 세상 앞에서 교회는 자신의 이익을 추구하기 위해 물불을 가리지 않는 집단으로 비추어질 수 없기 때문이다. 그래서는 안 된다. 교회나 신학교나 교단은 모두 자신들을 위해 존재하는 것이 목적이 아니기 때문이다. 복음을 위해, 복음을 드러내기 위해 존재하기 때문이다.

더구나 자신들의 이익이 침해되는 일에는 머리에 띠를 두르고 거리에 나가 침해된 권리를 되찾기 위해 투쟁을 불사하면서, 불의하게 이익을 침해당하며 심한 곤경에 처한 이웃의 권리에는 무관심하고 나 몰라라 하는 식이라면, 세상은 교회를 이익 집단 이상으로 보지 않을 것이 뻔하기 때문이다. 교회가 세상 앞에서 상징하고 드러내야 하는 것은, 자신의 생존이 최고의 가치인 이익 집단의 모습이 아니다. 교회는 교회가 전하는 복음의 체현이기 때문이다.

그래서 교회는 정의를 외치고 주장하지만, 그것만으로 자기 역할을 다할 수 있는 존재도 아니다. 정의가 복음의 전부를 드러내는 것은 아니기 때문이다. 교회 안에는 의로운 선지자의 사명을 짊어진 귀한 하나님의 사람들이 많이 있다. 그분들이 없다면 교회는 거짓과 부패의 어둠에 갇혀서 갈 길을 모를 것이다. 그분들이 없다면 정치는 더러워진 양심을 깨우칠 자극을 얻지 못할 수도 있다. 하지만 교회는 소위 무조건 약자들의 편을 들어 주며, 불의한 자들을 정죄하고 몰아내고 해방을 이루는 사명을 본질로 갖지 않았다. 그랬다면 예수님은 그 억울한 고난의 십자가를 지지 않으셨을 것이다. 그랬다면 초대교회는 예수 그리스도의 길을 따라 십자가의 길, 순교의 길을 가지 않았을 것이다. 도리어 젤롯당을 따라 로마를 무력으로라도 전복하고 억압당하는 민족을 위해 유혈투쟁도 불사했을 것이다.

하지만 예수 그리스도의 길은 그런 길이 아니었다. 그분을 따라간 사도들과 초대교회도 그런 길을 걷지 않았다. 약자를 편들어 해방시키신 것이 아니다. 약자에게 그리스도를 주셨다. 그리스도 안에서 그들은 강자가 된다. 그래서 그 강자인 약자가 불의한 고난의 현장 속에서, 악을 악으로 드러내며 하나님의 심판과 구원의 능력 안에 머무는 길, 사람이 아니라, 계급이 아니라, 국가가 아니라, 우리 모두를 장악하고 있는 '악'(惡)을 상대하여 승리하는 길을 걷도록 하신다. 바로 그 길이 교회가 세상 속에서 걷고 따라가야 할 십자가의 길이다. 곧 선한 양심의 길이다.

그래서 미움의 길이 아니라, 원수 사랑의 길이다. 우리의 싸움은 혈과 육에 대한 것이 아니다. 거룩하신 성령의 열매를 맺는 싸움이다. 하나님께서 최종 승리를 가져오셔야 끝나는 싸움이다. 내가 구원자가 아니다. 하나님께서 구원하시는 분이고, 나도 구원의 대상이다. 교회는 세상에서 자기 이익을 수호하고 생존하는 것이 최고 가치인 다른 사회단체들의 흉내를 낼 만큼 몰지각해서는 안 된다. 또한 정의가 전부인 것처럼 복음을 정의실현으로 환원시켜서도 안 된다. 자신이 구세주인 것처럼, 심판자인 것처럼 행동해서는, 결단코 주 예수 그리스도의 복음과 구원의 전모를 대표하기 어렵다. 그분의 십자가를 붙들고, 의인으로서 악인들을 대신하여 고난 당하며 그들을 하나님께로 인도하는, 그 선한 양심의 길을 찾아가야 한다.

오직 예수님이 진리이다

'오직' 예수님만이 진리이다. '카푸치노가 진리이다'라는 식으로 입맛에 따라 진리가 상대화되는 모스트모던의 음란한 시대정신을 분별해야 한다. '오직 성경, 오직 예수만으로'의 절대진리는 타협될 수 없다. 암 덩어리를 관용하는 것은 사랑이 아니기 때문이다.

종교다원주의는 세속주의가 종교적 진리의 탈을 쓰고 나온 것이다. 이 세속주의의 암세포는 이미 우리의 교회와 삶 속에 널리 퍼져 있다. 복을 주면 다 진리인 시대에, 수직적이고 또 수평적인 차원 모두에서 교회는 '세속주의'와 피 흘리기까지 싸워야 한다.

오직 예수님만이 '진리'이다. 진리는 단지 교리가 아니다. 교리는 예수님에 관한 것이지만 진리는 예수님 자신이다. 교리는 무엇이 틀렸는지 알려 준다. X-Ray는 폐암을 찍어 보여 준다. 교리는 X-Ray이다. 하지만 진리는 그 폐암 환자를 치유하는 의사 자신이다. 교리는 병을 가르쳐 주지만 진리이신 예수님은 병자를 고치신다. 그래서 진리를 수호한다는 것은 예수님의 거룩한 눈으로 바라보고 예수님의 긍휼의 마음을 갖고 예수님께서 가신 그 십자가의 길을 함께 따라가는 것이다.

오직 '예수님'만이 진리이다. '길이요 진리요 생명이신' 예수님께서 세상 앞에서 살아야 하는 교회에 주신 새 계명은 "내가 너희를 사랑한 것같이 너희도 이와 같이 서로 사랑하라."는 명령이다. 교회가 사랑 안에서 하나 될 때, 세상은 우리가 그의 제자인 줄 안다 하신 그 말씀도 지켜야 한다. 말씀을 따르는 것이 개혁주의이다. 진리의 내용이신 예수님은 화목을 이루려 자신을 희생하셨다. 진리의 내용이 아가페 사랑이다. 각 교단마다 자신의 신학 전통만 강조할 것이 아니라, 성경적으로 올바른 '교회연합'에 대한 과목을 필수로 가르쳐야 할 것 같다. 세상 모든 사람을 공경하여 무례히 행치 않고, 동시에 믿음의 형제자매 사랑하기를 연습해야 한다.

오늘날 세상 앞에서 교회는 진리의 명분으로 종종 무례히 행하며, 온갖 명분을 내세워 그분의 몸 된 교회를 찢어 놓았다. 세상은 이를 보고 비웃는다. 진리이신 예수님이 사랑이시다. 사랑은 무례히 행치 않는다. 또한 그리스도의 사랑은 의인으로서 불의한 자를 대신하여 그들을 하나님 앞으로 인도하는 것이다. 진리와 사랑은 예수님 안에서 십자가로 만난다. 오직 예수님께 집중하기를, 오직 예수님만을 받고 그분의 말씀만을 따르고 그분의 길만을 따라갈 수 있기를 간절히 기도하자. 부지런히 노력하자.

주께서 우리 모두를, 이 시대의 교회를 불쌍히 여기소서. 속히 회복하소서.

그리스도의 길을 따르는 아내(3:1-6)

세상 속에서 교회가 그리스도의 길을 따라간다는 것은, 순교나 대대적인 핍박의 상황처럼 항상 어떤 극적이고 장엄한 희생을 요구하는 것만은 아니다. 베드로가 이 서신을 썼던 당시의 상황도 교회를 향한 로마 사회의 핍박이 공식화되기 이전이었다. 부딪힘과 오해, 적대와 비방, 거절과 따돌림, 불이익과 험담, 이런 갈등들은 거의 대부분 일상적인 생활 속에서 겪게 되는 고난의 일부였다. 그래서 신자가 그리스도를 따른다는 것은 일상적인 삶을 그분의 자취를 따라 잘 걸어감을 의미한다. 일상을 접어두고 다른 방식으로 그리스도를 따를 수 없다. 갑자기 선교지에 가서 순교하겠다는 사람들을 만난다. 하지만 일상이 순교의 현장이다. 악은 도처에 있기 때문이다. 신자가 따라가야 할 십자가와 영광의 길은 일상을 뚫고 지나가는 길이다. 아무도 피할 수 없는, 피해서도 안 되는 길이다. 그래서 베드로는 '그리스도의 본을 따라 그의 자취를 따라오라.'는 큰 원칙과 명령을 한 후에, 바로 일상적 가정생활을 언급하게 된다. 본문을 조심스레 옮겨 보자.

[1]이와 같이, 아내들은 각기 남편들에게 순복하기를 바랍니다. 이는 또한 만일 어떤 남편들이 말씀을 믿지 않는 경우, 혹시 주께서 그 아내들의 말 없는 행실로 인해 그들을 얻으시기 위함입니다. [2]그것은 그들이, 주를 두려워함으로 행하는 여러분의 정결한 행실을 주목하여 보기 때문입니다. [3]여러분은 겉으로 머리를 꾸미고 금으로 두르고 화려한 옷으로 꾸미는 자가 되지 마십시오. [4]도리어 그 마음에 숨은 사람을 성령의 온유함과 화평함의 썩지 않을 것으로 단장해야 할 것입니다. 이런 여인이 하나님 앞에 귀하게 여김을 받는 것입니다. [5]왜냐하면 이와 같이, 전에도 하나님께 소망을 둔 거룩한 부녀들이 그 남편들에게 순복함으로써 자신을 단장하였기 때문입니다. [6]사라가 아브라함을 주로 부르며 순복하였듯이, 여러분도 아름다운 것을 행함으로써 그리고 아무런 놀랄 일에도

두려워하지 않음으로써, 그의 딸들이 되는 것입니다.

주의 깊은 독자들이나 혹은 여성 독자들이라면, 본문을 읽고 금방 질문이 떠오르게 마련이다. '아니, 아내들에게는 이렇게 요구 조건이 많은데, 남편에게는 단 한 구절이라니? 불공평하지 않은가?' 맞다. 그런데 본문의 초점은 불공평한 것이 초점이다. 당신은 이미 이전 구절들에서 불공평의 절정을 겪으신 그리스도의 길에 대해 들었다(22-24절). 그리고 충격적이게도, 당신이 그리스도인인 이상, 당신은 그리스도께서 겪으신 그 '말도 안 되는 불공평'한 고난과 희생의 결과이다. 그렇지 않은가? 그래서 당신은 그리스도의 길을 따라오도록 부르심을 받는다. 이제 할 말이 별로 남지 않았을 것이다. 하지만 이렇게 본문의 말씀이 당시 로마 사회에서 사회적으로나 육체적으로나 경제적으로나, 모든 면에서 비교가 안 되게 약자에 속하는 아내에게 이런 중대한 권면을 하는 데에는 중대한 이유가 있다. 사실 바로 이 점이 베드로가 역설하고자 하는 핵심에 속한다.

왜 남편이 아니라 아내인가?

남성 독자들은 크게 거슬리지 않겠지만, 여성 독자라면 이 본문은 상당히 껄끄럽게 들릴 수 있다. 왜 아내가 남편에게 순복해야 한다는 말인가? 혹시 순복한다 해도, 남편이 무지막지한 인간이라면? 폭력을 행사하거나 못된 짓을 해도 그래도 순복해야 한다는 말인가? 성경은 정말 남성우월주의를 가르치는가? 급한 대로 대답하면, 성경은 남성 우월주의를 가르치지 않는다. 그리고 아내가 남편에게 순복하는 이유는 하나님을 경외함으로 하나님께서 세우신 질서에 순복하는 것이다. 그러므로 남편이 폭력을 행사하거나 악하게 하는 경우, 그것에 순복하는 것은 하나님께 순복하는 것이 아니므로 잘못이다. 지혜가 필요한 부분이다. 본문은 남편이기 때문에 순복하라는 것이 아니다. 하나님을 경외함으로(2절, '주를 두려워함으로') 그 질서에 순복하는 것이다. 그리고 그 질서, 곧 아내가 남편에게 순복하고 남편이 아내에게 자신을 내어주기까지 사랑하는 질서는, 남편이 우월하고 아내가 열등하기 때문이 아니다.

이런 잘못된 생각은 사실 당시 흩어진 교회들이 속해 있던 주변의 로마의 문화 속에 퍼져 있었던 사상이었다. 아리스토텔레스는 "남성과 여성의 관계에 있어서 남성이 본성적으로 우월하고 여성이 열등하다. 그래서 남성이 지배하는 자이고, 여성은 지배 받는 자가 된다."(Pol. 1.2.12; 125b)고 말했고, 아리스토텔레스 이후 그의 이런 관점은 그레꼬-로망 세계의 '집안 규율'(household codes)을 다루는 데 있어 일반적인 정설로 여겨졌다(Elliott, 555). 유대 전통에서도, 아내가 남편에게 순복해야 하는 이유가 여성의 부차적이고 종속적인 지위 때문이라고 생각하는 경향이 있다. 필로(Philo)는 뱀이 남자가 아니라 여자에게 접근한 이유는 "여자가 남자보다 더 속아 넘어가기 쉽게 되어 있기 때문이다.…왜냐하면 여자는 그 부드러움 때문에 진리를 닮은 그럴듯한 거짓에 쉽게 속아 넘어가기 때문이다."라고 말했다(QG 1.27).

이처럼 여성이 생래적으로 열등하기 때문에 남편에게 순복해야 한다는 논조가 강한 문화적 배경에서, 베드로전서의 본문은 참으로 색다르다. 물론 신약 전반에 걸쳐, 아내가 남편에게 순복하라는 요청은 다르지 않다(골 3:1; 엡 5:22-23; 딛 2:5). 하지만 그 이유가 여성이 남성보다 '열등하기 때문'이라는 논조는 전혀 발견되지 않는다. 그것이 질서이고 역할일 뿐이다. 아내와 남편 모두가 그 질서를 세우신 하나님을 경외함으로, 그리스도를 순종함으로, 자신에게 주어진 역할을 통해 피차 복종하는 관계이다(엡 5:21, 25-29). 그런데 베드로는 여기서도 한 걸음 더 나아간다. 남편과 아내를 동등하게 대하는 것이 아니라, 오히려 더 약한 아내 쪽에 더 많은 권면을 주며, 아내에게 영적, 도덕적 변화를 가져올 수 있는 주체적 역할을 맡기고 있다. 이는 당대의 아내와 남편에게 주는 권면의 형식과 내용을 비교해 볼 때 있을 수 없을 만큼 색다른 특징이다(Davids, 116).

애초에 여성이 어떤 중대한 사회적 변화를 가져올 수 있는 도덕적 주체가 될 수 있다는 발상 자체가 당대의 문화적 배경을 고려하면 있을 수 없는 놀라운 부분이라는 것이다. 그러므로 한 가정의 영적, 도덕적 변화의 열쇠는 그 가정의 가장인 남편이 아니라, 그의 주권 아래 놓여 있는 아내의 손에 달려 있다. 약한 자가 변화의 열쇠를 쥐고 있는 것이다. 그래서 3장 첫 구절에서, '이와 같이, 아내들은'이라고 하는 것은 결코 우연이 아니다. 원문에는 '이와 같이'(호모이오스, Ὁμοίως)가 맨 먼저 나온다. 무엇과 '같이'인가? 그 앞 문맥을 받는다는 표시이다. 즉, 이제 그들이 그리스도께로 돌아와 그분을 '목자요 감독으로 삼은 것같이'이다. 그러므로 다시 표현하면, '그가 인도하시는 길로 가야 하므로'이다.

그렇다면 그리스도의 길이 어떤 길인가? 강함이 아니라, 약함으로써 불의한 고난을 참고 견디는 '억울한' 길 아니었던가? 자발적인 약함을 통해 악을 악으로 갚지 않는, 사실은 강함의 길 아니던가? 악의 횡포 앞에서 도리어 약함으로 그 악의 추악함을 그대로 드러내는 십자가의 방식이 아니던가? 그런 것이다. 더 확실하게는 21절에서 선포한 대로, '이를 위하여 부르심을 입었습니다.'라는 말씀에 걸린다. 심하게 표현하면, 신자가 세상에 사는 이유는 복 받고 잘살게 하려 하심이 아니다. 혹은 억울한 일 당하지 않고 만사형통하게 하려 하심도 아니다. 무엇을 위하여 부르심을 입었는가?

한 가정의 믿는 아내는 무엇을 위하여 부르심을 입었는가? 하나님께서는 그 가정생활을 통해 그녀가 사랑을 받고 사랑을 하며 행복하게 살기를 원하실 것이다. 물론 그렇다. 하지만 그것이 21절이 선포한 답은 아니다. 행복할 수도 있고, 불행할 수도 있다. 하지만 부르심은 같다. 어떤 부르심인가? 가정 속에서 그리스도의 길을 따라가는 부르심이다. 그런데 그 길은 불의한 고난도 참으며, 그들 속에 살아 있는 소망의 능력을 따라 주를 경외함으로 그 나라의 진리와 은혜를 삶으로 드러내는 길이다. 세상적인 강함이 아니라 하나님 나라의 강함, 곧 세상이 볼 때 약함으로도 능히 그 나라를 증거할 수 있는 길이다. 그래서 하나님께서는 이 증거를 위하여 종종 약자들을 택하신다. 이것은 역설이고 또 놀라운 일이다.

지금 베드로는 아내에게 막중한 사명, 곧 그리스도께서 그의 고난을 통해 우리를 의의 길로 인도하셨던 그런 유의 사명을 주신다. 얼마나 위대한 사명인가? 그것은 믿는 아내가 믿지 않는 남편이라도 주를 경외함으로 그 질서에 순복하는 힘으로 나타난다. 사회적으로 극히 미약한 아내 쪽에게 이렇게 중대한 영적, 도덕적 사명을 부여하는 것은 성경밖에 없다. 당시 로마 사회도 아내나 종에게 순종을 강요했지만, 그것은 소유 개념이나 강제에 기초한 요구였지, 지금 본문에서처럼 믿지 않는 남편을 주께로 인도하기 위해 주어지는 의로운 고난의 사명 같은 것은 아니었다.

그래서 아내에게 많은 요구들을 하는 본문이 '부당'하게 들리지만, 그 '부당함' 자체가 본문의 메시지이기도 하다. 그런 '부당한 고난'이라는 것 자체가 특권이며, 그런 '부당한 고난'을 아무에게나 요구하지 않기 때문이다. 24절에서는 그런 '부당한, 의로운 고난'을 바로 예수님 자신이 짊어지셨고, 21절에 따르면 그 '의로운 고난'에로 부르심을 받은 자들이 바로 모든 그리스도인들인 것이다. 3:1 이하에서 아내들이 이러한 '부당한 고난'을 감수해야 하는 까닭은 바로 그들이 사명을 받았고, 또한 하나님의 종으로 살 수 있는 특권을 받았기 때문이다.

생각해 보라. 베드로는 이미 종과 주인의 관계에 대해 권면할 때도, 주인에 대해서는 한 마디도 하지 않고, 도리어 종들에게 그 무겁고 중한 사명을 부여했다(2:18). 마치 주인들은 그런 존귀한 사명을 감당할 만하지도 못하다는 듯이 말이다. 물론 그 경우에는 믿지 않는 주인들을 상정했을 것이다. 하지만 베드로는 믿는 주인의 경우를 들어 주인들에게 권면한 것도 아니다. 하나님 나라의 열쇠, 하나님의 은혜와 진리의 통치를 드러낼 수 있는 위치에 있는 자는, 사회적으로 강력한 주인의 자리가 아니라 오히려 열악하게 고난을 당할 수 있는 종의 위치이다. 베드로는 거꾸로 생각하는 셈이다.

그 자리는 도리어 악을 악으로 갚지 않을 수 있는, 그래서 하나님 나라의 은혜와 진리의 강력을 증거할 수 있는 기회가 되기 때문이다. 그리스도께서도 이미, 그 악을 대항하여 강력한 군사나 하늘의 열두 영이 되는 천사들을 동원해서 싸우지 않으셨다. 오직 악을 악으로 갚지 않는 십자가 고난의 방식으로 그 하나님 나라, 세상 나라가 아닌 하늘의 하나님의 통치를 드러내셨다. 그분이 교회의 목자이시고, 교회는 이제 그분을 따라간다. 그것도 삶의 구체적인 현장에서, 대면하는 악의 모양들을 피하지 않고 싸워 나가되, 은혜와 진리의 나타남으로 그렇게 한다. 썩지 않고 더럽지 않고 쇠하지 않는 나라는 그렇게 이 땅에 오게 되어 있고, 그 절대적인 사명을 맡은 자들은 세상에서 강력한 힘을 가진 자들이기보다는 도리어 악에 대해 속수무책으로 당하기 쉬운 자리에 놓인 자들이다. 역설 중에 역설이지만, 이것이 본문에서 그 중한 사명이 남편이 아니라 아내의 어깨 위에 놓이는 이유이다.

말씀에로 인도하는 '말 없는 행실'(1-2절)

그러면 믿는 아내는 어떻게 믿지 않는 남편을 그리스도께로 인도해야 하는가? 문맥을 읽으면 당연히 2:22-24에서 그리스도 자신의 방식을 따라 악을 악으로 갚지 않는 고난의 길을 가야 할 것으로 기대된다. 마찬가지로, 종들의 예에서 이미 보았듯이 완악하고 까다로운 주인에게 하듯 억울한 고난도 참는 길이 될 것이다. 하지만 아내의 경우는 더 구체적이고 색다른 권면들이 주어진다. 우선, 믿는 아내는 믿지 않는 남편을 주께로 인도하는 것이 최종적인, 궁극적인 목적이라는 것을 전제한다. 그리고 어떻게 하면 이들을 주께로 인도할 수 있는가에 대한 대답으로, 아내들의 '행실'을 주문한다. 그런데 이 표현이 절묘하다. '말이 없는 생활의 반복되는 습관적 행동으로'이다.

재미있는 것은, 혹시 '말씀을 믿지 않는'(아페이쑤신 토이 로고, ἀπειθοῦσιν τῷ λόγῳ) 남편에게 아내는 '말이 없는'(아뉴 로구, ἄνευ λόγου) 행실로 그를 얻어야 한다고 하는 대목이다. 이는 놀라운 대조이다. 본문은 분명히 믿지 않는 남편을 전제로 한다. 만일 남편이 믿었다면 집안 가장의 종교를 따르는 관습에 따라 아내도 믿었을 것이지만, 아내가 믿었다고 해서 남편이 그 종교를 따라가지는 않았다. 이렇게 보면, 믿지 않는 남편의 아내는 경우에 따라 남편으로부터 심한 강요나 압박을 받았을 것이다. 믿지 않는 남편은 분명 말씀에 순종하지 않는다. 그러나 이런 상황에서 믿는 아내는 남편에게 어떻게 하는 것이 옳은가?

본문은 남편에게 말씀에 순종하라는 말로 하지 않고, '말없이' 행동으로 그 남편을 설복시키는 방식을 권면한다. 특별히 어떤 행동인가 하면, 아내가 남편에게 '순복하는' 행동이다. 이것이 믿지 않는 남편이라도 그를 기쁘게 하는 것이다. 왜 아내의 경우에는 '말없이'라는 표현을 넣었을까? 종들의 경우에는 '참지 못하는 것'이 문제였을까? 그렇다면 아내의 경우는 말을 참는 것이 어려웠기 때문일까? 그랬을 수도 있다. 하지만 일반적으로도 '말없이 행실로'라는 문구는 우리에게 적실한 교훈을 준다.

오늘날 교회가 세상 속에서 믿지 않는 사람들을 도처에서 상대하면서 말로 복음을 표현하고 전달하는 것은 잘못된 일이 아니며 항상 있어야 할 일이다. 하지만 '말로만' 하는 것은 아닌지 돌아보아야만 한다. 특별히 그 '말'이 세상 사람들이 알아들을 수 없는 말들로만 가득한 것은 아닌지 생각해 보아야 한다. 본문에서 흥미로운 것은, 믿지 않는 남편을 '말씀'으로 인도하기 위해서 믿는 아내가 '말없이,' '말로 하지 않고' 그 행동으로 그를 '얻는다'(케르데쎄손타이, κερδηθήσονται)는 것이다. 복음을 듣고 믿게 하는데, 그 복음을 말로 전하지 않고, 상대방이 알아들을 수 있는 방식으로, 행동으로, 삶으로 전한다는 것이다. 즉, 믿지 않는 남편들이 알아들을 수 있는 것은, 아내들이 자신들에게 순복하는 그 현상뿐이다. 그들은 종교적인 용어들로 표현되는 복음을 잘 알아듣지 못한다. 소위 '지혜 없는 자들'인 것이다(2:15, '어리석은'). 하지만 귀로 듣고 깨닫지는 못하나, 주목하여 눈으로 본다(에포프튜산테스, ἐποπτεύσαντες, 2절). 즉, 귀로 듣는 복음이 아니라 눈으로 보는 복음인 것이다. 그들은 믿는 아내들이 믿지 않는 자신들에게 오히려 잘 순복하는 것을 보고, 그렇게 하는 이유가 '하나님을 경외하기 때문'이라는 것을 알게 된다.

여기에는 매우 중대한 원리가 숨어 있다. 복음은 특별계시이다. 이를테면 종교적 표현으로 나타나는 구원의 말씀이다. 믿지 않는 남편의 경우는 이미 이러한 종교적 표현으로 나타나는 복음을 거절한 경우이다. 그럴 때는 어떻게 복음을 전하는가? 베드로는 이렇게 하나님께서 세상에 주신 창조 질서에 순복함으로써, 그 창조 질서 안에 있는 믿지 않는 사람들을 하나님께로 인도할 수 있다고 말한다. '말이 없는 행동'이 믿지 않는 사람을 복음의 '말씀'에 순종하도록 인도한다는 것은 역설이 아닐 수 없다. 베드로는 지금 성도들에게 '자선사업'을 하라고 권하는 것이 아니다. 믿지 않는 이들을 얻기 위해 진리의 삶을 사는데, 그것은 자선사업이나 크게 남을 돕는 그런 사업이 아니다. 진리에 근거한 바른 삶이다. 비록 그것이 세상의 권세라도, 주인이 악하더라도, 남편이 믿지 않아도, 주님을 인하여 하나님이 세우신 질서에 순복하는 것이다. 그렇게 함으로써 하나님께서 주 되심과 그분의 창조하신 질서에 관한 진리를 삶으로 선명하게 드러내는 것이다.

그렇게 하다가 불의한 고난, 억울한 고난을 당하는 경우라도 계속해서 그 질서와 그 질서를 세우신 권위자이신 하나님과 그리스도께 순복하는 자세를 보인다면, 그것은 진리에 근거한 은혜의 나타남이 된다. 어떤 큰 자선보다도, 바른 질서를 받아들이고, 그 질서를 악용하는 악함을 견디면서 받게 되는 고난도 감수하는 '진리와 은혜'의 나타남이다. 진리란 참된 것이다. 교회는 그것을 안다. 참된 하나님의 질서를 깨닫고 안다. 그래서 세상에 속지 않는 것이고, 거짓되지 않은 것이다. 그 참된 것을 이 세상 속에서 감당한다는 것은, 자주 고난을 의미한다. 참된 진리만이 아니라, 그것으로 인해 이 세상에서 감당할 수밖에 없는 고난도 끌어안을 때, 그것은 벌써 '은혜'이다. 그리스도의 고난과 영광에 참여한 자 된 베드로는(4:14; 5:1), 수신자인 흩어진 교회들에게 바로 이 길을 제시하고 있다.

참 놀랍고 신기한 명품(名品) 화장법(3-6절)

그러면 믿지 않는 남편을 '말씀'을 순종하는 자리로 인도할 만한 아내의 '말없는' 행실은 어떤 것들인가? 베드로는 그것을 한 마디로 '정결함'(하그노스, ἁγνός)으로 요약한다(2절). 특별히 하나님을 '두려워함'(엔 포보, ἐν φόβω)으로 생기는 정결함, 단아함이다. 2절에서 '두려움으로'라는 말은 당연히 하나님을 두려워함이다. 왕의 경우에도, 주인의 경우에도, 남편의 경우에도, 성도가 마땅히 두려워하며 순복해야 할 분은 하나님 한 분뿐이시다(1:17; 2:18). 하나님을 경외함이 구체적 인간관계에서 마땅한 질서에 대한 순복함으로 표현되는 것이다.

그렇다면 아내의 '정결한 행실'은 무엇을 말하는가? 핵심을 말한다면,

2절에서 언급하고 5절에서 다시 확인하는 대로, 하나님을 경외함으로써 남편에게 순복하는 것 자체가 아내의 '정결한 행실'이다. 그것이 하나님 앞에서 아내의 순전하고 가장 아름다운 모습이라는 것이다. 여성 독자들이 이런 논조를 얼마나 쉽게 납득할지 모르겠다. 어려울 것이다. 확실히, 여성이 자신의 외모를 치장하는 일도 쉬운 일은 아니다. 화장대 앞에서 얼마나 긴 시간을 보내는가. 피부 관리로, 혹은 성형까지 동원해서, 아니, 옷 한 벌, 액세서리 하나를 고르고 사는 데 얼마나 많은 열정을 쏟아붓는가. 아름다워지고 싶은 것이다. 그러나 남편과의 관계에 있어서 여성이 갖는 가장 최고의 아름다움, 화장, 치장, 단장, 그 무엇보다도, 남편이 보고 반할 수밖에 없는 최선의 치장은 도저히 '당치도 않은' 남편에 대한 기꺼운 순복이라는 것이다.

본문은 확실히 남편이 아내의 순복을 받을 만한 사람이라는 뉘앙스를 전혀 풍기지 않는다. 그렇지 않은가? 믿지 않는 남편이다. 더구나 가장으로서 그의 종교나 신앙을 강요하고 있을 가능성도 높다. 당시 로마 헬라 문화 속에서, 아내들은 당연히 남편들이 믿는 신을 숭배하도록 되어 있었다. 로마의 역사가 플루타르크(Plutarch)는 이런 관행이, 아내가 남편의 신들뿐 아니라 다른 사회적 관계에서까지 모두 종속되었던 문화의 일부였음을 엿보게 한다. "아내는 자기 자신만의 친구들을 만들어서는 안 된다. 남편의 친구들이 곧 자신의 친구들이다. 그리고 그 친구들 중 최우선은 남편이 모시는 신들이어야 한다. 이런 이유로 해서, 아내는 남편이 모시는 신들만을 섬겨야 하며, 다른 미신적 종교들이나 이상한 신앙들에 대해서는 단절해야 한다. 여자가 비밀리에 다른 종교적 의식들을 행하면 그것은 그 어떤 신도 기쁘게 할 수 없다" (*Conj. praec.* 19, *Mor.* 140D; Elliott, 556). 당시 관행이 이러하다면, 개인차가 있었다 해도 믿는 아내가 믿지 않는 남편에게서 겪을 수 있는 억울하고 불의한 고난들은 그리 상상하기 어렵지 않다.

더구나 믿지 않는 남편이 세속적이어서 아내를 괴롭히고 부당하게 취급한다면, 그와 더불어 살아야 하는 믿는 아내의 고통은 얼마마한 것일까? 아무리 그리스도의 사랑이라지만, 어떻게 그런 허접한 남편에게 자기 내면의 '순복'과 같은 값지고 고결한 선물을 안겨 주란 말인가! 아니, 상대가 순복할 만해야 하는 것 아닌가? 그래서 본문은 사실, 믿는 아내에게 사람의 생각으로는 불가능한 일을 시키고 있는 셈이다. 아내가 남편을 위해 몇 시간이고 화장을 하고 꾸미는 일이 훨씬 쉬울 것이다. 혹시 오늘날처럼 아예 성형을 하거나, 날씬한 몸매로 다듬기는 훨씬 더 즐거운 일이 될는지 모른다. 하지만 순복은? 글쎄, 쉬운 일이 아니다. 그것은 사실, 마치 악(惡)과의 전쟁과도 같은 것이다. 어떤 악인가? 믿지 않는 남편 속에 있는 악이기도 하지만, 아내 자신 속에 있는 악이기도 하다. 하나님을 두려워함, 그분의 질서라도 그것에 순복하기 싫어하는 악이다.

그것은 남편의 경우도 마찬가지이다. 남편도 때로 '사랑할 수 없는' 아내를 말씀에서 가르치는 대로 '자신을 주기까지 사랑하는' 것은, 신혼 초를 제외하고 본성적으로는 거의 불가능한(?) 일이다. 그것도 남편 속에 있는 자기중심적 악 때문이다. 그래서 결국은 이 순복의 문제도 악을 대하여 승리하는 그리스도의 길과 본질상 다르지 않음을 알게 된다(2:21-24). 그만한 신앙과, '불의한' 혹은 '마땅치 않은' 고난(?)을 감당할 각오가 아니면 해내기 어려운 일이기 때문이다. 본문은 그래서, 아내가 남편과의 관계에서 가장 하기 어렵고 가장 힘겨울 수 있는 내용을 권하고 있는 셈이다. 하나님을 경외함으로 순교할 각오가 아니면, 혹은 오지의 선교사처럼 복음을 위하여 한 몸 내던질 양이 아니면, 믿지 않는 남편에게 순복한다는 것은 혐오스러울 만큼 어려운 주문일 수 있기 때문이다. 이 일을 어찌하는가?

그래서 4절은, 아내가 남편에게 순복하는 '마땅한' 질서도 '마음에 숨은 사람'을 단장하는 일에 집중하지 않으면 결코 쉽게 이루어지지 않을 일임을 암시한다. 여기서 '마음에 숨은 사람'은 그냥 "얼굴이 예쁘다고 여자냐, 마음이 예뻐야 여자지."라는 식의 말이 아니다. 그것은 "겉 사람은 후패하나, 우리의 속은 날로 새롭도다."라고 할 때, 성령님의 다루심에 영향을 받고 변화해가는 거듭난 심령의 숨겨진 인격, 성품이다(고후 4:16, 개역한글; 롬 7:20-22). 그래서 4절의 '성령의 온유함과 화평함의'(개역개정, '온유하고 안정한 심령의')에서 '영의'(프뉴마토스, πνεύματος)는 하나님의 은혜에 감화를 받아 온유하고 화평한 특징을 갖게 된 '사람의 영'으로 볼 수도 있지만(Davids, Elliott), 온유하고 화평한 하나님의 영, 곧 '성령'으로 보기도 한다(K. Schelkle).

듣기에는 전자의 경우가 익숙하지만, 문맥적으로는 후자의 경우가 적질하다. 우선, 4절에 이미 '숨은 사람'이 나오는데, 굳이 이것을 다시 중복해서 '심령'으로 받을 이유가 없다. 또한, 성령과 썩지 않음은 이미 1:3-4에서 명확한 연결을 갖고 있다. 물론 거기서도 거듭나게 하사 살아 있는 소망을 주신 분이 성령임이 암시되었지만(3절), 결국 그 '썩지 않고 더럽지 않고 쇠하지 않는 유산'을 바라는 소망은 그 거듭난 심령 중심에 있는 것도 사실이다(4절). 하지만 지금 3:4의 문장 구조로 볼 때 가장 강조되는 바는, 그 마음에 숨은 사람을 단장하는 내용이요 수단인 '썩지 않을 것으로'(엔 토 아프싸르토, ἐν τῷ ἀφθάρτῳ)이다. 그리고 이 썩지 않음은, 성령의 온유함과 화평함의 독특한 특징인 것이다.

다시 말해서, 믿는 아내가 단장해야 할 것은 그녀의 속사람인데, 그 속사람을 아름답게 꾸미는 데 있어서 가장 주된 역할을 하는 분은 성령 하나님이시고, 그분께서 아내의 속사람을 단장해 주실 때 특별히 온유함과 화평함으로 입히신다. 무엇보다 이런 온유함과 화평함은 세상에 속한 것이 결코 아니다. 그 아내 자신이 만들어 낸 것도 아니다. '썩지 않고 더럽지 않고 쇠하지 않는' 하늘에 속한 것이기 때문이다. 참 대단하고 희한하고 놀라운 화장법이 아닐 수 없다. 그러니까 믿는 아내도 소위 '명품'(名品)을 쓰기는 쓰는 것이다. 그런데 그 명품이란 유명 패션회사의 브랜드 정도가 아니다. 그 가치가 전혀 비교가 안 된다. 그 정도가 아니다. 하나님 앞에서도 '상당히 값나가는'(폴루텔레스, πολυτελές, 4절) 하늘나라 제품이다. 성령 하나님께서 만드신 것으로, 항상 온유라는 빛이 나고 화평이라는 향기를 풍기는 명품이다. 중요한 것은 이 명품이 썩지 않고 더럽지 않고 쇠하지 않는다는 사실이다. 참으로 애써 구해서 입어 보고 걸쳐 보고 싶을 만하지 않은가!

그런데 왜 하필 '온유함과 화평함'인가? 그것은 믿는 아내라도 여자로서 남편을 대할 때 가장 갖기 어려운 태도이고, 동시에 가장 잃어버리기 쉬운 태도이기 때문일 것이다. 또한 온유함은 죄인들을 대하여 참고 품어 줄 때 절대적으로 필요한 덕목이다(참고. 마 11:29; '모세의 온유함', 민 12:3). 온유함을 잃으면 화평을 이루고 유지할 수 없다. 그래서 믿지 않는 완악한 남편을 대하여 하나님께서 주신 질서인 순복을 감당하려면, 믿는 아내가 온유함과 화평함을 유지하지 않으면 불가능하다. 그렇지 않은가? 결국 이런 특별한 화장법으로 단장하는 아내가 참으로 믿음의 아내이다. 세상의 썩어질 것과 더러운 것과 허무한 것으로 치장하기에 바쁜 것이 아니라, 하나님을 경외하는 믿음과 살아 있는 소망으로 끝까지 견디어, 결국 그 '사랑하기 힘들었던' 아브라함에 대하여 '온유하고 화평하여' 그를 순복하고 따른 믿음의 아내 사라의 영적 자손, 곧 '사라의 딸'의 반열에 드는 것이다(6절). 그 과정은 결단코 쉬운 길이 아닐 것이다. 한 심령이 성령의 온유함과 화평함을 덧입기까지 구석구석 다루어지는 과정들은 결코 쉽지도 전혀 간단하지도 않을 것이기 때문이다.

실로 사라 역시, 그 '놀랍고,' 황망하고, 충격적이고, 생각지도 못했던 두려운 사건들 속에서(6절) 그 아내의 사명을 감당했다. 자신을 바로에게

넘겨주었던 '결코 용서 못 할(?)' 남편 아브라함, 하나님의 약속을 믿고 기다리지 못해 끝내 자기 힘으로, 자기 생각대로 후손을 보겠다고 여종 하갈을 들이기로 허락해서 가족 간 분란의 씨앗을 심고 뿌렸던 그 못난 남편 아브라함을 꿋꿋이 순복하며 섬겨 끝내 그를 믿음의 조상으로 '길러 낸, 혹은 세워 준,' 그 남편만큼이나 위대했던 믿음의 아내 사라가 아니던가! 생각해 보면 그것은 사라의 입장에서 볼 때 순교처럼 어려운 일이었을 때도 있었을 것이다. 사라가 그 역경을 모두 딛고 '아내의 사명과 사역'을 다 감당할 수 있었던 것은, 아브라함의 극진한 사랑 때문은 아니었으리라. 어떤 믿음의 아내도 그것만으로 남편에게 순복하기는 어렵다. 무엇이 그들로 그런 사명을 다하게 했을까?

5절은 사라를 비롯한 '거룩한 부녀들'이 그렇게 할 수 있었던 이유를 명확히 기록한다. 그것은 그녀들이 '하나님께 소망을 두었기' 때문이다. 그러므로 베드로전서는 이 소망의 위대한 역할을 강조한다. 처음부터 베드로전서는 이 '살아 있는 소망'을 중심으로 펼쳐졌다(1:3, 8, 13). 불 속처럼 뜨겁고 사정없이 녹아내리는 믿음의 연단을 견디게 하는 것도, 그리고 사랑할 수 없는 대상인 남편에 대하여 '온유함과 화평함'으로 순복하게 하는 사랑도, 모두 이 '살아 있는 소망'에서 힘을 얻고 일으키심을 얻고 인내할 근거를 얻게 되는 것이다. 믿음이 전부라지만, 사랑이 최고라지만, 소망의 위력이 여기에 있는 것이다. 그 소망은 신자가 거듭날 때 그의 속에 주어진 것이며, 항상 살아서 그 소망의 대상인 '썩지 않고 더럽지 않고 헛되지 않은' 영원한 나라에 이르기까지 그를 붙들어 주어 주님의 거룩한 고난의 길도 살 수 있게 하는 것이다. 그래서 끝내 그 영광스런 목적지에 이르게 하는 것이다.

아내와 '함께' 살기(3:7)

흥미롭게도 7절의 시작은 '남편들도 이와 같이'이다. 문맥적으로 보면, 앞서 믿는 아내들이 보여 주는 '그런 선교적 고난의 모범을 따라 그와 같이'라는 뜻이 된다. 믿는 아내들의 경우는 1절에 '이와 같이'가 가장 먼저 나오는 단어이다. 그것은 앞서 예시한 대로 '그리스도께서 우리를 위하여 고난 받으심 같이'라는 뜻이다. 그러므로 둘 다 그리스도의 본과 자취를 따르지만(2:21), 굳이 문맥의 순차대로 본다면, 믿는 아내들은 그리스도의 본을 따르고 믿는 남편들은 믿는 아내들의 본을 따르는 셈이다.

또한 남편에게 부탁하는 권면의 말씀도 단 한 절이다. 남편들이 말하지 않아도 잘 할 것이라고 생각해서가 아닐 것이다. 지금 7절에서의 남편들은 당연히 믿는 자들이다. 당대의 사회 문화적 배경에서는 남편이 믿으면 당연히 아내는 남편의 신앙을 따라가도록 되어 있었다. 거기에는 강제가 있고 당위가 있어서 굳이 배려하고 친절하게 하지 않아도 되는 환경이 이미 조성되어 있는 것이다. 앞서 믿지 않는 가정 속에 있는 믿는 아내의 경우가, 그리스도의 억울한 고난의 길을 따라가기에 가장 힘겨운 경우인 셈이다. 믿는 남편들은 '이와 같이' 하면 된다는 뜻이다. 이제 간단한 이 본문을 살펴보자.

> 7남편들도 이와 같이, 아내들을 여성인 이유로 더 연약한 그릇으로 여겨 지식을 따라 함께 거하고, 생명의 은혜를 함께 유업으로 받을 자로 존귀함으로 대하여, 여러분의 기도가 막히는 일이 없게 해야 합니다.

믿는 남편들에게 베드로가 주문하는 바는, 한 마디로 하면 '배려와 존중'이다. 앞서 아내에게는 온유와 화평을 요구했는데, 왜 지금 남편에게는 온유와 화평이 아니라 배려와 존중을 권면하는가? 그것이 자연스럽기도 하고, 사회적 조건 때문이기도 하다. 온유함과 화평을 아내에게 강조하는 것은, 뒤집어서 말하면 아내의 약한 부분이 바로 여기이기 때문일 것이다. 온유함의 반대는 사나움이다. 쉽게 화평을 깨뜨리고자 하는 유혹을 받는 경향이다. 반면에 남편은 아내에 대하여 배려와 존중에 대한 권면을 받는 경험이다. 뒤집어 말하면, 남편이 아내를 무시하고 독단적으로 대하려는 유혹에 훨씬 더 쉽게 빠질 수 있다는 말이 된다. 아내에게 배려와 존중은 자연스럽다. 하지만, 남편에게는 사회적으로나 본성적으로 자연스럽지 않은 성향이다. 그래서 지금 본문의 말씀은 사실 남편의 가장 약(弱)한 부분이요 또한 가장 악(惡)할 수 있는 부분을 건드리는 셈이다. 이렇게 아내와 남편에게 각기 강조되는 약한 부분과 그에 해당하는 덕목을 안다는 것은 지혜가 아닐 수 없다.

그렇다면, 남편은 어떻게 아내를 배려하고 존중하며, 그렇게 하는 것이 왜 그렇게 중요한가? 먼저, 본문에는 남편이 아내와 '함께 집안 생활을 꾸려나가는'(순오이쿤데스, συνοικοῦντες) 자세에서처럼 '함께'라는 개념이 강조되어 있다. 또한 남편은 아내를 생명의 은혜를 '함께 유업으로 받을'(슉클레로노모이스, συγκληρονόμοις) 자로 대하여 존중해야 함을 권면한다. 이처럼 본문은 당시의 문화적 배경과 같이 남편이 주인이고 아내가 종으로 여겨지는 관계가 아니라, '함께' 집안을 만들어 가는 관계임을 강조한다. 그러면 어떻게 남편이 아내와 '함께' 집안을 꾸려 나가는가? 그렇게 하기 위해서는 아내를 잘 알아야 한다. 동반자에 대한 '지식'이 필요한 것이다.

배려와 존중

본문은 그래서 '지식을 따라' 함께 살라고 한다. 그것은 아내가 여성임을 아는 지식을 따라 배려하는 것을 뜻한다. '더 연약한 그릇'이라는 것이다. 남성도 연약할 수 있다. 하지만 그런 핑계가 통하지 않도록 본문은 아내가 '더' 연약한 그릇이어서 배려가 필요한 존재임을 강조한다. 그 이유는 여성이 남성보다 열등해서가 아니다. 본문은 당대의 여성에 대한 편견을 따라가지 않는다. 플라톤이 말한 것처럼 '여성이 남성보다 그 덕에 있어서 약하다'거나 혹시 여성이 남성보다 '더 쉽게 시험에 들기 때문'(Fridrichsen)이라는 생각은 없다. 베드로는 이미 아내가 그리스도의 본을 따라 어떻게 가정을 세워 갈 수 있는지, 어떻게 믿지 않는 남편을 주께로 인도해 낼 수 있는지에 대해 이야기했다. 그러면서 여성인 아내를 그 중한 영적, 도덕적 사명을 감당할 수 있는 존재, 그야말로 가정에서 하나님을 위한 제사장의 역할을 하는 주체로 묘사했다(3:1-6).

아내가 남편의 배려를 필요로 하는 영역은 주로 육체적, 정서적 조건 때문이다. 여기서 '연약한 그릇'(아스떼네스테로 스큐에이, ἀσθενεστέρῳ σκεύει)이란 도구로서의 사람(행 9:15), 영혼이 거하는 곳으로서의 육체(Barn. 7:3), 그리고 피조물로서의 사람(렘 18:1-11)이나 또는 '아내'를 의미할 수 있다(Davids). 그러므로 주로 육체적 조건이다. 또한, '여성인 이유로'(토 구나이케이오, τῷ γυναικείῳ)라는 표현도 다분히 여성의 관행을 가리키는 말로, '경수'(창 18:11)나 외모 혹은 몸을 의미하기도 했다(*Testament of Reuben* 3:10, 12; Ellott, 578). 역시 육체적 조건이다. 그러므로 남편은 아내가 육체적, 그리고 이에 따른 정서적 조건이 훨씬 조심스런 그릇에 담긴 것을 주의하고 배려해야 한다.

두 번째는 존중하는 것인데, 이는 정확하게는 '가치, 존귀함'을 '할당함으로써 혹은 나눔으로써, 돌림으로써'(아포네몬테스, ἀπονέμοντες)라는 의미이다. 즉, 남편이 가장이고 가정의 머리라고 해서 자신만 존귀한 자이고 가치 있는 자라고 여기지 말고, 아내에게도 그에 합당한 존귀함과 가치를 인정하고 함께 나누라는 것이다. 서구 사람들의 관습 중에, 책을 쓰면

책의 첫 페이지에 간단한 헌정문을 쓰곤 하는데, 자주 자신의 아내의 이름을 기록하여 그 아내의 사랑과 수고를 인정하는 표시를 하기도 한다. 예컨대 그런 것이다. 한국인처럼 유교적 정서에 익숙한 관행에서는 낯선 일일 것이다. 하지만 서구 사람들이라고 처음부터 그렇게 하지는 않았을 것이다. 그들도 야만족과 방불했지만, 복음이 들어가고 성경의 가르침이 들어간 후에 문화와 관습이 바뀐 것이다. 본문은 이렇게 남편이 아내와 모든 존귀와 영광을 함께 나누어야 함을 가르친다.

사실 상대방의 존귀함(티메, τιμή)을 인정하고 존중하는 것은, 베드로가 가르치는 바에 의하면, 성도가 세상에서 만나는 모든 사람들을 대하는 가장 기본적인 원리요 태도이다(2:17). 그러므로 믿는 남편이 존중해야 할 첫 번째 이웃, 첫 번째 사람은 자신의 아내인 셈이다. 가정에서 자신의 아내를 존중하지 못하면서, 세상에서는 성도로서 세상 사람들을 단지 하나님의 형상으로 지음 받은 사람이라는 이유로 존중하고 가치 있게 여긴다는 것은 순서에 맞지 않는 것이다. 그것은 목사직을 가진 자에게 더욱 그러하다. 가정에서 권위주의적이고 독선적인 남편으로 사는 목사가, 교회에서 성도를 사랑하고 세상에서 사람들을 존중한다는 것은 위선일 수밖에 없다.

아내는 남편의 사회생활이나 성공을 위한 수단이 아니다. '함께'의 원리를 기억해야 한다. 함께 생명의 은혜를 유업으로 받을 자이다. 성도에게 약속된 가장 영광스런 미래는 그가 하나님께 장차 받을 '썩지 않고 더럽지 않고 쇠하지 않는 유업'이다(1:4). 그 영원한 유산은 이미 하늘에 간직되어 있고, 현재에도 그의 심령 속에 살아 있는 소망으로 누려진다(1:3-8). 그것은 세상에 속하지 않은 영원한 생명이며, 또한 하나님께서 은혜로 주신 선물이다. 여기서의 '생명'을 부부가 얻는 자녀로 보는 경우도 있지만, 대부분의 학자들이 보는 대로 베드로전서에서는 영원한 생명, 영원한 구원이 더 적절하다('생명,' 1:3, 23; 2:3, 24; '은혜,' 1:2, 10, 13; 4:10; 5:5, 10, 12). 중요한 점은, 남편이 이 귀한 구원의 약속, 생명의 은혜를 자기 혼자 받지 않는다는 사실이다. 그는 이미 아내와 함께 연합되어 있다. 육체적으로 뿐 아니라 영적으로도 매우 밀접한 관계로 연결되어 있다. 본문은, 여성해방론자들이 종종 주장하는 것처럼 남편과 아내 사이에 역할의 구분이 없는 획일적인 평등성을 말하지 않는다. 말씀이 강조하는 것은 두 사람의 연합을 통해 생기는 '공동성'이다. 그들은 구원의 소망조차 '함께' 나눈다.

부부 사이에 뗄 수 없는 이 육체적, 영적 '공동성'은 남편의 기도생활, 영적 신앙생활에도 결정적인 영향을 미친다. 원래 '영적'이라는 말은 '육체적' 차원과 분리되지 않는다. 사람은 어떤 차원에서는 전체로서 육체적이고, 또 다른 차원에서는 전체적으로 영적인 존재이다. 이분법이 아니라, 다차원적이다. 그래서 아내를 육체적으로 잘못 대하거나 바른 관계에 있지 않으면, 그의 영적 생활에 균열이 오거나 막힘이 오는 것은 당연하다. 아내는 남편에게 있어서 가장 가까운 이웃이다. 내 이웃을 내 몸과 같이 사랑하라는 말씀을, 거의 문자적으로 실현하게 되어 있는 첫 번째 이웃이다. 눈에 보이는 이웃을 사랑하지 않으면서, 눈에 보이지 않는 하나님과 교제하며 사랑을 나눌 수 없다. 하나님께서 그런 것을 허용하지 않으신다(요일 4:20; 마 5:21-26, 43-48; 6:12). 남편이 주께로 나아가기 위해서는 먼저 아내와 화평해야 하는 것이다.

확실히, 믿는 아내가 불신 가정 속에서 남편을 대할 때 따라가야 하는 '그리스도의 자취'에 비하면, 믿는 남편이 믿는 아내를 대할 때 따라야 할 그리스도의 자취는 상대적으로 가볍고 쉬울 수 있다. 하지만 복병은 항상 뜻밖에 나타난다. 그렇지 않더라도 죄인인 한 인간이, 남편으로서 또 아내로서 '함께' 살며 '함께' 하나님을 향하여 나아간다는 것은, 그들의 심령과 생활 속에 서로를 인하여 그리고 자신 속에 있는 '악'에 대하여 싸워 이겨야 하는 싸움이 있게 마련이다. 그리스도인에게 십자가 없는 삶은 없다.

결혼생활 속에도 골고다가 있고, 항상 그 앞에 나아가야 하는 십자가가 있다. 모든 승리는 그 십자가를 통과할 때 주어진다.

세상 속으로 교회를 부르신 목적(3:8-12)

이제껏 베드로는 교회가 세상을 어떻게 지나가야 하는지, 구체적인 삶의 영역의 경우들을 들어서 설명했다. 세속 국가의 권력자들에 대하여, 주인과 종들의 관계에 대하여, 그리고 믿지 않는 배우자와 함께 사는 경우를 들어 말했다. 그리고 중간중간에, 세상 속을 지나가는 교회가 살아야 하는 삶의 원리에 대하여 명확히 정리해 주었고(2:16, 21), 또한 예수 그리스도의 본과 자취를 명확히 제시함으로써 선명한 이정표를 세워 놓았다(2:22-25). 이제부터 베드로는 3:8-12을 통해, 구약의 말씀들을 동원해서 자신의 논지를 한층 더 강화하려 한다. 그 핵심은 9절에서 다시 선포된 원리이다.

'이를 위하여 부르셨나!'는 표현은 강력하다(9절; 2:21). 교회는 영광된 소망에로 부르심을 받았지만, 동시에 이 세상 속을 지나가도록 부르심을 받는다. 그리고 그 세상 한복판에서 '악'을 만난다. 그것은 우연도 아니고, 피해야 할 것도 아니며, 피할 수 있는 것도 아니다. 그렇게 부르셨기 때문이다. 그 악과의 대면에서, 교회는 그리스도께서 보여 주신 그 길을 증거해야 한다. 이것이 부르심의 목적이다. 악을 악으로 갚지 않고, 의로운 고난을 통해 그리스도의 자취를 따라가는 그 길이다. 후에 3:12-22에서, 베드로는 보다 치밀하고 철저하게 이런 시각으로 교회론과 기독론을 밀접하게 연결하여 설명할 것이다. 그 이전에 서론격인 8-12절 중에서도 우선 8-9절을 먼저 살펴보자.

> 8 결론적으로, 모두가 한 뜻으로, 함께 고난을 받으며, 서로 우애(友愛)하고, 불쌍히 여기며, 자신을 낮추십시오. 9 악을 악으로, 욕을 욕으로 갚지 말고, 도리

어 축복해 주십시오. 여러분은 바로 이를 위하여 부르심을 받았기 때문이고, 이로써 복을 유업으로 받기 위함입니다.

앞서 언급한 대로, 본문의 핵심은 '여러분은 바로 이를 위하여 부르심을 받았기 때문'이라는 사실에 있다(9절). 학자들은 '이를 위하여'(에이스 투토, εἰς τοῦτο)가 '복을 유업으로 받기 위함'이라고 보는 경우도 많은데, 그것은 본문이 주는 충격을 줄여 줄 수는 있지만 문맥적으로 가능성이 적다. 9절에서 '복을 유업으로 받기 위함'은 목적이고 '이를 위하여 부르심 받은 것'은 그 목적의 근거로 제시되기 때문이다. 그리고 이와 정확히 같은 문구인 '이를 위하여'(에이스 투토, εἰς τοῦτο)가 2:21에 이미 사용되었고, 거기서는 명확히 선을 행함으로 고난을 받고 참는 길을 나타내고 있으며, 이것은 후에 명확히 제시하듯 그리스도의 자취를 따르는 길이다(J. Piper).

베드로가 제시하는 이 목적, 곧 하나님께서 교회를 세상 속으로 부르신 목적은 사실 뜻밖이고 충격적이다. 이 땅에서 잠시 머무는 외국인 같고 여행자 같은 교회는 무슨 이유로, 어떤 목적으로 이 세상을 여행하고 지나가는가? 이 여행의 가장 주된 목적은, 악을 만나는 일이고, 또한 그 악을 악으로, 욕을 욕으로 갚지 않고 도리어 복을 빌어 하나님 나라의 은혜와 진리의 강력을 드러내는 사명을 다하는 것이다. 그것에로 부르심을 받았다. 그래서 신자가 악한 일을 만나는 것은, 피할 수 있는 일이 아니다. 그렇다고 믿음이 없어서 일어나는 일도 아니고, 하나님께서 사랑하지 않으셔서 일어나는 일도 아니다. 하나님께서 그를 부르신 목적이 바로 이것이기 때문에 일어나는 일이다. 불편한가? 피하고 싶은가? 이 길을 피한다면, 당신은 그리스도의 길을 떠나는 것이고, 그분과 함께 이르게 될 영광의 자리도 피하는 것이다.

그래서 이 복음의 말씀은 '예수 믿으면 복 받는다'는 통상적인 주장을 뒤집는다. 물론 신자는 복을 유업으로 받는다. 하지만 그것은 썩지 않고 더럽지 않고 허무하지 않은, 영원한 생명의 은혜이다. 그래서 신자가 이 땅에서 '복을 받는다'는 것은 불편하고 불행한 일, 억울하고 불공평한 일이 그에게 일어나지 않음을 의미하지 않는다. 그런 일이 일어난다. 하나님은 그런 일들이 일어나지 않도록 해 주시고, 그런 일들이 일어났어도 피할 수 있게 해 주실 목적으로 부르시지 않으셨다. 오히려 악을 만나도, 그 악을 악으로 갚지 않고 도리어 복을 비는, 선을 행함으로 고난을 받고 참으며 그 길을 다 지나가서 하나님의 은혜의 강력을 증거하는 목적으로 부르셨기 때문이다. 생각을 처음부터 달리하고, 마음을 근본부터 다르게 먹어야 한다.

그렇다면 이런 뜻밖의 목적으로 부르심 받은 세상 속의 교회가 어떻게 하면 그리스도의 발자취를 좇아갈 수 있을까? 베드로는 8절에서 교회가 자신들의 공동체 안에서 어떻게 하나로 묶어 사랑하고 연합해야 하는지를 강조한다. 9절에서는 그런 사랑과 위로, 지원과 격려를 바탕으로 세상에서 만나는 악을 어떻게 이겨나갈지를 제시한다. 그리고 10-11절에서는 시편 34편 말씀의 지원을 받아, 이렇게 사는 그리스도의 길이 원래부터 생명을 유업으로 받는 하나님의 길이었음을 확인시킨다. 그리고 12절에서 다시금, 이 모든 것을 공의로 판결하시는 하나님의 두렵고도 안심되는 현존을 강조한다. 그분이 계심으로, 악을 악으로 갚지 않고 도리어 복을 빌고 선을 행하며 참고 인내하는 길이 옳았음이 증명되는 것이다. 오직 공의로 판결하시는 그분이 계심으로, 그분 앞에서 이 길을 가는 것은 참으로 당연하고 지혜롭고 현명한 선택이 되는 것이다.

그래서 베드로는 9절에서 선포한 부르심의 목적을 잘 수행하기 위한 준비로서, 먼저 8절에서 교회가 자신의 공동체 안에서 단계적으로 그런 길에 올라설 수 있는 작은 계단들을 소개한다. 먼저, (i) '모두가 한뜻'이 될 것을 권면한다. 그것이 첫걸음이다. 남편도 아내도 믿음의 공동체 안에서 한뜻, 같은 생각을 품어야 한다. 주인인 자도 종으로 사는 자도, 세상의 관원으로 사는 자도 그 주권 아래서 사는 자들도, 모두 함께 하나님만을 두려워함으로써 그들을 부르신 거룩한 분을 따라 거룩함에 힘써야 한다(1:17). 교회가 세상에 존재하는 목적이 세상적인 복을 받기 위함이 아니라, 주께서 부르신 대로 함께 그리스도의 본을 좇아 그분의 자취를 따라가는 것임을, 하나님의 나라의 은혜와 진리의 강력을 증거하는 목적임을 함께 동의하고 서로 격려해야 한다.

(ii) 이렇게 함께 한뜻을 품으면, 그들은 함께 고난을 받을 수 있다. 예컨대 아내가 온유하고 화평하고자 애쓸 때, 남편은 그것을 이용하거나 받기만 하는 것이 아니라, 그 마음을 알아주고 깊이 공감하여 자신도 더욱 아내를 배려하고 귀히 여기며 존중하는 식으로 함께 분투하고 협력할 수 있다. '함께 고난을 느낀다'(숨파떼이스, συμπαθεῖς)는 것은 서로 체휼한다는 것이다. 곧 상대의 감정과 처지에 깊이 공감하는 능력을 말한다. 함께 느끼는 것, 함께 울어 주는 것, 함께 기뻐해 주는 성숙한 태도이다. 앞서 뜻을 같이하라는 권면이 준비단계라면, 함께 느끼고 함께 고난에 참여하라는 권면은 훨씬 더 적극적이다. 같은 생각으로 대해 줄 뿐 아니라, 더 나아가 상대방이 느끼는 것, 고통스럽게 생각하는 것을 함께 느끼고 그 고통을 함께 나누어 감당하는 자세이다.

(iii) 이렇게 할 때에 서로 '형제애'(필라델포이, φιλάδελφοι)가 생긴다. 하나님께서 부르신 영광의 소망, 거듭나게 하신 생명, 세상 속으로 부르신 부르심의 길에서 한마음, 한뜻을 가진 믿음의 공동체가 된다. 거기서 서로 긍휼히 여기고, 서로 위로하며 공감하며 짐을 나누어 질 때 짙은 형제의 사랑이 생기는 것이다. 이들은 하나님의 권속, 곧 하나님의 집에 속한 형제자매들이다. 부르신 하나님을 아버지로 모시고, 그 아들의 길을 따라 함

께 한 길 가는 순례자 공동체이다. 적대적인 세상으로부터는 소외되었지만, 이들은 서로를 이해하며 서로가 어디를 향하여 어떻게 가야 할지를 알고 서로를 붙드는 강력한 공동체가 된다.

(iv) 이제 이들은 이러한 형제애를 통해서, 하나님의 긍휼을 깊이 깨닫는 자리에 이른다. '불쌍히 여기는'(유스플라흐노이, εὔσπλαγχνοι)이라는 표현에서 '스플라흐'는 사람의 내장을 가리킨다. 그래서 여기서 긍휼히 여긴다, 불쌍히 여긴다는 것은, 우리말로 '애간장이 끊어진다'고 할 때처럼 진실히 상대방을 생각하는 마음을 가리킨다. 하나님께서 죄인을 향하여 갖고 계신 마음이다. 택하심과 은혜를 받고도 돌아선 자기 백성을 향하여 하나님께서 가지시는 불붙는 긍휼의 마음이다(호 11:8). 예수께서 목자 없는 양같이 흩어져 짐승들의 밥이 된 무리들을 향하여 갖고 계셨던 마음이다(마 9:36). 교회가 세상에서 만나는 썩어 가고 더럽고 허무한 데 굴복하는 악한 사람들을 향하여 가져야 할 마땅한 마음이다. 그들은 이제 악을 악으로 갚지 않고 도리어 복을 빌며, 선을 행하고도 받게 되는 고난을 참는 이유, 그 진정한 이유인 긍휼에 도달한다.

(v) 죄인들을 향한 하나님의 긍휼을 맛보고, 그 긍휼로 심령을 채운 성도, 그런 교회는 이제 섬김을 배우고 연습해야 한다. 하나님의 긍휼을 알게 된 것과, 그 긍휼에 자신의 삶을 맡기고 내어 드리는 것은 전혀 다른 문제이다. 하나님의 긍휼이 자신을 통해 흐르게 하려면, 주님처럼 겸손하고 낮은 섬김의 마음이 있어야 한다. '자신을 낮추어'(타페이노포르네스, ταπεινόφρονες)라는 것은, 실제는 그렇지 않지만 상대방을 섬기기 위해 더 낮은 위치에 처하라는 것이다. 겸손, 종의 자세, 이것이 긍휼의 열매이다. 하나님의 뜨거운 긍휼은 그분의 아들로 하여금 하늘 보좌를 내려놓고 낮고 낮은 종의 모습으로 오게 하셨다.

교회도 그러하다. 교회는 이미 거룩하여졌고, 영광된 소망이 변치 않을 약속을 받았다. 그 크신 긍휼로 인하여 거듭났고 살아 있는 소망으로 채워졌다. 그리고 세상으로 보내어진다. 자유하지만, '하나님의 종'으로서 파송된다. 그것이 긍휼의 열매이다. 낮은 위치에 선다는 것은, 당연하거나 마땅하거나 합리적인 대우를 내려놓겠다는 뜻이다. 당연히 받을 대우가 아니라, 상대방을 위한 목적으로 받아야 하는 대접이라면 그것이 비록 부당하고 고통스러워도 기꺼이 받을 수 있다는 자세이다. 실로 긍휼이 아니면 감당할 수 없는 자세이다.

이렇게 해서 교회는 하나님의 뜻, 부르심의 목적에 한마음이 됨으로써 시작한 공감과 형제애, 그리고 긍휼을 통해 참으로 '하나님의 종'다운 섬김의 자리에 이르렀다. 이제 이들은 하나님의 권속으로서, 성령의 거하시는 살아 있는 성전으로서, 또 택하신 족속이요 거룩한 민족으로서, 그리고 하나님의 제사장 공동체로서 이 땅 위에서 악한 사람들이라도 섬길 준비가 되었다. 그리고 9절에서 베드로는 다시 한 번 이 놀라운 사명, 부르심의 목적을 선포한다. "악을 악으로, 욕을 욕으로 갚지 말고, 도리어 축복해 주십시오. 여러분은 바로 이를 위하여 부르심을 받았기 때문입니다." 하지만 이 부르심은 교회를 망하게 하기 위해 주신 것이 아니다. 그들이 세상에서 받을 복보다 훨씬 더 영광스럽고 영원한, 그야말로 썩지 않고 더럽지 않고 허무한 데로 돌아가지 않는 영원한 복을 위한 것이다. 하나님은 좋으신 분이시기 때문이다. 결국 그리스도의 십자가 고난의 길은 영원한 영광에 이르는 길이다.

복과 거룩은 분리되지 않는다(10-12절)

오늘날 복을 강조하는 가르침들이 거짓되고 허망한 이유는, 그 복이 '덕'(德)과 분리된 채 주어질 수 있다는 환상을 심어 주기 때문이다. 그것은 마치 성령 충만을 받으라고 하면서, 정작 그 은사와 능력으로 자신의 탐욕을 배불리며 율법의 정직한 도덕적 요구들을 저버리는 태도와 흡사하다. 복을 가르치면서도 정작 예수님께서 가르치신 팔복을 외면하는 것과 같다. 성령을 강조하는데 말씀은 저버린다. 은사와 치유와 능력을 구하면서 시기와 다툼, 고소와 분쟁, 탐욕과 거짓이 끊이지 않는다면, 그것은 성경이 말한 복이 아니라, 바알과 아세라 같은 거짓 우상들이 약속한 세속적인 복을 복음의 이름으로 팔아 자기 배를 불린 결과일 뿐이다. 어떻게 거룩하신 영, 성령의 역사를 경험하는데 거룩함에 이르지 않을 수 있는가?

바알과 아세라 같은 우상들은 항상 풍요를 약속하며 자신을 판다. 하지만 거기에 하나님께 속한 거룩함은 없다. 구약성경에서 생명의 풍요함은 항상 거룩과 짝을 이루며 함께 간다. 거룩함 없이는 생명의 풍요함이 없다. 거룩함을 주지 않으며 풍요를 약속하는 것이 탐욕이요, 우상숭배이다. 그 결국은 황폐함이요, 불임(不姙)이요, 추방이다. 반대로 거룩은 생명을 유지하고 더 풍성하게 한다. 거룩이란 구약적으로 하면, 위생, 건강, 온전함이기도 하다. 더러우면 씻는다. 씻으면, 깨끗해지면, 오염에서 벗어나고 생명을 유지하거나 회복한다. 생명과 거룩은 깊은 관계가 있고, 서로 떨어지지 않는다. 베드로는 시편 34편을 인용해서, 성도들이 세상에서 거룩한 길을 가야 하는 이유가 진정으로 복을 받기 위함임을 다시 확인시킨다.

> [10]그러므로 생명을 사랑하고 좋은 날 보기를 원하는 사람은, 그 혀의 악한 말
> 들을 그치고, 그 입술로 속이는 말들을 하지 말아야 합니다. [11]또한 악한 일에
> 서 돌아서며, 선을 행하고, 화평을 구하며 이를 좇아야 합니다. [12]왜냐하면 주
> 의 눈은 의인들을 주목하시며, 그의 귀는 그들의 기도를 들으시기 때문입니다.
> 하지만 주의 얼굴은 악을 행하는 자들을 대하고 계십니다.

본문은 의미심장하다. 당연한 말씀처럼 들리지만, 오늘날 교회의 신앙

을 돌아보면 전혀 당연하게 통하고 있는 말씀이 아니다. 왜 그러한가? 10절 전반부는 쉽다. '생명을 사랑하고 좋은 날 보기를 원하는 사람'이다. 누가 그것을 원하지 않는가? 오늘날 축복신앙, 성공신앙을 판매하는 자들이 가장 중요하게 생각하는 가치이다. 생명이며 생존이며 더 풍요한 생존이다. 그들은 이것을 추구한다. 복음도 세속적 복을 얻을 수 있는 방향으로 해석하고, 믿음도 이것을 얻기 위한 긍정적 사고방식으로 해석한다. 그런데 여기까지이다. 축복신앙은 여기까지이다. 그 다음 10절에서 12절까지의 시각이 빠져 있다. 풍요를 추구하지만 거룩과 함께 가는 것이 필수가 아니다. 믿은 대로 다 이루어진다는 긍정적인 사고방식에는 거룩이 필수가 아니다. 이것이 바알신앙의 특징이다.

성경은 그렇지 아니하다. 생명은 반드시 거룩과 함께 간다. 함께 요구된다. 거룩이 없는 생명과 풍요는 허상이고 속이는 것이기 때문이다. 10절은 바로 이런 진리를 가르친다. 이를테면, 무릇 복 받기를 원하는 자마다 악한 말을 그치고 거짓말을 하지 말라는 것이다. 하지 말아야 할 것들이 있다. 거짓말이다. 악한 말들이다. 거짓말을 버려야 하는 이유는, 거짓말이 모든 악의 온상지이기 때문이다. 부모가 아이를 기를 때 다른 것들은 용서해도 거짓말은 용서하지 않고 호되게 매를 든다. 거기서 어긋나면 교육은 다 망가지기 때문이다. 사업도 마찬가지이고 정치도 마찬가지이다. 그리스도인들이라면 약속을 지키는 것을 가장 중요한 사업 전략으로 생각해야 한다. 그것이 사업 번창과 직결된다. 기독교 정치인이라면 말할 것도 없다. 거짓말을 몰아내는 운동을 해야 한다. 입으로는 경제적 풍요를 약속하면서 동시에 거짓말을 밥 먹듯 하고 공식적으로 위증을 하는 풍토에서는 악이 번성할 수밖에 없다. 생명의 풍요함을 원하는 자는 누구나 거짓을 버려야 한다.

또한 11절이 가르치는 것처럼 적극적으로 해야 할 것도 있다. 거짓말을 몰아내는 것이 먼저임을 주목하라. 거짓은 어둠이다. 악은 어둠 속에서 자란다. 그래서 악을 몰아내려면, 먼저 거짓을 응징해야 한다. 거짓말을 버리면 악이 악으로 드러나므로 악을 버리기가 쉬워진다. 밝은 빛 가운데 서게 되므로 선을 행하고 적극적으로 화평을 좇게 된다. 여기서 '좇는다(디오코, διώκω)는 표현이 흥미롭다. 원래 10-12절은 시편 34:12-16을 인용한 것이다. 이 시편 34편은 앞서 벧전 2:2, "주의 선하심을 맛보아 알지어다."라고 했을 때도 베드로가 사용한 시편인데, 다윗이 아비멜렉 앞에서 미친 척하다가 쫓겨나서 지은 시이다. 택함과 약속을 받았지만 쫓겨 다녔던 다윗의 처지와 지금 베드로전서의 수신자인 흩어진 교회들의 상황이 유사하다. 이렇게 쫓기는 상황에서 다윗은 적극적으로 선을 행하고 화평을 좇기에 힘쓰라고 스스로를 격려한다(시 34:14). 그것은 악을 악으로 갚지 않는 태도이다(벧전 3:9).

왜 이렇게 해야 하는가? 12절은 하나님의 공의로운 심판이 있기 때문이라고 대답한다. 사람이 억울하게 불의한 일을 당한다면, 그리고 그것을 어쩔 수 없다면, 그 속에 한(恨)이 맺힐 것이다. 정의롭지 못한 세상 권력자 밑에서 불의한 일들을 당하고, 역사가 흘러도 정의가 바로 세워지지 않으면, 그때 사람들 속에는 풀 길이 없는 한이 맺힌다. 하지만 그리스도인들이 선을 행하고도 부당한 고난을 받는 경우, 그들의 마음에는 한이 맺힐 수 없다. 공의로운 심판주를 믿기 때문이다. 하나님께서 공의로 심판하실 날이 반드시 임하고, 지금도 그런 불 같은 공의로 지켜보고 계시기 때문이다. 이것이 12절의 중요성이다.

하지만 12절은 읽으면 하나님께서 의인과 악인을 대하시는 차이가 무엇인지 선뜻 떠오르지 않는다. 의인들을 주목하시는 이유는 그들의 기도를 들어 주시기 위해서인데, 주님의 얼굴이 악을 행하는 자들을 대한다는 것은 무슨 뜻인가? 시편 34편의 원문에는 이 부분이 생략됨 없이 모두 설명되어 있다. 여호와의 얼굴은 악을 행하는 자들을 향하사 '그들의 자취를 땅에서 끊으려' 하신다(16절). 공의의 심판이 항상 그들을 기다리고 있다. 하지만 의인들이 부르짖는 경우에는 그들을 모든 환난에서 건지신다(17절). 여호와는 마음이 상한 자를 가까이하시고 충심으로 통회하는 자를 구원하신다(18절). 그래서 의인은 고난이 많지만, 결국 여호와께서 그 모든 고난에서 건지신다(19절). 의인들로서 고난을 받는 자들의 구원이 약속되어 있다.

더욱 놀라운 말씀은 시편 34:20-22이다. 20절은 하나님께서 결국 의인을 어떻게 구원하시는지를 표현하면서, "그의 모든 뼈를 보호하심이여, 그 중에서 하나도 꺾이지 아니하도다."(개역한글)라고 말한다. 실제로 예수님께서 십자가 고난을 겪고 죽으신 후에, 군병들이 십자가에서 죽은 다른 죄인들의 다리는 꺾었지만 예수님의 다리는 꺾지 않았다. 요한복음은 이 사실을 두고 "이 일이 이룬 것은 '그 뼈가 하나도 꺾이우지 아니하리라' 한 성경을 응하게 하려 함이라"(19:36)고 함으로써 그리스도의 죽으심이 부당한 고난을 받은 의인의 죽으심이었음을 증거한다. 그러므로 선을 행함으로 고난받는 교회의 고난은, 예수 그리스도의 고난과 죽으심에 참예한 것을 드러내는 셈이다(참고. 벧전 2:21-25).

그리고 더 나아가, 시편 34:21-22은 '악'과 '악인'에 대한 하나님의 준엄하고 공의로운 심판의 집행과 하나님께 피하는 자들이 받을 속량, 곧 구원의 길을 열어 두고 있다. 결국 악인을 죽이는 것은 '악'이며, 의인을 미워하는 것은 하나님을 미워하는 것과 같아서 벌을 피하지 못할 것이고(21절), 여호와께 피하는 자들은 '그 영혼을 속량' 받을 수 있다(22절). 결국 베드로전서가 인용한 시편 34:12의 전후문맥은, 하나님의 공의는 의심할 바가 없어서 교회가 이 땅에서 당하는 불의한 고난에는 반드시 선악 간에 하나님께서 심판하실 것이며, 실제로 예수 그리스도의 죽으심과 부활은 그 최종적 심판의 결정적인 계시라는 것이 그들의 거듭난 심령 속에 증거되었음을 암시한다(참고. 벧전 1:2-3). 교회가 선을 행함으로 부당한 고난을 받고도 그것이 억울하거나 한 맺히는 인생으로 가지 않을 수 있는 충분한 이유가 있는 것이다. 종말에 하나님께서 엄위한 심판을 하시고, 이미 그 종말론적 심판의 결과가 예수 그리스도의 죽으심과 부활을 통해 그들 속에서 부인할 수 없는 증거로 믿음을 통해 살아 숨쉬기 때문이다. 교회는 이 당연한 길로 부르심을 받았고, 이 길을 갈 수밖에 없다.

약함의 사역자

강하고 능해야 사역을 잘할 것 같지만, 사역자의 강함은 도리어 그의 약함에서 나온다. 양 무리의 죄악을 자기 것처럼 느끼고 아파하는, 악을 악으로 갚지 못해 항상 어쩔 줄 몰라 하는, 자신이 범한 작은 죄 하나를 불꽃 같은 그분의 눈앞에서 피할 길 없어 두려움에 사로잡힌 연약한 사람.

진짜 사역자의 진짜 능력은 약함에 쉽게 울고 거짓에 쉽게 분노하고 우왕좌왕 혼돈스러워하는 그 연약함에 있다. 그런 것이 없다면, 뻔뻔하고 능력 있고 찬양 잘하고 설교 잘하고 모든 것을 가진, 그러나 주님을 버리고 주님도 그를 버린, 살았으나 죽은 사역자가 될 것이다.

예레미야는 울었고 아모스는 분노했다. 예수님도 우셨고 예수님도 분노하셨다. 그분은 너무도 약해서, 자신은 아무 죄도 없었지만 모든 죄를 지은 사람처럼 찌르는 대로 당하셨다. 자기 백성의 아픔과 받을 징벌을 다 보지 못할 만큼 약한 분이셨다. 예수님은 그 많으신 긍휼로 무력하게 무너지기로 하신 분이시다.

약함이 강함이다. 사역자는 약함으로 사역한다. 강해지지 말라. 굳어진 마음은 이미 죽은 것이다.

생명과 거룩은 함께 간다

신앙이 있는 정치가들이라면 반드시 위증, 거짓말하는 것을 두려워해야 한다. 거짓말은 악의 온상이다. 어둠과 습기가 곰팡이를 슬게 하듯이, 거짓이 들어오면 악이 자란다. 그래서 악을 제하고 청산하려면 거짓을 버려야 한다. 빛이 들어오고 열이 뜨거워 어둡고 습한 곳이 밝아지고 마르게 되면 더 이상 곰팡이가 자랄 수 없는 것과 같은 이치이다.

부모가 아이를 기를 때에, 다른 모든 실수들은 용서한다. 놀다가 유리창을 깨도, 설혹 부모의 지갑에서 돈을 빼돌려 자기 하고 싶은 것에 썼다 해도, 그럴 수 있다고 생각한다. 하지만 아이가 거짓말을 배우고 정직하지 못할 때는 심한 매를 든다. 제대로 된 부모는 그렇게 한다. 일단 정직을 버리고 거짓말을 하기 시작하면, 그 뒤에 일어나게 되는 온갖 악한 일들을 아예 나룰 수도 없기 때문이다. 정치인들에 대해 국민은 부모와 같다. 그러므로 국민들이 정치인들을 꾸짖을 때, 그들의 잘못한 것과 실수도 꾸짖을 수 있지만, 가장 심하게 나무라야 하는 것이 거짓말이다. 그래야 국민의 공복, 종들로 부름 받은 그들이 참으로 국민들을 위하여 악한 일들을 버리고 정직하게 선한 일들을 도모할 것이 아닌가!

오늘날 정치계가 왜 악이 번성하는 병든 곳이 되었는가? 거짓말하는 것을 아무렇지도 않게 여기기 때문이다. 그러면서 정치가들은 항상 경제적 풍요와 번영을 입에 달고 산다. 그것이 바알신앙이다. 믿는 정치인들은 그래서는 안 된다. 경제적 풍요를 약속하려면 먼저 거짓을 버리자고 해야 한다. 거짓을 버려야 악이 자라지 못하고, 악이 제거될 때 건강과 생명의 풍요가 자랄 수 있기 때문이다. 성경은 생명의 풍요와 거룩함이 함께 간다고 가르친다. 입술의 악한 말들과 거짓말들을 버리라고 가르쳐야 한다. 우선, 거짓말을 버리면 악한 관행들을 잘라낼 수 있다. 선한 행실들을 더욱 적극적으로 장려할 수 있다. 화평을 추구할 수 있게 된다.

모든 그리스도인은 거짓말을 버리기를 힘써야 한다. 사소한 일상에서도, 약속을 하는 인간관계에서도, 사업할 때에도 그러하다. 더욱이 공직자들의 거짓말이나 위증은 가장 혐오스러운 행위로, 매우 심각한 벌로 다스려야 한다. 그것이 실제로 어떤 범죄를 한 것보다 훨씬 더 위험한 이유는, 그런 범죄들이 자라도록 온상을 설치하는 행위와 같기 때문이다. 거짓은 빛을 가리고 어둠을 가져온다. 그 어둠 속에서 온갖 곰팡이들과 세균들이 자라게 되는 것이다. 그러므로 정직이 나라를 구할 것이다. 모든 공직자들, 특별히 그리스도인 공직자들은 거짓 말하는 죄를 가장 큰 중죄로 다스리는 풍토를 만들기에 힘써야 한다. 입술의 거짓을 버리지 않고 풍요를 약속하는 자는 바알에게 절하는 자와 같기 때문이다.

3

선한 양심으로 세상과 소통하라

(3장 13–17절)

베드로가 세상 속에 있는 교회에게 적극적으로 선을 추구하고 행하는 자들이 되라고 말하는 이유는 무엇인가? 몇 가지 분명한 이유들을 다시 정리해 보자. 우선, 그것은 하나님의 부르심이기 때문이다(9절). 하나님께서는 그분의 백성이 세상을 지나가면서, 세상으로부터 자유하지만 참으로 선을 행하는 일에 적극적인 자들이 되도록 그들을 부르셨다. 그리스도인들이 선을 행하는 것은 그들의 부르심의 목적에 포함되어 있다. 두 번째는, '복을 유업으로 받기 때문'이다(10절). '생명을 사랑하고 좋은 날 보기를 원하는 자들'은 선을 행해야 한다. 악에서 떠나 선을 행하고 화평 가운데 거하여야 한다(11절). 선한 일에 열심을 내는 것은 그 결국이 있다. 생명을 유업으로 받는다. 세 번째는, 하나님의 공의로운 심판 때문이다(12절). 하나님께서는 선을 행하는 것을 기뻐하신다. 악인은 악으로

망하며, 의인은 구원을 얻는다. 하나님은 공의의 심판주이시다. 선을 행함으로 당하고 견디는 고난은, 그리스도에게서 보듯, 이미 승리를 의미한다. 그러므로 교회는 적극적으로 이 길을 가야 한다.

이제 베드로는 13-17절에서 교회가 선을 행하고 고난을 이겨 내는 일이 어떻게 해서 세상과의 관계에 있어 중요한지를 설명하고자 한다. 즉, 교회가 세상과 소통하는 일에 있어 선을 행함과 불의한 고난도 참아 내는 일이 어떤 의미가 있는지를 말한다. 앞의 문단이 이 부르심에 관해 수직적인 관계에서의 의미를 다루었다면, 지금부터는 그 부르심이 수평적인 차원에서 어떤 의미가 있는지를 설득하고자 하는 것이다. 오늘날 교회는 세상과 소통하는 일에 어려움을 겪는다. 세상은 교회가 자신들과 소통하지 못한다고 비난한다. 마치 서로 다른 방언을 말하는 것처럼, 서로의 말을 이해하지 못한다. 다른 언어로 말하기 때문이다. 세상은 주로 양심이나 도덕이라는 언어를 통해 알아들으려 한다. 하지만 교회는 자주 교리나 신학적인 언어로 접근하고, 자신의 행동을 그런 언어들로만 설명하려 한다. 이런 차이는 서로를 이해하는 데 있어 자주 서로 평행선을 긋게 만든다. 베드로는 현명하다. 교회가 세상과 복음을 나눌 기회를 얻으려면, 우선 그들이 알아듣는 방식으로 소통해야 한다고 가르친다. 오늘날 우리의 교회들에게 결정적이고 중요한 이 본문을 함께 읽어 보자.

> [13]만일 여러분이 선한 일에 열심을 내는 사람들이 되면, 여러분을 괴롭히는 자들은 어떤 자들이겠습니까? [14]하지만 만일 여러분이 의를 인하여 고난을 당하는 자들이 되면, 여러분은 복 있는 사람들입니다. 그들이 두려워하는 그런 두려움에 휩싸이거나 흔들리지 마십시오. [15]여러분의 마음 가운데 주 되신 그리스도를 거룩히 구별하여 모시고, 여러분 안에 있는 소망에 관하여 묻는 모든 이들에게 대답할 말을 위해 항상 준비하고 있으십시오. [16]하지만 온유함과 두

려움으로 하고 선한 양심으로 행하십시오. 이는 여러분이 대적하는 말들을 들을 때에, 그리스도 안에서 여러분의 선한 행실을 비방하는 자들이 도리어 부끄러움을 당하게 하기 위함입니다. [17]그러므로 만일 사람이 하나님의 뜻을 행하기를 원한다면, 선을 행하다가 고난을 당하는 것이 악을 행하다가 그렇게 되는 것보다 훨씬 나은 것입니다.

베드로는 명확한 말로 교회가 세상과 어떻게 소통해야 하는지를 차근차근 설명한다. 먼저, 13절부터 15절 상반절까지는 '소통을 준비'하는 성도의 자세를 가르친다. 악을 만날 때 당황하지 말라는 것이다. 악을 선으로 갚는데도 비난과 핍박으로 되돌려 주는 악인들 앞에서 흔들리지 말라는 것이다. 그 다음, 15절 하반절부터 16절 상반절까지는 '소통의 기회'를 어떻게 사용할 것인지를 가르친다. 악한 자들은 계속 악을 행하지만, 그것을 은혜를 드러내는 기회로 삼을 때 소망의 이유를 묻는 이들이 생긴다. 성도들은 이때를 위해 대답할 말들을 준비해야 한다. 하나님을 두려워함으로, 그들을 대하여 온유함을 가져야 한다. 세 번째, 16절 하반절은 '소통의 효과'이다. 거듭나고 회복된 선한 양심으로 살 때, 교회는 세상에서 악한 자들의 입을 다물게 할 수 있다. 결론적으로, 17절은 교회가 세상에서 선한 양심으로 행하는 '소통의 유익'을 가르친다. '훨씬 더 나은' 길이다. 교회는 하나님의 뜻을 행하기 원한다. 그러나 방법이 문제이다. 특별히 세상과의 관계에서 더 나은 길을 찾아야 한다. 이제 세상 속에서 교회의 갈 길을 제시하는 이 말씀을 단계별로 하나씩 살펴보자.

소통의 준비, 주를 모신(13-15a절)

교회는 세상 사람들과 소통하기 위해 무엇을 준비해야 하는가? 본문의 배경은, 주변 사회가 교회를 향해 '악을 행하는 자들'이라고까지 비난을 하는 상황이다(2:12, 15). 그것이 순전한 오해이든 교회의 미숙이 빌미를 내어준 결과이든, 적대적 상황이긴 마찬가지이다. 교회는 그럼에도 불구하고 세상을 향하여 하나님 앞에서 '제사장 나라'(2:9)로 부르심을 받았다. 오늘날 교회가 겪는 적대감도 이와 본질적으로 크게 다르지 않다. 다만, 오늘날 교회 성장에 매달린 교회들이 주변 세상 사람들을 단지 전도의 대상으로 보고 대하는 조급증만큼은 그 유례가 없을 듯하다. 이웃을 이웃으로 대하기보다는, 교회 성장에 도움이 되느냐 그렇지 않느냐로 대하기가 십상이다. 또한 교회를 비난하며 대적하는 사람들에 대해 교회는 그들을 어떻게 대하는가? 정치적 권력을 조성하거나, 이런 세력을 다시 대적하는 정치적, 종교적 세력을 만들어서 진압하고 싶어 하기도 한다. 사실 교회를 대적하는 세력에 대한 해법들 가운데 그런 부류도 있었다. 소위 로마의 정치, 종교적 압박에 대한 무력항거를 주도했던 '열심당'(젤롯, Zealots) 운동이다.

하지만 베드로는 예수 그리스도와 또한 초대교회가 함께했던 그 길을 제시한다. 그것은 악을 악으로가 아니라 전혀 다른 방식으로 극복하는 길이다. 13절에서 '선한 일에 열심을 내는 사람들'(젤로타이, ζηλωταὶ)이라는 표현은 이런 점에서 특이하다. 말하자면, 초대교회는 예수님의 길을 따라, 세상의 악을 악으로 갚는 젤롯당의 길이 아니라, 적극적으로 선한 일을 행하며 그로 인해 불의한 고난을 받아도 그 선으로 악을 이기는 '또 다른 열심당'의 길을 간 것이다. 교회는 교회를 비난하고 대적하는 세력에 대해 항상 주어진 힘, 정치적이고 사회적인 힘으로 응징하고 또 눌러 보고 싶은 유혹을 받는다. 종교를 세력화 하여 그들의 입을 힘으로 틀어막는 것이다. 하지만 예수님은 이미 이 길을 버리셨고, 사도들과 그들이 섬긴 초대교회도 처음부터 이 길을 따르지 않았다.

왜 그러한가? 악에 맞서 오직 적극적으로 그리고 그 이상으로 선을 붙드는 길에 진정한 승리를 거둘 희망이 있기 때문이다. 13절은, 적극적으로 선을 행하는 교회에게 '악을 행할 자들'이 누구냐(티스, τίς)고 묻는다. 이 질문에는 두 가지 의미가 숨어 있다. 상대가 악을 행할 때 이를 대하여 적극적으로 선을 행하는 것은 그 상대의 입을 막는 결과를 가져올 수 있다. 양심이 남아 있기 때문이다(참고. 15절). 또한 본문에서는 교회가 적극적으로 선을 행하는데도 이에 대해 악을 행할 자들이라면, 그들이 과연 어떤 자들인지 그 정체를 간파하라는 뜻도 포함되어 있다. 그래서 14절에서, 차라리 의를 인하여 고난받는 자들에게 복이 있다고 선언하며 위로하는 것이다.

'복 있는(마카리오이, μακάριοι)' 자가 누구인가? 예수 믿고 복 받는 사람이 누구인가? 물질의 복, 건강의 복, 사업의 복을 받는 자인가? 아니다. 성경은 그렇게 가르치지 않는다. 세상에서 적극적으로 선을 행하고, 악을 만났을 때도 악으로 갚지 않는 사람이다. 이로 인한 고난도 능히 참으며 견디어, 하나님께서 새롭게 해 주신 선한 양심과 하나님 나라의 은혜의 강력을 드러내는 사람이다. 예수님께서 일찍이 팔복(八福)을 통해 가르치신 대로, 복 있는 자는 하나님밖에 다른 소유가 없는 가난한 자요, 결코 주님의 뜻을 놓지 못해 하나님께 밖에는 위로를 얻지 못하는 애통한 자요, 악을 악으로 갚지 못하고 하나님의 뜻을 기다리기 때문에 온유할 수밖에 없는 자요, 악을 복수하는 것보다 의가 편만하기를 간절히 원하여 의에 주리고 목마르게 된 자이며, 악인이라도 하나님의 긍휼로 긍휼히 여기는 자리에 이르는 자이다. 그는 마음이 청결하기 때문에 악에 의해서나, 그 악을 갚으려는 복수심으로나 마음이 흐려지지 않는 자요, 자신을 드려 결국 이룰 수 없는 화평도 이루는 자이며, 의를 위하여 핍박을 받는 자, 거짓으로 그를 거슬러 모든 악한 말을 할 때에도(마 5:1-12) 하늘에 이미 예비되고 간직되어 있는 '썩지 않고 더럽지 않고 쇠하지 않는' 영원한 기업으로 인해,

그리고 그 심령에 살아 있는 소망으로 인해 기뻐하고 즐거워하는 참 하나님의 백성이다(벧전 1:3-4).

그러므로 악이 준동하고, 악을 만나게 되어 있는 세상살이에서 교회에 속한 성도는 항상 하늘의 시각을 갖고 살아야 한다. 주께서 "기뻐하고 즐거워하라. 하늘에서 너희의 상이 큼이라."(마 5:12)고 말씀하신 그대로이다. 베드로 역시 세상을 지나가는 교회에게 이러한 하늘의 관점을 이미 설명했다(1:2-12). 교회는 예수 믿고 세상적인 복을 받는 것이 아니다. 그것이 본질이 아니다. 다만, 하나님께서 능력으로 보호하신다는 약속이 있고, 그들의 믿음은 연단 가운데 있다(벧전 1:7). 그들의 받을 복도 세상이 아니다. 그 반대로, '썩지 않고 더럽지 않고 허무함에 굴복하지 않는' 나라이다. 그러므로 성도는 세상 사람들이 두려워하는 것을 두려워할 이유가 없다(14절). 흔들릴 이유가 없다. 교회는 이미 하나님께서 '산 돌', 교회의 기초로 주신 그리스도의 반석 위에 서 있기 때문이다(2:8). 그분은 죽음을 이기시고 부활하사 우리의 거듭난 생명의 기초가 되셨다. 아멘!

그러므로 실제적으로, 성도는 자기의 심령 속에서 주(主) 되신 그리스도를 '거룩히 구별하여 모셔야'(하기아사테, ἁγιάσατε) 이런 세속적 두려움에서 온전히 벗어날 수 있다. 내가 죽음을 이기시고 세상을 이기신 그리스도를 주님으로 모시지 않아도, 그분은 여전히 주님이시다. 그분의 승리에는 변함이 없다. 하지만 내가 내 심령 속에서, 그리스도를 세상의 썩어짐과 더러움과 허무함을 이기신 거룩하신 주님으로 받들어 모시고 그 밑에 순복할 때, 세상과 마귀는 그 위협적인 발톱을 거두어 꼬리를 내리고 엎드릴 수밖에 없다. 아무도 죽음을 이기시고 부활하사 승천하여 원수를 발등상 아래 두고 하늘 보좌에 앉으신 그리스도의 주권을 대적하여 그 앞에 설 수 없기 때문이다. 그래서 그리스도를 '주'로 삼는다는 것은 내가 그 권세와 권위 앞에 엎드러져 그에 복속(服屬)된다는 의미이다. 그때에 두려움은 온전히 사라진다. 모든 권세를 가진 그분, 마땅히 두려워해야 할 분을 두려워하기 때문이다. 이렇게 되면 이제 성도는 세상과 소통할 기본적인 준비를 마친 셈이다. 준비되었는가?

소통의 기회, 회복된 양심(15b-16a절)

기회는 준비된 자에게 온다고 했던가? 성도가 세상에서 악을 만나 고난을 받을 때, 전혀 두려워하지도 않고 흔들림도 없이 악을 악으로 갚지 않고 선한 양심과 하나님 은혜의 강력함을 드러낼 때, 그것은 상식도 합리도 아니다. 세상 사람들의 양심의 기준에서 볼 때에도 쉽게 이해되지 않는 행동이 된다. 예컨대, 손양원 목사님이 자신의 아들을 죽인 북한군 청년을 자신의 양아들로 삼은 일을 어떻게 상식이나 합리나 도덕적 양심으로 이해할 수 있을까? 그것은 도덕적 양심밖에 갖고 있지 않은 세상 사람들에게 커다란 의문을 자아내게 만든다. 빛이 오면 어둠 속에 있는 물건이 드러나듯이, 세상 사람의 양심은 성도의 거듭난 양심의 빛을 받아 자신의 한계와 동시에 하나님의 '기이한 빛'에 비추임을 입는 것이다.

그래서 저들이 악한 말들로 비방을 하고 악한 행실들로 괴롭히는데도, 성도가 그 악을 악으로 갚지 않는 이유, 도리어 복을 빌고 참으며 선을 행하는 이유를 궁금하게 여길 수밖에 없게 된다. 왜 이 사람은 흔들리지 않는가? 왜 이 친구는 되갚지 않는가? 왜 이 친구는 이런 상황에서도 기쁨을 잃지 않는가? 왜 자기에게 그렇게 했는데도 미워하지 않는가? 왜 악한 말로 가슴을 후비고 상처를 주었는데도, 나에게 하나도 되돌려 갚지 않고 저리도 온유한가? 그것은 기이한 만남이 된다. 그 악한 사람은 이런 성도를 통해 그 성도 속에 살아 있는 '썩지 않고 더럽지 않고 쇠하지 않은' 거듭난 생명의 살아 있는 소망을 만나게 되는 것이다.

바로 이런 일로 교회는 세상 속으로 부르심을 받았다. 그리고 베드로는 15절에서야 비로소 성도에게 그 세상 사람들을 향해 무엇인가 설명해 주라고 주문한다. 이제야말로 설명하는 단계에 온 것이다. 그 이전에는 먼저 선을 행하고 악을 악으로 갚지 않는 인격과 삶을 증명해 보여야 하는 단계가 있어야 한다. 그리고 이런 살아 있는 은혜의 강력을 느낀 그 세상 사람이 궁금해서 물어오는 그때에, 성도는 입을 열어 말로 그 나라와 복음에 대하여 설명해 줄 기회를 얻게 된다. '대답할 말'(아폴로기아, ἀπολογία), 즉 믿음과 그 소망에 대한 변호, 또는 조리 있는 변증을 준비하고 있어야 한다. 하지만 이것이 선한 행실이나, 악을 선으로 갚는 은혜의 증거에 앞서지 않는다. 순서를 잘 보라. 물론, 복음 전도는 언제나 해야 하고 할 수 있다. 하지만 지금 베드로는 세상 속에 처한 교회가 따라야 할 근본적인 원칙을 제시하는 중이다. 먼저는 성도가 그 심령에 그리스도를 주로 모신 거룩함과 썩지 않고 더럽지 않고 허무하지 않은 나라에 대한 살아 있는 소망으로 가득 차 있어야 한다. 그리고 적극적인 선행을 통해, 악을 만나더라도 꿋꿋이 하나님의 은혜의 강력을 드러냄이 먼저 있어야 한다. 이것이 선한 행실의 선교적 의미이다. 어찌 보면, 나의 구원을 위한 선한 행실이 아니라, 하나님의 이름과 영광을 위하고(2:12; 3;16) 또한 타인의 구원의 기회를 위한 선한 행실이다.

마지막으로, 베드로는 이 소중한 소통의 기회를 어떻게 다루어야 할지에 대해 조언한다. 먼저 '온유함'(프라우테스, πραΰτης)이 요구된다. 이때의 온유함이란 죄인들에 대하여 오래 참는 것을 뜻한다. 성도는 이런 경우에 무지(無知)하고 완악한 심령을 만난다(2:15). 그는 이제 겨우 작은 틈새에 하나님 나라의 기이한 빛이 스며든 정도일 뿐, 그는 하나님과 그 날에 대해 여전히 무지하고 악한 습관 속에 남아 있는 심령이다. 온유함이란 이런 세상 사람을 품는 긍휼과 인내의 마음이다. 나 같은 죄인을 참아 주신 그리스도의 사랑을 따라, 피곤하여 낙심하지 않는 온유함이다(히 12:3).

그렇다면, 소망에 관하여 묻는 이들에게 대답하는 성도에게 왜 '두려움으로' 하라고 하는가? 문맥상 온유함은 그 세상 사람에 대한 태도이고, 두려움은 동시에 가져야 할 하나님께 대한 태도이다(1:17; 2:17; 3:6, 14). 그리고 이 둘은 서로 나누어지지 않는다. 곧, 하나님을 두려워함으로써, 상대가 죄인이라도 계속해서 온유함으로 대할 수 있다. 하나님을 두려워하는 마음이 그 무지하고 악한 습관 속에 있는 사람이라도 존귀하게 여기며 공경하여 대할 수 있게 하는 경건과 사랑의 뿌리가 되는 것이다(참고. 2:13, 17). 거꾸로 말하면, 신자가 세상 사람들을 온유함으로 대하지 못하고, 그들을 존귀하게 여기며 공경하는 태도를 갖지 못하는 것은, 곧 그가 하나님을 두려워함이 부족하기 때문이라는 말이 된다. 하나님은 만유의 주이시다. 그분을 두려워하면, 그분이 지으시고 구원하기 원하시는 사람이 세속적이고 무지하고 악한 자라도, 존귀하게 여기고 공경하는 마음으로 대해야 마땅하다.

그래서 16절에서 '선한 양심으로'(순에이데신 아가뗀, συνείδησιν ἀγαθήν) 행하라는 말은 적실하고 결정적인 표현이다. '선한 양심'이란 신약에서 '깨끗한 양심'(딤 3:9), '거리낌이 없는 양심'(행 24:16)과 같은 것이다(참조. 벧전 2:19; 3:21). 바울서신에서 양심에 대해 연구한 에크슈타인(Hans J. Eckstein)은 베드로전서의 '선한 양심'이라는 표현이 시편 51:10에서 다윗이 하나님께 구한 '정한 마음'을 창조해 달라고 한 것과 같이 죄를 용서받는 것뿐 아니라, 모든 초보적이고 피상적인 것들과는 대조적으로 전 인격의 '종교적이고 도덕적인 중심'인 마음을 '새롭게 창조하는 것'을 의미한다고 말한다.[10] 그러므로 이 '선한 양심'은 거듭난 심령의 회복된 양

10. Hans J. Eckstein, *Der Begriff Syneidesis bei Paulus: Eine neutestamentlich-exegetische Untersuchung zum 'Gewissensbegriff'*(WUNT II/10, Tübingen: Mohr Siebeck, 1983), 109; 채영삼, "오직 선한 양심이 하나님을 찾아가는 것이라." 11.

심으로서, 보통 세상 사람들의 양심이 증거하는 바 도덕적인 가치를 포함해서 그 이상의 선한 것을 드러낼 수 있는 양심이다.

그러므로 16절에서 '선한 양심으로 행하라'는 요청은 특별히 하나님과 그의 나라에 대해 무지하고 악한 자들에게 있어서 중요한 의미를 갖는다. 왜냐하면 교회가 이 '양심'이라는 통로를 통해 세상과 동일한 차원에서 소통할 수 있기 때문이고, 동시에 그것은 '선한, 순수한' 곧 성령의 거듭나게 하심으로 하나님께서 보시기에도 아름다운 회복된 양심으로서(참고. 롬 12:2; 히 9:14), 교회는 이를 통해 세상 사람들에게 전혀 다른 세상, 즉 썩지 않고 더럽지 않고 쇠하지 않는 나라의 참된 것과 은혜라는 세상에 속하지 않은 내용을 전달할 수 있기 때문이다. 이런 맥락에서, 히브리서 9:14에서 언급된 회복된 양심에 관한 말씀은 매우 깊은 연관성을 보여 준다. "하물며 영원하신 성령으로 말미암아 흠 없는 자기를 하나님께 드린 그리스도의 피가 어찌 너희 양심을 죽은 행실에서 깨끗하게 하고 살아 계신 하나님을 섬기게 하지 못하겠느냐"(개역개정).

흥미롭게도, 히브리서의 이 말씀 속에 나오는 세 가지 결정적인 요소들은 전부 베드로전서의 바탕에 깔려 있는 내용들이라고 해도 과언이 아니다. 첫째로, 베드로도 성령으로 말미암아, 그리스도의 피 뿌림을 얻는 거듭남에 대해서 말했다(1:2). 둘째로, 그 흠 없고 점 없는 어린양 같은 그리스도의 보배로운 피가 우리를 세상의 썩어지고 허망한 행실들에서 해방시켰다(1:18-19). 그리고, 베드로도 도처에서 '선한 양심'의 역할을 말한다(2:19; 3:16, 21). 이렇게 보면, 히브리서 9:14은 베드로전서에 흩어져 있는 '거듭난 심령의 회복된 양심'에 관한 말씀들을 한데 묶어 요약 정리한 문구처럼 보이기까지 한다. 그만큼 내용이 일치한다. 그렇다면 중요한 것은, 성도가 성령의 거룩하게 하심과 그리스도의 피로 구속함을 얻어 죽은 행실, 썩어지고 더럽고 허망한 행실들에서 깨끗하여져서 살아 계신 하나님을 섬기게 되는 것은 그의 거듭난 심령으로 말미암아 '회복된 양심'을 통해서라는 결론이 된다. 그만큼 신자에게 있어서 회복된 양심은 그가 세상 속을 살아갈 때에 결정적인 중생의 표현, 믿음의 증거로 나타난다. 믿음은 그래서 회복된 양심인 것이다.

자, 이제 정리해 보자. 교회는 세상에서 소통의 기회를 갖게 된다. 그 소통의 기회를 하나님께 대한 두려움 안에서, 하나님을 모르고 비난하는 자들에 대한 온유함을 드러냄으로 사용해야 한다. 동시에 자신 속에 있는 살아 있는 소망을 변호할 말을 준비하고, 선한 양심으로 행해야 한다. 이 선한 양심은 거듭난 심령이 하나님과 '함께 의식하는 바', 곧 하나님의 뜻을 아는 마음인데, 특별히 세상의 악과 부패한 양심에 대하여 회복된 양심으로, 하나님의 참된 진리와 은혜의 강력을 드러낸다. 성도가, 교회가 계속해서 이 선한 양심으로 행할 때에, 교회는 세상 앞에서 효과적인 소통을 이룰 수 있고, 그 소통의 기회를 통해 그 나라의 현존을 나타낼 수 있으며, 또 그렇게 해야만 한다.

소통의 효과, 부끄럽게 함(16b절)

오늘날 교회는 세상을 부끄럽게 만드는가, 아니면 세상 앞에서조차 부끄러운가? 세상의 양심과 상식의 기준에서 볼 때도 부끄러운가, 아니면 지극히 선하고 참되고 은혜로운 하나님의 뜻을 아는 회복된 양심으로서 세상 사람들의 양심마저 부끄럽게 만들고 있는가? 베드로는 후자의 경우가 되어야 한다고 역설한다. 만일 오늘날 교회의 상황이 그렇지 않다면 어디에 문제가 있는 것인가? 믿음이 양심으로 번역되지 않기 때문이다. 믿음이 교회 안에서만 믿음으로 통용되지, 세상 한복판에서 세상 사람들도 알아듣는 양심으로 번역되지도 않고, 그 양심의 기준을 뛰어넘는 거듭난 심령의 회복된 양심이 당당하게 드러나고 엄위하게 나타나지 못하기 때문이다. 대형 예배당 건물이 당당하게 올라가고, 큰 교회 큰 목사님들이 엄위하게 행차해도, 세상은 그 앞에서 부끄러워하지도 떨지도 않는다. 하나님의 말씀은, 그들을 진정 떨게 하고 부끄럽게 하고 할 말을 잃게 만드는 것은 다름 아닌 교회의 선한 행실, 교회의 선한 양심의 나타남이라고 못 박는다.

세상은 교회를 향하여 '대적하는 말들을 한다' (카타랄레이스떼, καταλαλεῖσθε, 16b절). 거기에는 그들의 마음이 어두워 하나님을 알지 못하는 무지에서 나오는 오해도 있고, 혹시 그들의 양심의 기준에 비추어 잘못된 것이라고 판단하는 마땅한 비난들도 있을 수 있다. 하지만 그들의 입을 막고(2:15), 대적하는 말들을 그치게 하는 방법은 같다. 그것은 우선적으로 종교적 변론을 하는 것이 아니다. 선한 양심의 나타남이다. 본문은, 그렇게 교회를 비방하던 자들이 도리어 스스로 부끄러워지게 되는 것은, 바로 교회가 선한 양심으로 행하는 일을 보기 때문이라고 확언한다. 교회의 믿음, 교회 속에 살아 있는 소망이, 세상 앞에서 선한 양심으로 강력하게 증거된 것이다. 그래서 그들이 더 이상 교회를 비방하지 못하게 된 것이다. 실상은, 그들이 가진 유일한 기준인 도덕적 양심의 기준에서도 더 이상 비방할 내용이 없기 때문이다.

하지만 오늘날의 교회는 어떤 식으로 교회를 향한 세상의 비방을 틀어막고자 하는가? 가장 불행한 경우는, 교회가 세상의 정치권력이나 세속적 힘을 빌려 강압적으로 그들의 입을 막는 방법에 큰 유혹을 느끼는 경우이다. 교회를 세상적으로 세력화하는 것이다. 하지만 하나님의 나라는 세상에 속해 있지 않고, 썩어지고 더럽고 허무한 힘으로 진행되지도 않는다. 오직 진리와 은혜와 성령의 강력으로 진전한다. 신자의 거듭난 심령이 새롭게 얻게 되는 회복된 양심은, 진리와 은혜와 성령의 강력을 드러내기에 합당한 도구이다. 세상과 악은 결국 하나님의 법정에서 유죄로 판결남으로써 그 모든 권능을 잃게 된다. 하나님이 살아 계시며, 오직 그분만이 심판주이시며 주권자이시기 때문이다. 그래서 양심이 중요하고, 신자의 회복된 양심이 중요하다. 세상이 아무리 강력해도 교회가 나타내 보여 주는 선한 양심의 행실들 앞에서 할 말을 잃는 이유는, 그들 역시 하나님의 법정에 설 수밖에 없는 양심적 존재들이기 때문이다. 그러므로 교회는 하나님의 방법으로 세상을 이겨야 하는데, 그것이 선한 양심의 길이다.

한 가지 중요한 사실이 있다. 오늘날 교회는 일반은총의 세계가 전적으로 타락하고 부패해서 다만 악만 남아 있다고 보는 경향이 짙다. 그래서 도리어 세상 사람들을 함부로 대하고, 그들을 향해 십자가의 방식보다는 종교사회적, 정치적, 문화적 폭력을 행사해도 괜찮다는 십자군적 태도를 취하게 된다. 하지만 16절의 말씀은 교회를 비방하는 세상 사람들이 교회의 선한 행실을 보고 부끄러움을 느끼게 된다고 말한다. 만일, 세상의 악한 사람들이 양심의 부끄러움이나 수치를 모르는 자들이라면, 교회가 택하는 이 선한 양심의 길은 성공하지 못한다. 그러나 세상 사람들의 양심뿐 아니라 마귀조차 하나님의 정하신 법을 알고, 그 공의의 틀 안에서 활동한다. 마귀는 '참소하는 자'이다. 그가 참소한다는 것은 자신도 하나님의 정하여 주신 의의 법에 근거한다는 사실을 의미한다. 마귀도, 세상도, 믿지 않는 사람들의 양심도, 하나님께서 정하고 주신 양심의 법, 공의의 법을 벗어나지 못한다.

그러므로 교회는 세상 사람들 속에 있는 이 양심의 법의 존재를 확신해야 한다. 비록 타락하여 그 스스로는 구원의 길을 알지 못하지만, 그들 속에 있는 양심은 교회의 회복된 선한 양심의 증거를 만날 때 비추임을 받고, 그 양심의 악을 깨달을 때에 부끄러움과 수치를 당하게 된다. 즉, 악에 대한 그리스도의 십자가의 방법과 그 십자가 고난의 길을 따라가는 교회가 승리하는 이유는, 하나님을 모르는 악인들이라도 저들 안에 양심, 곧 하나님의 법이 심겨 있어서 그들 자신을 인도하고 또 고소하기 때문이다. 교회는 타락한 세상 속에서도 양심과 같은 일반은총적인 기능이 여전히 살아 있으므로 이로써 저들과 소통할 수 있는 공통적인 토대가 있음을 잊지 말아야 한다.

소통의 유익, 훨씬 나은 길(17절)

선한 양심으로 세상과 소통하면 어떤 유익이 있을까? 말로 다 할 수 없지만, 17절은 '훨씬 낫다'고 단언한다. 무엇보다 나은가? 성도가 악을 행하다가 고난을 당하는 것보다 훨씬 낫다는 것이다. 그러므로 베드로는 둘 중 하나라고 생각하는 듯하다. 신자는 성삼위 하나님의 사역을 통해 썩어짐과 더러움과 허무함에 종노릇하는 세상으로부터 자유를 얻고, 그 황홀한 자유를 누린다. 더 이상 죽음과 죄와 무의미함에 종노릇하지 않아도 된다. 교회를 부르신 이가 거룩하시고, 그들을 위해 하늘에 간직된 소망도 그들 속에 살아 숨 쉰다. 그들은 이 세상에 속해 있지 않다. 하지만 이 세상을 지나간다.

자유에는 '무엇으로부터의' 자유가 있고, '무엇을 위한' 자유가 있다. 무엇으로부터의 자유만을 누리고, 적극적으로 무엇을 위한 자유를 누리지 못하면 그 자유는 그를 다시 썩어짐과 더러움과 허무함에 종노릇하게 만들 수 있다. 하지만 그는 여전히 자유하므로, 그 자유로 그의 악을 덮게 된다. 앞으로 나아가지 않기 때문이다. 마치, 죄를 지으면서 한편으로는 '오직 은혜,' '오직 믿음'을 외치거나 예정론을 부르짖으며, 자신의 구원은 취소될 수 없다고 확신하는 것과 같다. 실제로 이렇게 그리스도께서 피로 주신 자유를 남용하여 그 자유로 자신의 악을 가리는 경우가 많다. 죄를 지어도 괜찮고, 또 어쩔 수 없는 것 아니냐는 것이다. 그들은 선한 행실을 오직 구원론의 블랙홀 안에서만 이해하려 한다. 선한 행실을 하라고 하면,

‘그것 안 하면 구원받지 못하는가?’라는 식으로 반문한다. 그리고 그 자유를 죄를 짓고 그것을 다시 용서받는 용도 외에는 다른 용도로 사용하지 않는다.

베드로는 자유가 그런 목적으로 주어진 것이 아님을 명확히 한다. 성도가 죄로부터 자유한 이유는, 그 죄에서 놓여나 비로소 하나님의 뜻에 자신을 드릴 수 있는 기회를 얻기 때문이다. 비로소 자신의 죄 문제에서 놓여나 이웃의 연약함과 고난을 대신 짊어질 영적, 심리적, 삶의 여유가 생기기 때문이다. 그것이 목적 있는 자유이다. 결국, 죄로부터의 자유는 오직 그것만을 붙들면 목적을 잃고, 도리어 죄를 짓고 용서받고 또 죄를 짓는 것과 같이 죄를 덮는 도구가 되어 진전 없는 수렁으로 빠지게 만든다. 그것은 자주 수치와 부끄러움을 양산한다. 한국 교회는 예수 믿고 복 받는 것을 복음의 주요 내용으로 가르치고 전파하면서부터 세상으로부터의 수치와 부끄러움에서 벗어나지 못하고 있다. 자유를 잘못 이해한 것이다. 예수 믿고 죄 사함 받고 구원받아서, 이제 세상에 남아 하나님의 뜻을 이루기 위하여 자신을 드리는 것이 아니라, 예수 믿고 영적으로 구원받고, 세상에서도 복을 얻는 것이 가장 중요한 일이 된 것이다. 악의 문제는 온데간데없다. 거룩의 문제도 본질적이 아니다. 양심의 문제는 어디론가 사라져 버렸다.

선을 행하지도 않고, 거룩도 잃어버리고, 양심도 팔아 버린 축복은 교회를 오직 자기 자신의 썩어짐과 더러움과 허무한 행실의 수치와 부끄러움에 가두어 버린다. 사명을 잃은 교회이다. 심령은 거듭났으나 양심이 회복된 것을 알지 못하는 성도가 된다. 믿음이란 세상 속에서 회복된 양심으로 드러난다. 양심(순에이데시스, συνείδησις; conscience)이란 원래 하나님과 모든 사람들이 ‘함께’ 아는 의식이다. 그러므로 17절에서 갑작스럽게, “만일 사람이 하나님의 뜻을 행하기를 원한다면” 이라 한 것도 앞 절인 16

절에서 '양심'을 언급한 것과 무관하지 않다. 신자의 거듭난 심령으로 새롭게 회복된 양심은, 세상 사람들의 양심과는 비교할 수 없는 순전함으로 하나님의 선하신 뜻을 알고 있기 때문이다. 그 선하신 뜻을 아시고 온전히 순종하신 분이 예수 그리스도이시다. 선을 행할 뿐 아니라, 악을 대하여 악으로 갚지 않고 불의한 자들을 대신하여 고난을 받으사 죽기까지 순종하신 분이다(3:18). 죽으시고 부활하셔서 하늘에 오르사 하나님 보좌 우편에 앉으신 분이다(3:22).

교회는 바로 이 길을 간다. 교회가 받은 자유는 세상에서 복을 받고 다시 세상적이 되려고 받은 것이 아니다. 교회는 생존이나 더 풍요한 생존을 위해 부름 받지 않았다. 썩어지고 더럽고 허무한 세상으로부터 해방된 것이다. 썩지 않고 더럽지 않고 쇠하지 않는 나라를 받은 것이고, 그 나라로 가기 위한 자유를 얻은 것이다. 다시는 세상의 더러움과 허망함에 빠지지 않고 자신을 깨끗하게 하여 의로운 고난에 자신을 드림으로써, 주의 자취를 따라 그분의 길을 마음껏 가는 자유를 누리는 것이다. 이것이 죄를 반복하고 자유로 그 악한 삶을 덮는 수치스럽고 부끄러운 삶보다 훨씬 더 나은 삶임은 말할 필요가 없다. 이런 삶으로 나아가야 한다.

열혈(熱血) 믿음으로 세상과 소통하기

열혈 믿음을 갖기도 쉬운 일이 아니지만, 그 뜨거운 믿음으로 세상과 소통하는 것도 쉬운 일은 아니다. 신자가 하나님과의 관계에서 확신을 갖기 시작하면, 수평적인 인간관계에서 이성(理性)을 잃기 쉽다. 이미 인간은 전적으로 타락했고, 인간의 양심은 썩었으며, 이성적 판단 능력도 죄 아래 있기 때문에 완전히 왜곡되었다고 확신하는 이상, 세상 사람들과 정상적인 대화 자체를 하려 들지 않는 경우가 많다. 그래서 지하철에서 피곤에 쩔어 자고 있는 인생이라도 불방망이 같은 말씀으로 깨워야 하는 것이 사랑이라고 믿는다. 교회에서는 독재를 해서라도 불쌍하고 미련한 인간들을 가르쳐야 한다고 믿고, 지하도에서 시주를 구하는 스님을 보면 십자가를 내밀고 '사탄아 물러가라'고 외치는 일도 서슴지 않는다.

하지만 베드로전서는 교회에게 세상 속에서 세상 사람들 모두를 '공경함으로' 혹은 '존중함으로' 대하라고 권면한다. 죄와 사망 권세 아래 놓여 있지만 세상 사람들은 아직도 하나님의 일반은총 아래서 산다. 때로는 너무도 충격적이지만, 그들의 상식과 양심이 교회 안에서 탐욕과 방탕으로 부패한 그리스도인들보다 높은 수준을 보이기도 하지 않는가? 무례해서는 안 된다. 그리스도의 사랑은 무례하게 행하지 않는다. 말씀이 그렇게 가르친다. 말씀이 죄라고 규정하는 일들을 도모하고 퍼뜨리는 죄인들이라도, 그들을 존중함으로 대하신 주님의 본을 따라야 한다.

십자가는 수직만이 아니라 수평의 축으로도 되어 있다. 수평의 축을 없애면 꼬챙이 같은 수직 막대기만 남는다. 젓가락 한 쪽 같은 신앙이다. 열혈 신앙이지만, 무례하기 짝이 없는 경우가 많다. 말로 전하는 복음 전도도 반드시 필요하다. 십자가로 비유하면, 수직이 없는 수평은 나중에 수평도 못 된다. 복음과 진리가 제시되지 않는 사랑은 사랑도 되지 못하는 셈이다. 하지만 그들이 우리 속에 있는 소망에 관한 이유를 물어 올 때 '온유함과 두려움'으로 대답해 주는 것이 옳다. 그 이전에 그만큼 매력적인 삶을 살아야 한다.

열혈 믿음을 가져야 한다. 하지만 하나님 자신도 여전히 그들에게 친절하시다. 여전히 오래 참으시며, 여전히 해를 비추시고 비를 내리신다. 여전히 밤과 낮으로 교훈하시며 그분의 백성들을 통해 권면하신다. 하나님의 온유함과 긍휼히 여기심을 배우자. 이 땅에 우리와 같은 육신을 입고 오셔서, 진리이신 영원한 생명의 말씀을 자신의 온 몸과 삶으로 번역해 주신 예수 그리스도의 친절하심을 배우자.

선택

선택은 언제나 어렵다. 이리로 갈 것인가, 저리로 갈 것인가? 이 사람인가, 저 사람인가? 이 때인가, 저 때인가? 어떻게 결정하지?

먼저, 동기를 살펴라. 마음의 동기를. 기도할 때 간구 제목에만 매달리지 말고, 그 간구를 하는 내 중심이 정직한가, 하나님 보시기에 깨끗한가 그 동기를 살펴라. 정직하고 진실한, 기록된 말씀에 비추어 보라. 이상 없으면, 바른 선택이다.

다음, 목적을 살펴라. 그 목적이 하나님의 영광에 진정으로 기여하는지, 교회와 이웃에 덕이 되는지, 두 갈래 길이 있다면 어느 쪽이 더 덕이 되는지. 어느 쪽이 수단이고 어느 쪽이 목적인지, 어느 쪽이 남의 길이고 어느 쪽이 내 길인지, 나를 부르신 부르심에 맞는, 나를 부르신 자를 기쁘시게 하는 그 길을 택하라.

이제, 자신을 위해 기도하라. 순결한 동기를 지켜 내도록. 숭고한 목적을 다 이루도록. 편한 것만 하려 들지 말고, 옳은 것을 위해, 궁극적인 것을 위해 모든 것을 다 걸고 전력질주 할 수 있도록, 쉬운 길이 아니라 좁고 협착하고 사람들이 찾지 않는 길이라도 옳은 길, 생명의 길이면 주저 없이 택하여 주님을 따라 갈 수 있도록, 버릴 것을 다 버리고 잡을 것만 잡고 갈 수 있도록, 주님만 붙들고 따라갈 수 있도록 간절히 기도하라. 평강을 주시도록, 자유와 기쁨과 능력과 헌신을, 열매를 주시도록 간절히 기도하라. 그리고 일어나 택한 길을 가라.

4

여행의 목적지, 드디어 하늘에 이르는 교회

(3장 18-22절)

이제 우리는 이 황홀한 여행의 목적지에 거의 다다랐다. 여행은 설렘을 안고 출발하게 된다. 가다가 뜻밖에 당황스런 일도 만나고 미처 준비하지 못한 일들도 발생하지만, 결국 그 도착지에 이르렀을 때의 기쁨이란! 본문이 꼭 그러하다. 지금부터 살펴볼 3:18-22은 세상으로부터 불러내심을 받은 교회가, 세상 속을 지나며 뜻밖의 악을 만나기도 하지만, 그리스도의 자취를 충실하게 따라 결국 가장 찬란하고 황홀하고 영광스러운 도착지에 이르게 됨을 묘사한다. 예수 믿고 이 땅에서 세속적인 복을 받는 것과는 전혀 비교할 수 없는 영광이다. 그만큼 이제부터 본문이 묘사하는 장면은 총천연색의 화려한 피날레라고 할 수 있다.

물론, 베드로는 이후 4장과 5장에서 다시, 여전히 이 땅에 흩어져 맡은 사명을 다해야 하는 교회를 격려한다. 하지만 3장의 마지막 문단은, 마치 예수께서 베드로, 요한, 야고보를 데리고 변화산상에 오르셔서 그 빛나는 자신의 부활 후의 영광스런 모습을 미리 보여 주셨던 것과도 같다. 비록 4장부터는 다시 산 밑으로 내려와야 하지만, 지금 본문에서 독자들은 이 세상을 지나가는 교회가 이르게 될 그 황홀한 구원의 끝을 엿보게 된다. 이제 이 황홀한 말씀을 새롭게 읽어 보자.

> 18왜냐하면 그리스도께서도 단번에 죄인들을 위하여 고난을 당하셨으며, 의인
> 으로서 불의한 자들을 대신하셨기 때문이며, 이는 육으로는 죽임을 당하시고
> 영으로는 살아남을 입으셔서, 여러분을 하나님께로 인도하시기 위함이었습니
> 다. 19또한 이로써 옥에 있는 영들에게 가셔서 선포하셨는데, 20그들은 노아의
> 날들에 방주가 만들어지는 동안에, 하나님께서 오래 참으심으로 기다리실 때에
> 순종치 않았던 자들이었습니다. 그 방주에는 적은 사람들, 곧 여덟 명만이 물
> 을 통해 구원을 얻었습니다. 21이것은 또한 이제 우리를 구원하는 모형인데 곧
> 세례로서, 육의 더러운 것을 벗어버리는 것만이 아니라, 그리스도의 부활하심
> 을 통해 선한 양심이 하나님을 향하여 찾아가는 것입니다. 22그분은 하늘에 가
> 셔서 하나님 보좌 우편에 계시며, 천사들과 권세들과 능력들이 그에게 순복하
> 고 있는 것입니다.

먼저 이 본문을 이해하려면, 마음속에 세 가지 그림을 떠올려야 한다. 첫 번째 그림은 그리스도의 죽으심과 부활과 승천이다. 두 번째 그림은 노아의 방주이다. 40일 동안 내린 심판의 홍수로 인해 그 물바다 위에 떠 있는 방주를 상상하라. 그리고 마지막 그림은 세례 받는 성도들이다. 그들은 세례를 받고 선한 양심을 통해 하나님을 향하여 전진한다. 이렇게 세 가지 각기 다른 그림들을 확인해 보라. 그리스도, 노아의 방주 그리고 교회의 세례이다. 준비되었는가? 그렇다면 이제, 이 세 가지 그림을 하나

로 포개어 겹쳐 놓아야 한다. 그리스도의 죽으심과 부활과 승천을 배경으로 노아의 방주를 띄워 보라. 방주는 심판의 물 위를 떠다니면서 결국 마른 땅인 아라랏 산을 향하여 간다. 그리고 그 방주 위에는 교회가 타고 있다. 그들은 그 홍수 같은 세례를 지나 역시 새 하늘과 새 땅을 향하여 간다. 배경으로는 웅장한 심포니가 들린다. 안토닌 드보르작의 '신세계교향곡'(Symphony from the New World)이면 최상이다.

본문의 구성은 바로 이러하다. 웅장한 진격이다. 그리스도 안에서 노아의 방주와 교회가 다 함께 이 어둠을 건넌다. 옥에 있는 영들을 지나, 홍수의 심판을 지나, 세례를 지나, 다 함께 하늘의 하나님 보좌 앞으로 건너간다. 이 거대한 출애굽 광경을 보라! 드디어 교회가 이 세상을 지나 하늘에 이른다. 그리스도께서 그러하셨던 것처럼. 그 옛날 노아 시대의 방주가 그러했던 것처럼, 바라고 바라던 영광스런 새 하늘과 새 땅에 이른다. 이제 여기서 그들은 더 이상 외국인이 아니요, 여행자가 아니다. 그리스도 예수께서 이미 거기에 이르셨고, 거기서 그들을 맞으신다.

천성을 향해 가는 성도들아,
앞길에 장애를 두려워 말라.
성령이 너를 인도하시리니
왜 지체를 하고 있느냐.
앞으로, 앞으로, 천성을 향해 나가세.
천성 문만 바라고 나가세.
모든 천사 너희를 영접하러
문 앞에 기다려 서 있네.

본문을 읽으면 이러한 찬송 소리가 우레처럼 들리지 않는가! 마치 1:12

에서, 하늘로부터 오신 성령을 힘입어 전해진 복음을 들은 교회의 그 황홀한 구원을 간절히 살펴보기를 원했던 천사들이, 이제야 세상 한복판을 뚫고 그 죽음의 십자가 생명에 이르는 고난의 한가운데를 뚫고 올라오는 주님의 거룩한 교회를 맞이하는 듯하다. 이제 그리스도께서 남기신 본을 따라 그 자취를 좇아 신실하게 걸어온 교회가 최종적으로 그분이 계신 곳에 이른다. 베드로는 이 장면을 그 옛날 노아의 홍수와 방주 사건을 떠올리게 하며 묘사한다. 생각해 보면, 당시의 교회에게 있어서 노아의 홍수와 방주 사건은 너무도 익숙한 구원의 묘사였다. 특별히 적대하는 세상 한가운데서 부르심을 받은 교회로서는 너무도 공감할 수 있는 전통적인 성경 이야기였다. 이제 우리는 본문의 말씀을 자세히 뜯어봄으로써, 이 웅장하고도 황홀한 그림을 감상해 보기로 하자.

우선, 18절에서부터 그리스도의 움직임을 추적해 보라. 그리스도께서는 고난을 당하셨고, 죽임을 당하셨으며, 다시 살아나셨다(18절). 그리고 그분은 하늘에 오르셨고, 하나님 보좌 우편에 앉으셨으며, 천사들과 권세들과 능력들이 그에게 순복하고 있다(22절). 즉, 고난과 죽으심에서 시작해서 부활과 승천, 하늘의 보좌에 앉으심이 그 끝 장면이다. 그렇다면 이제 두 번째로, 노아의 방주에 관한 본문을 주의 깊게 보라. 20절은 방주가 만들어졌다고 말한다. 그리고 그 방주에는 적은 숫자, 곧 8명만이 탔었고, 그들은 홍수를 통해 또는 물을 통해 구원을 얻었다. 방주에 관한 이야기는 여기까지이다. 그 다음에 이 방주가 어떻게 되었는지는 기록되어 있지 않다. 다만, 문맥이 설명할 뿐이다.

이제는 세 번째 그림인 교회의 움직임을 추적해 보자. 우선 18절을 보라. '그리스도께서도'라는 표현은 원래 그리스도 '역시'(카이, καὶ)라는 뜻이다. 이는 그 앞선 구절인 16절에서 교회를 향하여, 그리스도 안에서 그들의 선한 행실을 욕하는 자들에게 부끄럽게 할 만한 선한 양심을 가지라고

한 권면을 염두에 둔 표현이다. 17절은 더욱 명확하게, 교회가 선을 행함으로 고난을 받는 것이 하나님의 뜻이며, 악을 행함으로 고난을 받는 것보다 훨씬 나은 것이라고 천명한다. 그리고 나오는 구절이 18절이며, 여기서 '그리스도께서도'라고 함으로써 그리스도의 경우를 설명하고자 하는 것이다. 즉, 18절에서부터 그리스도와 교회의 그림이 서로 겹치기 시작하는 것이다. 그리고 교회에 관한 장면은 다시 21절에서 표면에 떠오른다. 세례의 장면이다. 교회는 세례를 통해서 두 방향으로 움직인다. 우선은 육의 더러운 것을 벗는 것이고, 그 다음은 "선한 양심이 하나님을 향하여 찾아가는 것"(개역한글)이다. 물론 21절 하반절은 충분한 설명이 필요한 번역이다. 그런데 어디로 찾아가는 것인가? 본문은 직접적으로 답을 하지 않는다. 다만, 뒤이어 22절에서 그리스도께서 하늘에 오르셨다는 말씀을 남김으로써, 그 찾아간 도착지에 대한 암시를 남길 뿐이다.[11] 이렇게 그리스도, 방주 그리고 교회의 움직임들을 본문을 통해 확인한 대로 간명하게 개념도를 그려 보자.

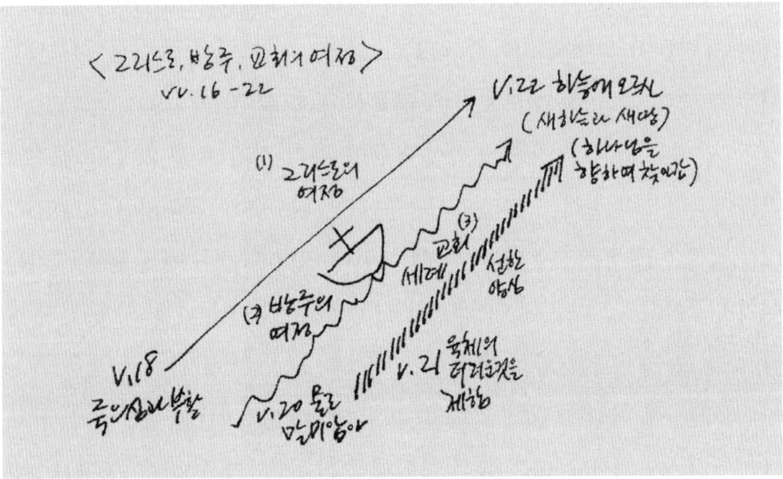

11. 본문의 번역과 해석에 대한 자세한 분석은 채영삼, "'오직 선한 양심이 하나님을 향하여 찾아가는 것이라': 베드로전서 3:21c의 번역과 해석," 589-628를 참조하라.

(1) **그리스도:**	고난 / 죽으심	→	부활 / 하늘에 오르심
(2) **방 주:**	물을 통해	→	구원을 얻음
(3) **교회(세례):**	선을 행함으로 고난 / 육의 더러운 것을 벗어버림	→	선한 양심이/ 하나님을 찾아가는 것

본문의 말씀을 읽으면 다소 복잡해 보이는 이유들이, 위의 도표를 통해 보면 보다 확연하게 드러난다. 18절부터 본문의 흐름은 이렇게 삼중적인 주체들, 곧 그리스도와 노아의 방주와 교회의 세례가 중첩되기 때문에 다소 복잡해 보였다. 그리고 이 삼중적인 주체들이 모두 어떤 방향을 향해서 이동해 가고 있기 때문에 그 복잡성을 더한다. 하지만 사실 위의 도표를 통해 보면 그리 복잡하지 않고, 도리어 이런 병행구조를 통해서 베드로가 하고자 하는 메시지를 명확히 파악할 수 있다. 그렇다면 본문의 말씀은 무엇을 말하고자 함인가?

첫 번째는, 교회가 이 세상에서 '선한 양심'의 길을 가는 것은 단지 윤리적인 행동이 아니라 믿음의 본질적인 여정이라는 사실이다. 왜냐하면 그 길을 바로 그리스도 자신이 갔기 때문이다. 그래서 베드로는 18절부터 그리스도의 여정의 패턴을 보여 준다. 두 번째는, 노아의 방주의 비유이다. 노아 때의 홍수의 심판과 방주를 통한 구원의 이미지는 선한 양심의 여정을 더욱 선명히 보여 주는 역할을 한다. 마지막으로는, 교회의 여정인데, 이는 특별히 세례로 표현된다. 교회가 받는 세례는 그저 단순한 입교식 정도가 아니다. 베드로는 세례가 교회에게 있어서 얼마나 놀라운 여정의 시작이며 그 전부인지를 새롭게 가르쳐 준다. 이런 메시지들을 하나씩 살펴보기로 하자.

선한 양심, 그리스도와 교회의 여정(18-22절)

18절은 그리스도로 시작한다. 그리고 이 단락의 마지막 구절인 22절도 '그분'으로 마무리된다. 그러므로 이 단락 전체는 우선적으로 그리스도에 대한 본문이다. 그리스도께서 고난 받으시고, 죽으시고, 부활하셔서, 하늘에 오르셨다는 사실이 중심적인 뼈대이다. 베드로는 이 골격들 사이에, 노아의 홍수와 방주 이야기(20절)와 교회의 세례(21절) 이야기를 끼워 넣는 식으로 본문을 구성한다. 그러면 그리스도와 노아의 방주, 그리고 교회의 세례는 모두 서로 병행되는 구조 속에 놓인다. 이 삼중적인 병행 구조 중에서 우선 그리스도와 교회가 서로 연관을 맺는 부분인 16절에서 18절을 살펴보자.

베드로가 여기서 그리스도의 여정을 꺼낸 것은, 교회가 이 세상에서 걷고 있는 여정을 설명하기 위해서이다. 교회를 설명하기 위해서는 그리스도를 설명해야 한다. 베드로전서에서 교회론은 철두철미하게 기독론에 기초한다. 다시 말해서, 교회를 알려면 그리스도 예수를 알아야 한다. 성도인 내가 누구인지, 세상에서 무엇을 어떻게 해야 하는지, 어디로 가는지를 알려면 어떻게 해야 할까? 그리스도께서 누구인지, 그가 세상에서 무엇을 하셨는지, 그리고 어디로 어떻게 가셨는지를 확인해야 한다. 역으로, 성도는 자신이 누구인지를 알기 위해 예수 그리스도를 알지 못하면, 전혀 자신이 누구인지 어디로 가는지 알 길이 없게 된다.

과연 오늘날 교회가 방향을 잃고, 길을 잃은 이유가 무엇인가? 그리스도를 보고 따라가지 않았기 때문이 아닌가? 도리어 교회는 자본주의 사회의 성공하는 대기업이나 그들의 마케팅 전략 같은 것들을 보고 여기까지 따라오지 않았는가? 그래서 이제는 이미 세상 깊숙이 들어와 있는 것이다. 길을 잃었다. 세상과 같이 썩어짐에, 더러움에, 허무함에 종노릇하는 덫에 다시 걸려든 셈이다. 그리스도를 따라가지 않았기 때문이다. 왜 따라

가지 못했는가? 그것은 자신이 교회라는 사실을 잊었기 때문이다. 교회를 부르신 자를 잊었기 때문이다. 교회는 세상이 아니다. 세상이 아니므로 세상을 따라갈 수가 없다. 그래서는 교회가 결코 교회 되지 않기 때문이다. 교회는 자신을 부르신 자, 곧 하나님과 그의 그리스도를 따라가야 한다. 그래야 자신이 누구인지, 어디로 가는지를 알고 그 도착지에 이르게 된다. 이것이 베드로의 해법이다.

그래서 베드로는 16-17절에서, 세상 속에서 선한 양심으로 진행하는 교회, 가다가 악을 만나도 선한 행실을 계속하며 고난받으며 인내하는 교회, 곧 하나님의 뜻을 따라 악을 행하는 일에 그 자유와 은혜의 복음을 사용하지 않고, 도리어 악에 대하여 선한 행실을 함으로 그 은혜의 나라를 드러내는 교회에게, 예수 그리스도의 길을 다시 확인시킨다(18절). 그것은 그 선한 양심의 길이 옳은 길이며, 그들이 그들을 부르신 자를 따라 이 황홀한 여행길 위에 제대로 서 있음을 확신시키려는 것이다. 왜 이런 확신이 필요했을까? 겉보기에는 길을 잘못 든 것처럼 불안했기 때문일 것이다. 선을 행하다가 악을 만나도 그것을 되갚지 말라는 것은, 그 이상의 소망이나 이미 나온 결과에 대한 확신이 없다면 너무나 억울하고 한심한 일이 될지 모른다. 따라가기 힘들다. 고결한 인격만으로, 그냥 윤리적 가르침만으로 그렇게 할 수 있는 사람은 아무도 없을 것이다.

그래서 신자가 선한 양심을 따라 고난을 받으며, 악을 이겨 내는 일에서 그리스도는 결코 한 사례나 혹은 모범(example) 정도일 수 없다. 우리 중 어느 누구도, 그리스도를 단지 모범으로 삼고 이 길을 가지는 못한다. 그리스도는 모범이 아니라, 교회와 불가분리의 관계에 있는 존재의 패턴이다. 따르지 않을 수 없는, 성도의 본질에 속한 패턴이다. 왜 그러한가? 교회는 그분의 '흠 없고 점 없는 어린양 같은 그리스도의 보배로운 피'로 뿌리신 바 된 자들이기 때문이다(1:19). 그들의 거듭난 심령 속에 있는 '살아 있는 소망'의 내용 자체가 예수 그리스도의 죽으심에서 부활하신 그 부활 생명으로 말미암은 것이기 때문이다(1:2). DNA가 같다. 그래서 교회는 본질상 그리스도의 길을 가지 않을 수 없다. 그 길을 가지 않는 교회는 자신의 존재를 거스르는 셈이다. 독수리가 뱀처럼 기어 다니겠다거나, 양이 하이에나처럼 썩은 고기라도 먹고 살겠다는 것과 같다. 자기 자신이 될 수 없는 길이다. 교회의 길은 곧 그리스도의 길이다.

그러므로 18절에서 베드로가 그리스도에 관해 말할 때, 그것은 동시에 교회를 염두에 두고 하는 말이다. 18절에서 무엇이라 했는가? 그는 죄인들을 위하여 고난을 당하셨다. 더 분명하게 말해서, 의인으로서 불의한 자들을 대신하셨다. 육으로는 죽임을 당하시고, 영으로는 살아남을 입으셨다. 그것은 우리를 하나님께로 인도하시기 위함이셨다.

이 네 가지 사실은 그리스도에 관한 것이지만, 16-17절에서 언급한 교회의 모습과 중첩된다. 즉, 교회도 이 세상에서 악인들로 인해 고난을 당한다. 그리고 18절의 그리스도의 모습에 비추어 말하면, 그런 행위는 곧 교회가 의인으로서 불의한 자들을 대신하는 것과 유사한 역할을 하는 것이다. 물론 성도가 악인을 대신하여 죽는다고 그 악인의 죄가 사해지지는 않는다. 하지만 성도는 그리스도를 대신하여 악인들로 인한 고난을 자신이 짊어진다. 이는 그 성도에게 있어서 육으로는 죽는 것이요, 영으로는 사는 삶을 가져온다.

여기서 '육으로는'(싸르키, σαρκὶ)이라 하고 '영으로는'(프뉴마티, πνεύματι)이라 하는 것은 인간의 육체와 영혼의 구별을 말하는 것이 아니다. 육체와 영혼을 가진 한 인격 전체가 죄와 관련된 차원에 있는 것과, 또한 육체와 영혼을 가진 한 인격 전체가 살아 계신 하나님과 관련된 차원의 차이이다(참고. Davids, 136-137). 죄에 대하여는 온전히 죽고, 하나님께 대하여는 살았다는 뜻인 것이다. 그러므로 성도가 악인을 만나 선으로 대하며 하나님의 은혜의 통치를 드러내는 동안, 그는 죄에 대하여 온전히 해방되고 하나님께 대하여는 온전히 살아난다. 그리스도의 십자가는 이러한 죽음과 부활의 절정이다. 그 결과는 무엇인가? 성도 자신도 죄에서 해방되어 온전히 살아나고, 동시에 그 악인을 하나님 앞으로 인도하게 된다. 그러므로 그리스도는 우리를 위한 완전한 '제사장'이 되시며(참고. 히 2:17-18; 7:26; 8:1; 10:21), 그 길을 가는 교회 또한 죄인들을 하나님 앞으로 인도하는 '제사장 나라'의 역할을 다하게 되는 것이다(벧전 2:9).

그렇다면 그리스도와 교회로 하여금 이 제사장의 역할을 다하게 하는 그 핵심적인 내용이 무엇인가? 베드로는 그것을 '선한 양심'으로 표현하고 있음에 주목해야 한다. 그것은 선을 행할 뿐 아니라, 악을 만나도 은혜와 진리의 강력으로 대하는 하나님을 아는 의식, 곧 거듭난 심령의 회복된 양심이다. 단순히 하나님을 향한 믿음이 아니라, 그것이 죄인을 대하여 선한 양심, 은혜를 드러내는 양심으로 표현된 믿음인 것이다. 바로 이 선한 양심이 교회로 하여금 이 땅에서 제사장 나라의 역할을 다하게 한다. 예배당 안에서 예배를 드리는 것으로 끝나지 않는다. 세상 사람들을 선한 양심으로 대하는 것, 그 역할을 가리킨다.

그렇다. 그리스도께서는 우리를 하나님께로 인도하시기 위하여(18절), 육으로는 죽임을 당하시고 영으로는 살아남을 입으셨다. 그리고 19절과 20절에서 노아의 방주 이야기가 나온다. 왜 갑자기 노아의 방주 이야기일까? 무엇을 보충하려고, 혹은 어떤 점을 확증하려고 노아의 이야기가 나올까? 그것은 우선 18절 끝의 "우리를 하나님께로 인도하시기 위하여"라는 방향성에서 찾아야 한다. 곧 교회의 구원이다. 그리고 그 구원은 이동이다. 어디로 가는 이동인가? '하나님께로' 가는 이동이다. 20절의 노아의 방주는 '물을 통해 구원을 얻은', 즉 물 위가 아니라 마른 땅인 아라랏 산으로 이동한 사건이었다. 이어서 21절에 교회가 받는 세례 이야기가 나온다. 마찬가지이다. 세례는 육의 더러운 것을 벗어버리는 것만이 아니라, 하나님을 찾아가는 이동이다. 그리고 결정적으로, 22절에서 베드로는 그리스도께서, 그리고 함축적으로 그리스도께서 인도하시는 우리 곧 교회가 그 제사장과 함께 하늘에 오른다. 그래서 구원은 이동이다. 이로써 베드로는 그리스도의 승천을 통해서 그가 제사장으로 인도하시는 교회의 종착지에 대한 확실하고도 살아 있는 소망의 메시지를 남긴다.

지옥 강하? 영들을 순복시키심(18-19, 22절)

학자들은 19절에서 그리스도께서 '옥에 있는 영들에게 선포'하셨다는 문구를 두고 갑론을박한다. 마치 이것이 본문에서 가장 중요한 신학적 주제인 것처럼 다룬다. 그렇지 않다. 가장 핵심적인 흐름은 그리스도와 교회가 선한 양심으로 이동하고 있는 과정과 그 목적지에 대한 진술이다. 그 과정에서 그리스도께서 옥에 있는 영들에게 선포하신 장면이 나온다. 19절에서 부활하신 그리스도께서 옥에 있는 영들에게 '가셔서'(포류떼이스, πορευθεὶς)라 했을 때, 그것은 지옥강하(地獄降下)처럼 아래로 내려가심을 뜻하는 것이 아니라, 도리어 22절이 다시 한 번 명확히 보여 주듯이 하늘로 올라 '가시는'(포류떼이스, πορευθεὶς) 사건의 문맥에서 거쳐 가시는 과정으로 보아야 한다. 유대 전통과 기독교 전통에 의한 우주론에 잘 부합하듯이, 하늘에는 여러 층이 있으며 그리스도는 그 '하늘들'의 상층부로 가셨는데, 그 하늘에서 쫓겨나 하늘의 낮은 부분에 갇혀 있는 불순종한 영들에게 그가 죽음과 죄를 이기셨고, 그의 나라의 백성들을 구원하셨으며, 이제 그 나라의 권세를 받으신 '주'(主)가 되셔서 하늘 보좌에 앉으시는 그 승리를 선포하게 된 것을 가리킨다(Elliott, 689-693; Davids, 139-141).

이런 사실은, 여기서 '선포했다'는 동사의 원형인 케루쏘(κηρύσσω)가 복음을 전했다는 의미보다는 그리스도의 부활의 사실을 일방적으로 선포한 경우에 쓰였다는 점으로도 뒷받침된다(참고. 고전 9:27; 고후 2:14; 골 2:15; 계 12:7-11; 엡 6:11-12, Davids, 141). 또한 여기서 영들이 구약의 성도들이고 감옥은 그들이 복음을 듣기 위해 기다리는 곳이라면(Calvin), 이는 후에 20절에서 '순종치 않았던' 자들이라는 표현과도 어울리지 않고, 그들이 기다리는 곳을 굳이 '옥'(풀라케, φυλακή)이라 한 점도 해석하기 어렵다. 그리고 이 영들이 노아 홍수 때의 죽은 사람들의 영혼들이고 그들은 하데스(Hades) 곧 죽음의 땅에 갇혀 있었다고 보는 견해도 있는데(Cranfield), 이 경우에도 '선포했다'가 복음 전도가 아니었다는 사실 외에도, 왜 굳이 노아 홍수 때 불순종한 자들에게만 가셨는지, 그리고 왜 불순종한 자들이 사후에도 믿을 기회를 갖게 되는지 여전히 난제로 남는다.

그러므로 해석상 가장 문제가 적고 문맥과도 잘 들어맞는 이해는 다음과 같다. 즉, 이 영들은 창세기 6:1 이하에 나오는 타락한 천사들, 즉 노아 시대 때부터 하늘에서 쫓겨나 세상으로 들어온 귀신들을 가리킨다(참고. 제1에녹서 21:6). 신약에서 주로 '영들에게'(프뉴마신, πνεύμασιν)라는 표현은 영적 존재들을 가리키고(히 12:23; 마 12:45; 행 19:15-16; 엡 5:5; 계 16:13), 반면에 대체로 죽은 사람들의 영혼들은 '프쉬케'(ψυχή)로 표현된다(계 6:9). 또한 그들을 가둔 '옥'은 이 하늘의 낮은 부분이거나 혹은 이 세상이며, 그리스도께서는 부활하신 후 하늘 보좌에 승천하시기 전에 공중 권세 잡은 자와 그에게 속한 악한 영들에게 그분의 부활 승리를 선포한 사실이다(참고. 고후 2:14; 골 2:15; 계 12:7-11; 엡 6:11-12, Michaels; Elliott; Davids). 이 해석은 위에서 언급한 논거들 외에도, 19절이 언급한 '옥에 있는 영들'과 20절의 노아 홍수 사건을 너무도 자연스럽게 연결해 주며, 그 이하 21-22절 문맥의 흐름과도 잘 어울린다.

더구나 18절에서부터 22절까지를 한 문단으로 보면, 18절은 그리스도의 죽음으로부터 시작해서 부활하신 주께서 그 악한 '영들'에게 부활 승리를 선포함으로써(19절) 그들을 '굴복'시킨 사실을 언급한다. 즉, 그리스도의 죽으심과 부활 그리고 영들을 복종시키신 것이다. 그리고 이 문단의 맨 마지막인 22절에도 동일하게, 그리스도의 승천하심과 천사들과 권세들과 능력들, 곧 영적 권세들을 순복시킨 사건이 서로 처음과 끝에서 대조되며 짝을 이룬다. 즉, 시작인 18-19절과 끝인 22절에서 그리스도께서 그 여정을 통해 모든 영적 권세들을 정복한 사실을 나타낸다. 이를 간단한 도표로 나타내면 아래와 같다.

18-19절:	그리스도의 승천의 여정 악한 영들에게 승리를 선포하심
20-21절:	노아 방주의 8명의 구원 그리스도의 죽으심과 부활의 여정 세례 받은 교회의 구원
22절:	그리스도의 승천의 여정 천사들, 권세들, 능력들을 순복시키심

이렇게 보면, 이 문단의 중심부에 있는 20-21절은 그리스도의 여정 속에서 또 다른 국면을 보여 준다. 이번에는 그리스도의 승천이 아니라, 그분의 죽으심과 부활의 여정에 집중한다. 그리고 중요한 것은, 악한 영들이나 천사들이나 권세나 능력들이 아니라, '사람들'을 인도하심에 관해 설명한다는 사실이다. 놀랍지 않은가? 다시 말해서, 베드로가 그리스도의 승귀(昇歸) 곧 하늘에 오르심을 언급할 때는 영적 권세들을 순복시킨 것과 연관시키는 반면, 그리스도의 죽으심과 부활의 여정을 언급할 때는 집중적으로 사람들의 구원과 연관시키고 있다는 사실이다. 더불어, 이는 22절

에서 베드로가 그리스도의 승천 사건과 교회의 구원을 직접 연결하지 않고, 충분하기는 하나 명확하지 않은 여운으로, 혹은 미래에 완결된 사건처럼 여지를 남겨 두고 있는 점에서 더욱 잘 들어맞는다.

즉, 지금 이 땅의 교회는, 그 옛날 노아 시대에 심판의 홍수로 넘치는 물 위에 떠서 마른 땅, 곧 아라랏 산을 향해 가던 방주처럼, 세례를 거쳐 하나님을 향해 찾아 나아가고 있는 중이며, 그리스도는 이미 그 목적지에 이르셔서, 모든 영적 권세들을 굴복시키신 주(主)로써 그들을 거기까지 인도하기에 충분한 권세와 능력과 지위를 소유하신 분으로 소개되는 것이다. 그렇다면 교회 역시 이 죽음의 바다를 지나고 저 부활의 아침을 맞아 결국 그 하늘 보좌에 이르게 됨이 얼마나 확실한 일인가! 우리 주 예수 그리스도께서 이 땅에 계셨을 때 바다를 밟으시고 걸으셨던 것처럼, 지금도 그 하늘에 이르는 길목을 막아선 모든 공중권세 잡은 자와 그 악한 영들의 권세를 굴복시키셔서, 마치 홍해를 가르시고 요단강을 가르시듯, 그 하늘 보좌로 그 구원의 방주를 이끌어 가고 계신다. 어찌 기쁘고 확실하고 또 황홀한 구원이 아닌가!

노아의 홍수와 교회의 세례(20-21절)

교회는 이 세상에서 무엇을 하는가? 어디로 가고 있는가? 전통적으로 이 땅의 교회는 전투하는 교회요, 순례하는 교회이다. 오늘날 마치 잘나가는 기업처럼 세상에서 성공하는 교회, 남보다 크게 성장하는 교회가 올바른 모델인 것처럼 여기는 것은, 일시적으로 바람에 나는 겨와 같은 현상일 것이다. 실로 하늘의 교회는 승리한 교회이고 온전한 교회요, 이 땅의 교회는 종말에 그 하늘의 교회와 결국 하나가 되지만(계 21:1-8), 아직은 이 땅에서 순례자 된 교회요 악과 그 권세들과 더불어 피 흘려 전투하는 교회이다. 건너야 할 홍해가 있고 지나야 할 광야가 있으며, '살아 있는 소망'에 붙들려 '오직 믿음으로' 그리고 '사랑을 덧입어' 저 멀리 보이는 천성(天城)을 향해 계속 전투하며 전진하는 교회이다.

바로 이와 같은 전통적인 '여행자 교회'의 모습을 20-21절은 잘 보여준다. 사실 19-20절에 나타나는 타락한 악한 영들과 노아 시대의 죄악, 그리고 홍수로 인한 심판과 구원의 종말에 대한 선포, 소수(少數)의 구원 등 일련의 주제들은, 베드로후서 2:3-5에서도 그렇듯이 초대교회에게는 서로 연이어 묶여 있는 귀에 익은 이야기의 줄거리였던 것으로 생각된다. 중요한 것은, 구원을 이렇게 노아의 홍수와 방주로 이해하는 것은, 베드로전서가 강조하는 대로(1:13) 구원은 이동(移動)이라는 사실을 다시 한 번 되새기게 한다. 노아의 방주는 심판을 피할 수 있었던 유일한 구원의 수단이었다. 하지만 방주는 단지 물 위에 떠 있기 위해서 존재하지 않았다. 20절에서 '물을 통해'(디 휘다토스, δι' ὕδατος; 개역개정, '물로 말미암아')라는 표현은 당시의 홍수가 심판의 수단이기도 했지만 동시에 구원, 곧 '이동으로서의 구원'의 수단이기도 했다는 점을 암시한다. 결국 방주는 40일 홍수 이후에 마른 땅이었던 아라랏 산에 이르렀기 때문이다(창 8:4).

이렇게 보면, 지금 그리스도의 여정과 노아의 방주의 여정, 그리고 교회의 여정, 이 셋을 중첩시키고 있는 본문의 의도를 따라, 노아의 방주가 이르게 된 아라랏 산이 문맥 안에서 상징하는 의미상 교회가 이르게 될 도착지가 어디냐고 물을 수 있다. 그것은 분명히 22절에서 명확히 표현된 그리스도의 여정의 최종 도착지인 하늘의 보좌이다. 이런 식으로, 베드로는 노아의 홍수 곧 심판의 상징이었던 물을 다시 '이동으로서의 구원'을 돕는 수단으로 이해한다. 그러한 이해가 21절에서 노아의 홍수와 교회가 받는 세례를 연결하는 상징적 이해에 있어서 매우 중요한 역할을 하게 되는 것이다. 즉, 어떤 점에서 노아의 홍수와 성도들이 받는 세례가 연결되는가? 이는 당대에도 유례를 찾기 힘든 베드로서신만의 매우 독특한 연결이다(Elliott). 베드로는 노아의 홍수나 당시의 방주를, 현재 교회가 받는 세례와 구원의 수단이라는 실재(reality)를 예표하는 그림자 혹은 모형(안티투포스, ἀντίτυπος)으로 보고 있는 것이다(21절). 즉, 당시의 노아의 홍수나 방주도 심판과 구원을 의미했지만, 그 진정한 심판과 구원의 실재는 바로 오늘날 교회가 예수 그리스도와 연합하여 죽고 사는 세례를 받는 사실에서 진정으로 성취된 것으로 선포한 것이다.

여기서 놀라운 점, 정말 교회가 새롭게 이해하고 새롭게 받아들여야 하는 세례의 의미가 확연히 드러난다. 세례란 무엇인가? 신약에는 세례에 대한 여러 설명들이 있지만, 그중에서도 베드로전서의 이 본문은 독특하고 매우 중요하다. 그것은 베드로가 세례를 한 번 받고 마는 단회적인 사건으로 생각하지 않고, 노아의 방주가 물 위에 떠서 결국 아라랏 산으로 나아가듯, 새 땅으로 가는 하나의 긴 '여정, 과정'으로 이해하고 있다는 사실이다! 그것은 물을 통해 구원받은 자가 '여덟(ὀκτώ) 명'뿐이라는 표현으로도 뒷받침된다. 여기서 8이라는 숫자는 노아와 그의 일곱 식구를 지시하지만(창 8:18), 상징적으로는 종말론적으로 새 창조를 가리키는 숫자이기 때문이다. 성경에서 8이라는 숫자는 창조의 7일에 뒤이은 여덟 번째 날로서 새 창조의 상징인데(참고. 2 Enoch 33:1-2; Barn 15:9), 초대교회는 이 상징성을 살려 예수께서 부활하신 주일을 '제8번째 날'로 부르기도 했다(Barn 15:9; Justin, Dial. 24.2; 41.4, Bauckham, 250-251). 그래서 노아는 초대교회에서 옛 세상의 심판을 피하여 새 창조의 세계로 들어간 대표적 인물로 기억된 것이다.

그렇다면 오늘날 내가 그리스도인으로서 세례를 받았다는 것은 무슨 뜻인가? 내가 예수를 믿는다는 것은 무엇인가? 이제 죄 사함을 받고 의롭다 하심을 받았으니 구원을 다 받은 것인가? 본문에서 세례는, 성도가 한 번 받고 그저 교인이 되는 절차라든지, 혹은 예수 그리스도와 연합한 사실을 하나님과 교회 앞에 공포했다든지, 아니면 육을 벗고 그리스도로 옷 입었다든지 하는 단회적 사건을 가리키지 않는다. 세례를 노아의 홍수가 상징했던 실체라고 보는 이 시각은 그래서 너무도 흥미롭고, 오늘날 교회에게 결정적으로 중대한 해법을 제시한다. 오늘날 구원에 대한 좁은 이해는, 신자들을 어디로도 가지 못하게 하는 족쇄처럼 작용하기도 한다. 마치 구원은 이미 받아 놓은 티켓처럼 지갑 속에 보관해 놓고, 자신은 그 확신과 은혜와 '예정'을 담보로 마음 든든하게 나가 노는 것이다. 놀아도 자신을 해치고, 이웃에게 피해를 주고, 부모를 욕되게 하는 그런 자식처럼 말이다. 생각해 보라. 방주가 아무 데도 이르지 않고, 그저 평생 물 위에만 떠 있다면 그것은 얼마나 큰 저주인가? 방향과 목적을 잃은 구원은 그래서 그 구원마저 위협하는 지경에 이르게 한다. 실로 오늘날의 교회는 '예수 믿고 세상 복 받는 것'을 목적으로 삼았으니 아무 데도 갈 이유가 없다. 세속과 전투하는 교회가 될 이유도 없다. 항상 '두 마음'(약 1:8; 4:8)을 품고, 하나님과 세상 사랑을 저울질하며 이 땅에 영원히 뿌리박으려 하다가 수치와 부끄러움의 거품을 뿜는 것이다.

베드로는 성도가 받는 세례를 그렇게 설명하지 않는다. 세례는 한번 받고 자격증을 얻는 것이 아니라, 마치 방주가 물 위에 떠 있는 것처럼 죄와 죄에 대한 심판의 홍수를 피하여, 새 하늘과 새 땅을 찾아 나아가는 긴 여정 전체를 가리킨다.

생각해 보라. 방주 안에서 40일을 지내야 한다. 마른 땅을 찾아야 한다. 혹시 그 마른 땅에서 올지 모르는 기쁜 소식을 바라보며 소망을 잃지 말아야 한다. 그리고 물 위에서 계속 떠 있도록 견디고 방주 안의 사정을 돌아보아야 한다. 방주는 땅에 뿌리박는 건물이 아니다. 물 위에 떠 있다. 이동하는 중이다. 언제나 심판을 피하여 의와 화평이 거하는 새 하늘 새 땅을 찾아 이동하여야 한다. 그것이 베드로가 이해하는 세례의 의미이다.

세례를 받았는가? 그렇다면 당신은 이동 중이다. 썩어지고 더럽고 허무한 데에 굴복하는 세상에서 분리되어, 구원의 방주를 타고 그 안에서 견디며, 썩지 않고 더럽지 않고 쇠하지 않는 나라를 유업으로 받았으니, 살아 있는 소망을 붙들고 전심전력으로 그 나라를 향해 나아가야만 한다. 그것이 세례이다.

선한 양심과 세례의 의미(21절)

노아 시대에 심판과 구원의 매개가 되었던 그 홍수, 그 물이 오늘날 교회가 받는 세례에 준한다면, 노아의 방주는 정확히 오늘날 교회에게 있어 무엇을 의미할까? 사실 이것보다 더 중요한 주제는 없다. 베드로는 바로 이 점을 각인시키기 위해 지금 노아의 홍수 이야기와 교회의 세례 이야기를 서로 연결시키고 있기 때문이다. 생각해 보면, 우리는 노아의 방주라고 할 때 모두 그리스도의 보혈을 생각한다. 혹은 십자가의 구원을 생각한다. 주일학교에서 어린아이들에게 노아의 방주 그림을 보여 주며, 우리가 예수 그리스도의 대속적인 죽으심과 보혈을 믿음으로써 이 방주에 올라탄다고 가르치지 않는가?

그런데 지금 베드로가 말하려 하는 내용은 본질은 같으나 그 초점은 조금 다르다. 21절을 보자. 가장 해석하기 어려운 문구는 "하나님을 향하여 찾아가는 것이라."(개역한글, 에페로떼마 에이스 떼온, ἐπερώτημα εἰς θεόν)이다. 이 문구는 실로 다양한 방식으로 번역되어 왔다. 개역개정은 "하나님을 향한 [선한 양심의] 간구니라."로 번역하는데, '에페로떼마'가 선한 양심의 '간구'이든, 서약이나 응답이든(KJV, NIV; 공동번역), 선한 양심이 하나님을 '향하여'(에이스, εἰς) 있는 방향성만큼은 분명하다. 그리고 원래 개역한글의 "찾아가는 것이라"라는 번역은 이런 면에서 문법적으로 충분히 가능할 뿐 아니라(Joseph H. Thayer), 노아의 홍수와 방주의 이동이라는 모형과의 병행 구조에 있어서도 훨씬 적절한 번역이다.[12] 이는 또한 교회를 '체류하는 외국인이요 여행자'로 묘사하는 베드로전서 전체의 주제와도 잘 어울림은 물론이다.

처음부터 그리스도와 노아의 방주 그리고 교회가 삼중적으로 겹치는 구조를 가진 본문에서, 21절 후반절을 개역한글처럼 "하나님을 향하여 찾아 간다"로 번역하는 것은, 새 하늘과 새 땅을 찾아가는 노아의 방주의 이동이나 죽음에서 부활하셔서 악한 영들에게 승리를 선포하시고 하늘에 오르사 모든 영적 권세들을 순복시키시는 그리스도의 여정과도 잘 부합한다. 또한 21절에서 베드로는 세례를 설명하면서 대조적인 표현들을 사용한다. 즉, 세례란 한편으로는 죄를 벗어버리는 것이지만, 다른 방향에서는 하나님을 향하여 찾아가는 것이다.

여기서 육의 더러운 것을 "벗어버리는 것만이 아니라"(개역개정, '제하여 버림이 아니요')는 표현은 이것을 부정하는 것이 아니라, 뒤에 나오는 내용을 추가한다는 의미이다. 노아의 방주의 비유로 하자면, 방주를 만든 것은 단지 홍수를 피해 물 위에 떠 있자는 것뿐 아니라 또한 '새 하늘과 새 땅을 찾아 나가자는 것이다'라는 말과 같다. 성도가 받는 세례는 옛 죄에서 용서함을 받고 죄 된 생활을 그치도록 하는 목적이 전부가 아니다. 자유를 받은 것이 목적이 아니다. 더 나아가 그 자유로 악을 가리우지 않고(2:16), 적극적으로 선을 행하여, 악을 만나도 의로운 자로서 불의한 자를 대신하는 고난을 통해('그리스도처럼,' 3:18; 참고. 2:21-25) 그들과 함께 그들을 하나님께로 인도하며 나아가야 하는 사명을 위한 것이기 때문이다.

12. '에페로떼마'에 대한 개역한글의 독특한 번역은, 한글 구역의 교본이면서 문맥의 흐름을 중시했던 한문문리역(漢文文理譯)의 故作巨舟一事觀, 可也(그러므로 큰 배를 만들어서 오로지 [하나님께] 나타내 보이는 일에 전념하는 것이 옳으니라)를 반영한 한글 구역, "오직 량심이 하ᄂᆞ님을 향ᄒᆞ야 차자가ᄂᆞᆫ 것이라"를 따른 것이다. 채영삼, "오직 선한 양심이 하나님을 향하여 찾아가는 것이라," 589-595 참조.

그래서 '선한 양심'이 21절에 다시 등장하는 것이다. 이 '선한 양심은 앞서 16절에 나왔다(참조. 2:19, '하나님을 아는 양심'). 그것은 그리스도 안에 있는 교회의 선행을 욕하는 자들이 하는 악한 말들, 비방하는 말들을 막고 그들을 도리어 부끄럽게 만드는 선한 행실을 하게 하는 성도의 거듭나고 회복된 양심이다. 그리고 바로 이 선한 양심, 곧 하나님을 참으로 알고 그분의 지극히 신한 뜻을 분별하여, 다만 도덕적인 선을 행하는 것이 아니라 하나님을 대적하고 도덕적으로 악한 악을 만나서도 하나님의 참된 것과 은혜의 강력을 드러내는 그런 아름다운 양심을 가리킨다. 바로 이 길이 그리스도의 길이며, 이 세상을 지나가는 교회가 자신이 받은 은혜와 자유 안에서 다시 타락하여 고통을 당하지 않고, 적극적으로 선을 행하고 악을 이김으로써 고난을 받는 더 나은 길인 것이다(17절). 베드로는 이 길을 독려하기 위해, 바로 그리스도 자신께서 우리 자신들인 교회를 위하여, '의인으로서 불의한 자를 대신하는' 이 선한 양심의 길을 가셨고, 이제 그 길의 여정이 얼마나 놀라우며, 얼마나 황홀하고 엄위한 영광에 이르게 하는지를 보여 주고자 한 것이다.

노아의 방주가 40여 일의 고난을 뚫고 드디어 마른 땅 곧 새 하늘과 새 땅 같은, 죄가 심판 받은 후 의와 화평이 거하는 새로운 세상에 도착했을 때 그 기쁨은 얼마나 형용할 수 없는 것이었을까? 그리스도께서 죽음 가운데서 일어나셔서 모든 악한 영들의 권세를 제압하시고, 드디어 하늘에 오르사 하나님 보좌 우편에 앉으셨을 때 그 영광은 또 어떠했을까? 바로 교회는 그 영광된 목적지에 이르는 황홀한 여행자들이다. 더 중요한 것은 바로 그 여행의 길을 다 가게 하는, 마치 노아의 방주와도 같은 것이 세상 속을 지나가는 교회의 '선한 양심'이라는 사실이다! 즉, 지금 베드로는 바울이 혹시 '믿음'이라고 부르는 구원의 능력, 혹은 야고보가 믿음의 '행함'이라고 부르는 그 구원의 능력을, 이제 세상 속을 지나가는 교회를 위하여 '선한 양심'이라고 표현하고 있는 셈이다.

그러므로 선한 양심은, 세상을 지나 하늘에 이르는 하나님의 교회의 믿음의 표현이다. 교회가 받은 구원은 너무나 놀랍고 풍성하다. 그것은 믿음으로도 믿음의 행함으로도 표현되지만, 또한 오늘날 우리의 교회에게 너무도 적절한 것처럼 선한 양심으로도 표현된다. 그러므로 믿음은 선한 양심이다. 역으로 말하면, 그 양심이 세상처럼 썩어지고 더럽고 허무한 데 굴복하는 것이라면, 혹은 선을 행하지도 않고 혹은 악을 만나 하나님의 지극히 선하신 은혜의 강력을 드러내지 못하는 그런 양심이라면, 그는 분명코 믿음이 없는 자이다. 오늘날 교회는 얼마나 믿음이 좋은가? 세상을 지나가는 교회에게, 믿음은 선한 양심이다.

선한 양심 - 세상을 지나가는 교회

구원은 이동이다. 출애굽이다. 예수 믿고 복을 받아 이 세상에서 행복하게 잘 사는 것이 복음의 목적이 아니다. 복음은 믿는 자로 하여금 이 세상을 지나가 그 정한 목적지에 도착하게 하는 여행이다. 짐을 싸야 한다. 서둘러 나가야 한다. 나갈 때도 주의사항들을 잘 듣고, 그대로 지키면서 나가야 한다. 구원은 그런 이동이다. 당신은 움직이고 있는가? 어느 방향으로 나아가고 있는가? 이 세상을 나가, 하늘의 하나님과 그리스도의 보좌 앞에 설 준비를 하고 있는가? 이 세상을 지나가면서, 또한 주께서 부탁하신 것들을 행하며 가고 있는가?

구원은 말할 수 없이 풍성한 실재(Reality)이다. 마치 다이아몬드 보석처럼 이리 보아도 빛나고 저리 보아도 빛나는 보석이다. 그러므로 성경은 그 풍성함을 다각도로 밝혀낸다. 예컨대, '오직 믿음으로 구원받는다'고 할 때에도 우리가 선한 행실을 해야 하는 이유는, 그 구원하는 믿음이 반드시 행함으로 역사하기 때문이다. 곧 믿음의 행함이다. 그래서 행함이 없는 믿음은 야고보서가 가르치는 대로 죽은 것이다. 하지만 베드로전서는 선한 행실의 또 다른 중요성을 드러내 보여 준다. 선한 행실은 이방인들 가운데서, 세상 사람들 가운데서 행할 때 결정적인 의미가 있다. 세상 사람들이 교회의 선한 행실들을 보고 하나님께 '영광'을 돌리게 된다. '하나님의 이름'을 거룩하게 하는 일은 오늘날 교회가 반드시 지켜내야 하는 사명이다.

이방인들 가운데서 교회가 행하는 선한 행실은 그들과 '소통'하는 데 있어 매우 중요한 통로가 된다. 베드로전서는 이 점에 있어 탁월하다. 오늘날 교회는 세상과 세상은 교회와 소통하기 어려워한다. 서로 사용하는 언어가 다르기 때문이다. 베드로는 세상과 '양심'의 언어로 소통하라고 권면한다. 그들의 양심으로도 느낄 수 있는 선한 행실로 소통하라고 한다. 창조주 하나님을 인하여 모두를 '존중'하라고 권면한다. 주님을 인하여, 허락하신 세상의 대리적 권세에 순복하라고 가르친다. 교회는 선한 행실에 충실해야 한다. 하지만 세상은 선에 대해서 반드시 선으로 대하지는 않는다. 양심이 아직 흐릿하게 남아 있어 소통이 가능하지만, 그 본질 속에는 '악'(惡)이 도사리고 있다. 세상을 지나가는 교회는 이 '악'에 대해서도 준비하고 있어야 한다.

그러면 어떻게 그 '악'을 대면하여 승리하는가? 이번에도 답은 '선한 양심'이다. 하지만 이때 '선한 양심'이란 '거듭난 심령의 회복된 양심'을 뜻한다. 그러므로 신자가 믿음이 있다는 뜻은 그 원래의 지극히 선한 하나님의 뜻까지 의식하고 행할 만큼, 그의 양심이 거듭나고 또 회복되었음을 의미한다. 교회는 이 회복된 양심으로 세상과 소통한다. 그래서 단지 선을 행할 뿐 아니라, 악을 악으로 갚지 않고 모든 심판을 하나님께 맡기며, 하나님을 생각하여 고난을 참는다. 이 '선한 양심'의 전모를 모두 보여 주신 분이 그리스도이며, 교회는 그래서 그리스도의 본을 좇아 이 세상을 지나가도록 되어 있다. 그분은 '의로운 자로서 불의한 자를 대신'하신 분이다. 그것이 하나님의 뜻을 아는 선한 양심의 길이다.

놀라운 것은, 교회가 바로 '이를 위하여' 부르심을 입었다는 사실이다! 예수 믿고 복 받고, 문제가 해결되고, 고난을 피하고, 잘사는 것을 위하여 부르심을 입은 것이 아니라, 선을 행하고 악을 만나서도 하나님의 뜻을 생각하여 그 진리와 은혜의 강력한 나라를 드러내며 선한 양심의 길을 가도록 부르심을 받은 것이다. 그러므로 믿음이 있다는 말은 선한 양심으로 산다는 것을 뜻한다. 세상 사람도 다 인정하는 양심적인 일을 할 뿐 아니라, 하나님을 아는 회복된 양심으로 악을 이기기도 하는 지극한 선, 곧 진리와 은혜의 강력을 드러내는 그리스도의 길을 가야 하는 것이다. 이것이 교회가 세상을 지나가는 유일한, 단 하나의 길이다.

십자가는 그래서 하나님께서 우리에게 오신 그리스도의 길이다. 동시에 십자가는 교회가 하나님께로 이르는 유일한 길, 그리스도의 길이다. 그리스도는 죽으시고 부활하셨으며, 하늘에 오르셨다. 교회는 그리스도께서 보내신 성령의 생명의 능력을 먼저 힘입는다. 부활의 생명을 먼저 경험하여 중생한다. 그리고 십자가의 길, 죽음의 길을 건너 하늘에 이른다. 베드로는 이 길도 그리스도께서 먼저 가셨으며, 노아의 방주처럼 '선한 양심'의 방주에 타고 하늘에 이르는 교회를 그분이 친히 인도하시는 모습을 보여 준다. 그분이 길을 내셨고 그분이 인도하신다. 그분이 돌아보시고 그분이 목자이시다. 요한계시록 7장은 이 길을 따라 하늘의 보좌에 이른 양 무리의 모습을 보여 준다. 바로 여기가 황홀한 여행자인 교회가 이르는 도착지이다. 선한 양심으로 이 세상의 길을 다가고 도착한 주님 앞, 그 목자 앞이다.

이 일 후에 내가 보니 각 나라와 족속과 백성과 방언에서
아무도 능히 셀 수 없는 큰 무리가 나와 흰 옷을 입고 손에 종려 가지를 들고
보좌 앞과 어린양 앞에 서서 큰 소리로 외쳐 이르되,
구원하심이 보좌에 앉으신 우리 하나님과 어린양에게 있도다 하니

모든 천사가 보좌와 장로들과 네 생물의 주위에 서 있다가
보좌 앞에 엎드려 얼굴을 대고 하나님께 경배하여 이르되,
아멘 찬송과 영광과 지혜와 감사와 존귀와 권능과 힘이
우리 하나님께 세세토록 있을지어다 아멘 하더라.

장로 중 하나가 응답하여 나에게 이르되
이 흰 옷 입은 자들이 누구며 또 어디서 왔느냐.
내가 말하기를 내 주여 당신이 아시나이다 하니
그가 나에게 이르되 이는 큰 환난에서 나오는 자들인데
어린양의 피에 그 옷을 씻어 희게 하였느니라.

그러므로 그들이 하나님의 보좌 앞에 있고 또 그의 성전에서
밤낮 하나님을 섬기매 보좌에 앉으신 이가 그들 위에 장막을 치시리니
그들이 다시는 주리지도 아니하며 목마르지도 아니하고
해나 아무 뜨거운 기운에 상하지도 아니하리니
이는 보좌 가운데에 계신 어린양이 그들의 목자가 되사
생명수 샘으로 인도하시고 하나님께서 그들의 눈에서
모든 눈물을 씻어 주실 것임이라.
(계 7:9-17)

Chapter 3

세상에 뿌려진 말씀

세상에 흩어진 교회

(4장 1절–5장 14절)

●

무엇이 '가짜 은혜'인가? 세속 한복판에서 그리스도를 따름이 빠진 은혜이다. 예수 믿어 세속적인 복을 받는 것도 은혜이지만, 그 모든 복들이 그로 하여금 더욱 그리스도의 길을 따르게 하지 못한다면, 그가 받은 은혜들은 참된 은혜가 아니다. 세속적인 것을 거슬러 대항하며 그리스도를 더욱 따르게 하는 은혜가 아니면, 그것은 자신과 다른 이들을 속이며, 받은 은혜 속에서 망하게 하는 가짜 은혜이다. 예수를 믿어 세상을 얻고, 그 세상 속에서 세상과 함께 망하게 하는 것이 하나님의 은혜일 수가 없다. 그러므로 '그리스도의 고난'에 참여함이 곧 참된 은혜이다.

힘들여서 산을 오른 후, 정상에 설 때의 기쁨은 얼마마한 것인가! 땀을 흘리며 올라왔던 길을 내려다보며 참고 견디기를 잘했다는 생각이 든다. 산 정상에서 부는 바람은 또 얼마나 상쾌한가. 내려다보이는 광경 또한 황홀하기 그지없다. 구름이 허리에 걸쳐진 작은 산들 사이로 강들이 굽이쳐 흐른다. 얼마나 멋진가! 이 광경을 못 보았으면 어쩔 뻔 했는가. 그런 것이다. 베드로는 3장 마지막 구절에서 이 멋지고 황홀한 산 정상의 광경을 그려 보여 준다. "그분은 하늘에 가셔서 하나님 보좌 우편에 계시며, 천사들과 권세들과 능력들이 그에게 순복하고 있는 것입니다"(22절). 그분 그리스도께서는 이미 하늘에 오르셨다. 그리고 그 전후 문맥은 주님의 교회가 세례를 통해서 노아의 홍수를 건넌 방주처럼 썩어지고 더럽고 쇠하는 이 세상을 건너 그 영원한 나라에 이를 것이라는 확실한 소망을 알려 준다.

하지만 여기까지이다. 교회가 거기에 실제로 이르렀다는 소식은 아직 기록되지 않았다. 그리스도께서는 이미 오르셨다. 거기서 보좌에 앉으셨고 지금도 다스리고 계신다. 교회는 어디에 있는가? 거기에 이르게 될 '살아 있는 소망'을 따라 계속 전투하며 전진하고 있다. 물론 세례를 통하여 이미 그리스도와 연합해 있고, 또한 그분이 목자요 감독으로 그들과 함께 하시며 그들을 인도하고 계시다. 그러므로 거기에 이미 이른 것이나 다름없다. 거기에 이를 소망은 너무도 확실하다. 마치 예수님과 함께 변화산상에 올라가서 영광된 모습으로 변화하여 나타나신 그리스도를 목격한 경험을 살려 말하듯, 베드로는 교회가 '이미' 그리스도와 함께 그 하늘에 오른 것처럼, 그 영광스런 정상의 모습을 보여 준다.

하지만 '아직' 가야 할 길이 남아 있다. 변화산상에 언제까지나 머물러 있을 수는 없다. 산을 내려와야 한다. 교회의 현실은, 아직 방주에 탄 노아의 식구들처럼 험한 파도 위에 떠 있는 중이다. 아직 '남아 있는 날들'이 있다(4:1-2). 고난은 계속된다. 하지만 이미 '영광의 영'이 그들 위에 머물러 계신다!(4:14). 그들은 그 방주 속에서 화목한 소망과 사랑의 식구들로 인내하며 이 길을 다 가야 한다(5:1-11). 이제 거의 다 왔다. 잠시 고난의 파도를 뚫고 인내하면 곧 새 하늘과 새 땅에 이른다. 교회여, 항해를 계속하라!

만일, 이 서신이 3:22의 그 화려한 정상에서 끝났다면 가슴 벅차기는 했을 것이다. 하지만 베드로는 고난에 대해 그리 호락호락하지 않다. 그는 고난의 신학, 십자가의 신학에 통달한 사도이며, 고난의 십자가를 지신 그분을 기어코 이해하고 결국 그 길을 따라간 참된 제자였다. 그는 독자들로 하여금 다시 현실을 직면하게 한다. 하늘의 그 황홀한 광경을 가슴에 품고, 다시 현실에서 헤쳐나가야 할 교회의 길을 보여 준다. 그리고 차근차근 그 길을 헤쳐 갈 방도를 알려 준다. 그래서 베드로는 이제 서신의 마지막 단락에서, 세상에 흩어진 교회를 향하여 그들이 아직도 가야 할 남은 여정에 대해 권면할 것이다. 서신서의 인사말에서, 베드로는 이미 교회에 대하여 세 가지를 말했다. 세상으로부터 택하여 부르심을 받은 교회, 세상을 지나가는 외국인이요 여행자 같은 교회, 그리고 세상에 흩어진 교회이다(1:1-2).

그리고 이제 세상에 '흩어진' 교회에 대하여 말씀할 차례이다. 여기서 '흩어진'을 의미하는 '디아스포라'(διασπορά)라는 말과 후에 베드로가 성도들을 향하여 "너희가 거듭난 것이 썩어질 씨로 된 것이 아니라, 썩지 아니할 씨로 된 것"이라 했을 때 그 말씀의 '씨앗'에 해당하는 '스포라"(σπορά)라는 말이 서로 관련이 있다는 것을 언급했었다(Hartin). '디아스포라'('흩어진')라는 말은 원래 농부가 밭에서 씨를 뿌리듯 흩어 뿌리는 모양을 그려낸 말이다. 그렇다면 세상에 흩어진 교회 곧 성도들을 디아스포라라고 부를 때(1:1), 그들은 썩어 가고 더럽고 허무한 세상 속에서 '썩지 아니하고 깨끗하게 하며 영영히 서는' 말씀(1:23-25)이 심령에 심긴 성도들로서, 밭에 뿌려진 씨앗처럼 세상에 흩어 뿌려진 하나님의 말씀의 사람들인 것이다. 썩어 갈 세상 속에서 썩지 않을 말씀을 품은 자들이요, 더럽혀진 세상 속에서 깨끗한 말씀으로 거룩해지는 자들이요, 허무함에 굴복하는 세상 속에서 영영히 서는 말씀의 생명으로 사는 자들인 것이다. 더구나 주께서 이미 제자들에게 여러 번 '밭에 뿌린 씨앗'의 천국비유로 말씀하신 그대로이다. 베드로도 이를 여러 번 들었을 것이다.

이렇게 교회는 세상에 흩어 뿌려진 말씀의 사람들이다. 그들은 세상과는 전혀 다른 생명, 살아 있고 영영히 서는 말씀의 생명을 따라 사는 자들이다. 세상과 같을 수가 없고, 그럴 리가 없다. 베드로는 이제 그 말씀의 생명을 따라 사는 교회가 세상에서 남은 때를 어떻게 살아야 하는지(4:1-3), 그래서 어떻게 세상에서 낯설게 살아야 하는지(4:4-6), 그리고 어떻게 교회에서 뜨거운 사랑과 하나님의 능력으로 섬겨야 하는지(4:7-11), 어떻게 남은 고난과 시련을 소망과 확신과 인내로 견디며 그 길을 다 가야 하는지(4:12-19), 또한 어떻게 교회 안에서 주 앞에서 서로 겸손하며 깨어 모든 은혜의 하나님을 의지하며 살아야 하는지를 조목조목 권면한다(5:1-11).

그리고 마지막 인사말에서, 베드로는 수신자들을 '바벨론에 있는 교회'로 부르며, 험악한 세상 속에 흩어진 성도들에게 하나님의 참된 은혜 안에서 굳게 설 것을 당부하는 것이다. 그러므로 세상 속에 '흩어진' 교회란, 세상의 썩어질 생명을 따라가는 자들이 아니라, 그들의 심령이 그것으로 거듭나게 된 썩지 않을 씨앗인 말씀의 생명으로 성장하고 피어나고 열매 맺는 성도들을 뜻한다. 그들은 세상과는 다른 존재이며, 다른 소속이며, 다른 목적지로 가는, 세상 속에서 하늘 생명의 열매를 맺는 이 땅에 살아 있는 소망인 것이다.

1

'남은 날들'을 사는 법

(4장 1-3절)

신자의 삶은 정확히 삼등분되는 삶이다. 예수님을 만나기 전까지의 삶, 예수님을 만난 후부터 다시 예수님을 만나는 날까지의 기간, 그리고 다시 예수님을 만난 그 이후 새 하늘과 새 땅에서 그분과 함께하는 삶, 이렇게 삼등분된다. 지금 베드로가 세상에 흩어진 교회에 대하여 전제하고 있는 구분도 이렇게 셋이다. 교회에게 중요한 시간은, '살아 있는 소망'을 만나기 전 허망한 삶을 살았던 기간, 그리고 그 살아 있는 소망을 품고 살아가는 기간, 그리고 마침내 그 소망의 실체를 만나는 그 이후의 기간이다. 예수 그리스도가 시간의 중심이다. 신자의 인생도 예수 그리스도와의 만남을 기준으로 각 단계의 의미가 결정되고, 그 기간의 의미도 결정된다.

하지만 대부분의 성도들이 이런 구분법을 마음에 두고 살아가고 있을까? 대부분은 자신의 삶을 삼등분하는 것이 아니라 이등분할 것이다. 즉,

예수님을 만나기 전과 만난 후 정도로 나누지 않는가? 실제로 성도들의 신앙 간증을 들으면, 주님을 만나기 전후의 극명한 차이를 말하기는 하지만, 영원의 관점에서 주님을 다시 만나는 날을 기준으로, 지금 내가 살아가는 날들을 '남은 날들'로 표현하는 것을 듣기는 쉽지 않다. 그만큼 '살아 있는 소망'이 기준이 되는 신앙을 갖지 못하고, 현세적이며 오늘 이 땅에서 복 받고 잘되는 것을 신앙의 기준으로 삼기 쉽기 때문이다. 믿음은 있지만 소망이 강렬하지 않은 신앙은 그래서 종종 목적과 방향을 잃고 현세주의적인 신앙, 현실에 몰입하여 갈 바를 알지 못하는 신앙으로 전락한다.

베드로는 강력한 소망 중심의 신앙 패턴을 제시한다. 이미 3장 마지막 부분에서, 베드로는 이 소망의 항구에 도달한 노아의 방주 같은 구원의 영광을 맛보게 해 주었다. 하늘에 오르신 그리스도의 영광과 권세, 그 속에서 거기에 결국 도달할 교회의 영광도 엿볼 수 있었다. 여행은 도착지를 위한 것이다. 만일 이 땅에서의 신앙이 여행이며, 교회는 그 영광스런 목적지에 이르도록 길 가는 여행자라면, 이 땅에서의 삶의 중심은 그 목적지, 곧 하늘에 있다. 그래서 베드로는 성도가 예수를 믿고 '아직' 이 땅에 남아서 살아가는 날들을 '육신 안에서 남은 시간들을 살아가는 것'으로 표현한다. 그리고 하늘에 이르는 황홀한 여행자들에게 그 남은 날들을 어떻게 살아야 하는지를 명확히 설명한다. 1-3절을 새롭게 읽어 보자.

> 1그러므로 그리스도께서 육적으로 고난을 받으셨으니, 이와 같이 여러분도 똑같은 생각으로 무장하십시오. 왜냐하면 육적으로 고난을 받은 자가 죄로부터 안식을 누리기 때문입니다. 2이는 육 안에서 사는 남은 날들을 사람의 정욕을 위해서가 아니라, 하나님의 뜻을 좇아 살게 하기 위함입니다. 3왜냐하면 여러분이 이방인들의 원하는 바를 좇아 외설과 탐욕, 술 취함과 환락, 술잔치과 혐오스런 우상숭배에 빠져 지내던 것이 이미 지나간 때로 족하기 때문입니다.

'그러므로'란 무슨 뜻일까? 바로 전 말씀은 그리스도께서 하늘에 오르셔서 하나님 보좌 우편에 앉으셨고, 천사들과 권세들과 능력들을 복종시키셨다는 내용이었다(3:22). 그러므로 이제 4:1에서 그리스도께서 육으로는 고난을 받으셨다는 말씀이 나오는 것은, 십자가 고난 없이는 부활과 승천이 없다는 뜻이 된다. 그리스도의 십자가는 하나님께서 나에게 오신 길이지만 동시에 내가 하나님께로 이르는 유일한 길이다. 그분께서 십자가에서 죄에 대하여 고난을 당하시고 죽으신 것처럼, 나도 십자가에서 그분과 함께 죄에 대하여 죽고 의에 대하여 사는 고난을 지나야 부활과 승천의 영광에 이른다. 이 둘은 절대로 분리될 수 없다. 이것이 복음이다. 그래서 베드로는 '그러므로'라는 표현을 쓴다. 고난의 십자가를 통과하지 않고서는 부활과 승천의 길을 가는 교회의 여행은 끝나지 않기 때문이다.

영광의 관점에서 보는 고난(1절)

그래서 십자가는 교차로이다. 하나님께서 내게 오시고 내가 하나님께로 이르는 길이며, 그리스도 안에서 서로 만난다. 거기는 고난의 자리이다. 고난의 자리이기 때문에 부활의 자리이고 영광의 자리이다. 베드로는 요한처럼 고난 속에서 이미 영광을 본다(참고. 4:14). 고난은 단지 고난이 아니다. 베드로는 소망의 시각에서, 영원의 시각에서, 이미 하늘에 이른 승리의 관점에서 현재 세상에서 남은 날들을 살아야 하는 성도의 고난을 바라본다. 이것이 3:22에서 그리스도의 승천과 승리의 소식이 먼저 나오고, 4:1의 고난에 관한 권면이 뒤에 나오는 이유이다. 그러므로 우리는 이 땅에서 겪는 고난에 대하여 하늘에서부터 내려다보는 관점을 가져야 한다. 영광의 자리에서 이 고난을 바라보는 관점을 가져야 한다. 이것이 베드로가 가르쳐 주는 고난의 신학이다.

그래서 베드로는 고난의 유익에 대해 적극적으로 설명한다. 그리스도를 따라가는 교회는 그 영광에 이르는 관문에 고난이 있음을 알게 된다. 그러나 단지 관문일 뿐이다. 뒤에 오는 영광이 그에 앞선 고난에 결정적인 의미를 부여한다. 그리스도께서도 이러한 생각으로 그의 고난을 감당하셨다. 이제 교회도 같은 '속의 생각'(엔노이안, ἔννοιαν)으로 이 땅에서 남은 날들을 살아야 한다(1절). 마음에 그런 생각, 그런 뜻을 품어야 한다는 뜻이다. 마음속에서 궁구하는 생각에서부터 '아, 영광이 있구나. 이 영광에 이르려면 이 선한 양심으로 인한 고난도 지나가야 하는구나. 아, 이 영광에 이를 소망으로 이 고난을 바라보아야 하는구나. 이 고난 바로 뒤에 영광이 기다리고 있구나.' 이런 식으로 그리스도께서 가지셨던 그런 생각을 같이 품으라는 것이다. 주께서도 바로 그렇게 생각하셨다. "믿음의 주요 또 온전케 하시는 이인 예수를 바라보자. 저는 그 앞에 있는 즐거움을 위하여 십자가를 참으사 부끄러움을 개의치 아니하시더니 하나님 보좌 우편에 앉으셨느니라"(히 12:2, 개역한글). 그리스도께서는 그 앞에 있는 즐거움을 바라보셨다. 교회는 그렇게 바라보신 그리스도를 바라보아야 한다. 고난은 그것이 끝난 후 오는 영광의 관점에서 바라볼 때 비로소 정확히 볼 수 있다. 그래서 베드로는 처음부터 '살아 있는 소망'의 위력을 전파한 것이다.

죄로부터 안식을 누림(1절)

영광의 관점에서 고난을 바라보는 또 다른 유익은, 그 영광에 이르기 전 이 땅에서 남은 날들을 살아갈 때 죄와 상관없이, 죄에게 시달림이 없이, 죄로부터 안식을 누리며 살게 되는 자유와 기쁨이다. 그렇다면 여기서 '육으로' 혹은 '육적으로' 고난을 받아 안식을 누린다는 것은 도대체 무슨 의미인가? 먼저, 여기서 '육으로'(사르키, σαρκὶ)는 육체를 말할 수도 있지만 그보다는 죄와 악의 지배와 영향에 놓인 인간의 조건 정도로 이해하는 것이 적절하다. 물론 그리스도께서 죄나 악의 지배 아래에 들어가지는 않으셨다. 하지만 그분은 인간의 몸을 입으셨고, 우리와 같이 되셨으므로 그런 유혹과 도전과 핍박을 받으셨다. 또한 이때 그분이 짊어지신 죄의 무게나 악에게 당하신 고난은 그분 자신의 죄 때문이 아니라 우리의 죄 때문이었다. 그분은 '의인으로서 불의한 자를 대신' 하신 것이다(3:18).

흥미로운 것은, 여기서 죄의 시달림과 악의 공격으로부터 '안식'을 누리게 해 준 방법이요 통로가 '고난'이었다는 사실이다. 이것은 인간의 육체에 고통을 줌으로써 일종의 금욕주의적인 경건의 자유를 맛보는 것이 결코 아니다. 주께서는 죄가 없으셨으나 우리의 죄와 세상의 악의 무게를 짊어지셨고, 그 시달리게 하는 것과 공격의 매를 맞으셨다. 약함으로, 십자가로, 선함으로, 하나님의 공의로운 심판에 의탁함으로, 그리고 하나님 나라의 진리와 은혜의 강력으로 대항하셨다. 십자가의 고난이다. 여기서 고난을 '받으셨으니'(파쏜토스, παθόντος)라는 표현은 주께서 일평생 죄 없으시나 죄인들을 위하여 고난받으시고 마지막으로 십자가에서 결정적으로 단번에 고난받은 사실 전체를 가리킨다. 또 뒤이어 나오는 '고난을 받은 자'(호 파쏜, ὁ παθὼν) 역시 단번에 고난받은 사건을 뜻하는데, 그리스도를 가리킬 수도 있고 또는 그를 믿고 영접하여 세례를 받고 그와 연합한 모든 신자들을 가리킬 수 있다(Kelly; Beare; Spicq). 성도들은 원리적으로 하면 이미 그리스도 안에서 죄와 악이 주는 모든 무게와 시달림과 고난에 대하여 끝을 본 자들이다. 그들이 현실적으로 끝을 본 것이 아니라, 그리스도께서 그 끝을 보셨고, 그들은 그리스도 안에서 그 고난의 끝에 참여한 것이나 다름없다.

그래서 흥미롭게도, 여기서 죄로부터 '안식을 누린다'(페파우타이, πέπαυται)는 표현은 완료형이다. 즉, 주께서 단번에 십자가 고난을 받으신 사건을 근거로, 신자가 세례를 통해 주님과 연합하여 참여함으로 그 결정적인 안식을 얻었으며 그 결과로 여전히 현재에도 지속적으로 그 쉼을 누린다는 의미이다. 그런데 이 죄로부터의 안식은 '육적으로 하면' 고난과 함께 온다. 왜 그런가 하면, 주께서 죄의 무게와 악의 공격을 모두 이기신 것은 십자가의 고난을 통해서였기 때문이다. 죄로부터의 안식과 십자가 고난은 그래서 떨어지지 않는다. 인간의 육체를 괴롭힘으로써가 아니라, 예수 그리스도와 세례를 통해 연합함으로 그분의 십자가 고난에 참여하게 되어 그가 얻으신 죄로부터의 쉼을 얻고, 그 십자가 고난에 계속적으로 참여함으로써 지속적으로 죄로부터 쉼과 자유를 누리게 되는 것이다. 핵심은 죄로부터의 쉼이 십자가 고난을 동반한다는 사실이다. 베드로는 이 비밀을 깨달은 것이다.

그러므로 신자가 이 세상에서 '남은 날들'을 살아가는 동안, 자신의 잘못된 정욕을 따라 살면서 죄로부터 자유하기를 원하거나 쉼과 평강을 누리기를 원하는 것은 어리석은 일이다. 적극적으로 십자가의 고난, 곧 선을 행함으로 악에 대하여 불의한 대접도 참아내는 고난의 삶을 추구하지 않고, 도리어 세상적인 복이나 갈구하면서 세상을 기웃거리는 마음으로는 결단코 죄에서 쉼을 누리지 못하는 것이다.

흥미로운 점은 여기서 베드로가 '안식한다'(파우오, παύω)는 표현을 사용한 것인데, 이는 마치 앞 문맥에서 베드로가 그려 내었던 노아의 홍수와 방주 이미지를 다시 떠올리게 만들기에 충분하다. 심판의 상징인 물 위에 떠 있는 방주는 죄의 파도와 악의 비바람에 한시도 쉬지 못하고 시달린다. 방주에게 있어서 새 땅에 이르는 순간은 드디어 물을 떠나 '안식'하는 순간이다. 바로 그 '안식'을 세례 받은 성도는 이미 그리고 항상 누릴 수 있다. 그리스도께서 이미 그 죄와 악의 바다를 건너 하늘에 이르셨기 때문이다(3:22). 만일 베드로가 계속해서 노아의 홍수 이미지를 사용하는 것이 맞는다면 여기서 '안식'의 의미는, 비록 이 땅의 교회가 아직 남은 날들을 죄와 악의 홍수가 범람하는 세상 속을 헤쳐나가는 중이지만, 그들 속에는 새 하늘과 새 땅에서 주어지는 '안식'이 이미 주어졌고, 그들은 항상 그것을 누릴 수 있다는 기쁜 소식이 된다. 그리고 그 방식은 언제나 선한 양심으로 짊어지게 되는 각자의 십자가 고난을 통해서이다. 이것이 베드로가 전한 복음이다.

다시 물속으로?(2-3절)

그래서 베드로는 '지나간 때가 족하다'는 표현을 한다. 생각해 보라. 그들은 이미 방주에 올라타 있다. 예수님을 믿고 세례를 받아 그분과 함께 '선한 양심'이라는 방주 위에 올라탄 것이다. 그들은 이미 예수님과 함께 새 땅, 새 하늘에 이른 것이나 다름없다. 어찌하여 다시 물속으로 뛰어들려 하는가? 거기는 밑도 끝도 없는 파도 속이다. 위로는 세차게 내리치는 폭우요, 사방으로는 거세게 몰아치는 높은 파도이다. 방주 생활이 지겹고 단조롭고 한심해 보인다고 다시 물속으로 뛰어들 수는 없지 않은가? 그게 잠시 시원해 보일지는 몰라도, 그게 잠시 짜릿할지는 몰라도, 그 죄악과 심판의 홍수에서부터 건져냄을 받았던 구원을 위태롭게 할 만큼 해볼 만한 일인가?

2절과 3절은 이런 갈등 상황을 전제한다. '하나님의 뜻'(2절)을 아는 의식, 곧 거듭난 심령의 회복된 양심이다. 선한 양심으로 사는 삶이다. 이 삶은 그가 예수님을 만나기 이전에 살았던 잘못된 정욕을 따르는 삶, 자신의 뜻과 생각을 따라 욕심나는 대로 살았던 삶과 대조를 이룬다. 마치 마른 땅, 새 하늘과 새 땅을 찾아가는 방주 속에서의 삶과 다시 심판의 물속으로 뛰어드는 삶을 대조하는 것과 같다. 방주 밑에 찰랑거리는 파도 속에는 이지 그 짜릿한 죄와 유혹의 생활들이 널려 있다. 3절의 다섯 가지 악덕들은 모두 당시 로마 사회에서 횡행했던 방탕한 종교·문화·사회적 삶의 모습 그대로를 반영한다. 처음에 나오는 두 가지는 주로 성적인 죄악들이고 뒤이어 나오는 세 가지 악덕들은 술에 관련된 것이며, 마지막은 혐오스런 우상숭배이다. 점진적이라는 인상을 지울 수 없다.

먼저, '외설'(아셀게이아, ἀσέλγεια)은 문자적으로는 '금기가 깨어져 버린' 방탕한 모습을 가리키는데, 당시 사회에서 '잔인함'이나 '외설스런 행태'를 뜻했다(Achtemeier). 다음 '탐욕'(에피쑤미아, ἐπιθυμία)은 여기서 주로 음란한 욕구들을 절제 없이 탐닉하는 것을 가리킨다. 그리고 '포도주'라는 단어가 들어 있는 '술 취함'(오이노플루기아, οἰνοφλυγία), 술은 물론이고 종종 난잡한 성적 타락을 동반하는 '환락'(토포스, πότος), 그리고 말 그대로 '큰 술잔치'를 뜻하는 '코모스(κῶμος)는 한결같이 술에 관련되어 있다. 마지막으로 이런 음란과 방탕한 술 문화는 불경건하고 혐오스런 '우상숭배'(에이돌로라트리아, εἰδωλολατρία) 와 함께 간다고 가르친다. 결국 절제 없이 성적 탐심을 불러일으키는 문화와 술 권하는 사회는, 하나님 아닌 다른 거대한 우상들, '스타'나 '여신'이라 불리는 연예인들이나 쾌락이나 돈이나 권력이나 헛된 명예를 숭배하는 세상 풍조와 함께 요동치는 거품이는 바다와 같다.

베드로는 그리스도와 함께 '선한 양심'의 방주에 올라탄 성도들이 다시 이 바다에 빠질 일이 무엇이냐고 묻는 셈이다. 지나간 때가 족하지 않느냐는 것은, 그 심판의 홍수 속에서 건짐 받은 일들을 생각해 보라는 것이다. 죽을 뻔하지 않았느냐, 심판 받아 영벌에 떨어질 뻔하지 않았느냐, 그 썩어지는 죄악과 함께 썩어지고 그 더러운 정욕과 함께 더러워져서, 하나님과 멀어져 영원히 허무한 나락으로 떨어지는 세상과 함께 떨어질 뻔하지 않았느냐는 것이다. 왜 그런 삶을 다시 살아야 하며, 어째서 그런 삶을 다시 살 수 있겠느냐는 것이다. 도리어 살아 있는 소망을 붙들고, 이미 죄와 악으로부터 안식을 누리게 하는 그리스도 안에서 참된 안식과 자유를 누리며, 앞에 보이는 새 하늘과 새 땅을 향해 더욱더 힘차게 전진할 것을 격려하고 있다.

번지점핑 크리스천

구원론에 붙잡혀 있건, 세상적인 복에 붙잡혀 있건, '나' 자신에게 초점이 맞추어져 있으면 비슷한 결과가 나온다. 오늘날 많은 경우에, 신앙은 앞으로 나아가지 않는다. '무엇으로부터의 자유'는 있다. 죄로부터의 자유, 가난과 병으로부터의 자유 등 우리는 얼마든지 예수 믿어서 자유를 누린다. 일방적인 설명이기는 하지만 오직 은혜, 오직 믿음, 하나님의 예정과 같은 교리조차 '나'에게 초점이 맞추어져서 설명되면, 그만 미궁에 빠지기 쉽다.

'무엇으로부터의 자유'만 있고, '무엇을 위한 자유'를 이해하지 못하면, 신앙은 제자리를 맴도는 현상을 보인다. 물론 하나님은 신실하시다. 나의 실패, 나의 실수, 나의 부족함, 연약함을 얼마든지 능가하시는 열심과 사랑으로 나를 붙드신다. 오직 은혜이다. 나의 구원을 향한 하나님의 신실함은 실패될 수 없다. 그래서 어떻게 되었다는 것인가? 여기서 한 걸음 더 나아가야 한다. 그렇지 않으면 '번지점핑 크리스천'의 함정에 빠지기 쉽다.

번지점핑이 무엇인가? 위험천만하게 절벽 위에서 뛰어내린다. 하지만 그가 죽지 않으리라는 것을 누구나 안다. 아찔할 뿐이고, 스릴까지 있다. 모두 용서하시겠지. 어차피 은혜니까. 예정되어 있잖아. 하나님의 사랑이 실패하겠어? 그리고는 뛰어내린다. 노아의 방주의 비유를 잠깐 빌리자. 일단 방주는 물 위에 떠 있다. 물은 심판의 상징이다. 그렇지 않은가? 물 밑에는 죄와 악에 대한 형벌과 심판의 결과로 죽은 시체들이 가라앉아 있다. 방주는 안전한 곳이다. 그리고 자신은 그 안전한 곳으로 피해 있다. 하지만 방주가 마른 땅으로, 새 하늘과 새 땅으로 나아가고 있다는 방향성을 모르면 그저 할 일이 없어진다.

그리고 물속으로 뛰어들고 싶어진다. 어차피 방주에 묶어 둔 밧줄에 달린 구명튜브로 허리를 둘렀다. 그 구명튜브에는 '오직 은혜,' '행위가 아니라 믿음,'

'예정론'의 라벨이 붙어 있다. 그리고 일단 뛰어내린다. 방주 속에서의 답답한 일상보다는 훨씬 시원하고 짜릿하다. 그리고 또 물 위로 올라온다. 물속 깊은 곳에는 죄로 인해 형벌을 받아 익사한 시체들이 떠다니기 때문이다. 죽을 운명은 아니지 않은가. 다시 방주 위로 올라와, 소중한 구명튜브를 매만진다.

이것이 자유로 악을 가리는 행위이다. 이스라엘도 이처럼 하나님 믿고 그 자유와 복 안에서 망했다. 오늘날 교회도 번지점핑 크리스천들로 가득하다. 유명무실하다. 방향과 목적을 생각하지 않기 때문이다. 구원은 이동이다. 구원은 티켓이 아니다. 물속에서 건지신 이유는 이제 마른 땅으로 가야 하기 때문이다. 죄로부터 자유하게 하신 것은 주께서 우리를 얼마든지 용서하실 것을 확인하시려 하심이 아니다. 그 자유로 비로소 하나님의 뜻을 이루는 일을 할 수 있는 기회를 얻은 것이다. 비로소 십자가의 길을 따라갈 자유, 비로소 선한 양심으로 세상을 살아 볼 기회, 비로소 고난을 통해서라도 하나님의 종으로 살아 볼 기회를 얻은 것이다. 번지점핑 크리스천에서 벗어나라. 노를 손에 쥐고, 죄의 바다를 건너라. 새 하늘과 새 땅을 향하여 가라. 남은 날들 동안 하나님의 이름을 높이라. 제사장의 역할을 다하라.

2

세상에서 낯설게

(4장 4-6절)

그렇다면, 세상 속에 있는 성도는 어찌하여 이런 불을 보듯 뻔한 죄의 홍수와 악의 파도 속으로 다시 뛰어들고자 하는가? 무엇이 그들로 그렇게 어리석은 일을 하게 하는가? 많은 이유들이 있을 수 있다. 하지만 4-6절의 말씀을 보면 성도가 이렇게 토한 것을 다시 먹는 이유는, 첫째는 세상 사람들과 다른 것이 싫은 것이고, 둘째는 모두를 공의로 심판하실 하나님을 잊은 때문이다. 그리고 이 두 가지 이유들의 근본적인 원인이 있다면, 그것은 이미 야고보서에서 지적한 대로 그들의 '나뉜 마음', 곧 하나님과 세상을 동시에 사랑하겠다는 불행하고도 위험한 마음 때문이다(약 1:8; 4:8). 자신에게 생명을 주지 못하는 것을 향하여 정말 생명을 주는 것인 양 스스로 속는 것이다. '하나님을 따라' 살지 않고, 세상의 판단에 따라 살아 세상에 속는 것이다. 결국은 성도가 누구에게 낯설게 되느냐 하는 문제이다. 세상이 낯설어하는 삶인가, 아니면 하나님께서 낯설어하는 삶인가? 어느 쪽에 더 익숙해질 것인가? 본문을 새롭게 읽어 보자.

> 4이로써 이제 여러분이 낯선 사람들처럼 여겨지는 것은, 그들처럼 하나님께 모
> 독이 되는 극한 방탕의 길로 함께 내달리지 않는 까닭입니다. 5하지만 그들은
> 산 자와 죽은 자를 심판할 준비가 되어 있으신 그분께 변명해야 할 것입니다.
> 6이를 위하여 죽은 자들에게도 복음이 전해진 것은, 비록 사람들을 따라서는
> 육적으로 심판을 받았지만 하나님을 따라서는 영적으로 살게 하기 위함입니다.

'이제'라니? 무엇이 기점이 되는가? 그것은 죄에 관련되어 그리스도께서 받으신 고난의 사건이다. 신자는 이 사건에 참여한 사람이다. 그것은 죄와 그 결국을 보여 주며, 고난의 의미를 새롭게 보여 준 사건이다. 이 구원의 사건에 참여한 신자는 그러므로 죄에 대하여 다르게 살 수밖에 없다. 이제 4-6절은 이 사실을 확실히 하고자 한다. 죄에 대해 달라진 삶을 산다는 것은 무엇을 뜻하는가? 먼저, 세상에서 '낯선 사람'으로 사는 것이다(4절). 둘째, 심판하실 하나님 앞에서 사는 것이다(5절). 마지막으로, 복음의 길이 참으로 사는 길임을 알고 이 길만 가는 것이다(6절).

낯설지 않은 까닭(4절)

그래서 교회는 세상에서 '낯선 자들'로 남아 있어야 한다. 여기서 '낯설게 여기는'(크세니존타이, ξενίζονται)이라는 말은 마치 타지에서 온 사람, 외국에서 온 사람, 혹은 여행자처럼 자신들과는 전혀 다른 낯선 가치관과 전통, 언행과 성품을 가진 사람들 대하듯 한다는 뜻이다(참고. 1:1, 16; 2:11). 오늘날 교회의 문제가 무엇인가? 세상과 다르지 않은 모습들이다. 세상과 너무 친숙하다. 세상도 교회를 낯설어하지 않고, 교회도 세상이 전

혀 낯설지 않다. 왜 그런가? 교회가 세상의 성공한 기업의 모델을 따라갔기 때문이다. 그리스도의 십자가의 복음을 따라가지 않았기 때문이다. 그리스도의 복음을 부분적으로만 이해하고 그것을 전부인 것처럼 전했기 때문이다. 베드로 역시 처음에는 십자가의 복음을 이해하지 못하고 낯설어 했다(참고. 마 16장). 그러나 지금은 이해한다.

앞선 문맥인 1-3절에서 베드로는 그리스도의 십자가란 '죄에 관련해서 고난을 통해 안식을 누리게 된 사건'이라고 말한다. 그리스도는 자신의 죄가 아니라 우리의 불의와 죄악을 담당하셨다. 그것은 베드로가 그렇게 강조한, '자유의 참된 사용'의 결정적 본이 되는 사건이다. 그분은 자신의 자유로 자신을 추구하지 않으셨다. 그 자유로 하나님의 종의 일을 감당하여 하나님의 뜻을 이루셨다. 그것이 의로운 자로서 불의한 자를 대신하여 당하신 선한 양심의 고난, 곧 십자가의 고난이었다. 거기서 그분은 부활하셨고, 자신뿐 아니라 죄인들인 우리들도 죄의 권세에서 자유하게 하셨다. 그분의 십자가는 죄의 끝이 형벌과 사망이며, 의로운 고난의 끝이 구원과 영광임을 확증하신 사건이다.

그런데 오늘날 그리스도의 십자가는 무엇으로 이해되는가? 그가 찔림으로 내가 나음을 입었다는 은혜의 근거이다. 주로 죄 사함과 병 나음의 근거로 제시된다. 영육 간에 치유 받고 회복되는 것이다. 물론 그것도 중요하다. 하지만 십자가는 하나님께서 우리를 구원하신 유일한 길인 동시에, 우리가 죄와 악과 세상을 이기고 하나님께로 이르는 유일한 길이기도 하다. 나머지 반쪽도 설교해야 한다. 나머지 반쪽의 복음도 반드시 전해야만 한다. 그래서 베드로는 십자가를 이야기할 때, 고난을 통해서 죄와 상관없는 자리에 가는, 더 이상 지난 죄의 권세 아래서 속아 살았던 썩어지고 더럽고 허무한 삶을 살지 않아도 되는 자유의 상태라고 묘사하는 것이다(4:1-3). 그 자유로 다시 죄를 덮고 악을 가리는 것이 아니라, 그 자유로 이제 마음껏 하나님의 뜻을 이룰 수 있는 기쁨과 능력과 열매를 누리는 삶이다.

그러므로 그리스도를 믿음으로 그분의 십자가 사건에 참여한 성도들은, 이미 그리스도 안에서 죄의 끝, 고난의 끝이 무엇인지를 알았고 받아들였다. 또한 그 자유와 유익과 영광을 이미 누리는 자들이다. 죄에 속고 죄에 끌려다니고 죄에 시달리고 결국 사망과 파멸을 가져오는 그 일이 '지나간 때가 족한 줄' 아는 자들이다. 사람이 죄의 권세 아래 있을 때에는 죄밖에 지을 수 없다. 하지만 그리스도 안에 있으면 자유하다. 죄의 영향을 받지만, 그는 근본적으로 죄 사함을 누리고 죄책에서 벗어난다. 더 나아가 죄를 짓지 않고 하나님의 뜻을 이룰 수 있는 성령의 능력 안에서 자유를 누린다. 그래서 다시 죄의 영향력 안에 휘말려서 시달리고 그로 인한 고통을 당할 이유가 없다.

그러나 죄와 악이 죄와 악인 줄도 모른 채 차고 넘쳐나는 세상 한복판에서 살아가는 성도들에게 있어, 그리스도인의 자유, 곧 죄로부터 자유하고 하나님의 뜻을 위하여 자유한 참 자유를 누리며 산다는 것은 몇 가지 점에서 결코 쉽지 않다. 첫째는, 지금 4절의 말씀이 제시하는 대로, 세상 속에서 관계를 맺고 있는 세상 사람들과 멀어지기 때문이다. 그것은 단지 관계적인 문제만이 아니라, 사업상 금전적인 손실을 의미할 수도 있고, 세상적으로 더 잘 될 수 있는 기회의 상실을 의미할 수도 있기에 쉽지 않다. 세상 사람들과 멀어지면 반드시 잃는 것이 있다. 베드로는 이런 경우를 상정한다. 세상 사람들은 '극한 방탕의 길'로 내달린다. 이는 당시의 여러 신들, 우상들을 섬기며, 3절에서 열거한 대로 난잡한 종교의식과 방탕한 술잔치와 고삐 풀린 정욕의 탐닉으로 내달린 타락한 로마 사회의 문란한 문화를 염두에 둔 표현이다. 하지만 자신들을 부르신 거룩하신 자의 부르심을 따라 거룩한 민족과 제사장 나라가 된 '흩어진 교회들'이 이들을 따라 살 수가 없다(2:9-10). 죄로부터의 자유, 하나님의 뜻을 이루기 위한 자유를 얻은 참 자유한 성도들이 그들과 함께 그 어리석은 죄의 길로 함께 달려갈 수는 없는 것이다.

여기서 '함께 내달리지'(순트렉손톤, συντρεχόντων)라는 표현은 마치 운동장의 트랙이 있는데, 같은 방향, 같은 목적지로 함께 호흡을 맞추어 뛰는 모양을 그려 준다. 어디까지 같이 뛸 것인가? 실제로 방탕하고 사악한 세상 속을 살아가는 성도들은 어디까지 그들과 함께 호흡을 맞추어 뛸 것인가? 그리고 어느 지점에서는 이별을 고해야 하는가? 가는 길이 다른데도 계속 같은 길을 함께 뛸 수는 없다. 선택을 해야 하고, 자신이 선택한 길에 대한 확실한 근거와 이유, 목적을 확신하고 있어야 한다. 결단해야 한다. 이것을 하지 않으면 신자는 완전히 이중적인 인간이 된다. 세상에서는 정말 세상 사람처럼 살고, 교회에 들어와서는 거룩한 신자로 살려 한다. 하지만 베드로는 성도가 세상 속을 어떻게 지나가야 하는지를 가르친다. 신앙은 일상이다. 피할 수 없는 일상을 신앙을 따라 통과해야 한다.

심판주께 뭐라 할 것인가?(4-5절)

당신의 결단을 도와줄 또 한 가지의 사실이 있다. 세상 사람들은 극한 방탕의 길을 내달린다. 그런데 그들이 그렇게 하는 것은 동시에 그들이 그렇게 함으로써 곧 하나님을 '모독하는'(블라스페문테스, βλασφημοῦντες) 일이 된다(3절). 여기서 그들은 그들과 함께하지 않는 성도들을 모독하는 것이 아니다. 성도들에게는 '낯설게 대하는' 것이고, 그들의 그런 방탕한 삶 자체가 하나님께 신성모독이 된다는 의미이다. 왜 그런가? 그 이유는 바로 다음 구절에 나온다. 그들 역시 창조주 하나님, 곧 그들을 그분 자신의 형상을 따라 지으시고, 그들에게 생명과 하나님과 선을 아는 '양심'을 주신 하나님께 책임이 있는 존재이기 때문이다. 그들 역시 성도들과 함께 마지막 날에 이 모든 것들에 관해 책임을 물으실 심판주 하나님 앞에 설 존재이기 때문이다. 그러므로 생각해 보라. 당신은 누구와 함께 갈 것인가? 종착지에는 심판주 하나님께서 서 계신다. 언제까지 세상 사람들의 기분을 맞추며, 그 악의 길을 함께 내달릴 것인가? 세상이 당신을 낯설어하는 것이 불편하고 힘든가, 아니면 하나님께서 당신을 낯설어하는 것이 불편하고 두려운가? 세상 사람들이 당신을 몰라주는 것이 충격인가, 아니면 주께서 그날에 당신을 도무지 알지 못한다고 하실 것이 충격인가?(참고. 마 7:23)

모든 사람은 신자이든 불신자이든, 하나님을 알든 모르든 심판주 하나님 앞에 서게 된다. "한 번 죽는 것은 사람에게 정해진 것이요, 그 후에는 심판이 있으리니"(히 9:27, 개역개정). 최종적인 결산의 시간과 그 결산의 심판을 하실 하나님께서는 이미 모든 준비가 되어 있으시다. 그것은 정해진 일이어서 바꿀 수도 취소되지도 않는다. 직면해야만 하는 순간이다. 그날에 각 사람은 그분께 자신의 행한 일에 대한 변명을 해야 한다. 자신의 믿음과 선택, 그에 따른 행실들에 대한 책임 있는 해명을 할 기회를 얻을 것이다. 하나님을 알 만한 것이 그 안에 있으면서도, 혹은 복음을 들었으면서도, 혹은 주변의 성도들로부터 어떤 선한 증거를 받았음에도 세상의 극한 방탕의 길을 간 세상 사람들은 그날에 꼼짝없이 입을 다물게 될 것이다. 하나님을 거부하고 하나님께 모든 선한 것들을 받았음에도 하나님께 감사치도 영화롭게도 아니하고, 도리어 그것을 남용하고 악하게 사용하고 썩고 더럽고 허망한 일에 낭비한 삶에 대한 책임을 지게 될 것이다(참고. 롬 1:18-32).

그러므로 신자가 이 땅에서 세상 사람들에게 따돌림을 받아 손해 보고 빼앗기는 것, 그것이 결단코 끝이 아니다. 심지어 살고 죽는 것도 결단코 끝이 아니다. 인생의 실패와 성공 여부는 이 땅 여기서 지금 결정되지 않는다. 지금은 아무도 확실히 알지 못한다. 그날에 심판주 하나님 앞에 서야 거기서 결정 난다. 누가 성공한 신자인가? 어느 교회가 성공한 교회인가? 주님은 자신의 전한 복음, 자신의 전한 말씀, 자신이 가르친 가르침 중

지극히 작은 것 하나라도 버리고 소홀히 여긴 자를 천국에서 '작다' 하시고, 그 가르침을 그대로 행하며 가르치는 자를 천국에서 '크다' 할 것이라고 하셨다(마 5:19). 그러면 어느 목사가 큰 목사이며 어느 교회가 큰 교회인가? 과연 무엇이 큰 믿음인가?

만일 우리 인생의 성공 여부가 심판주 하나님 앞에서 결정 난다면, 지금 이 땅에서 살고 죽는 일은 결정적이 아니다. 5절에서 '산 자와 죽은 자'란 그런 뜻이다. 정확히 말해서, '산 자들과 죽은 자들'(존타스 카이 네크루스, ζῶντας καὶ νεκρούς)이란 대부분의 학자들이 동의하듯이, 육체적으로 살아 있는 자들과 더 이상 세상에 있지 않은 죽은 자들을 가리키는 전형적인 표현이다(참고. 행 10:42; 딤후 4:1). 또한 6절에서 "이를 위하여 죽은 자들에게도 복음이 전해진 것"이라 했을 때, 그 '죽은 자' 역시 육체적으로 죽은 자인데, 이는 죽은 모든 자들에게 복음이 다시 전해졌다는 뜻이 아니다. 그렇다면 그들은 죽은 상태에서 복음을 들은 두 번째 기회를 가진 셈이 된다(Elliott, 742). 여기서 '죽은 자들'은 성도들, 곧 수신자인 성도들 가운데 죽은 자들을 가리킨다. 주께서 다시 오셔서 심판하실 때에, 그 때까지 살아 있는 자들이든지, 아니면 그 때에는 이미 죽었으나 그들이 살아 있을 때에 복음을 들은 성도들이든지, 그들이 '살았거나 죽었거나'(!) 그것이 중요한 사실이 아니라는 뜻이다.

또한 여기서 '죽은 자들에게 복음이 전해졌다'는 표현은 종종, 앞선 3:19에서 언급된 '옥에 있는 영들에게 선포한' 사실과 연관된다. 같은 맥락인가? 그렇지 않다. 우선 3:19에서 그리스도께서 죽음을 이기시고 부활하신 승리를 '선포했다'(케루센, ἐκήρυξεν)는 말과 4:6에서 '복음이 전해졌다'(유앙겔리스떼, εὐηγγελίσθη)는 말은 전혀 다르다. 또한 3:19에서는 '영들' 곧 신약에서 죽은 자들을 가리키는 표현이 아니라 영적 존재들 곧 타락한 천사들에게 선포한 것이고, 지금 4:6에서는 살아 있지 않은 '사람들'

에게 복음이 전해졌다는 사실을 말한다. 그리스도인 역시 다른 세상 사람들처럼 죽는다. 성경적 전통에서 죽는다는 것은 죄와 밀접한 관계가 있다. 죽음은 죄의 결과이며, 죄는 창조주 생명의 하나님과의 단절이기 때문이다(참고. 창 2:17, 3:19; 롬 5:12; 6:23; Davids, 154-155).

그러므로 6절 하반절에서 보듯, 그리스도인이 죽는 것은 '사람들을 따라서는 육적으로 심판을' 받은 것이나 다름없다. 즉, 사람들의 기준에서 혹은 인간적인 관점에서 볼 때 심판을 받고 죄 정함을 받아 죽은 것과 다름없다(참고. 롬 8:15; 고전 3:3, 9:8; 갈 3:15; 고후 5:16). 죄가 지배하는 세상에서 어쩔 수 없는 결과를 받은 것이다. 하지만 복음이 전파한 소망은, 복음을 받아들인 자들이 그리스도의 부활을 따라, '하나님을 따라서는' 혹은 '영적으로' 살게 된다는 것이다. 즉, 하나님과의 관점에서는 영적으로는 살게 되어 있는 것이다.

복음을 따르는 것이 사는 길(6절)

그러므로 복음을 따라 사는 길이 진정으로 사는 길이다. 세상 사람들이 어떤 식으로 조롱하고 핍박하든지 그것이 결정적이 아니다. 지금 성도들을 조롱하고 핍박하는 세상 사람들조차 결국 모두를 심판하실 하나님, 곧 '산 자와 죽은 자'를 심판하실 하나님 앞에 불려가 그 앞에서 설 것이다. 하지만 복음을 듣고 믿고 지키고 따른 성도들은, 지금 이 땅에서 죽었든 살아 있든 상관없이 영원한 생명을 누릴 것이다. 성도가 지금 세상에서 살아 있거나 죽은 것이 결정적이지 않다는 것이다. 결정적인 것은, 각 사람을 공의로 심판하시고 그 이후 영원을 결정하실 그분 앞에서 사는 일이다. 신자는 항상 이런 눈을 가져야 한다. 그렇지 않으면 세상의 유혹과 압력 아래서 도저히 참된 경건을 이룰 수 없다. 그날에, 그분 앞에서 나는 무엇이라 대답할 것인가? 무엇을 믿었으며 어떻게 살았는가?

왜 성도가 세상에서 더러운 양심으로 살아 자신을 더럽히며 하나님의 이름을 더럽히는가? 대부분은 생존의 위협을 받기 때문이다. 경제적 생존, 사회적 생존 등 생존의 위협에 직면하기 때문이다. 죄를 거절하고 의를 구하며, 적극적으로 선을 행하는 일에 따라올 수도 있는 따돌림과 외면, 조롱이나 핍박이 주는 고통을 싫어하기 때문이다. 하지만 신자가, 교회가 이 땅에 존재하는 이유는 '악'의 완전한 정복 때문이다. 그 완전한 승리는 십자가로 악을 이기시고 모든 권세를 굴복시키신 예수 그리스도께서 다시 오시는 날 완성될 것이다. 하지만 교회는 이 땅에서 끊임없이 복음으로, 십자가로, 진리와 은혜의 강력으로 악과 싸워야만 한다. 베드로는 그 결과가 고난이요 죽음이라도, 그것은 산 자와 죽은 자 모두를 심판하실 하나님 앞에서 서는 두려움에 비하면 아무것도 아님을 강조한다.

참으로 공의로 심판할 자를 두려워한다면, 신자는 선한 양심을 따라가야 한다. 주께서도 이 길을 따라가셨기에, 오늘 당신과 내가 복된 구원 안에 있다. 어둠은 밝혀야 한다. 더러움은 씻어야 한다. 썩은 것은 도려내고 새 생명을 심어야 한다. 교회는 빛이다. 당신과 나는 생명의 복음, 생명의 말씀을 품은 씨앗으로 세상 속에 뿌려져 있다. 빛을 비추어야 하고, 어둠을 밝혀야 하고, 말씀의 생명을 심어 그것을 자라게 하고 드러내야만 한다. 오늘 내가 거부해야 할 썩은 행실, 더러운 관행은 무엇인가? 오늘 내가 비추어야 할 어둠은 어느 곳인가? 그 어둠을 위하여 울어야 한다. 주께서 불의한 우리를 위하여 심한 통곡으로 통곡하신 것처럼, 교회는 세상의 어둠을 위하여 통곡하고 울어야 한다. 선한 양심으로 그 진리와 은혜의 강력한 나라를 증거해 보여 주어야 한다. 오직 심판하시는 하나님 앞에서 우리의 양심은 가장 깨끗해지고 가장 맑아질 수 있다. 당신은 무엇을 두려워하는가? 오직 두려워해야 할 한 분을 진정 두려워하는가? 그분 앞에서 결정하고 그분 앞에서 살아야 한다.

낯설어해야 할 것과 익숙해야 하는 것

베드로전서에는 '낯설다'는 개념이 자주 나온다. 외국인도 낯설고, 여행자도 낯설다. 백인들만 사는 마을에 흑인이 지나가면 낯설다. 주민들도 낯설어하고, 지나가는 여행자도 낯설어한다. 그리스도인은 세상에 대해 이렇게 낯설어야 마땅하고, 세상도 그리스도인들을 낯설어해야 마땅하다. 그게 정상이다.

하지만 현실은 그렇지 않다. 자본주의 사회의 성공하는 대기업 모델을 따라간 대형교회와 그 브랜치 교회들과 거대한 CEO처럼 행세하는 소위 '큰 교회, 큰 목사'가 익숙하고, 가장 익숙해 하고 싶어 하는 대상이다. 중소기업이 대기업을 따라 하듯, 대기업 모양새를 대교회가 따라가고, 대교회를 작은 교회들이 따라가고, 모두가 그렇게 세속의 모양을 따라간다.

겉모양이야 익숙하면 어떠랴. 하지만 속도 그렇다면 문제이다. 가치관도 그렇다면 더더욱 문제이다. 세상도 '잘살아 보세'이고 교회도 '예수 믿으면 복 받는다'는 식으로 복음도 그렇게 익숙한 것이면 이제 치명적인 문제이다. 지옥에 대한 설교를 들어 본 것이 언제인가? 심판하시는 하나님에 대해 설교하는 것을 들어 본 적이 언제가 마지막인가? 그리스도인들은 정직해야 한다고 피를 토하며 설교하는 목회자를 어디서 본 적이 있는가? 그리스도인 정치가들이나 사업가들은 거짓말하지 말고 속이지 말아야 한다고 가르치는 부흥강사를 본 적이 있는가?

그래서 이제 우리는 '큰 교회, 큰 목사'들이 대기업 회장들처럼 돈과 권력과 부끄러운 문제들로 법정에 드나들며, 일간신문에 소개되며, 세상 사람들의 입에 회자되는 '낯설기만' 한 일들이 '익숙하게' 벌어지는 시대를 살고 있다. 덕분에 성도들은 세상 사람들과 다른데도 다르다고 말을 할 수 없고, 낯설지 않기 위해 노력하다 스스로 낯선 자가 되어 버리는 막다른 골목에 이르렀다.

낯설어져야 할 일에는 낯설어져야 한다. 세상이 뭐라 하든, 그리스도인은 정직해야 한다. 손해를 보아도 거짓을 버려야 한다. 그렇게 하면 세상 사람들이 이상하게 보더라도, 세속적인 더러운 것과 썩어지는 것과 허무한 일들에 참여하지 말아야 한다. 대신, 순전하고 정직하고 용서하고 악을 악으로 갚지 않는 일에 익숙해야 한다. 그렇게 하면 바보요, 짓밟힐 뿐이고, 무시당할 뿐이라도, 그렇게 낯설게 여김을 당해도 그렇게 해야 한다.

왜냐하면 그리스도인은 그리스도께서 낯설게 여기지 않으시면 그것으로 족하기 때문이다. 그것이 그리스도'인'이다. 그날에 주께서 '나는 너를 모른다' 하시지 않으면 그것이 전부이다. 이 땅에서 그분과 그분의 말씀을 부인하면, 그날에 그분께서 그분의 나라를 영광 중에 가져오실 때, 그분도 당신을 낯설어할 것이다. 누구를 낯설게 여기며 누구를 익숙하게 여길 것인가?

3

세상을 이기는 교회

(4장 7–11절)

그렇다면 영적으로 하나님을 따라 사는 성도들이 모인 교회는 어떤 교회일까? 세상 사람들이 내달리는 방탕한 삶을 거부할 수 있게 하는 건강하고 강력한 성도들이 모인 교회는 어떤 모습일까? 세상이 낯설어하는 거룩한 삶, 오직 하나님을 두려워하며 선한 양심을 따라 살며 그에 따른 고난도 넉넉히 감수하는 성도들이 모인 교회는 어떤 모습이어야 할까? 바울은 교회를 종종 그리스도의 몸으로 비유하지만, 베드로는 자주 교회를 한 집안처럼 묘사한다(벧전 2:5; 4:10). 가화만사성(家和萬事成)이라 하였다. 한 집안이 평안해야, 그 집안 식구들이 밖에서 나가서 하는 활동이 성공적일 수 있다. 성도가 세상의 부패한 물결을 거스르며 하나님의 뜻을 좇아 선한 양심으로 살려면, 그가 속한 교회 공동체가 건강해야 한다. 이제 밭에 뿌려진 말씀의 씨앗처럼, 세상에 흩어져 그 주변 세상을 이겨

내는 생명력 넘치는 성도, 그리고 교회의 모습이 어떤 것인지 7-11절의 말씀을 찬찬히 살펴보자.

[7]이제 모든 일의 끝이 가까이 왔습니다. 그러므로 현명하게 판단하고 기도 중에 깨어 있어야 합니다. [8]무엇보다, 여러분은 끝까지 서로 사랑하여야 합니다. 사랑은 허다한 죄를 덮어 주기 때문입니다. [9]또한 서로를 나그네처럼 대접하기를 불평 없이 하십시오. [10]이처럼 각자 은사를 받은 대로 서로를 섬기되, 하나님의 여러 가지 은혜를 받은 선한 청지기들처럼 하십시오. [11]만일 누가 말하려면 하나님의 말씀을 하는 것 같이 하고, 만일 누가 섬기려면 하나님께서 공급하시는 힘으로 하는 것처럼 하십시오. 이로써 모든 일에 하나님께서 예수 그리스도를 통하여 영광을 받으시게 하려 하는 것입니다. 그에게 영광과 권능이 세세에 무궁토록 있고 진실로 그러합니다.

베드로는 이제 눈을 교회 안으로 돌린다. 세상을 능히 선한 양심으로 살아내는 성도들이 모인 교회라면, 그들은 우선적으로 세상 모든 일의 종말이 가까이 왔음을 철저히 의식하고 기도에 깨어 있는 공동체이다(7절). 그리고 무엇보다 그 안에서 그리스도의 사랑으로 진실히 그리고 끝까지 사랑하며 그 안에서 함께 성숙해져 가는 교회이다(8절). 또한 '낯선 자들'에게 열려 있는 교회, 의지할 데 없고 보호받지 못하는 이들을 대접하고 섬기는 교회이며(9절), 이 모든 일들을 하나님께서 그들을 통해 역사하시는 것처럼, 각자의 은사로 서로를 섬기기를 불평 없이 해내는 화목한 교회이다(9-11절). 이를 하나씩 살펴보자.

첫째, 종말의 신앙으로 깨어 있는 교회(7절)

세상에 대하여, 교회에 대하여, 베드로가 가장 밑에 깔아 놓는 중요한 전제가 있다. 그것은 '이제 모든 일들의 끝이 가까이 왔다'는 종말의식이다. 교회는 예수 그리스도의 기초 돌 위에 서 있다(2:2-3). 그리고 예수 그리스도의 피 뿌림과 구원하심은 마지막 때, 곧 최종적인 심판과 구원의 결정적인 시작이다(1:5). 베드로에 의하면, 제2의 출애굽이 시작되었다. 죽음과 죄와 하나님을 떠난 허망함에 종노릇하는 세상, 영벌의 깊은 바닷속으로 가라앉기 시작한 세상의 파도 위로 구원의 방주가 하나 떠오르기 시작한 것이다. 그 구원의 방주는 새 하늘, 새 땅으로 향한다. 그 방주를 인도하시는 분은 이미 하늘에 오르셔서 하나님 보좌 우편에 앉아 계신다(3:22). 교회는 그분의 가신 그 길을 좇아 항해한다.

그 방주의 이름은 예수 그리스도인데, 그 또 다른 이름은 '의인으로서 불의한 자를 대신하여' 그들을 하나님 앞으로 인도하는 '선한 양심의 삶'이다(3:16-18). 이 방주는 고난의 길을 가지만, 이미 새 하늘과 새 땅의 안식을 누린다. 더 이상 죄에 시달리지 않고, 하나님의 뜻을 따라 영광의 목적지를 향해 간다. 그들 위에 이미 영광의 영, 평강의 비둘기가 머물러 있다(4:14). 그들은 황홀한 여행자인 것이다. 이것이 베드로가 세상에 흩어진 교회에 대해서 갖고 있는 강렬한 이미지이다. 근본적으로 종말론적인 교회이고, 철저하게 출애굽적인 교회이다. 여행 중에 있는 교회이고, 세상으로부터 부르심을 받아, 세상을 지나 하늘에 이르는 교회이다. 이동하는 교회, 결코 현실이나 이 세상에 안주하지 않는 낯선 교회이다.

이런 교회는 항상 깨어 있을 수밖에 없다. 머물러 있지 않고 목적지를 향해 끊임없이 항해해 나아가기 때문이다. 떠난 곳이 있고 도달할 곳이 분명하다. 그것을 날마다 확인해야 하는 교회이다. 한시도 멈추어 설 수 없다. 종말의 바다 위에 떠 있기 때문이다. '현명하게 판단하고'(소프로네사테, σωφρονήσατε)라는 말은 그래서 종말을 아는 지혜이다. 무엇이 지혜인가? 지혜는 원래 '모든 일의 결국'을 듣는 데에서 나온다. "일의 결국을 다 들었으니 하나님을 경외하고 그의 명령들을 지킬지어다. 이것이 모든 사람의 본분이니라. 하나님은 모든 행위와 모든 은밀한 일을 선악 간에 심판하시리라" (전 12:13-14, 개역개정).

끝에서 시작하는 것, 종말의 관점에서, 영원의 관점에서 오늘을 선택하는 것, 그것이 지혜이다. '마지막 때에 나타내기로 예비하신 구원'(1:5)은 그 '마지막 때에' 나타내기로 예비하신 하나님의 진노를 전제한다. 마치 첫 번째 출애굽 때에 여호와의 사자가 임했을 때, 어린양의 피를 뿌리지 않았던 집마다 심판이 임했던 것처럼, 구원은 언제나 하나님의 진노의 심판을 전제한다. 이제 하나님께서 '각 사람을 행위대로 심판'하실 날이 임박했다(1:17). 모든 사람들은 '산 자와 죽은 자를 심판하실' 하나님께 각자의 믿음과 삶에 대해 책임 있는 대답을 해야 할 때가 임박했다(4:5).

'하나님의 집에서부터 심판이 시작될 때'가 되었다(4:17) 옛 이스라엘은 이미 걸릴 돌, 거치는 반석에 걸려 넘어졌다(2:8). 그들은 이미 심판을 받았고, 시온에는 하나님께서 두신 새로운 종말의 구원의 반석이 놓였다(2:6). 종말의 심판이 이미 시작되었다. 누구든 이 반석이신 그리스도 위에 서는 자는 영원히 설 것이요, 누구든 그에게 걸려 넘어지는 자는 영원히 부끄러움을 당할 것이다(2:8-10). 그러므로 교회가 자신과 세상을 바라보는 관점 역시 종말의 심판, 하나님의 공의로운 심판이 임박했다는 의식이어야 한다. 노아의 홍수 때의 방주는 항상 물 위에 떠 있었다. 그 물속에는 이미 임한 진노의 심판의 홍수에 휩쓸린 사람들의 시체들과 부유물들이 떠 있었을지 모른다. 교회는 그것을 목격하면서, 새 땅으로 전진하는 것이다. 심판의 홍수 위에 떠 있는 교회이다. 교회는 그 물속에 있지 않고, 그 물 위에 떠 있다. 그들은 이미 심판의 결과를 목격하고 있는 셈이다.

성도가 받은 세례가 이와 같다. 세례를 받았다는 것은, 그들이 방주에 올라탔고 다시는 그 물속에 있지 않다는 뜻이다. 그러나 그것이 전부가 아니다. 그 방주는 기다리는 것이 있고, 가야 할 목적지가 있다. 신자의 삶도 그러하다. 그것이 지금 여기에서 반드시 필요한 지혜와 분별력을 가져온다. 다시 세속의 물결에 휩쓸릴 것인가? 다시 그 홍수의 물결 속으로 뛰어들 것인가? 목적을 잃어버릴 위험은 없는가? 버리고 나온 것들을 다시 잡고 있지는 않은가? 전력을 다해 잡아야 할 목적을 붙들고 나아가는가? 방향이 맞는가? 끝에서부터 시작하는 삶, 그것이 지혜로운 삶이다. 자유에는 목적이 있다. 목적을 잃은 자유는 그것으로 죄와 악을 덮을 뿐이다. 그런 배는 좌초하고 다시 물 밑으로 가라앉을 것이다. 그러므로 목적지에 시선을 고정해야 한다. 이 심판의 바다를 건너 이미 하늘 보좌 위에 앉으신 부활하신 주 예수 그리스도를 향해 시선을 고정시키자. 오직 그분을 바라보고 앞으로 나아가야 한다.

그 일을 위하여 기도 중에 깨어 있어야 한다. 오늘날 기도는 종종 알라딘의 마술램프처럼 여겨진다. 현세적 복을 얻기 위한 도깨비방망이처럼 말이다. 교회를 더욱더 현세적이게 하고, 더욱더 이 세상과 이 세상을 사랑하는 일에 뿌리 박게 하는 도구처럼 사용된다. 7절의 말씀은 그 정반대이다. 기도 중에 깨어 있다는 것은 목적지를 잃지 말라는 것이다. 떠나 온 죄악들과 지나가야 할 선한 양심의 길과 도착해야 할 하늘의 영광스런 보좌를 결단코 잊지 말라는 것이다. 다시 세속으로 뛰어들고자 하는 유혹과 세상에서 선한 양심의 길을 피하고 싶은 압력과 목적지를 잊고 그저 현실에 탐닉하고자 하는 갈등을 이겨 내라는 뜻이다. 예수 믿고 복 받기 위해 기도하라는 것이 아니라, 예수님 자신이 복이시므로 그분을 품고 그분으로 채워져서 그분을 따라 그분의 길을 가고 그분이 계신 곳에 이르도록 그분으로 충만해지기 위하여 간절히 기도하고 또 기도 중에 깨어 있으라는 뜻이다.

둘째, 끝까지 서로 사랑하는 교회(8절)

종말의 신앙으로 기도 중에 깨어 있는 교회는, 그 안에 진실한 그리스도의 사랑이 살아 있다. 하나님의 긍휼과 그리스도의 은혜가 서로를 향한 사랑과 용서, 치유와 회복으로 살아 숨 쉬는 사랑의 공동체이다. 이렇게 그리스도의 사랑으로 서로 사랑하는 일을 끝까지 하는 사랑의 공동체를 이루는 일(8절)이 중요한 이유는, 이것이 바로 종말을 살아가는 지혜로운 삶이며 기도 중에 깨어 있는 결과이기 때문이다(7절). 교회가 종말에 깨어 있는 삶을 산다는 것은, 그 안에서 그리스도의 사랑으로 서로 뜨겁게 사랑하며 끝까지 사랑한다는 뜻이다. 여기서 '끝까지'(에크테네, ἐκτενῆ; 개역개정, '열심으로')라는 표현은 단순히 열심을 내라는 것이라기보다, 할 수 없는 지경에 이르렀다고 생각할 때에도 그 이상으로, 혹시 '이것은 안 된다'고 여겨질 때에라도 그 이상으로, 그리스도께서 "내가 너희를 사랑한 것 같이 너희도 서로 사랑하라."하신 그 그리스도의 사랑을 기준으로 끝까지 사랑하라는 뜻이며(요 13:34; 15:12), 그래서 그리스도의 사랑으로 서로를 붙드는 일에 결코 끝까지 실패하지 않는다는 뜻이다.

그러므로 성도들이 모두 세상적인 복을 받으러 모인 교회에서는 이런 그리스도의 진실한 사랑의 공동체를 기대하기 어렵다. 이런 사랑은 세상에 없는 사랑이기 때문이다. 그리스도의 사랑을 입은 자들만이 할 수 있는 사랑이기 때문이다. 그래서 그리스도를 전하고 그리스도를 가르치고 그리스도를 배우는 것이 교회의 목적이 아니라, 예수 믿고 복 받는 것을 복음의 핵심으로 가르치면 이런 사랑의 공동체는 결코 지속적으로 세워지지 못한다. 그리고 그런 교회가 세상을 이기거나 세상을 부끄럽게 하는 삶을 살기 어렵다. 세상을 이기는 교회는 그 안에 하나님의 긍휼과 그리스도의 진실한 사랑이 성도 간의 교제 가운데 살아 있는 사랑의 공동체이다. 세상은 하나님의 교회가 그리스도의 깨끗하고 진실한 사랑으로 서로 사랑할 때, 그 모습을 보고 그들이 진정 예수 그리스도의 제자들인 것을 알게 된다. "너희가 서로 사랑하면 이로써 모든 사람이 너희가 내 제자인 줄 알리라" (요 13:35, 개역개정).

그래서 베드로는 서신서 내내 세상 사람들에 대해서는 존중과 공경을, 그리고 같은 믿음의 형제자매들에게는 사랑을 강조했다(1:22; 2:17). 분명, 이런 사랑의 공동체는 세상 사람들을 존중하고 공경함으로 대한다. 왜냐하면 교회 안에서 이미 서로를 긍휼하게 여기며 자신을 낮추어 악을 악으로, 욕을 욕으로 갚지 않고 도리어 복을 빌어 주며 축복하는 삶을 배우기 때문이다(3:8-9). 하지만 복 받으러 교회에 모인 성도들이라면, 그렇게 해서 복을 받았거나 받지 못했거나, 세상 사람들과 다를 바가 없을 것이다. 그런 교회는 성장해도 정작 교회 자신인 성도들은 그리스도의 사랑 안에서 성장하지 못한다. 여전히 세상 사람들과 같거나 그보다 못해진다. 세상이 그들을 보고 부끄러워하는 것이 아니라, 그들이 세상 사람들 보기에도 부끄러운 처지에 떨어진다.

베드로는 종말을 살아가는 교회가 기도 중에 깨어 있는 가운데 반드시 실천해야 하는 것이 그리스도의 사랑을 서로 나누며 실행하는 사랑의 공동체를 이루는 일이라고 말한다. 이것은 어떻게 가능한가? 그것은 위에서 언급한 대로 '끝까지'의 원리에 있다. 그리스도께서 명하신 대로, '내가 너희를 사랑한 것 같이 서로 사랑하는 것'이다. 기준은 그리스도의 사랑이다. 그래서 끝까지이다. 내가 '그리스도의 사랑을 받은 만큼'이 곧 내가 다른 믿음의 형제를 사랑해야 하는 기준점을 정해 준다. 내가 그를 더 이상 용서하거나 받아 줄 수 없다면, 나 자신도 그리스도께 그렇게 나를 받아주지 않으셔도 된다고 말해야 한다. 그런 것이다. 내가 그리스도께 언제나 용서받을 수 있고 받아들여진다면, 그리고 그 용서와 은혜를 누리고 있다면, 나도 다른 믿음의 형제들에게 그렇게 해야 한다. 그것이 '끝까지'의 의미이다. 내 힘으로 끝까지 사랑하라는 것이 아니다. 그리스도께서 '나에게 하신 것처럼'의 의미이다.

사랑으로 죄를 덮는다는 뜻(8절)

그렇다면 끝까지 서로 사랑하라는 것은 실제로 어떻게 하라는 것인가? 본문은 잠언 10:12을 인용하여, '사랑은 허다한 죄를 덮어 주기 때문'이라고 말한다. 이는 무슨 뜻인가? 원래 잠언의 문맥에서는 '미움은 다툼을 일으키나'가 앞부분에 포함되어 있다. 공동체 안에서 미움 때문에 악한 말로 상처를 더하고 다툼을 일으키는 것이 지혜롭지 않다는 뜻이다. 더 나아가 만일 사랑의 마음을 품는다면, 이 사랑은 많은 허물과 죄를 덮는 역할을 한다. 하지만, 여기서 '덮는다'는 어떤 뜻인가? 믿음의 공동체 안에서 누가 완연한 죄를 범했는데, 그것이 죄도 아니고 아무것도 아닌 것처럼 그저 묵과하라는 뜻인가? 종종 '은혜'라는 말을 잘못 이해하여, 교회 안에 명백한 불법 행위나 모두가 납득할 수 없는 결정이나 악한 관행을 '그저, 은혜로 넘어 갑시다'라는 식으로 덮어 주라는 말인가? 혹은 교회 안에서 높은 지위와 권한을 가진 자의 한 일이니, 그저 좋은 게 좋은 거라고 모르는 체하고 넘어가자는 뜻에서 사랑으로 덮으라는 뜻인가? 사랑은 그런 뜻인가? 만일 당신이 당신의 자녀를 진정으로 사랑한다면, 그런 식으로 대충 넘어갈 것인가? 그것을 사랑이라 부를 수 있는가?

결코 그렇지 않다. 여기서 '덮는다'(칼륍테이, καλύπτει)는 표현은 마치 제사를 드릴 때에 제물의 피가 그 죄인의 죄를 덮듯이 속죄하는 과정을 포함한다. 덮은 그것이 그대로 있는 것이 아니라, 속죄되고 변화함을 전제한다. 즉, 거기에 그리스도께서 자신을 희생 제물로 드려 뿌리신 피가 있고, 그 죄인을 품은 공동체가 함께 흘리는 회개와 눈물의 고통이 수반되며, 동시에 그 죄인 자신의 철저한 회개의 증거가 따라야 한다. 성경에서 사랑은 언제나 진리와 함께한다. 진리가 없는 사랑은 사랑이 되지 못한다. 사랑 안에서 진리를 말해야 한다(참고. 엡 4:15). 사랑 없이 진리를 말하는 것도 문제이지만, 사랑으로 한다면서 진리와 참된 것을 흐려 버리는 것도 잘못하는 것이다. 십자가가 그런 것이지 않은가. 거기에는 하나님의 진리, 참된 공의와 하나님의 뜨거운 긍휼과 사랑이 그대로 함께 나타났다. 그래서 십자가는 하나님의 지혜이다(고전 1:18-25).

그러므로 교회 안에서 죄를 범한 형제가 있을 때에, 십자가에서 나타난 공의와 긍휼의 원리, 진리와 사랑의 원리가 함께 나타나야 한다. 진정한 회개와 진정한 용서가 있어야 한다. 사랑이 허다한 죄를 덮는다고 했을 때, 그것은 분명 죄를 범한 자가 스스로 자유하다고 주장하며 그 '자유로 악을 가리는'(2:16) 행위를 정당화시켜 주는 말씀이 결코 아니다. 여기서 사랑은 공동체가 그와 더불어 회개하며 고통 가운데 드러나는 그리스도의 사랑이다. 죄를 범한 사람 자신이 자신의 죄를 얼버무리며 대충 덮어 달라는 뜻에서 써먹을 수 있는 말씀이 아니다. 오늘날 교회는 이런 파렴치하고 회개 없는 용서와 구원으로 스스로를 포장하곤 한다. 그것은 가증한 일이다. 세상은 참된 회개 없이 '오직 은혜, 오직 믿음'의 교리를 악용하여 그 자유로 자신들의 악을 덮는 교회에 대해 '부끄러워하라'고 충고한다. 세상으로 하여금 부끄럽게 만들어야 하는 교회가 세상으로부터 '부끄럽지도 않는가'라는 충고를 듣는다면, 그것은 교회가 교회 안에서 서로 사랑하는 방식이 잘못된 것임을 드러낸다.

죄를 덮는 사랑이란, 진리와 분리되지 않는다. 하나님은 우리를 긍휼히 여기셔서, 하늘에서 그저 우리 죄를 없는 것처럼 얼버무리신 것이 아니다. 하나밖에 없는 독생자 아들을 보내 희생시키셨다. 희생 없는 사랑이, 죄에 대한 하나님의 공의로운 진노로부터 그 죄를 가려 줄 수 없다. 주께서 대신 희생하셔서 십자가의 죽음으로 덮어 주셨지만, 죄를 범한 형제와 그 공동체는 다시 한 번 그 십자가 속에서 함께 죽어야 한다. 죄에 대하여 죽고, 가증함에 대하여 죽고, 거짓에 대하여 죽어야 한다. 그래서 하나님께서 다시 그와 공동체를 일으켜 세워 주시는 회복을 기다려야 한다. 그런 참된 회복, 참된 사랑만이 진정으로 교회를 죄로부터 깨끗하게 하고, 세상 앞에서 그리스도를 증거하는 교회로 세운다.

또 한 가지, 이런 사랑의 공동체를 세워 가는 데 있어서 결정적인 것은, 교회가 진리의 말씀을 신실하게 가르치고 이 말씀으로 거룩해지는 일에 전력을 기울일 때에 가능하다. 베드로는 이미 1:22-25에서 어떻게 복음과 또한 하나님의 말씀이 성도들의 심령을 깨끗하게 하여 진실한 사랑에 이르게 하는지를 설명했다. 썩지 않고 더럽지 않고 헛되지 않은 영원한 하나님의 말씀이 끊임없이 성도들에게 공급되고 그들이 그 말씀의 삶 속에서 성장할 때, 그들 속에 진실한 그리스도의 사랑, 뜨겁고 참되고 실패하지 않는 하나님의 사랑이 솟아나 그리스도의 몸을 치유하고 회복하며 강건하게 세워 가는 것이다. 그러므로 말씀 없이는 사랑이 없다. 말씀으로 거룩해지지 않은 심령에서 나오는 사랑은 순결하지 않고 진정으로 화평을 만들어내지도 못하기 때문이다.

셋째, 낯선 자들을 환대하고 섬기는 교회(9절)

실로 베드로는 세상을 이기는 교회에 대하여 결정적인 요소들을 제시하고 있다. 앞서 언급한 대로 첫째는 '살아 있는 소망'으로 깨어 기도하는 교회이다(7절). 둘째는 그리스도의 사랑을 받으며 그 사랑으로 서로 사랑하는 공동체 교회이다(8절), 그리고 이제 세 번째는 낯선 자들을 사랑하는 섬김이 가득한 교회이다(9절). 세상을 이기는 교회는 '낯선 자를 사랑하는'(필로제노이, φιλόξενοι) 교회이다.

이 말은 문자 그대로 하면, '낯선 자, 외국인, 여행자를 환영하고 호의 베풀기를 즐거워하는 사람들'을 가리킨다. 당시 교회란 성도들의 모임을 가리켰는데, 그들은 언제나 가정에서 모였다. 이렇듯 가정을 교회의 모임으로 열어 놓는다는 것은 또한 낯선 자들을 환대하고 잘 대접하며 기쁨으로 섬기기를 즐겨하지 않으면 어려운 일이다. 그래서 성경은 오래 전부터 낯선 이들을 환대하고 섬기는 전통을 중요하게 생각했으며(참고. '아브라함,' 창 18:1-8, 24:11-61; '롯,' 창 19:1-8), 초대교회에서는 대부분이 매우 가난했던 순회 전도자들이나 가난하고 형편이 어려운 이들을 성도들의 가정에서 환영하고 섬기는 일을 중요한 덕목으로 여기기도 했다(참고. '너희 중 지극히 작은 자,' 마 25:31-46).

그러므로 세상 속에서 세상을 이기는 강한 교회가 된다는 것은, 당시의 상황으로 볼 때 성도들 서로를 향하여 자신의 가정을 개방하고 부지런히 그들을 섬기는 일을 즐겨하지 않으면 결코 불가능한 일이었다. 그래서 '불평 없이' 하라고 권면하는 것이다. 더구나 성도들과 더불어 낯선 이들, 정말 잠시 머물려는 외국인이나 여행자들을 자신의 집으로 받아들인다는 것은 쉽지 않은 일이다. 예컨대, 주후 1세기 경 소아시아 지역의 문화적 관행에 따르면, 나그네를 집에 들이고 먹을 것과 잠자리를 제공하는 것은 3일 정도 안에서 용인되었다. 하지만 그 후에는 일을 하거나 스스로 알아서 해야 하는 것이 기대치였다(Davids, 159). 당시 흩어져 있던 교회들, 즉 로마 사회의 주변에서 살았던 성도들에게 3일 정도라도 낯선 사람들을 대접하는 것은 종종 불평스러운 일이었을 것이다. 그래서 낯선 이들과 성도들을 자신의 가정을 열어 섬기는 일은 희생적인 태도, 즉 하나님께 감사하면서 자발적으로 교회를 세우며 하나님의 뜻을 이루겠다는 생각이 없이는 불가능한 일이 된다.

그러면 '낯선 이들을 환대하고 섬기기를 즐거워함'이 어떻게 세상을 이기는 교회의 모습이 되며, 또 어떻게 하면 그렇게 잘 할 수 있을까? 그것은 참된 '코이노니아'를 회복함으로써 가능하다. 성경이 가르치는 참된 교회의 모습에는 네 가지 핵심적인 요소들이 들어 있다. 첫째는, 바른 복음의 선포인 '케리그마'(kerygma)이고, 둘째는, 말씀을 가르쳐 성장하게 하는 '디다케'(didache), 그리고 셋째는, 성도의 교통, 곧 그리스도 안에서 진실한 사귐인 '코이노니아'(koinonia), 그리고 하나님께로부터 받은 은사로 서로 세워 주는 봉사인 '디아코니아'(diakonia)이다.

오늘날 교회는 복음을 세속화시켰고, 말씀을 가르치지 않고, 성도들의 은사를 제한하기도 하지만, 가장 치명적이고 고질적으로 낫지 않는 부분은 아마도 '코이노니아' 곧 그리스도 안에서 진실한 사귐의 실종일 것이다. 그것은 그리스도의 몸 된 교회 안에서 그리스도의 피와 사랑이 통하지 않는 영적 동맥경화증이다. 교인이 되고, 집사, 장로, 목사가 되어도, 전혀 덕스럽거나 그리스도를 닮은 인격으로 변화되지 않는다. 종종 목격하듯이, 헌금을 가로채고 교회를 사유화 하는 목사와 함께 타락하여, 교회를 고통과 상처 속으로 몰아넣는 당회가 그런 왜곡된 성장의 열매이다. 교회는 세상 그 어느 곳보다 차갑고 외롭고 불의한 곳이 된다. 주일마다 교회에서는 가면무도회가 진행된다. 구역예배가 끝나면, 성도들은 그때서야 자기 자신으로 돌아간다. 사람은 자신의 진정성을 나누지 않을 수 없기 때문에, 결국 교회에서 참된 인격적 사귐을 갖지 못한 성도들은 세상으로 나아가게 되어 있다.

실로, 오늘날 교회 안에서 진실한 만남, 그리스도 안에서 가능한 참된 나눔과 사귐은 얼마나 보기 드문 일인가! 믿음과 믿음이, 마음과 마음이 만나고 피가 통하며, 함께 울고 함께 기뻐할 수 있는 신뢰할 만한 공동체를 갖기란 얼마나 힘겨운가! 그리스도의 진실한 사랑이 막힘없이 온몸을 흐르는 공동체 가운데서, 서로의 삶은 어둠과 깨신 부분이 빛과 은혜 가운데 드러난다. 그리고 하나님의 말씀과 온유하신 성령의 강력한 다루심 가운데, 각자 또 함께 그리스도 예수를 닮아 가는 진정한 코이노니아가 일어난다. 이런 참된 코이노니아를 회복하는 교회가 곧 낯선 자를 환대할 수 있는 교회이다. 낯선 자들은 바로 교회의 이런 모습에 이끌리며, 거기서 치유와 회복을 경험하고, 이런 공동체를 통해 주님을 만나게 되기 때문이다.

이런 모습은 실로 초대교회가 어떻게 복음을 말로만 아니라 선한 양심에 따라 선하고 또 은혜로우며 덕스러운 행실로 주변 이웃들을 그리스도의 사랑의 공동체 속으로 품어갔는지를 엿볼 수 있는 대목이다. 오늘날처럼 소위 '전도 폭발'이나 '총동원 주일'이라 해서 단기간 전략적으로 접근한 전도 '대상'을 어떤 이벤트를 중심으로 한 예배당의 교회 모임으로 불러 온 것이 아니다. 성도들의 삶 자체가 그대로 녹아 있고 드러나 있는 삶의 현장에서 낯선 이웃들을 환대하고 그들을 자신의 가정을 열어 삶으로 섬긴 가정교회의 모습이다.

생각해 보면, 지금 수신자들인 성도들의 가정이 환대해야 하는 '낯선 자들'이란 사실 베드로가 처음부터 그들 자신을 향해 불렀던 '체류 외국인과 여행자' 같은 교회의 신분과 전혀 다르지 않다(1:1; 2:11). 로마 사회 주변에 흩어진 교회들, 성도의 가정들은 주변 사회에서 환영받지 못하고 적대감과 비방과 의심의 눈초리를 받고 살았다. 비록 그들 자신은 사회로부터 거절당하고 있지만, 베드로는 그래서 더욱더 세상으로부터 낯선 자로 취급받는 믿음의 형제들은 물론 실제로 낯선 자들, 사회에서 밀려나거나 도태되거나 외면 받은 자들을 적극적으로 환대하며 이들을 섬김에 있어 불평 없이 하라고 권면한다. 이렇게 하는 것이 교회를 적대하는 세상을 이기는 참된 그리스도의 사랑의 공동체로 세워 가는 길이기 때문이다.

넷째, 성도들 모두가 은사대로 섬기는 교회(10-11절)

적대적인 세상 앞에서 선한 행실, 선한 양심으로 세상을 하나님께로 인도하는 거룩한 제사장 같은 교회는 어떤 교회일까? 앞에서도 베드로는 세상을 이기는 이런 교회의 모습을 여러 모로 제시했다. 하지만 10-11절은 이런 교회 내부가 실제로 어떻게 활력 있게 살아 움직이는지를 보여 주는 중요한 본문이다. 잘 알려져 있듯이, 초대교회는 모두 가정교회들이 모인 모임이었다. 베드로전서의 수신자들도 지역적으로 흩어져 있지만, 흩어진 지역에서 함께 모이는 가정교회들이었다. 이들은 오늘날처럼 따로 예배당이나 건물을 갖고 있지 않았다. 가정에서 모이는 그들 자신이 교회임이 현실적으로도 선명하게 다가왔을 것이다. 베드로는 이 '살아 있는 교회'로서 성도들이 어떻게 그리스도의 몸을 세워 갔는지를 엿보게 한다.

그것은 먼저, 하나님께서 성도들 각자에게 그리고 모두에게 하나님의 집인 교회를 돌보며 섬기고 세워 나갈 은사를 주셨음을 전제한다. 여기서 가장 강조된 단어는 10절 맨 처음에 나오는 '각자'(헥카스토스, ἕκαστος)라는 말이다. 하나님께서 교회를 세워 가도록 직접 은사(카리스마, χάρισμα)를 주시지 않은 성도는 없다는 뜻이다. 성도들 모두가, 각자, 꼭 필요한 은사를 받았다. 그러므로 아무도 교회를 세워 가는 일에 구경꾼이 되거나 배제되는 일은 없어야 한다. 성도들 자신이 교회이므로 서로를 섬기며 세워가는 일은 그들 자신이 하게 되어 있는 것이다. 그러면 오늘날처럼 전문 사역자들은 무엇을 하는가? 모든 성도들이 스스로 하나님께서 거하시는 집이요 교회인 그들 자신을 서로 세워 나가도록 말씀으로 가르치고 격려하며 기도해 주고 돕는 일이다(엡 4:11-13). 그들이 성도들을 '대신' 하는 것이 결코 아니다.

베드로 역시 장로들의 존재를 언급한다. 그들은 양 무리를 맡은 자들이요, 더러 물질적 도움을 받기도 하고, 또 권위 있는 지도력을 위임받은 자들로서 양 무리에 앞서 그들을 이끌고 나가는 위치에 있었다(5:1-3). 하지만 이들에 대한 언급보다 지금 4:10-11에서 제시된 교회의 원리가 더 상

위법이요 근본적인 질서를 나타낸다. 장로들 역시 각 성도들을 '주관하는 자세'로 하지 말 것을 요구 받는다(5:3). 오직 그리스도께서 본이 되신다. 그리고 각 성도들은 하나님께서 주신 은사를, 마치 하나님께서 친히 행하시듯 그것으로 성도들을 섬기고 교회를 세워 나가야 한다.

그래서 10절 하반절에서 "하나님의 여러 가지 은혜를 맡은 선한 청지기같이 하라."(개역개정)고 명하는 것이다. 이 말씀은 앞서 언급된 '은사'가 아니라 그 은사를 사용하여 성도들을 섬기고 낯선 이웃들을 섬기는 그 일을 할 때 하나님께서 여러 가지 방식으로 주시는 그 '은혜'(카리스, χάρις), 그 거저 주시는 하나님의 은혜를 힘입어서 하라는 뜻이다. 그러니까 모든 성도들이 각자 받은 은사도, 또 그 은사로 섬길 때에도 하나님의 은혜로 하게 되어 있다. 하나님께서 친히 그들에게 은사를 주시고, 그들을 통해 친히 그분의 집, 곧 교회를 다스리며 세워 나가시도록 하는 원리이다.

바울은 교회를 자주 '몸'으로 묘사하지만, 베드로는 '집'(오이코스, οἶκος)으로 묘사한다(2:5; 4:17). 집주인은 하나님이시다. 그리고 모든 성도들은 청지기(오이코노모스, οἰκονόμος), 즉 문자 그대로 하면 집을 주인이 정한 법대로, 규칙대로, 방식대로 관리하고 이끌어 가는 집사들, 종들인 셈이다. 집은 집주인의 뜻대로 관리되고 운영되어야 한다. 그것이 청지기의 책임이다. 그래서 '청지기'라는 말은 '집'이라는 단어와 '법도'라는 단어가 합쳐진 용어이다. 모든 성도들은 각자가 집주인이신 하나님의 뜻과 방식대로 운영되도록 권한과 은사와 책임을 맡은 종이다. 그분이 직접 모든 성도들을 통해 역사하신다. 성도는 자신이 교회를 위하여 그분께 받은 은사를 명확히 인식해야 한다. 그리고 그것을 사용해야 할 책임과 권한이 있다. 또 그 은사를 사용할 때에도 다른 유익이나 대가가 아니라, 오직 하나님께서 하시는 것처럼 하나님의 능력과 은혜를 힘입어 그렇게 섬겨야 한다. 그래야 불평이 없다.

만인제사장의 원리(10-11절)

그래서 지금 10-11절의 본문은 종교개혁자들이 주장했던 만인제사장의 원리를 잘 뒷받침하는 본문이다(참고. 2:5). 교회를 세워 가는 일에는 모든 성도들이 아무런 차별이 없다. 각기 다른 은사를 받을 뿐이고, 그 은사는 하나님 한 분께서 주신다. 그리고 각기 하나님의 은혜를 힘입어 각자 자신의 은사를 따라 교회를 세워 간다. 담임목사는 어디로 갔는가? 오늘날 목사의 직분은 사실상, 가르치는 교사의 직분과 양 무리를 돌보는 목자의 직분, 그리고 행정을 하는 섬김의 직분, 복음을 전하는 전도자의 직분, 교회를 개척하는 사도의 직분, 때로는 여기다가 재정을 관리하고 나누어 주는 집사의 직분까지 모두 홀로(!) 담당하는 초인간적 그리고 비성경적 모델을 따르기도 한다. 그러니 부작용이 생긴다. 본문의 말씀은 전혀 그런 식으로 한 성도에게 모든 것을 집중시키고 있지 않다. 각자가 각양 다른 은사를 받아 서로를 섬기도록 되어 있다.

여기서 베드로는 성도들이 받은 다양한 은사들을 자세히 열거하지 않는다. 사도 바울은 그 은사들을 구체적으로 열거한 적이 있다. 지식의 말씀을 전하는 은사, 지혜의 말로 권면하는 은사, 믿음을 불러일으키는 은사 병 고치는 은사, 능력 행하는 은사, 예언하는 은사, 영들 분별하는 은사, 그리고 방언의 은사와 방언을 통역하는 은사(고전 12:7-10). 하지만 베드로는 이 다양한 은사들을 크게 두 가지로 나눈다. 첫째는 '말하는' 은사이고, 둘째는 '섬기는' 은사이다. 이렇게 보면, 바울이 열거한 은사들은 모두 이 두 가지 범주에 포함됨을 알 수 있다.

그러므로 베드로가 "누가 말하려면 하나님의 말씀을 하는 것같이 하고"라고 한 것처럼, 위에 언급된 말하는 일에 관련된 은사들을 사용할 때 그것은 언제나 하나님의 말씀과 성령의 확증을 전제한다. 임의적으로 자신이 대충 때려 맞추는 말을 '말씀'이나 '예언'으로 둔갑시켜 자신의 뜻을 관철하는 행위가 아니다. 하나님의 은혜를 힘입어 교회의 덕을 세우기 위해 말씀에 합당한 가르침과 지혜를 전하는 것이다. 섬김도 마찬가지이다. 오늘날로 하면 전문 사역자들에게 집중되어 있는 것이 아니다. 성도들 각자가 자신의 은사 받은 대로 섬긴다. 이익을 위해서가 아니고, 세상의 방식대로 하는 것도 아니라, 하나님의 은혜를 힘입어 하나님께서 공급해 주시는 힘으로 한다.

그러므로 무엇보다 중요한 것은, 말씀도 섬김도 하나님께서 주신 은사를 따라 성도들 스스로 할 수 있다는 사실이다. 오늘날의 교회는 전문 사역자들이 소유한 교회가 되었다. 만인제사장의 원리를 교회에서 찾아볼 수 없을 정도이다. 전문 교역자들은 서비스를 제공하고 원래 '제사장들'인 '성도들' 은 전문 교역자들이 다 해주는 서비스를 받는 소비자로 전락했다. 그래서 예배당 건물은 세워져 가지만, 참된 '교회' 인 '성도' 들은 황폐하게 허물어져 있다. 이를 어떻게 회복할 것인가?

말씀대로 돌아가야 한다. '말씀'을 가르치며 '목양' 할 수 있는 권한을 성도들에게 되돌려 주어야 한다. 말씀을 가르치고 섬기는 설교권과 목양권을 전문 사역자가 전적으로 독점하여 틀어쥐고 있는 한, 만인제사장의 원리는 종교개혁기념일에나 읊조리는 헛된 구호일 뿐이다. 소그룹 단위, 가정교회 단위로, 그 적은 양 무리를 말씀으로 가르치고 사랑으로 섬기는 은사를 받은 성도들에게, 그 작은 단위의 목양권을 함께 나누어야 한다. 그들 자신이 목양의 기쁨과 보람을 누리도록 해 주어야 한다.[13] 전문 사역자들은, 바로 성도들이 이렇게 스스로 양들을 찾고 가르치고 돌보며 섬기는 일에 구비하여 부족함이 없도록 뒤에서 도와주는 일을 해야 한다.

---

13. 신약의 가정교회에 관해서는, 홍인규 교수님과의 대화를 통해 많은 이론적이고 실제적인 통찰을 얻었다. 홍인규, "바울과 가정교회" 〈신약연구〉 (2003), 227-262; 또한, "교회의 본질과 원형을 찾아서," 〈제12회 개혁주의생명신학 학술대회〉 2013년, 11월 12일 발표 논문을 참조하라.

성도들 자신이 잃은 양들을 찾고 가르치며 돌보게 하는, 작은 교회들이 모인 교회를 회복해야 한다.

확실히 오늘날 전형적인 교회의 모델은 자본주의 사회에서 성공하는 대기업 모델을 따른 것이지, 모든 성도들이 각 가정을 중심으로 받은 은사를 따라 하나님의 집을 섬겼던 초대교회의 모습에서 한참 멀어져 있다. 베드로는 11절에서 '이로써' 모든 일에 하나님께서 예수 그리스도를 통하여 영광을 받으시게 하려 한다고 고백한다. '이로써'란 무엇을 가리키는가? 바로 앞 절에 있는 '살아 있는 교회'이다. 하나님께서 주인 되시는 집, 하나님께서 담임목사가 되신 교회이다. 그분이 친히 은사를 주시고 은혜를 주셔서 모든 성도들을 통해 역사하시며 교회를 세워 가시고, 동시에 그들을 그리스도 안에서 성숙한 자들로 자라게 하시는 것이다.

하나님은 이런 교회로 영광을 받으신다. 이런 교회가 세상을 부끄럽게 할 선한 양심으로 사는 역동적인 삶을 살아 낼 수 있다. 교회 안에서 모두가 '제사장'인 이들이 곧 세상에서 세상 사람들을 짊어지고 하나님 앞으로 인도해 낼 수 있는(3:16-18) '제사장 나라' 곧 제사장 공동체인 것이다. 이들을 통해, 하나님은 온 세상으로부터도 영광을 얻으실 것이다. 실로 모든 영광과 권능이 영원무궁토록 오직 그분께만 있기 때문이다.

'순전하게' 성장하는 교회

창립 00주년이 되는 교회에서 예배를 드렸다. 참 당연하지만, 놀라운 예배였다. 창립 00주년이면 교회 설립과 발전에 유공자들이 많을 것이다. 어떤 교회에서는 10년만 되어도 10년 근속(?) 직분자들에게 공로패를 수여하기도 한다. 물론 공이 가장 많은 원로목사님이나 현재 교회를 부흥으로 이끈 담임목사에게 공로패가 돌아가기도 한다. 어떤 해괴한 교회에서는 십일조 낸 이력까지 공개하여 공개적으로 칭송을 하기도 한다.

당연하지만 놀라웠던 예배, 오늘 00주년이 된 교회에서 드린 예배에는 그런 것이 '전혀' 없었다. 아무도 공로패를 받지 않았고, 단지 성찬 예식이 있었을 뿐이었다. 아름다웠고 당연했고 또 놀라웠다. 설교는 더 아름다웠다. 교회란 무엇인가에 대한 설교였다. 주변에서 어떻게 이렇게 교회를 '성장시켰냐고' 자주 질문을 받으신단다. 그러면 그 담임목사님은 이렇게 답변하신다고 한다. 대략 이런 내용이었다.

"교회가 교회가 되면, 저절로 성장합니다. 교회도 세상에서 보면 하나의 사회 조직입니다. 그래서 세상 속에서 자리를 잡고 나아가다 보면, 세상의 속된 것들이 교회에 들어옵니다. 성경적이지 않은 원리들이 들어옵니다. 그럴 때마다 교회는 이것들을 물리쳐야 합니다. 말씀의 순수한 것을 지켜야 합니다. 교회가 순수하면 그 안에 있는 예수 그리스도의 생명을 따라 성장하는 것은 너무도 당연한 일입니다. 성도가 순수하면 그 안에 있는 영적 생명이 성장합니다. 그것은 전혀 당연한 것입니다."

맞다. 백 번 맞다. 속으로 크게 박수를 쳤다. 설교는 계속 이어졌다. "교회란 무엇입니까? 교회에서 우리가 서로 모입니다. 단체입니다. 교제를 합니다. 봉사를 합니다. 구제를 합니다. 그러나 이것이 교회를 교회로 만들지 않습니다.

교회란, 하나님께서 부르신 성도들이 그리스도의 말씀을 듣고, 그리스도를 만나고, 그리스도를 배워 그를 닮아 가는 곳입니다."

할렐루야! 그렇다. 교회는 오직 그리스도의 것이다. 사람이 주인이 되어서는 안 된다. 그런 요지였다. 오늘날 교회의 문제는 무엇인가? 교회가 하나님의 것이 되지 않고 사람들의 것이 되었다는 데에 있지 않은가! 교회가 사람을 위한, 사람에 의한, 사람의 단체가 되었다. 하나님은 어디 가셨는가? 교회가 삼위 하나님을 교회에서 몰아내고 있다.

너무 신학적인 표현인가? 실제로 그렇다. 교회마다 공로주의가 팽배하다. 대형교회를 세습하겠다는 발상은 공로주의가 아니면 나오지 않는다. 인간을 높이는 것이다. 오늘 00년 된 그 교회에서 목사님은 수십 년을 한결같이 섬기셨다. 하지만 이렇게 설교하셨다. "우리 중, 아무도 공로를 세운 사람은 없습니다. 오직 하나님의 은혜이고, 하나님께서만 영광을 받으셔야 합니다."

순간, 내 마음을 포함해서 그 설교를 듣고 있는 모든 청중의 마음이 활짝 열리는 것을 느꼈다. '정말, 저런 목회자, 이런 교회라면 얼마든지 신뢰할 수 있다.'는 기쁨이 솟구쳤다.

성장은 신뢰를 바탕으로 한다. 신뢰는 깨끗한 진리에 기초한다. 진리는 예수 그리스도이시다. 한스 큉은, 교회란 예수 그리스도의 주권이 절대적으로 지배하는 곳이라고 정의했다. 오늘날 교회는 누가 지배하는가? 목사들이 하는가? 목사들이 모여 결정하는 총회의 법인가? 공로가 많은 원로목사인가? 그 대권을 이어받아 '부흥시켜 온' 담임목사인가? 실은, 이 모든 것들을 조종하며, 하나님까지 포함해서 이 모든 것들로 '자신의 배'를 섬겨 달라는 교인들의 '탐심'에 움직이고 있지는 않은가!

우상숭배이다. 하나님의 거룩한 교회 안에서 인간을 높이는 모든 행위는 부정한 우상숭배와 다름없다. 우리끼리 상 주고, 우리끼리 높이고, 우리끼리 영광을 받는 사이, 교회는 세상과 다름없는 속된 자리로 전락한다. 우리는 우리 자신을 우상으로 섬기는 시대에 살고 있다. 교회에서 바로 그러하다. 교회에서 우상들을 몰아내야 한다. 그리스도의 것을 그리스도에게 돌려드려야 한다. 모든 입들은 잠잠해야 한다. 오직, 그리스도께서 말씀하시고, 오직 그리스도께서만 통치하시고, 오직 그리스도만 충만하셔야 한다.

다 하려 들지 말라

영적으로도 함정이 있다. 처음에는 말씀대로 한다. 받은 은사대로 한다. 내가 할 일과 하나님께서 하실 일, 형제들이 할 일들이 무엇인지 명확히 알고 있다.

그래서 성과가 나고 일이 잘 되고 열매가 맺어지면, 내가 다 하려 든다.

내 은사를 넘어서서 하려 들고, 형제들의 일을 대신하고, 나중에는 하나님께서 하실 일까지 대신하려 한다. 그 선을 넘을 때, 그 일은 영적인 일이 아니라 내 욕심을 따른 일이 된다. 빛이 사라지고 그림자가 생긴다. 하나님의 역사는 줄어들고 사람의 생각이 커진다.

내가 나오기 시작하고, 물러서기 어려워진다. 내가 정점을 찍어야 한다. 처음에는 하나님이 역사하셨지만, 이제는 내가 기도할 때마다, 내가 선포할 때마다, 하나님이 반드시 병을 고치셔야 하고 반드시 역사하셔야만 한다.

처음에는 부분으로 시작했지만, 바뀌지 않는 전체가 절망스럽다. 더 이상 부분으로 남는 것을 참을 수 없다. 우리가 개혁의 주체세력이다. 그래서 이 땅에 장로교단만 200개이다. 그래서 모두 좁쌀만 하다.

연합이 없다. 보이지 않는 사랑의 끈과 연대, 내가 못 하는 것을 해 주는 형제에 대한 경의와 사랑과 겸허함이 적다. 성도들 각자에게 내게 없는 은사를 주신, 혹은 내게 주신 은사를 그에게도 주신, 그 풍성하고 너그러우신 하나님을 신뢰함이 적다.

내가 거대한 하나님의 계획의 일부라는 절제와 책임감. 하나님의 도시의 구석을 쓸다 가는 작은 청소부라도 그것이 얼마나 영광된 만족인지, 그것이 얼마나 큰 기쁨인지, 그것 또한 알아주는 형제들의 박수와 사랑이 간절하다.

다 하려 들지 말라. 그것을 맡은, 잘 못 하는 형제가 잘하도록 돕자. 내가 다 가르치고, 내가 다 목양하려 들지 말자. 성도들이 서로 가르치고, 서로 목양하는 기쁨을 누리게 하자. 전체가 살아나기 위해, 새롭고 헌신된 부분이 되자. 연합하자. 우리는 한 몸이다.

4

고난, 이렇게 바라보라

(4장 12-19절)

이렇게 그리스도의 사랑으로 아름답게 세워져 가는 성도들은 세상에서 아무런 어려움을 당하지 않을까? 그렇지 않다. 교회는 이 세상을 지나가는 여행자요, 낯선 외국인이다. 베드로는 교회 안에서 사랑으로 살아야 하는 것과 교회가 세상에서 어떻게 살아야 할 것인지에 대해 교차적으로 반복해 가며 거듭 설명한다. 앞 문단에서, 교회 안에서 그리스도의 사랑으로 모두가 사역자로서 서로를 세워 가는 내부적인 결속을 위해 권면했다면, 이제 다시 교회 밖으로 눈을 돌리게 한다. 심판이 이미 시작되었다. 그리고 마지막 불 같은 시련이 몰려오고 있다. 하지만 잠깐이다. 놀랄 필요 없다. 이미 고난 뒤에 오는 영광과 위로가 그들에게 임해 있다.

살아 있는 소망으로 사는 삶이란 끝에서부터 시작하는 삶이다. 보통 사람들은 끝에서부터 시작하지 않는다. 끝에 대한 소망이 없는 세상 사람들은 물론, 믿는 사람들도 '살아 있는 소망'으로 살려 하지 않는다. 믿음도, 구원도, 그리스도의 보혈도, 하나님의 영광과 권능도 모두, 오늘 여기서 내가 더 잘 사는 일을 도와야 한다고 생각한다. 예수 믿는 것도, 교회를 섬기는 것도 모두 '잘 먹고 잘 살자고 하는 짓'이라고 생각하는 한, 그는 결코 기독교 신앙에 이르지 못한다. 복음은 끝에서 시작한다. 이미 심판이 시작되었다. 이 세상은 심판 아래 있다. 이 세상은 지나간다. 영원한 영광의 나라, 썩지 않고 더럽지 않고 쇠하지 않는 나라가 이미 임했고, 그리스도를 통하여 시작되었다. 교회는 그 나라 안으로 부름 받았고, 그 나라 안에서 이 세상을 지나간다. 온전히 지나가는 일이 문제지, 세상에 머무는 것이 목적이 아니다.

하지만 이 세상에서의 삶을 무시하거나 소홀히 하는 것이 결코 아니다. 그 정반대이다. 심판에 대하여, 종말에 대하여, 영원한 나라에 대한 소망에 대하여 '깨어 있는 삶'만이, 이 땅에서 하늘 영광의 빛을 내고 하늘의 거룩하고 은혜로운 그 맛, 그 소금의 짠 맛을 낸다. 사실은 영원한 하나님 나라의 살아 있는 소망을 가진 사람만이 이 세상을 하나님의 뜻대로 지나갈 수 있다. 그는 모든 것을 가진 사람이다. 가장 귀한 것을 가졌기 때문이다. 그리고 이렇게 하늘나라를 가진 자만이 이 땅에 속한 모든 것을 하나님의 영광을 위하여, 이웃을 사랑하는 일을 위하여 사용할 진정한 자유를 얻는다. 모든 것을 가진 자만이 비로소 모든 것을 내어 놓을 수 있기 때문이다.

그래서 살아 있는 소망, 그것이 진정한 경건을 낳는다. 베드로는 이제부터 이런 권면의 말씀들을 기록한다. 12절부터 14절까지는, 고난을 바라보는 시각을 바꾸어 준다. 이상하게 여기지 말라는 것이고, 고난 뒤에 기다리고 서 있는 영광을 보라는 말씀이다. 15절에서 19절까지는 하나님의 심판을 두려워함과 그리스도를 인하여 받는 고난이 어떻게 유익한지를 다시 한 번 강조한다.

낯설어 말라(12-14절)

새 하늘과 새 땅. 지금 성도가 세상에서 겪는 불편과 애통함, 고난과 인내는, 그래서 최후의 심판의 전주곡이다. 그리고 최후의 심판은 최종적 구원의 전주곡이다. 새 하늘과 새 땅이 우리를 기다리고 서 있다. 그날을 위해, 우리는 이 땅에서 오늘, 그분의 뜻을 이루기 위해 얼마든지 수고하며 인내할 수 있다. 그리스도를 따라가는 고난의 길은 곧 영광의 문턱에 들어서는 길이다. 12-17절은 바로 이런 내용이다.

> [12]사랑하는 여러분, 여러분 가운데 시험하는 불 같은 시련을 여러분을 덮치는 어떤 낯선 것처럼 낯설게 여기지 마십시오. [13]오히려, 그리스도의 고난에 참여할수록 더욱 기뻐하십시오. 이는 그의 영광이 나타날 때에 또한 말할 수 없이 기뻐하기 위함입니다. [14]만일 그리스도의 이름 때문에 여러분이 모욕을 당한다면, 실로 복 있는 자들입니다. 왜냐하면 하나님의 영광의 영이 여러분 위에 임하여 머물러 계시기 때문입니다.

"사랑하는 여러분"(아가페토이, 'Αγαπητοί)이라는 표현은, 단순한 호칭 같지만 이 문맥에서는 흥미로운 표현이다(12절). 바로 앞 절 11절은 모든 영광과 권능이 영원토록 하나님께 있다는 장엄한 송영으로 끝났다. 이제 베드로는 바로 수신자들이 그런 영광과 권능을 가지신 하나님의 '사랑받는 자들'이요, 그 영원한 사랑의 언약 가운데서 그분을 사랑할 수밖에 없고 또 사랑하는 자들, 그래서 서로 사랑하고 또 베드로 역시 뜨겁게 사랑하는 성도들에게 말하고 있다는 사실을 강조한다. 온전한 사랑만이 모든 두려움을 몰아낸다(요일 4:18). 모든 영광과 권능을 가지신 분이 그들을 부르셨고, 지금도 능력으로 보호하시고, 이로써 불에 녹아 없어질 금보다 더 귀한 믿음으로 연단하시는 중이며, 예수 그리스도의 나타나실 때에 칭찬과 존귀를 얻게 하실 것이기 때문이다(1:5-6). 부르심과 보호하심, 그리고 온전하게 하심과 인도하심, 이 모든 사랑이 두려움을 몰아낸다.

그래서 베드로는 바로 이어서 그들을 덮쳐 오는 것 같은 '불 같은 시련'을 낯설게 여기지 말라고 권면한다. 원래는 그저 '불'이라는 표현인데, 최종적인 구원이나 영광을 받기 전에 임하는 메시아적 고난의 일부이다. 그리스도께서 부활과 승천의 영광에 들어가시기 전에 십자가의 고난과 죽음을 지나가신 것과 같은 순차이다. 그리스도께서 장차 오는 세상의 첫 열매가 되셨고, 그를 영접한 교회가 그 뒤를 따른다(고전 15:23). 그리고 온 세상이 그 뒤를 따라 새 하늘과 새 땅의 재창조를 열 것이다(롬 8:21; 고후 5:17). 그러나 그 전에 불과 같은 고난의 시기가 온다. 그리스도께서 먼저 당하셨고, 교회가 당할 것이며, 그 뒤를 이어 온 세상이 당할 것이다(마 24:3-31). 이런 순차이다. 그러므로 그리스도께서 당하신 고난은 종말의 영광 직전에 오는 환난의 전형이다. 교회도 바로 이 고난에 참여한다. 그리스도 안에서 참여하는 것이다. 그러므로 부활과 승천의 영광스런 승리가 보장되어 있다.

그러므로 '낯설게 여기지 말라'는 것이다. '낯설다' 혹은 '익숙하다'는 것은 베드로전서가 강조하는 주제이다. 성도들은 세상에서 외국인이요 여행자이다(1:1; 2:11). 결코 세상이 익숙해질 수 없는 존재이다. 계속 낯설어야 하고, 그래야 마땅하다. 세상도 교회를 낯설어하는 것이 맞다. 성도에게 친숙한 것은 장차 그가 온전히 누리게 될 하늘나라이다. 썩지 않고 더럽지 않고 쇠하지 않는 나라의 의와 경건의 삶이다. 세속의 유행에 뒤처지지 않으려 노력할 필요 없다. 얼마나 더 '트랜드, 트랜드' 노래를 불러야 하는가? 교회가 그 안에서 성령과 그리스도의 말씀의 능력으로 사랑의 삶을 사는 것이 가장 앞선 유행이다.

왜냐하면 그런 나라가 반드시 올 것이기 때문이다. 후진국 국민들은 선진국 문화를 따라 한다. 한류(韓流)에 열광하는 외국인들을 보면 스스로에 대한 자부심이 생긴다. 그런 것이다. 그리스도인들은 성령 안에서 사랑의 삶을 사는 것을 가장 앞선 선진국의 유행처럼 생각하고 자부심을 가져야 한다. 그 일에 전력해야 한다. 무슨 옷을 입는지, 얼마나 좋은 것을 먹는지, 얼마나 넓은 평수의 아파트에서 사는지로 결정되지 않는다. 썩지 않고 더럽지 않고 허무하지 않은, 의미 충만한, 경건하고 그리스도의 생명 넘치는 삶이 기준이다.

또한 성도는 낯선 자들을 환대하고 받아들여야 한다(4:9). 성도들을 환대해야 한다. 오늘날 교회에 가면 안내하는 봉사자만 환대하지, 사실은 서로를 잘 모른다. 모든 성도가 모든 성도를 환대해야 한다. 그런 환경이어야 한다.

특별히 세상의 기준에서 볼 때 힘들고 어려운 처지에 있는 성도들일수록 더욱더 환대해야 한다. 또한 타지에 선교사로 사역하는 분들이나 돌볼 사람이 없는 처지에 있는 외로운 자들을 더욱 환대해야 한다. 또한 실제로 주변의 외국인 노동자나 타지에 와 있는 자들에게도 교회는 적극적으로 그 문턱을 낮추고 그 품을 열어 주어야 한다. 유명한 자도 무명한 자도 교회에서는 그저 존귀한 성도들로 한결같은 대접을 받아야 한다. 그 교회가 얼마나 세상을 이기는 강력한 그리스도의 공동체인지는 이렇게 세상의 기준에서 '낯설게' 보이는 자들을 얼마나 환대하고 섬기는가에 달려 있다.

교회가 낯설게 여기지 말아야 할 것이 하나 더 있다. 그것은 환난이다. 불 같은 시련이다. '예수 잘 믿는데 왜 이렇게 고난이 많은가'고 불평하는 성도들이 많다. 잘 믿었으면 그럴 리가 없을 텐데, 믿음이 부족한 탓이라고 그렇게 가르치고 배운다. 그것은 복음이 애초에 잘못 전해졌기 때문이다. '예수 믿으면 복 받는다'가 전부라면, 불 같은 시련이나 고난은 잘못된 현상일 수밖에 없다. 어떤 이들은 '기도했는데도 응답이 없어서' 더 이상 교회에 나오지 않는다고 말한다. 교회를 소원성취를 위해 찾는 서낭당 정도로 생각한 까닭이다. 복음은 예수 그리스도를 받는 것이다. 그의 부활의 능력을 따라 속사람이 거듭나며, 썩지 않고 더럽지 않고 쇠하지 않는 나라를 약속받고 그 살아 있는 소망으로 사는 것이다. 그래서 날마다 그가 받은 그리스도의 고난에도 함께 참여하는 생활이다. 썩어지고 더럽고 허무함으로 끝나는 세상적인 모든 것과 이별해야 하기 때문이다. 그것이 믿은 것이고 구원을 누림이다.

그래서 고난은 필연적으로 따라온다. 그리스도의 죽으심과 부활은 서로 분리할 수 없다. 이것을 분리하는 것이 오늘날 거짓 복음이다. 십자가와 부활 승천은 서로 분리할 수 없는 하나의 길이다. 그리스도께서는 먼저 십자가를 지시고 고난 당하신 후에, 부활하시고 하늘에 오르셨다. 하지만 성도의 길은 이와 역순(逆順)이다. 우리는 그리스도의 부활의 능력을 먼저 경험한다 속사람이 중생한다. 거듭난 심령이 되어 양심이 회복된다. 하나님의 뜻을 알고 그리스도를 따라간다. 그리고 십자가를 지나간다. 이미 영광을 약속받았고, 그 약속이 살아 있는 소망으로 그들에게 체험된다. 그 소망과 사랑과 믿음을 의지하여 성도는 그리스도의 고난, 곧 십자가의 길을 지나간다. 하지만 영광이 언제나 그 십자가 뒤에 있는 것이 아니다. 성도들은 그 심령에 살아 있는 영광의 소망 때문에, 그 영광을 이미 맛보고 있고 부분적으로 누리고 있다. 그래서 기뻐할 수밖에 없고, 얼마든지 기뻐할 수 있다(13절). 고난 전에 이미 영광을 맛보았고, 고난 중에서도 영광된 소망을 누리고 있으며, 고난 후에도 그 영광된 소망이 현저히 나타날 것을 확실히 알고 기대하며 기쁨을 누리게 된다.

미리 앞서 오신 '영광의 영'(14절)

14절은 이런 점에서 흥미롭다. 그리스도의 이름으로 모욕을 당한다든지, 복이 있다는 선언도 모두 주님의 산상수훈의 가르침을 생각나게 한다. "나를 인하여 너희를 욕하고 핍박하고 거짓으로 너희를 거스려 모든 악한 말을 할 때에는 너희에게 복이 있나니 기뻐하고 즐거워하라. 하늘에서 너희의 상이 큼이라"(마 5:11-12, 개역한글). 그리고 예수님은 그 '하늘나라'가 이미 임하였고, 전격적으로 임하기 시작했음을 선포하셨다(4:17). 지금 베드로전서의 본문도 이와 유사하다. 그리스도로 인한 고난에 참여하면서도 기뻐하며 또 복 받은 자 되는 이유는, 그의 영광이 장차 나타날 것일 뿐 아니라(13절), 이미 그 하나님의 영, 영광의 영이 그 고난에 참여하는 자 위에 머물러 있기 때문이다(14절). 이 대목은 진정 흥미롭기 그지없다. 신약에서 성령을 '영광의 영'으로 묘사하는 경우는 흔치 않다. 영광은 하늘에 속한 것이요, 또 장래에 주께서 영광 중에 임하실 때 나타나는 것이다. 그런데 지금 베드로는 성령을 능력을 행하는 영, 위로의 영, 지혜의 영 등으로 묘사하지 않고 굳이 '영광의 영'으로 묘사한다. 그리고 그 영광의 영이 이미 고난을 당하고 있는 그들 '위에'(에피, ἐπί) 임하여 머물러 있다는 것이다.

이는 세상에서 그리스도를 따르며 고난 당하는 성도들이 그 고난을 어떻게 바라보아야 할지를 명확히 제시한다. 그리스도께서 나타나실 때 가져오실 그 영광이 이미 '영광의 영'으로 그들 위에 오셔서 머물러 계시는 것이다. 얼마나 확실한가! 산상수훈에서는 "하늘에서 너희의 상이 큼이라."고 했지만, 지금 본문의 말씀은 그 영광의 영이 고난받는 성도 바로 위에 임재하여 계신다는 것이다. 눈으로 보이지는 않지만, 믿음의 눈으로는 보아야 하는 기쁜 사실이다. 더욱이, 여기서 '머물러 계시다'는 표현은 '아나파우오'(ἀναπαύω, '그치다, 안식하다')의 현재형이다. 흥미롭게도 이 동사는 4:1에서 그리스도와 그를 믿는 성도들을 지칭하여 "육적으로 고난을 받은 자가 죄로부터 안식을 누리기 때문"이라 했을 때, 그 '안식하다'

라는 용어 그대로이다. 더욱 놀라운 사실은, 이 '그치다, 안식하다'라는 주제는 그 앞에서 노아의 방주를 언급할 때 이미 문맥상으로 충분히 예상할 수 있었던 이미지라는 사실이다(3:20-21). 무슨 뜻인가?

노아의 방주는 40일간 홍수에 시달리며 그 후에도 오랫동안 물 위를 떠다니다가 드디어 아라랏 산에 이른다(창 8:4). 드디어 거기서 멈춘 것이다. 홍수는 오래 전에 그쳤지만, 방주는 거기서 멈추고 안식하기 시작했다. 하지만 방주는 땅이 마르기까지 더 오랫동안 기다려야 했다. 그리고 비둘기를 날려 보내는 사건이 나온다. 그 비둘기는 감람나무의 새 잎사귀를 물고 방주로 돌아온다(창 8:10-12). 여기서 비둘기는 그 방주로 인해 구원을 받은 8명의 노아의 식구들이 발 딛고 살게 될 새로운 세상에서 날아온 전령(傳令)과도 같다. 아직 새 하늘과 새 땅에 이르지 못했지만, 거기에서부터 감람나무의 새 잎과 같은 확실한 증거를 가져온 전령사인 셈이다. 노아의 식구들은 그 비둘기가 입에 감람나무 새 잎을 물고 내려앉았을 때 얼마나 기뻤을까? 아마 환호성을 질렀을 것이다. 온통 물바다인 세상 위에 떠다니는 방주 생활이 얼마나 힘겨웠을까? 고되고 갑갑했을 것이다. 그런데 이제 새 땅, 마른 땅에서 자라고 피어난 감람나무 새 잎을 보게 된 것이다. 그것도 비둘기가 가져왔다. 이런 장면을 떠올려 보라. 지금 베드로가 14절에서, 세상에서 고난받는 성도들 '위에' 영광의 영이 머물러 계시다고 이야기하는 그림 같은 장면은 바로 이런 이미지의 연속이다. 놀랍기 그지없다.

그러므로 성령은 교회에게 '영광의 영'이시다. 심판이 끝나고 '종말의 종말'에야 완성될 새 하늘 새 땅에 차고 넘치는 생명과 의와 거룩과 평강, 그리고 그곳에 가득한 영광을 가져오시는 종말의 영, 하나님의 영, 곧 영광의 영이시다. 그분이 이미 이 땅에서 주의 이름으로 고난받는 자의 머리 위에 와 머물러 계신다. 중간기에는 하늘로부터 오는 지혜가 이 땅에서 머물 곳, 안식할 곳을 찾다가 그럴 만한 사람을 찾지 못하면 다시 하늘로 돌아간다는 생각이 있었다. 복음서에도 예수님께서 세례 요한에게 세례를 받으시고 물 위로 올라올 때, 하늘이 열리고 거기로부터 성령께서 비둘기 같이 내려와 그의 위에 머무르셨다는 엄청난 계시의 사실을 기록하고 있다(마 3:15-17).

아직 새 하늘과 새 땅은 오지 않았다. 하지만 그 땅에 들어가기 위해 심판을 피하여 '선한 양심'의 방주를 타고 이 땅에서 인내하며 고난 가운데 있는 교회 위에, 그 종말의 영, 새 하늘과 새 땅에서 다스릴 영광의 영이, 지금 그들 위에 비둘기처럼 내려앉아 안식하고 계신다. 영광의 영께서 드디어 안식하여 머무를 곳을 찾으신 것이다. 곧 고난받는 교회 위이다. 이 땅에서 그리스도를 따라가느라 겪는 고난 가운데 있는 교회, 그곳에 이미 영광이 임재해 계신다. 그러므로 고난은 반드시 영광의 눈으로 보아야 한다. 그렇게 하고 있는가? 지금 그리스도를 인하여 겪고 있는 어려움, 당하고 있는 불편함과 손해, 짊어지고 있는 짐들을, 그것이 다 끝난 후에야 주어질 영광의 시각에서 보고 있는가? 그 영광은 당신의 머리 위에 와 있다. 영광의 눈으로 고난을 보라.

없어야 되는 고통, 있어서 좋을 고난(15-16절)

베드로는 성도가 이 세상을 살아가면서 고난을 만나지 않을 수는 없다고 생각한다. 어떻게든 고난을 만난다. 자신의 허물과 실수와 죄로 인해 고통을 당하든지, 아니면 그리스도인으로서 그리스도의 길을 좇다가 어려움을 당하든지, 성도는 어떻든 고난을 당한다. 그렇다면 어떤 쪽이 더 나은가? 어느 쪽이 더 유익한가? 답을 기다릴 필요도 없는 질문이다. 하지만 실제로 죄 사함과 구원의 확신을 갖고 자유함을 누리면서, 다시 죄를 짓고 그 죄 때문에 남을 고통스럽게 하고 자신을 고통 속에 몰아넣는 경우는, 적극적으로 그 자유를 어떻게 사용해야 하는지 알지 못한 경우이다. 혹은, 그 자유를 주를 위하여 사용하지 않아도 계속적으로 누릴 수 있는 종류의 것이라고 착각한 때문이다. 그리스도인의 자유는 죄를 마음껏 지으라고 보장한 보험 같은 것이 아니다. 그것으로 생긴 여유와 기회, 힘과 능력을 모두 하나님의 뜻과 이웃을 참으로 복되게 하는 섬김으로 쓰라고 주신 것이다. 15-16절을 새롭게 읽어 보자.

> [15]참으로, 여러분 중에는 그 누구도 살인자나 도둑이나 악을 행한 자나 남의 일에 간섭하여 문제만 일으키는 자가 되어 고통을 당하는 일이 없게 하십시오. [16]
> 하지만 만일 그리스도인으로서 고난을 당하는 것이면, 그로 하여금 부끄럽게 여기지 말게 하고 도리어 이 이름으로 하나님께 영광을 돌리십시오.

그러므로 성도가 정작 있어서는 안 될 고통에 휘말리는 것은, 자신이 받은 그리스도인의 자유를 소극적으로만 생각했기 때문이다. '죄를 지으면 다시 용서받으면 되지' 하는 차원이다. '하나님은 그래도 나를 사랑하셔'라든가 '오직 은혜로 구원받는 것 아니냐'는 식으로 자신에게 주어진 깨끗함과 섬김의 기회를 소극적, 방어적으로만 다루는 것이다. 하지만 그렇게 하면 그 가진 자유마저 누리지 못하게 된다. 원치 않는 고통을 당하기 때문이다. 여기서 말하는 살인이나 도적질은 예수님께서 가르치신 대로, 보다 확대해서 구체적으로 생각할 수 있다. 살인은 미워하는 것이다. 원수 맺는 것이며, 서로를 마음으로 죽이는 행위를 포함한다. 도적질은 물건만이 아니라, 남의 명예나 권리를 빼앗거나 탐욕으로 죄를 짓는 모든 행위를 포함할 것이다. 흥미로운 것은 '남의 일에 간섭하여 문제만 일으키는' 경우인데, 아마도 '임박한 종말이니 하나님의 은혜니' 하며 일은 하지 않고 게을러 남에게 짐만 되는 경우를 뜻할 것이다(참고. 살전 5:14; 살후

3:11). 남에게도 고통을 주고 자신도 그 때문에 고통을 당하는 경우이다. 자유를 그렇게 사용하지 말라는 것이다.

오늘날 복음을 잘못 이해하여 이렇게 사는 경우가 많지 않은가. 정작 주를 따르기 위해 적극적으로 자신의 기회와 삶을 드리는 일 대신, 기회만 있으면 하나님의 은혜와 자유를 남용하고 죄를 지으며, 그 자유와 은혜로 다시 자신의 악을 덮는 경우이다. 물론 모든 성도는 성화의 과정을 지나가며, 또한 주님의 은혜는 얼마든지 그의 성장을 기다려 줄 만큼 풍성하게 차고도 넘친다. 하지만 진정한 회개가 없이, 잘못된 교리적 확신과 뻔뻔한 심령으로, 죄를 슬퍼함과 주님의 이름에 누가 된 것을 회개함 없이, 그저 복음이 주는 자유를 기계적으로 여기며 이를 남용하며 전혀 그 자유의 목적에로 나아감이 없다면, 그것은 스스로를 속이는 것이요, 사람들 앞에 가증한 것이요, 하나님께 심판을 받을 일이다.

그래서 베드로는 우리에게 주어진 기회를 적극적으로 그리스도를 따르는 일에 쏟아붓고, 거기서 오는 고난을 기쁘게 받으라고 권면한다. 그것은 선한 양심으로 사는 삶이다. 세상 속에서도 그 세상의 주님이 되시는 하나님을 생각함으로, 하나님의 뜻에 합당한 양심의 선한 질서에 순복하는 것이다. 국가의 시민으로서 그렇게 하고, 직장에서 가정에서 그렇게 하는 것이다. 특별히 악한 대접에 무방비 상태로 노출되어 있는 약한 위치에서 더더욱 그렇게 하는 것이다. 단순히 선을 행하는 것을 넘어서서, 악을 만났을 때에도 악으로 갚지 않고, 하나님의 선하심과 은혜를 드러내는 것이다. 그것이 그리스도를 통해 드러난 하나님의 뜻을 아는 회복된 양심의 행위이다. 천국 시민은 도덕적 양심 그 이상의 양심으로 사는데, 그것이 바로 베드로가 이야기하는 선한 양심, 회복된 양심, 선함과 더불어 진리와 은혜의 강력을 증거하는 양심이다. 천국 시민이 이 땅에서 살 때, 그 나라 시민의 양심으로 사는 것이다.

이렇게 할 때, 하나님께서 영광을 받으신다. 그러므로 이런 고난은 전혀 부끄러워할 일이 아니다. 하지만 사실 어떤 이유로든 세상의 버림을 받거나 비난을 받으면 스스로도 부끄럽게 여길 수 있다. 고난을 받는 것 자체가 불행으로 여겨지기 때문이다. 아무리 좋은 이유로 고난을 당한다 하더라도, 그렇게 고난을 당하는 사람이나 그것을 보는 세상의 눈은 종종 차갑기 그지없다. 하지만 말씀은 분명히 가르친다. 그리스도인으로서 고난을 당하는 것이라면 결단코 부끄러워하지 말아야 한다고. 세상적인 관점에서는 고난 당하면 그것으로 끝나는 것 같고, 복음과 하나님의 이름을 위해 손해를 보면 그것으로 밀려나는 것 같지만, 결코 그렇지 않다. 심판은 이미 시작되었고, 공의의 하나님은 신뢰할 만한 분이시기 때문이다. 이것이 다음 단락에서 다룰 내용이다. 그리스도를 위하여 당하는 고난은 얼마든지 값지다. 성도는 이 땅에서 '없어야 할 죄로 인한 고통'으로 고난받지 말아야 한다. 하지만 '반드시 있어야 할 그리스도를 위한 고난'도 있어야 한다. 그것이 없다면, 그는 죄로 인한 고난 속에서 살게 될 것이기 때문이다. 어떤 고난을 택할 것인가?

'쉐키나' 유감(有感)

'쉐키나'(Shekinah)라는 말은 '메므라'(Memra)와 함께, 중간기에 여호와의 불특정한 임재를 가리키는 용어로 히브리어 성경을 아람어로 번역한 '탈굼' 같은 곳에 더러 쓰였다. 굳이 구약에서 명확하게 언급한 대로 '여호와의 영광'(Glory of YHWH)이라고 표현하지 못한 것은, 성전이 이미 파괴되었고 언약백성들은 그 죄로 말미암아 포로로 잡혀갔기 때문이다. '하나님의 임재의 영광'이 그분의 백성과 그 언약 공동체의 중심인 성전에 공식적으로 거할 수 없었기에, 머물 곳이 없이 '이동하는' 하나님의 떠도는 임재의 표시로 '쉐키나'와 같은 표현을 쓸 수밖에 없었던 것이다. 에스겔 10장을 보면, '여호와의 영광'이 멸망 직전의 성전을 떠나기 전, 안타까운 장면이 생생히 그려진다. 하나님은 그분의 임재를 성전에서 거두고 싶어 하지 않으심이 역력하다. 그러나 드디어 떠나신다. 그 모양은 그룹들이 있고 그 곁에 네 바퀴가 달린, 말하자면 마치 '이동형' 수레와 같은 임재의 모형이다. 더 이상 성전에 '거하실 수' 없었기 때문이다. 이런 이동식 임재의 모형이 후일 포로기 이후 유대교에서 '쉐키나'라는 용어의 뿌리가 되었던 것이다.

하지만 신약에 들어오면, '쉐키나'와 같은 하나님의 영광의 미미한 흔적의 표현 같은 것은 아예 사라져 버린다. 때가 차매 예수께서 나타나셨고, 그분이 세례 받으시고 물 위로 올라오셨을 때, 사복음서는 한결같이 하늘이 열리고 성령께서 비둘기처럼 그에게 내려오셨다고 공포한다. 놀랍고, 놀랍고, 또 놀라운 사건이었다. 첫 번째 성전을 떠나셨던, '여호와의 영광의 임재'가 회복된 것 그 이상이었다. 쉐키나 정도가 아니다. 성령 하나님 자신이 오신 충격적인 사건이었다. 그것이 예수께서 이 땅에서 참 '성전'되신 이유이다. 그분이 참 성전이시고, 그래서 그분 안에 하나님의 영, 성신께서 친히 임재하여 계신 것이다. 그러므로 예수 그리스도를 영접한 성도들의 공동체, 곧 '교회'는 그리스도로 말미암아 성령 하나님께서 친히 임재하시는 참 성전이 된다.

그러므로 예컨대, 새 예배당을 건축하고 '이곳에 쉐키나의 영광이 충만하기를' 기원한다는 식의 용어를 사용하는 것은 적절하지 않다. 이런 용어를 교회에서 사용하지 말기를 바란다. 그것은 마치 새 자동차를 산 사람에게 세발자전거를 타는 기쁨이 충만하기를 빈다는 말과 같기 때문이다. 더구나 설교자는 구약과 신약이 어떻게 약속과 성취의 관계에서 연결되고 전진하는지에 대한 이해가 잘 갖추어져 있어야 한다. 훌륭한 예배당은 유용할 수 있다. 하지만 정말 아름답고 멋진 예배당은 유럽에도 많다. 살아 계신 하나님의 영광의 임재는 결코 건물 안에 머물지 않는다. 오직 예수 그리스도를 통해, 그리스도를 받고 그리스도 안에 거하고, 그리스도를 알아가고, 오직 그리스도를 따라가는 살아 있는 하나님의 '사람들' 안에 임재하신다.

특별히 사도 베드로는, 그 종말의 '하나님의 영광의 영'이 이 땅에서 '선한 양심으로' 예수 그리스도의 십자가의 길을 따르며 고난을 감당하는 성도들 위에 머물고 계신다고 가르쳐 준다. 우리의 죄 때문에 욕을 듣는 것이 아니라 그리스도의 이름 때문에 욕을 받는 자들, 곧 십자가의 길을 가는 성도들 위에 임재 해 계시는 것이다. 시대의 징조를 분별하라. 오늘날 하나님의 영광의 영은 어디에 임재하여 계시는가? 하나님의 영광의 영은 결코 건물 안에 계시지 않는다. '말씀'에 착념하라. 하나님의 '말씀'을 보라! 예수 그리스도의 십자가의 길을 따라가는 성도들 위에 거하신다.

"너희가 그리스도의 이름으로 욕을 받으면 복 있는 자로다.
영광의 영 곧 하나님의 영이 너희 위에 계심이라" (벧전 4:14, 개역한글)

심판하시는 주께 의탁하라(17-19절)

지혜는 끝을 아는 데서 온다. 겨울에 먹을 것을 저축하는 개미가 지혜롭다 하지 않는가. 영원을 준비하지 않는 자는 그래서 아무리 잘 살아도 어리석은 자가 된다. 성경은 심판의 날을 가르친다. 하나님은 공의로 심판하시는 분이다. 더욱 놀라운 사실은, 이 종말의 결정적인 심판이 이미 그리스도의 십자가의 죽음과 부활 사건에서 시작되었다는 계시의 사실이다. 그래서 예수께서 죽으시고 부활하신 사건은 그 자체로 종말론적 사건이다. 모든 일의 끝이 결정적으로 시작된 사건이기 때문이다. 그분이 다시 오시는 날, 그 재림의 날에는 십자가와 부활 사건을 통해 시작된 그 마지막 일들을 완성하실 것이다.

교회는 그리스도의 십자가와 부활 사건을 계기로 '시작된 종말'과 그가 다시 오셔서 '완성하실 종말' 그 사이를 살고 있다. 시작된 종말의 시간을 살면서 그 종말의 완성을 바라보며 나아가는 것이다. 그러니까 성도는 끝을 사는 사람이다. 이미 세상 끝에 다다른 사람들이고, 모든 일의 결국을 본 사람들이다. 십자가가 그것이다. 죄에 대한 하나님의 진노의 심판은 자기 아들이라도 아끼지 않으셨다. 17절에서 19절까지는 그리스도로 말미암아 '이미 시작되었으나 아직 완성되지 않은 종말'이라는 틀을 전제한 말씀이다. 주의 깊게 읽어 보기로 하자.

> [17]왜냐하면, 심판이 하나님의 집을 떠나 시작될 때가 되었으니, 만일 우리에게서 먼저 시작된 것이면, 하나님의 복음을 믿지 아니한 자들의 끝이 어떻게 될 것입니까? [18]그리고 만일, 의인이 겨우 구원을 받으면 경건치 않은 자와 죄인이 어디에 서겠습니까? [19]그러므로 하나님의 뜻을 좇다가 고난을 당하는 자들은, 선을 행하는 가운데, 그들의 목숨을 신뢰할 만한 창조주께 맡겨야 합니다.

지금 17절과 18절에서 언급하는 그리스도인의 고난은 그리스도의 십자가와 부활 사건을 기초로 이미 시작된 심판과 구원을 배경으로 한다. 그 심판과 구원은 그분이 다시 오실 때에 최종적으로 완성된다. 그리고 교회는 그 중간 기간을 지나가면서 '이미 시작되고 장차 완성될' 심판과 구원, 십자가의 고난과 부활 생명의 능력을 동시에, 날마다, 지속적으로 경험하게 된다. 그러므로 성도에게 고난과 영광은 손바닥과 손등의 관계와 같이 항상 함께 따라오는 일상처럼 경험되는 것이다. 이것이 17절에서 '심판이 우리에게서 먼저 시작되었다'는 의미이다. 죄에 대한 하나님의 진노의 심판은 그리스도의 십자가에서 결정적으로 실행되었고 시작되었다. 그 십자가를 믿고 받아들이는 성도들에게도 실행되고 시작되었다. 그리고 그 심판은 이제 온 세상 사람들 모두에게 실행될 것이다.

이렇게 그리스도의 십자가로 시작된 종말의 심판의 두려움은 십자가에 달리신 하나님의 아들의 모습으로 증거되었다. 죄에 대한 하나님의 진노는 자기 아들이라도 아끼지 않는 거룩함 그 자체이시다. 두려운 일이다. 십자가는 하나님의 긍휼의 증거이지만, 동시에 거룩하신 하나님의 무서운 진노의 영원한 증거이다. 그 십자가 구원을 받아들이지 않았던 유대인들도 그들의 찬란한 예루살렘 성전과 함께 버려지고 말았다. 그들은 걸려 넘어질 반석에 걸려 넘어지고 말았던 것이다(2:3-8). 그들은 하나님의 택하신 족속으로서, 거룩한 민족으로서, 제사장 나라로서의 사명과 영광도 모두 잃어버렸다(2:9). 그 심판의 무서움이 어떠한가!

하나님께서 애굽에서 건지시고 광야에서 보호하시고 율법과 더불어 세상을 주께로 돌아오게 하는 제사장의 역할을 맡기셨던(출 19:5-6) 옛 이스라엘도 이같이 무서운 심판을 받았다. 하물며 이제 하늘로부터 보내진 성령에 의하여 전해진 이 복음을 거절하고 주님의 교회를 대적하는 이들에게 임할 심판은 얼마나 두려울 것인가. "살아 계신 하나님의 손에 빠져

들어가는 것이 무서울진저!"(히 10:31). 십자가는 하나님께서 그 아들 예수 그리스도를 통해서 악을 악으로 갚지 않으신 사건이었다. 그 대신 악은 거기서 악으로 드러났다.

세상이 교회에 대하여 증거하는 것도 이와 같다. 만일 그리스도의 복음을 따라가는 성도들을 악하게 대하고 그들의 선행을 악으로 갚는다면, 그들은 하나님의 법정에서 스스로 악인임을 증언하는 셈이다. 그리고 그 증거는 최종적이고 결정적이다. 이제 마지막 때에, 하나님께서 그 아들로 우리에게 말씀하셨기 때문이다(히 1:1-3). 이제 예수 그리스도의 십자가와 부활 사건 이외에, 사람들이 믿고 죄 사함 받고 돌아올 수 있는 또 다른 복음의 계시는 없다. 이 복음을 거절하면, 그것이 최종적인 심판이다. 우리의 죄의 대가로 자신을 내어 주사 사해 주시겠다는 하나님의 제안을 거절하면, 남는 것이 무엇인가? 하나님께서 무엇을 더 하셔야 하는가? 예수 그리스도를 거절하면, 그것은 스스로에게 최종적인 심판을 선고하는 것이나 다름없다.

'믿으면 축복' vs. '믿으면 고난'

그러므로 성도들이 그리스도를 따름으로 세상에서 당하는 고난에 대해 결단코 손해 본다고 생각지 말라는 것이다. 그것은 이미 시작된 심판과 구원의 표시이다. 지금 편하고 아무 일 없다고 정말 마지막에도 그럴 것이라고 생각지 말라는 뜻이다. 지금 불편하고 고난을 겪고 있다고 해서 그것은 불행의 표시라거나 마지막에도 그럴 것이라고 섣불리 생각지 말라는 뜻이다. 만일 '예수 믿고 복 받는 것'이 들었던 복음의 전부라면 그렇게 생각할지도 모른다. 이 세상에서 믿음대로 정직하게 사는 것보다, 하나님을 믿었으니 복을 받겠다며 하나님의 이름이 어찌 되든 상관없이 성도답지 못한 일을 해도 부자가 되면 그것을 성공이라고, 결단코 그렇게 생각지 말라는 것이다. 천만에, 그렇지 않다. 오히려 그리스도의 길을 좇느라 불편과 고통과 손해를 보며 가는 길에 복이 있다고 선언하는 것이다. 왜 그런가? 이미 심판이 시작되었기 때문이다. 예루살렘도, 옛 이스라엘도 무참하고 황망하게 무너지고 파괴되었다.

그리고 그 기준은 참된 '경건'이다(18절). 곧 예수 그리스도를 통하여 자신을 나타내신 하나님을 믿으며, 그분을 두려워하고 경외하여 삶의 모든 영역에서 그분의 권위와 세우신 질서에 순복하는 삶이다. 이런 삶의 길에 서 있지 않다면, 그것은 이미 심판을 받은 것이나 마찬가지이다. 장차 하나님 앞에서도 또 그 나라에서도 그가 설 자리는 없을 것이다. 의인도 겨우 구원을 받는다. 그만큼 쉽지 않다는 뜻이다. 노아의 홍수 때에는 단지 8명만이 방주에서 견디고 새 하늘 새 땅을 밟았다. 그만큼 쉽지 않으니, 그리스도를 따르는 데서 오는 고난도 기쁘게 여기라는 뜻이다. 그것이 곧 구원받고 있다는 것과 장차 받을 영광의 증거이기 때문이다. 당신은 고난을 어떻게 보는가? 여기에 모든 것이 달려 있다.

'믿으면 복 받는다'는 사이비 복음을 들었다면, 당신이 당하는 어려움은 '믿음이 없어서'일 것이다. 그러나 베드로전서는 '믿으면 고난받는다'고 가르친다. 이럴 때 주를 인하여 고난받는다는 것은 '믿음이 진실해서'이다. 어떤 쪽이 진짜인가? 이 세상이 영원하다면, 전자가 맞을 것이다. 하지만 그리스도의 십자가에서 하나님의 진노의 심판이 이미 시작되었고, 이 세상은 지나가는 것이며, 하나님의 나라가 이미 임하여 있다면, 부활하시고 승천하신 주를 따르는 자가 그분과 함께 십자가 고난에 참여하는 것이 당연하다. 그리고 그것이 곧 참된 복이며 영광인 것은 말할 것도 없다.

그러므로 성도는 자신의 목숨과 운명의 모든 것을, 창조주이시며 심판주이신 하나님의 손에 의탁해야 한다. 이런 사세야밀로 종말을 지혜롭게 살게 하며, 주를 따르는 데에서 오는 고난도 능히 이기게 한다. 그는 얼마나 믿을 만한 분이신가? 내 목숨이 누구의 손에 달려 있는지, 누구의 손에 의탁했는지를 확실히 안다면, 세상에서 어떤 고난과 핍박이 와도 능히 주의 뜻대로 당당히 맞설 수 있다. 그분이 창조주이시다. 없는 것도 있게 만드시는 분이시다. 죽은 자도 살리신다. 생명의 주가 아니신가. 또한 그분은 공의로 심판하실 분이시다. 내가 믿은 것과 믿음대로 행한 것 그대로 갚아 주실 것이다. 오직 그분만이 내 목숨과 운명에 대하여 합당한 결말을 주실 것을 확실히 안다는 것은, 이 세상에서 얼마든지 그분의 뜻대로 살 용기를 준다. 세상이나 사람들이 아니라, 오직 그분만을 두려워하기 때문이다(1:17).

그분의 손에 당신의 심장을 맡기라

물론 베드로는 여기서 고난 자체를 찬양하거나 순교를 종용하는 것이 아니다. 초대교회의 이런 모습은 로마의 핍박이 공식화되는 2세기 후에나 나타난다. 베드로는 '고난 속에서 기뻐함'을 말하는 것이지, '고난을 향한 기쁨'까지 말하고 있지는 않다. 또한 '의로운 고난'이 마땅한 길이라고 확인해 줄 뿐, 이 고난 자체가 영혼에 유익하다든지 혹은 신적 성품을 강화하는 데 유익하다는 식으로 설득하고 있지도 않다(Elliott, 808). 교회가 세상 속에서 계속해서 선을 행함과 선한 양심으로 행하기 위해 겪을 수밖에 없는 '의로운 고난'의 당위성을 말할 뿐이다. 그것을 '낯설어하지' 말라는 것이다. 이상하게 여기지 말라는 것이다. 교회가 이 세상을 따라 이 세상과 함께 살기 위해 존재하는 것이 아니라, 그들을 부르신 주님을 따라 주님과 함께 살기 위해 주님이 가셨던 그 길을 따라 죽음과 부활과 하늘에 이르는 데까지 함께 갈 수밖에 없는 존재라는 것이다. 그래서 세상에서 낯선 외국인이나 여행자처럼 대접받고 또 스스로 그렇게 된 것을 낯설게 여기지 말라고 강조한다.

그런데 베드로전서의 이런 메시지는 오늘날 우리에게 상당히 낯설다. 교회는 세례를 통해 그리스도와 연합했지만, 그리스도의 삶의 패턴과 다른, 세상의 성공한 기업 같은 패턴을 따라가고자 한다. 그러니 세상은 익숙하고 천국은 낯설다. 세상과 낯선 것은 견딜 수 없고, 하나님의 나라와 그리스도의 고난에는 전혀 익숙하지 않다. 믿음으로 의롭다 함을 받는 것은 익숙하고, 사랑으로 살아야 한다는 것도 낯설지 않은데, 소망을 따라 천국을 바라보며 이 세상을 외국인과 여행자처럼 지나가라는 메시지는 생소하다. 그러면서 교회는 세상의 적대감에 시달리는데, 그것은 소금이 생선이 되어 생선 위에 생선을 얹은 것처럼 함께 썩어 가는 데에 큰 이유가 있다. 교회 역사상, 천국 소망이 가장 강렬할 때 교회는 세상에서 빛과 소금의 역할을 가장 잘 감당했다. 초대교회가 로마 사회 속에서 그러했다.

반대로 교회가 천국 소망을 잃고 세상과 같이 되려 했을 때, 세상에 도움이 되고 희망이 되는 것 같았지만 결과는 반대였다. 교회는 세속화되었고, 세상은 그들과 함께 썩어지고 더러워지고 허무해지는 교회를 향해 모욕과 비난을 퍼붓게 되는 것이다. 하나님의 이름은 땅에 떨어지고, 교회는 스스로를 위해서도, 세상을 위해서도, 하나님께도 아무런 쓸모가 없는 소금이 되어 길에 버려지고 사람들에 의해 짓밟히게 된다. 그래서 썩지 않고 더럽지 않고 쇠하지 않는 나라를 향한 살아 있는 소망은 교회뿐 아니라 세상의 희망이기도 하다. 하나님의 제사장 나라 된 교회의 능력의 샘이 여기에 있는 것이다.

그러므로 신자의 심령의 중심은 미래에 놓여 있어야 한다. 하늘에 놓여 있어야 한다. 하나님의 손에 놓여 있어야 한다. 종말에 이 모든 것을 심판하실 하나님의 손에 당신의 심장을 맡기라. "예수께서 큰 소리로 불러 이르시되 아버지 내 영혼을 아버지 손에 부탁하나이다"(눅 23:46, 개역개정). 그분이 내 생명과 영원의 운명을 쥐고 계시다. 당신은 이 땅에서 아무런 갈등 없이, 오직 주의 뜻에 전념하라. 오직 주의 뜻을 따라 어떠한 길도 가기로 결단하라. 주를 따라 어디든지.

복음의 회복

복음은 예수 믿고 복 받는 것이 아니다. 복음은 예수 그리스도이다. 예수 그리스도를 믿고 세례로 그분과 연합하여 함께 죽고, 함께 부활하고 함께 하늘에 올라 함께 하늘 보좌 우편에 앉아 있는 것, 이것이 복음이다. 예수님이 복음이다. 무슨 복을 또 받겠는가?

필요하다면 주를 위하여 필요한 복들이다. 언제든 주를 위하여 교회를 위하여 복음을 위하여 놓아 버릴 수 있는 복들이다. 하지만 예수 믿어서 복 받는 것이 복음이라고 믿고 가르치고 배웠으면, 예수 믿고 받은 복을 결코 버리지 못한다. 그것을 버리면 예수 잘못 믿은 것이 되기 때문이다.

그래서 하나님의 이름이 땅에 떨어지고 교회가 분열되고 복음이 훼손되어도 예수 믿고 받은 복을 결코 놓지 못한다. 복음이 잘못되었다. 예수 믿었다는 것은 당신은 이제 세상 사람이 아니라는 뜻이다. 썩어지고 더럽고 허무한 세상에서 불러내심을 받아 썩지 않고 더럽지 않고 쇠하지 않는 나라에 들어갔다는 뜻이다. 무슨 복을 또 받는가?

복음을 더럽히면 더럽힌 복음으로 자신을 더럽히고, 더럽힌 교회로 하나님의 이름을 더럽힌다. 말씀 그대로 예수 그리스도의 복음을 회복해야 한다. 예수를 받고, 예수를 알고, 예수를 닮고, 예수를 따라가지 못하게 하며 예수를 복 받는 수단으로 팔아먹는 불순한 복음을 버려야 한다. 이것보다 더 시급한 일은 없다.

영원에서 순간으로

“내게 5분만 주오. 단 5분만. 눈을 감아 보오. 그대에게 준 나의 약속, 그 영원한 약속만을 생각해 보오. 그대의 거듭난 심령 속에 살아 숨 쉬는 그 진실한 소망. 그대가 나를 만날 소망. 내가 그대를 만날 소망. 얼굴과 얼굴을 맞댈 소망. 나와 함께 영원한 나라, 의와 거룩과 화평의 땅에서, 찬연히 빛나는 새 하늘과, 다시는 죽음과 저주가 없는 새 땅에서 나와 영원토록 살 소망을 위해, 그대 눈을 감아 보오. 잠시만, 이곳에 머무르시오. 조금 더, 이 영원에 머무르시오.”

모든 것을 내려놓고 참으로 묵상해 보라. 당신의 사역, 당신의 짐, 당신의 걱정, 당신의 불안, 당신의 일정, 당신의 생각, 당신 자신을 내려놓고, 주님의 약속을 붙들어 보라. 주님을 바라보라. 주님의 빛나는 얼굴, 그 형상을 바라보라. 주목하여 바라보라. 당신은 그분과 함께 영원을 산다. 그분과 함께 있어 영원이지만, 10년이 아니다. 100년, 천 년, 만 년, 억겁 년, 그 긴 세월보다 비교할 수 없이 풍성한 영원을 그분과 함께 그분의 나라에서, 그분의 거룩한 백성들과, 그 거룩한 나라에서 산다.

깊은 호흡을 들이쉬라. 당신은 영원에 잇닿아 있다. 그 영원의 끝자락에 걸쳐 있다. 영원이신 그분이 오셔서 당신의 심령에 거하신다. 당신과 함께 가신다. 십자가를 지나, 하늘을 지나, 심판을 지나, 새 하늘과 새 땅으로 가신다. 그분은 당신을 결단코 놓지 않으시리라. 신실하신 주님이시므로, 당신을 찾아와 영원 전부터 영원 끝까지 당신과 함께하시기로 하셨으므로. 당신은 이미 영원을 살고 있다. 영원한 세월, 영원한 삶을 남겨 두고 있다. 영원한 삶이 당신을 기다린다. 거기에 머물라. 조금 더, 그 영원한 약속, 그 영원한 삶에 머물라.

이제 이 땅에서 사는 날들은 ‘남은 날들’이다. 왜 그런가? 앞으로 ‘살아가야 할 날들’이 아니라, 영원의 관점에서 볼 때, ‘아직 남아 있는 날들’인 것이다.

어떻게 살 것인가? 영원의 관점에서 살라. 남김없이 주께 드려도 하나도 아깝지 않은 날들이다. 당신에게는 영원한 날들이 영원히 펼쳐져 있지 않은가. 장차 우리가 받을 영광은, 지금 혹시 조금 누리게 될 영광과는 전혀 비교할 수조차 없다. '남은 날들'이다. 어찌 살다가 갈까. 다시는 돌아올 수 없는 이 땅에서 남은 잠깐의 시간이다. 그분을 얼굴과 얼굴로 뵙기 전에, 해야 할 일들이 있다. 찾아보라. 이 어둠 속에서 그분을 기억하고, 그분께 신실히 남아 있어야 하는 일들이 있다. 그분의 부탁들이 있다. 영원토록 뵐 그분께, 그날, 무어라 말씀드릴 것인가.

'순간에서 영원으로' 사는 것이 아니다. 신자는 '영원에서 순간으로' 사는 것이다. 고난을 통해 영광에 이르는 것이 아니다. 영광에 이르렀기 때문에 고난을 지나가기로 하는 것이다. 남아 있는 고난이기 때문이다. 이미 영광에 이르렀기 때문이다. 그분은 '그 앞에 놓인 영광스러운 즐거움을 위하여' 십자가 고난을 참으셨다. 그리고 하늘에 오르셔서 하나님 보좌 우편에 앉으셨다. 우리도 그분과 연합한 믿음으로 거기에 앉아 있다. 남아 있는 고난, 남아 있는 이 땅의 날들을 영광의 관점에서 살라. 영원의 관점에서 살라.

5

이것이 참된 은혜!

(5장 1–14절)

세상을 지나가는 교회가 '제사장 나라'의 역할을 다하며, 이방인들로 하여금 하나님께 영광을 돌리게 하려면, 먼저 교회 안에서 기초를 잘 다지고 사랑 가운데서 화목하며 하나님의 은혜 안에서 강건하게 서 있어야만 한다. 베드로는 이렇듯 세상 속의 교회에 대한 가르침과 교회 안에서의 생활에 관한 교훈들을 교차적으로 반복한다. 가화만사성(家和萬事成)이라 하지 않았는가. 교회 안에서 사랑과 겸손과 은혜를 따라 함께 복되게 살아갈 때, 교회는 세상 앞에서 자신의 죄 때문에 고통을 당하거나 불필요한 적대감을 불러일으키지 않을 수 있다. 이런 문학적 구조를 대략 표현하면 다음과 같다.

교회 안에서(1): 성삼위 하나님과 교회, 1:1–2:10

세상 속에서(1): 외국인과 여행자 같은 교회, 2:11–4:6

교회 안에서(2): 각자 은사대로 섬기는 교회, 4:7–11

세상 속에서(2): 그리스도의 고난과 영광에 참여함, 4:12–19

교회 안에서(3): 사랑과 겸손, 섬김으로 깨어 있는 교회, 5:1–14

이렇게 보면, 베드로는 세상 속에서 하나님께 영광을 돌리는 교회가 되기 위해서는 교회 내부적으로 어떻게 해야 하는지를 세 단계로 설명하는 셈이다. 첫째로, 바른 신학에 근거해야 한다. 성삼위 하나님께서 교회를 창조하시고 다스리며 인도하시고, 사명을 주시며 이를 통해 영광을 얻으신다는 것이다(1:1-2:10). 둘째로, 이런 교회는 내부적으로, 모든 성도들이 각자 받은 은사를 서로를 세우는 일에 사용하며 하나님 자신이 이들을 통해 마음껏 역사하시는, 기능적으로 주님 안에서 자율적이며 헌신적인 교회이다(4:7-11). 마지막으로, 베드로는 이러한 교회 안에서 혹시 있을지 모르는 불상사나 문제 상황들을 언급하면서 사랑과 겸손과 섬김으로 깨어 있는 생활을 구체적으로 다룬다(5:1-14).

그래서 교회 내부의 문제를 집중적으로 다루는 5:1-6의 전후 문맥은, 세상 속에서 선을 행하며 고난 당하는 교회의 모습에 관한 것이다(4:12-19절과 5:7-11절). 이런 문맥의 흐름은 우리에게 많은 것을 시사한다. 한국 교회는 세상 속에서 선을 행하며 고난을 당하기까지 세상 사람들 앞에서 하나님의 이름을 높여야 한다는 의식을 절실하게 갖고 있는가? 개교회의 부끄러운 문제들이 튀어나올 때마다, 자신의 교회보다 하나님의 이름과 영광이 더 소중하다는 생각을 하고 있을까? 베드로전서의 말씀은, 교회가 세상 사람들 앞에서 하나님의 이름을 높이려는 분명한 의도를 가질 뿐 아니라, 이를 위해서라도 교회 안에서 사랑과 겸손, 섬김으로 깨어 있는 삶을 살아야 한다는 것을 명심하라고 가르친다. 그래서 교회 안에 분란이 일어나지 않도록, 먼저 장로들에게 권면하고 젊은 자들에게 그렇게 하고(5:1-7), 모두에게 고난에 지치지 않도록 격려하며 깨어 있도록 경각심을 갖게 한다(5:8-11). 그리고 마지막으로 하나님의 '모든 은혜'와 성도가 받고 누려야 하는 '참된 은혜'에 대해 가르치며 안부를 묻고 마무리한다(5:12-14).

본이 되는 지도자(1–5절)

공동체를 이루고 살 수밖에 없는 인간들에게 지도자란 언제나 결정적으로 중요한 존재이다. 때로 별로 중요하지 않다고 생각할 수도 있지만, 실은 그렇지 않다. 아무리 민주적인 공동체라도, 거기서 지도자의 위치에 있는 사람은 언제나 공동체의 정신과 추구하는 바를 자신의 몸으로 체현하는 사람이기 때문이다. 지도자 한 사람 잘못 만나면, 그를 따르는 공동체는 얼마나 고통스러운가? 지도자 한 사람 잘 만나면, 그를 따르는 공동체는 얼마나 행복하며 얼마나 많은 귀한 일을 할 수 있는지. 그만큼 지도자는 중요하다. 성경에서 '메시아 사상'이라는 것도, 단지 죄 가운데서 구원하는 구원자라는 종교적인 의미와 더불어, 역사적으로 보면 왕국을 이루고 살았던 구약 백성들이 다윗 왕과 같이 '하나님의 마음에 합한' 지도자가 나타나기를 간절히 구했던 간구와 맞닿아 있다. 장차 이루어지는 하나님의 나라도 메시아이신 예수 그리스도께서 통치하시기 때문에, 의와 거룩과 화평의 나라가 된다. 그분이 하나님의 뜻대로, 공의와 긍휼, 의와 지혜와 평강으로 다스릴 것이기 때문이다.

이처럼 지상의 교회 역시, 목자장(牧者長)되신 그리스도의 성품을 닮아 그분의 지도력을 습득하고 실천하는 지도자의 필요가 절실하다. 목사를 추천하고 뽑을 때 단지 학위나 배경이나 언변만을 보아서는 안 된다. 그리스도를 닮은 성품과 정직하고 진실한 인격, 그리고 생활의 습관을 절실히 고려해야 하는 것이다. 만일 이것이 되지 않을 때, 교회 안에서는 크고 작은 분란이 있을 수밖에 없게 되고, 오늘날처럼 사회 한복판에서 주목을 받는 교회로서는 사회적으로도 교회의 제사장의 사명을 감당하기 어려운 처지에 쉽게 빠져들게 된다. 그래서 베드로는 회중들 가운데 먼저 '장로들을' 향하여 권면한다. 그들이 먼저 바로 되지 않으면 교회 공동체가 바로 서기 어렵기 때문이다. 본문을 살펴보자.

> [1]그러므로 여러분 가운데 장로들에게, 함께 장로 된 자요 그리스도의 고난의 증인이며 또한 장차 계시될 영광에 참여할 자로서 권면을 드립니다. [2]여러분 가운데 있는 하나님의 양 무리를 돌볼 때에, 억지로 하지 말고 하나님을 따라 자원하는 마음으로 하며, 더러운 이익을 얻기 위해서가 아니라 오직 열정을 갖고 목양하십시오. [3]결단코 자신에게 맡겨진 양들 위에 군림하는 자세로 할 것이 아니라, 오직 양 무리의 본이 되십시오. [4]그렇게 하면, 목자장께서 나타나실 때에 시들지 않는 영광의 면류관을 얻게 될 것입니다. [5]마찬가지로, 젊은이들은 장로들에게 순복하십시오. 모두가 서로에게 겸손으로 허리를 동이십시오. 하나님께서 교만한 자는 대적하시고 겸손한 자들에게는 은혜를 주시기 때문입니다.

본문은 목양(牧羊)에 관한 교훈이다. 2절에서 '목양한다'든지 양 무리를 '돌볼 때'라는 표현들은 모두 전형적으로, 하나님께서 목자가 되셔서 자신의 양 무리를 목양하시는 참 목자가 되신다는 사실을 전제한다(겔 34장, 시 23편). 그래서 2절에서 언급된 '목양'이라든지 '돌볼 때'(혹은, '감독할 때,' 에피스코폰테스, ἐπισκοποῦντες)라는 표현은 모두 에스겔 34장에 언급된 것 같이 양 무리를 돌보는 일인데, 구체적으로는 종말에 하나님께서 이스라엘의 목자로서 이스라엘에 찾아와 거짓 목자들을 심판하시고 그분 자신이 직접 목자가 되어 '잃어버린 자를 찾으며, 쫓긴 자를 돌아오게 하며, 상한 자를 싸매어 주며, 병든 자를 치유하고, 살진 자와 강한 자를 공의로 다스려, 양 무리를 먹이는' 목자의 고유한 사역을 회복하신다고 약속하셨다(겔 34:1-16; 또한, '다윗 같은 목자,' 겔 34:23-24; 37:24-28).

그리고 복음서는, 특별히 마태복음은, 종말에 예수께서 오셔서, '이스라엘 집의 잃어버린 양 무리'를 찾아 그들을 구원하며, 치유하고 회복하시고, 다스리며 가르치고 인도하시는 '종말의 다윗 같은 목자'로 오셨음을 선포한다(참고. 마 2:16; 9:35-38; 26:31; 채영삼, 『긍휼의 목자 예수』). 그분이 이스라엘의 참 목자이신 하나님이시며, 새로운 종말의 양 무리를 다스리는 다윗 같은 새 목자이시다. 초대교회는 하나님의 새로운 백성, 곧 그리스도의 교회 된 종말의 양 무리를 다스리는 예수 그리스도를 '목자장'으로 불렀다(벧전 5:4). 교회의 지도자들은 주의 양 무리를 섬기고 인도할 때, 이스라엘의 목자 되신 하나님 자신의 성품과 방식으로 해야만 했다. 그래서 베드로는 지금, 양 무리와 목양에 관한 권면을 주면서, 그 원리를 목자 되신 하나님과 예수 그리스도의 능력과 방식에서 찾고 있는 것이다.

이제 이들을 향해 베드로는 매우 조심스럽게 그러나 치밀할 만큼 정확한 권면들을 제시한다. 먼저 베드로는 자신을 '함께 장로 된' 자를 비롯해서 '고난의 증인' 그리고 '장차 계시될 영광에 참여할 자'로 소개한다. 그리고 권면도 이 세 가지의 자기 소개 내용에 맞추어, 첫째로 '억지로' 하지 말 것과, 둘째로 '물질적 이익'을 얻기 위해 하지 말 것 그리고 양 무리 위에 '군림하는' 자세로 하지 말 것을 가르친다. 그런데 흥미롭게도, 1절에 나오는 자신에 대한 세 가지 소개의 내용과 2-3절에 나오는 장로들을 향한 권면의 내용들이 서로 차례로 일치하는 연관성을 보여 준다. 이를 도표로 그리면 다음과 같다(Elliott, 842).

베드로 사도의 자기 소개(1절)	장로들에 대한 권면(2-3절)
a. 함께 장로 된 자	a′. 억지로 하지 말고
b. 그리스도의 고난의 증인	b′. 물질적 이익을 얻기 위해 하지 말고
c. 장차 영광에 참여할 자	c′. 군림하지 말고

하지만, 위의 항목들을 살펴보면 반드시 일대일 대응관계라고 단정 지을 수 없다. 대략 그러하지만, 사실은 베드로가 자신을 소개한 내용 전체와 장로들에게 권면한 내용 전체가 서로 관련이 있다는 정도로 정리할 수 있겠다. 내용을 살펴보면, 우선, 본문에서 '장로들'은 오늘날과 같이 제도적으로 정립된 장로제도 속에서의 장로들은 아니고, 교회에서 기능적으로 지도력을 발휘할 위치에 있는 '어른들'을 지칭하는 용어이다. 혹자는, 4:7-11에 나타나는 은사들이 어떤 직분들을 가리키고, 이런 성도들의 직분과 지금 장로의 직분이 대립하고 있다는 가상적인 설정을 하는데(Schröger), 이는 근거가 없다. 베드로전서에는 연장자를 뜻하는 '장로들' 외에 직분으로서 장로나 집사나 감독, 더욱이 목사 등은 언급되지 않았고, 이런 체계적이고 조직적인 제도는 2세기경 교부들의 글에서나 엿볼 수 있는 현상이었다(Achtemeier).

또한 '함께 장로 된 자'(숨프레스부테로스, συμπρεσβύτερος)라는 표현은 당시 어디에서도 찾아보기 어려운 베드로 자신이 만들어 낸 고유한 용어이다(Davids, 176). 그만큼 베드로는 지금 장로들에게 권면하면서 의도적으로 자신이 '함께 장로 된' 사람임을 적극적으로 표현하고 있는 셈이다. 무엇 때문일까? 그것은 교회 안에서 장로들이 억지로 하지 않고 자원하는 마음으로 기쁘게 그 수고를 감당하게 하려 하기 때문이다. 요즘은 장로가 되는 것이 하나의 직분 이상의 '벼슬'이요 '영예'로서, 교회를 봉사하고 섬기고자 하는 의도 외에도 자기 명예를 위해서라도 갖고 싶어 하는 직함이 되었지만, 초대교회 때에는 꼭 그러하지는 않았다(참고. 딤전 3:1; 행 14:23; 딛 1:5).

사도 바울의 경우도 사도요 전도자로서 물질적 지원을 받을 수 있었지만 자원해서 사역했던 것처럼(고전 9:1-19), 초대교회 당시 지역교회에서 믿음의 어른으로서 섬기는 일은 오늘날 전문 사역자처럼 생계를 지원받기보다는 오히려 자신의 시간과 물질을 사용하여 성도들을 돌보아야 할 상황이 대부분이었을 것이기 때문이다. 또한 당시 로마 사회에서 그렇게 인정받는 단체가 아닌 그리스도 교회의 장로로서 성도들을 보호하고 책임지는 일은, 훨씬 더 눈에 띄고 불편한 경우를 많이 당한다는 것을 뜻했다.

지치지 않는 사역자의 비밀(1-2절)

이런 상황에서 베드로가 자신도 함께 장로가 되었다고 자신을 소개하는 것은, 말 그대로 솔선수범이 아닐 수 없다. 더구나 베드로는 사도가 아닌가?(1:1) 사도로서 권위를 자랑하며 존경과 대접을 받아도 되었을 테지만, 아마도 베드로는 순교하기 전 10여 년을 초대교회의 전통이 전하는 대로 지역 교회를 돌아보는 선교 사역에 헌신했을 것이다(O. Cullmann). 오늘날로 말하면 축소해서 비유해도 총회장을 지낸 분인데, 대외 활동을 마다하고 지역교회에서 장로로 자원하여 섬기는 것이 자신의 기쁨이라고 말하는 셈이다. 그처럼 양 무리를 돌보는 사역을 소중히 생각하는 것이다. 오늘날 교회가 좀 크고 교단에서 알려지기 시작하면, 심방과 목양은 부사역자들에게 맡기고 자신은 대외적으로 돌아다니며 정치나 이름 내는 일에 몰두하는 졸속 목사들도 많다. 사역자는 크든 작든 자신의 양 무리에 집중해야 한다. 그 일로 부르심을 받았기 때문이다.

그래서 베드로는 '하나님을 따라 자원하는 마음으로' 하라고 권면한다. 여기서 '자원하는 마음'이란 성경적 전통에서 보면, 종종 그 사람 자신을 하나님의 입장에 놓는다는 것을 뜻한다. 군사로 자원하는 경우(삿 5:2, 9) 혹은 헌신의 제사의 경우도 그러했다(시 54:6). 모두 하나님의 공급하시는 힘으로 하는 것 같이 하는 것이다(벧전 4:7-11). 그래야 불평이 없이 섬길 수 있다(4:9). 그래서 자원하는 마음은 주께서 부르신 소명에서 오는 열정에서 생긴다. 그러나 그런 열정만으로는 억지로 하는 자세를 버리거나 자원하는 마음을 유지하기 어렵다. 베드로는 어떠했을까? 부활하신 주님께서 베드로를 부르셔서 목양을 맡기셨을 때, 주께서 그에게 무엇이라 하셨는가?

주님은 베드로에게 "네가 나를 사랑하느냐"고 세 번이나 물으셨다(요 21:15-23). 여기에 자원하는 사역자의 지치지 않는 열정의 비밀이 있다. 그는 예수님의 사랑을 받는 자요 그를 사랑하는 자이며, 이 사랑의 교제를 갈수록 더욱 누리는 사람이다. 이것이 주께로부터 부르심을 받은 사역자의 본질이다. 이 본질에서 벗어나거나 이 본질을 잊은 사역자는, 억지로 할 수밖에 없거나 다른 동기와 목적, 곧 다른 '사랑'으로 사역할 수밖에 없다. 세상을 사랑하거나 자신을 사랑하거나, 다른 동기와 목적으로 사역하게 된다.

그러므로 참된 사역자는 예수님의 사랑과 그를 사랑하는 사랑의 교제에서 샘솟는 기쁨과 사랑과 지식, 그리고 소망으로 사역하는 것이다(벧전 1:8). 그는 사역 자체보다 그 사역을 하는 자신 속에 주님과의 살아 있는 교제와 나눔, 그 사랑이 날로 깊어지는지를 점검하는 사역자이다. 그리고 바울이 말한 것처럼, 그의 안에 사는 것이 그리스도이시므로(갈 2:20), 매순간 그분에게 자신을 내어 드리는 사역자이다. 그분과 함께 십자가에서 죽은 것과 그분과 함께 다시 살아난 부활 생명을 누리며, 자기 생각과 동기와 뜻과 목적을 버리고 주님의 뜻과 목적과 동기를 힘입어, 주님의 영의 능력과 지혜를 따라 섬기는 일에 훈련된 사역자이다. 당신은 어떤 사역자인가?

사역자의 고난과 물질 문제(1-2절)

세상을 이기는 교회를 세워 가는 참된 사역자의 두 번째 특징은, 그리스도의 고난에 참여하고 있는 증거이다. '그리스도의 고난'은 무엇인가? 그분은 이미 십자가에서 우리를 위해 고난 받지 않으셨는가? 그분의 고난에 참여한다는 것은 그래서 그가 채찍에 맞음으로 우리가 나음을 입고, 그가 상함으로 우리가 치유 받는 것이 아닌가? 맞다. 우리는 보통, 그리스도의 고난이라 하면 우리를 대신하여 그가 당하신 고난을 떠올린다. 하지만, 하나님의 사랑은 그리스도의 고난을 통해 우리에게로 오고, 우리의 사랑은 그리스도의 고난에 참여함을 통해 하나님께로 이른다.

베드로는 자신을 그리스도의 고난의 '증인'(마르투스, μάρτυς)으로 소개한다. 그가 언제 그리스도의 고난을 증언했는가? 고난받는 그리스도를 부인하지 않았던가? 확실히 그는 회개했다. 하지만 부활하신 주께서 그에게 나타나서서 목양을 부탁하셨을 때에도 그는 그리스도의 고난을 이해하지 못했다. 주께서 그의 마지막이 어떠할지에 대해 말씀하셨을 때, 그는 그리스도를 따르는 고난을 충분히 이해하지도 받아들이지도 않았다(요 21:18-23). 하지만 지금 그는 '함께 장로 된 자'로서 지역교회들을 돌아보며 주께서 부탁하신 양 무리를 인도하며, 그리스도를 좇아 선한 양심으로 고난받는 길에 대해 상당한 경험과 이해에 이른 듯하다(벧전 2:21-25).

특별히 베드로는 이런 그리스도의 십자가의 고난을, '의인으로서 불의한 자를 대신하는' 선한 양심의 고난, 곧 하나님의 뜻을 참으로 아는 거듭난 심령의 회복된 양심이 세상의 악과 악인을 만나 겪게 되는 고난이라고 말한다(3:16-18). 문맥적으로 가깝게는 4장 끝에서 '하나님의 뜻을 좇다가 고난을 당하는' 것을 의미하고, 멀리는 4:12-19 전체에서 그리스도인으로서 또는 그리스도의 이름으로 고난과 욕을 당하는 경우를 가리킨다. 13절에서 베드로는 이미 '그리스도의 고난에 참여할수록 더욱 기뻐하라'고 말한 바 있다. 베드로는 자신 역시 이렇게 그리스도의 고난에 참여한 자임을 강조하면서, 장로들에게 권면하고 있는 것이다.

그러면 세상 속에서가 아니라 교회 안에서, 특별히 장로로서 양 무리를 섬기면서 어떻게 구체적으로 그리스도의 고난에 참여하는 자가 되는가? 베드로는 구체적으로 '물질적 이익을 얻기 위해서가 아니라 오직 열정을 갖고 목양하라'고 권면한다(2절). 본문에서 '장로들'은 오늘날로 하면 전문 사역자들, 예컨대 목사나 전도사 혹은 사찰이 하는 일들을 도맡아 했을 것이다. 즉, 복음을 설교하고 가르치거나, 성도들을 심방하고 혹은 여타 모임에 필요한 잡다한 일들을 주관하는데, 성도들이 물질적으로 이들을 보조하는 것은 당연했을 것이다. '곡식을 떠는 소에게 망을 씌우지 말라'(신 25:4)는 말씀은 사역자들에게도 적용되었다(고전 9:9; 딤전 5:18). 따라서 전문 사역자의 경우, 생활을 위해 지원받는 것은 성경적이다.

하지만 오늘날 교회에서 은사를 따라 사역하면서 자신의 사업 확장을 노리거나 사업을 홍보하는 일 따위는 당장 그만 두어야 한다. 그런 행태들이 교회를 더럽히는 것이다. 더러는 교회 차원에서 이를 홍보해 주는 일도 있는데, 극히 조심할 일이고 공식적으로 해서는 안 될 일이다. 간혹 대교회에서 상상을 초월하는 액수의 사례를 받는 목사님들에 관해서는 주께서 심판하실 것이다. 자기 멋대로 헌금을 쓰고 자신을 위해 돈을 축적하는 맛에 목회하는 정도라면, 세속적인 인간만도 못한 것이다. 전문 사역자들의 경우, 파트타임 전도사들은 극히 열악한 환경에서 사역한다. 주님의 사역자는 성도들의 생활 수준의 중간 정도의 경제 수준을 누리는 것이 옳을 것이다. 교회 안의 가난한 성도들에게 위화감을 줄 정도이면 잘못된 것이 분명하다. 대부분은 신학 공부를 하거나 결혼한 경우도 많은데, 교회에서 지원하는 정도는 극히 미약하다. 진정으로 동역자라면, 그리고 미래의 교회를 짊어질 일꾼들이라고 생각한다면 적극적인 지원을 아끼지 말아야 한다. 사역자에게 장기적인 경제적 어려움은 힘겨운 고난이다. 하지만 이것도 주님께 맡겨야 할 것이다. 특별히 주님께서 자녀들을 돌아보시며 인도해 주실 것을 믿고 확신하라. 주님께서 의인의 자손들을 돌아보시리라.

사역자의 영광과 참된 권위(3-4절)

마지막으로, 베드로는 자신을 "장차 나타날 영광에 참여할 자"로 소개하면서, 동시에 장로들에게 맡겨진 양들 위에 군림하는 자세로 하지 말고, 모든 일에 본이 되라고 가르친다. '장차 나타날 영광'은 주님의 재림 때에 가져오실 은혜와 영광을 뜻한다(1:7-8; 4:14-15). 그런데 1절에서 '참여할 자'(코이노노스, κοινωνός)라는 자기 소개는 베드로가 그리스도의 고난과 그 영광을 긴밀히 연속해서 보는 시각을 갖고 있음을 보여 준다. 그리스도의 고난의 증인이라는 것과 장차 나타날 그리스도의 영광에 참여한다는 것은, 서로 동일하게 세례를 통해 그리스도와 함께 연합한 결과이기 때문이다(벧전 3:21-22; 4:13). 그리스도로 인한 고난을 받는 자 위에는 이미 그 종말의 '영광의 영'이 임재하여 계신다(벧전 4:14). 이런 시각은 종종 베드로와 함께 사역한 것으로 드러나는 요한의 신학에도 현저하다(행 1:13; 3:4). 요한은 그의 복음서에서 예수께서 십자가를 지시는 사건이 곧 영광을 얻으신 것이라고 설명한다(요 2:11; 7:39; 17:1, 5). 그러므로 십자가를 지는 것, 십자가 고난을 받은 것 자체가 영광을 얻는 것이라는 시각은, 예수 그리스도의 부활 이후 더욱 명확한 사실이 된 것이 분명하다. 부활하여 하늘에 오르사 하나님 우편에 앉으셨던 분께서, 땅에 계실 때에 모든 이의 죄를 대속하시는 섬김의 종으로 사신 것이다. 그리스도의 그 길이 교회가 따라야 할 길이었다.

그러므로 사역자는 그리스도께서 보여 주신 영광의 길, 곧 성도들을 섬김과 그들의 영적 짐을 대신 지는 고난의 길을 증거해야 한다. 그것이 그가 그분의 영광에 참여하는 길이다. 이 둘은 서로 분리되지 않는다. 그래서 베드로는 사역자가 양 무리 위에 군림하지 말 것을 가르친 후에(3절), 곧바로 목자장이신 그리스도를 언급한다(4절). 교회에서 가장 훌륭한 지도자는, 목자이신 그리스도를 가장 잘 따라가는 양이다. 그가 다른 양들을 목자장이신 그리스도께로 인도하는 참 목자가 된다. 그러므로 참 목자는 그 자신이 먼저 목자장이신 주님을 따라가는 순한 양이어야 한다. 주님을 잘 따르는 자만이 양 무리를 잘 인도할 수 있다. 주님이 양 무리를 위하여 어떻게 하셨는가? 그분이 언제 세상에 거들먹거리는 정치인이나 사장, 회장처럼 자신의 양 무리 위에 군림한 적이 있는가?

여기서 '군림하는'(카타큐리에우온테스, κατακυριεύοντες)이라는 표현은 위에서 강제로 짓누르고, 스스로 주인 노릇을 한다는 뜻이다(3절). 주인이신 주님의 양 무리를 자기 것처럼 도적질하고, 목자 되신 주님께서 하시는 방식이 아니라, 세상의 세속적인 방식대로 양 무리를 대하는 것을 가리킨다. 하나님은 원래부터 자기 백성의 목자이셨다. 에스겔 34장은 이스라엘의 거짓 목자들이 어떻게 하나님의 양 무리를 수탈했는지를 보여 준다. 그들은 '양을 먹이라'고 보냄을 받았지만, '양을 먹는' 자들이었다. 그들은 양의 무리를 먹이지 않고 '자기만 먹이는' 자들이었고, '살진 양을 잡아 그 기름을 먹으며 그 털을 입되' 양의 무리를 먹이는 일은 저버린 거짓 목자들이었다(겔 34:2-3). 하나님은 그들을 심판하셨다. 그리고 친히 종말의 목자로 오셔서 새로운 양 무리를 모으시고, 그들을 먹이시며 치유하시고 회복하셔서 인도하신다(마 2:6; 9:35-36).

이제 주께서 친히 자신의 양 무리인 교회를 다스리며 인도하시는 목자장이 되셨다(벧전 5:4). 그분이 어떤 목자이셨는가? 긍휼의 목자이셨다. 그들의 모든 처지를 돌아보신 목자이셨다. 결국, 양 무리를 위해 자신을 내어주신 선한 목자이셨다(마 26:31; 요 10:10-15). 그뿐 아니라 부활하셔서 다시 그 적은 양 무리와 세상 끝날까지 함께하시며 인도하시는 목자이시다(마 28:19-20). 무릇 그에게 부름 받아 교회를 섬기는 크고 작은 모든 목자들은 이와 같아야 한다. 그렇지 않다면 그는 그저 잘못 행하는 것이 아니라, 자신이 그런 본을 보이신 목자장이신 주님보다 '크다고' 선언하는 셈이 된다. '종이 주인보다 크지 못하고, 보냄을 받은 자가 보낸 자보다 크지 못하기' 때문이다(요 13:16). 그러므로 양 무리 앞에서 목자장 되신 주님의 섬김과 지도력을 내동댕이친다면, 그는 스스로 예수님보다 '크다고' 주장하는 신학적 죄를 짓는 셈이나 마찬가지이다. 입으로는 예수님을 '주'라 부르겠지만, 실제로는 주님을 그 보좌에서 끌어내리는 죄, 하나님을 대하여 죄를 범하는 것이다.

그러므로 참된 사역자는 베드로가 깨달은 고난의 비밀을 깨달아야 한다. 영광은 나중이요, 고난은 지금이다. 그리고 고난받는 순간이 곧 영광을 얻는 순간이다. 영광의 시각에서 고난을 보아야 한다. 승천과 부활의 시각에서 십자가 고난과 이 땅에서의 섬김의 수고를 바라보아야 한다. 살아 있는 소망의 관점에서 지금 믿음의 연단을 바라보아야 하는 것처럼(1:4-9), 사역자는 주님 앞에서 받는 최종적인 판단의 관점에서, 오늘 주어진 섬김의 길을 가야 한다. 세상에서 받는 위로와 칭찬과 인정에 매달리면, 그것으로 주께서 원하시는 사역은 어려워진다. 그렇다고 양 무리의 만족을 무시하라는 것은 아니다. 그리스도의 말씀과 사랑으로 진실하게 신실하게 먹이면, 양 무리는 배부르게 먹고 건강하게 성장한다. 그것이 목자의 가장 큰 기쁨이어야 한다. 말씀으로 먹이든 사랑으로 먹이든, 목자는 양에게 그리스도를 주는 것이다. 그분이 말씀이시고 그분이 사랑이시기 때문이다. 교회는 그리스도로 말미암아 교회가 되고, 생명을 주시고 더 풍성히 주시는 그분으로 말미암아 살아나고 성장하게 된다. 오직 그리스도를 받고 누리고 배우고 닮아 가는 교회가 되도록 목자들은 목자장이신 예수님을 좇아 참 목자의 본을 따라 행하여야 한다.

그렇게 하면 목자장이신 주께서 다시 오실 때, 그분에게 영광의 면류관을 얻게 될 것이다. 면류관이란 로마 사회에서 운동경기 때에 승리자에게 주던 월계관 같은 것에서 나온 용어이다. 그래서 고된 훈련과 인내의 경주라는 과정을 염두에 둔 표현이다. 쉽지 않다. 사역자가 다른 성도들이나 목회자 혹은 세상의 인정을 기대하지 않고 묵묵히 사역해 나가기란 쉬운 일이 아니다. 겨자씨만 한 적은 믿음으로 큰 일을 할 수 있지만, 누구도 주목하지 않는 작은 일을 꾸준히 기쁘게 감당하려면 큰 믿음이 필요하다. 그만큼 살아 있는 소망의 신앙이 그의 속에 진정 살아 있어야 한다. '영광의 면류관'이라는 표현은 중간기에 '의의 면류관'이라는 표현과 함께 자주 등장했다(레위의 유언집, 8.2.9; 벤자민의 유언집, 4:1; 참고. 딤후 4:8). 면류관이지만, 썩어지거나 더러워지거나 쇠하는 세상에 속한 것이 아니라, 썩지 않고 더럽지 않고 쇠하지 않는 하나님 나라의 영원한 영광이다. 잠시 잠깐 후에는 주 앞에 설 것이다. 맡겨진 양 무리는 결코 내 것이 아니다.

또한 베드로는 양 무리의 본이 되라고 말한다(3절). 사역자가 자신에게 맡겨진 주님의 양 무리의 본이 될 수 있는 유일한 길은, 그 자신이 그의 목자와 감독이 되시는 예수님을 바짝 좇아가는 양이 되는 것이다. 베드로는 이미 그리스도를 좇아가는 고난과 영광의 길을 제시했다(2:21-25). 그리고 자신이 오래 전 주께서 십자가를 지시려 했을 때 좇아가지 못했던 그 길을, 주께서 부탁하신 대로 오랜 기간 목양 사역을 하며, 스스로 '하나님의 종'(2:18)으로서 목자요 영혼의 감독 되신 주를 따라 고난받은 어린양처럼 되었을 것이다. 그래서 그는 이제 주님의 고난과 영광의 길을 알고 또 지금도 걷고 있는 자로서 목자 된 자들에게 권면하는 것이다. 생각해 보면,

양들이 목자가 한 강의를 듣고 혼자서 공부한 대로 길을 가는 경우는 없을 것이다. 팔레스타인에서 자주 보였던 모습이기도 하지만, 전형적으로 목자는 양들을 앞에서 인도한다(참고. '먼저/앞서 가리라,' 마 26:32). 설교는 그의 인격이요 삶이어야 하고, 그의 성품과 삶이 곧 설교여야 한다. 그만큼 쉽지 않다. 양들과 함께 성장하는 수밖에 없다. 부지런히 양들 앞에서 때로는 양들과 함께 영원한 목자 되신 주님을 바라보며, 그분을 따라가려 끊임없이 몸부림쳐야만 한다. 그가 진실한 목자이다.

젊은 자들과 권위의 문제(5절)

세상 앞에서 하나님의 이름을 높이는 교회가 되려면, 우선 교회 안에서의 삶이 화목하고 아름다워야만 한다. 그리고 교회가 예수님을 받고 누리며 그분에게서 배우고 그를 닮아 가는 성도들이 되려면, 가장 우선되는 책임이 앞에서 이끄는 지도자들에게 있음은 물론이다. 그래서 베드로는 장로들에게 먼저 긴 부탁을 한다. 그리고 이제 교회의 젊은이들을 권면한다. 여기서 '젊은 자들'(네오테로이, νεώτεροι)이 누구인가에 대한 의견이 다양하다. 장로들보다 나이가 어린 집사들과 같은 직분자들이거나, 혹은 장로들에게 순복해야 하는 특정한 그룹, 아니면 회심한 지 얼마 되지 않은 초신자들, 영적으로 어린 자들을 가리킨다고 보기도 한다(Elliott, 842). 또한 여기서 '장로들'이 직분이 아니라 주로 나이에 따른 구분이므로, 유대인의 관행에 따라 대략 30세 전후의 청년들을 가리키는 것으로 볼 수도 있다(Davids, 184). 명확한 것은, 장로들이 다스릴 때 그들에게 순복해야 하는 성도들 모두를 포함한다고 보는 것이 문맥에서 가장 명백한 의미이다.

그들에게 요구된 것이 무엇인가? 무엇보다 겸손이고 낮추는 것이다. 베드로는 젊은 자들이 겸손의 덕을 갖추어야 할 것을 강조하기 위해, 하나님께서 교만한 자를 대적하시고 겸손한 자에게는 은혜를 베푸신다는 말씀도 덧붙인다(5절; 잠 3:34). 우선 주목해야 할 것은, 앞서 장로들에게는 더러운 이익을 얻기 위해 위선적으로 사역하고자 하는 유혹이나, 위에서 짓누르며 군림하는 태도로 다스리려는 유혹, 그리고 자기는 하지 않으면서 설교와 가르침으로 말만 하여 성도들을 고통스럽게 만드는 유혹 등을 언급했다. 이런 유혹들은 모두 장로들이 빠지기 쉬운 함정들이다. 잘못된 사역의 동기, 잘못된 권위주의, 그리고 삶의 진실한 순종과 실천이 없는 위선을 지적하는 것이다. 그러나 젊은이들에게는 상대적으로 그런 위험이 적다. 비교적 순수하기 때문이고, 또 그런 유혹에 빠질 만한 위치에 있지도 않다. 이들에게 문제가 되는 것은 오히려 마땅한 권위를 무시하거나 쉽게 순복하지 못하는 기질이다.

우리는 종종 자신이 잘 견뎌낼 수 있는 것은 상대에게 요구하며 가르치려 들지만, 정작 자신이 잘 못하는 것을 지적당하면 견디지 못해 한다. 술에 대한 유혹을 전혀 받지 않는 사람이, 술 마시지 말라고 권면하기는 쉽다. 하지만 자신이 종종 거짓말하는 것에 약한 사람이라면 그는 다른 이들에게 거짓말하지 말라고 권면하기 어려울 것이다. 그런 것이다. 젊은이들은 교회의 어른들에게 비난하기 쉽다. 그들의 불순한 동기와 잘못된 권위주의, 그리고 말만 하고 자기는 하지 않는 위선 등을 혐오하고 고개를 젓는다. 하지만 그들이 그런 약점들을 고치기 어려운 것은, 젊은이들이 마땅한 권위에 대하여 순복하고 겸손을 유지하는 것만큼이나 어려울 수 있다는 것을 이해해야 한다. 그러므로 각자가 자신이 잘 못하는 부분에 집중하는 것이 정직하고 지혜로운 처사이다. 내가 먼저 나의 약점을 잘 극복한 후에, 상대에게도 그런 것들을 요구해야 할 것이다. 젊은이들은 마땅한 권위에 순복하기를 배워야 한다.

흥미롭게도, 본문에서 인용한 잠언 3:34의 말씀은, 하나님께서 교만한 자를 낮추시지만, 반대로 겸손한 자를 '높이신다'고 하는 대신 '은혜를 베푸신다'고 표현했다. 높이시고 낮추시는 주권이 철저히 하나님께만 있기 때문이다. 자동적인 법칙이 아니다. 내가 낮추면 하나님께서 곧 높이셔야 하는 의무가 있는 것도 아니다. 겸손이란 하나님의 주권을 인정하는 태도이다. 자기가 심판하지 않고 하나님께 맡기는 태도이다. 자신은 하나님의 주권을 인정하고, 하나님께서 요구하시는 마땅한 책임을 다하는 태도이다. 겉으로 인사 잘 하고, 말을 부드럽게 하고, 아부를 떠는 사람을 겸손하다고 하지 않는다. 그 중심에서 하나님의 주권을 의지하고 순복하는 태도를 가진 사람, 사람들 앞에서 하나님께서 주신 질서에 순복하는 사람이 진정으로 겸손한 사람이다. 주께서는 교회의 주님이 되시기 위해, 젊은이들에게 이런 겸손과 하나님의 주권에 대한 신뢰, 정당한 순복을 요구하신다. 장로들은 탐심과 권위주의 그리고 위선에서 벗어나야만 하고, 성도들은 교만이나 무질서에서 벗어나, 다 함께 목자 되신 주님께 순복하며 그분을 따라가는 진실한 양 무리가 되어야, 세상을 이기는 교회가 될 것이다.

사명과 사랑

우리는 너무나 자주
사명으로 이해합니다.
툭하면, 사명이고 일입니다.
하지만 사명은 사랑 없이
감당하지 못합니다.
사랑 없는 사명은 자기 일입니다.

주님은 일을 시키기 전에,
도중에, 그 끝과 이후에도,
함께하자고 말씀하십니다.
하나님께서 부르신 사람들을 보십시오.
다 함께하신다고 하신 것입니다.
사랑과 사귐이 먼저입니다.
사명의 내용도 결국
그분과 함께하라는 것,
사랑 가운데 있으라는 것입니다.

일하다가 죽지 마세요.
사명으로 치발라서 남도 속이고
자기도 속이지 말아야 합니다.
그분과 함께 있고
그분의 사랑을 받고

그 사랑 속에 있는 것으로도
많은 일을 할 수 있습니다.
그래야 당신의 일이 아니라
그분의 일이 됩니다.
그분의 일을 하려면
그분과 함께 있어야 합니다.

일만 하는 사람은 일만 시킵니다.
사랑이 일입니다.
그분을 받고
그분을 주는 일입니다.
사랑이 사명입니다.

십자가의 길이 가장 빠른 길(6-7절)

이제 베드로는 교회 안에서 장로들과 젊은이들 모두가 들어야 할 권면의 말씀을 주려 한다. 첫째는, 모두가 하나님의 주권과 섭리를 철저히 인정해야 한다는 것, 둘째는, 그래서 모든 염려를 그분께 맡겨야 한다는 것이다. 그런 점에서 성도의 인생은 자신의 뜻대로 진행되지 않고, 하나님의 뜻을 좇아 진행된다. 그것이 다행이고 또 복이다. 누구도 하나님의 나라를 자기 뜻을 따라 소망하지도 못하고, 또 소망한다 해도 어떻게 이를지 알지 못한다. 하나님께서 부르셨으므로, 하나님께서 정하고 아시는 목적지를 향해 하나님의 방법대로 진행되는 것, 그것이 신앙생활이다. 이제 본문의 말씀을 살펴보자.

> [6]그러므로 여러분은 하나님의 권능의 손 아래서 낮아지십시오. 때가 되면 하나님께서 여러분을 높이실 것입니다. [7]여러분의 모든 염려를 그분께 맡겨 버리십시오. 왜냐하면 그분께서 여러분을 돌보시기 때문입니다.

어떻게 하면 장로들이 권위주의를 버릴 수 있을까? 어떻게 하면 물질적인 이득을 위해 사역하는 악하고 어리석은 일을 그만두게 할 수 있을까? 베드로는 하나님의 '권능의 손'을 의식하고 그 아래 낮아지는 길이 최선이라고 제안한다. 겉으로는 장로들과 젊은 자들 사이의 갈등의 문제로 드러나지만, 실제로 그 내면에서는 하나님께 대한 '불신앙'의 문제라고 지적하는 셈이다. 왜 그러한가? 권위주의는 진정으로 '권능'(혹은, '힘', κραταιός)을 가지신 하나님 앞에 굴복하지 않는 태도이다.

교회 안에 참된 권위자는 예수 그리스도뿐이시다. 그분이 제자들의 발을 씻기셨다. 주와 선생이 되어, 제자들의 발을 씻으셨고 본받으라 하셨다. 더불어, "종이 주인보다 크지 못하고 보냄을 받은 자가 보낸 자보다 크지 못하나니"(요 13:16, 개역개정)라고 하셨다. 누가 교회라는 '집'의 주인인가? 하나님이시요 그리스도이시다. 그리고 그 주인 되신 그리스도께서 성도들의 발을 씻기시는 섬김의 종이시다. 따라서 당신이 성도들 위에 군림하면, 당신은 단지 무례하다거나 덕을 세우지 못하는 정도가 아니다. 당신은 실제로, '내가 그리스도보다 더 크다'라는 신학적 주장을 하는 셈이다. 그것은 하나님께 대한 범죄이다.

또한, 양 무리를 향하여 어떤 물질적 이득을 취하고자 접근하거나 그런 의도에서 이용하는 짓거리 역시 단순히 사람에 대한 도적질이거나 사기가 아니라, 하나님께 대한 중대한 범죄임을 기억해야 한다. 주께서 말씀하시기를, "인자가 온 것은 섬김을 받으려 함이 아니라 도리어 섬기려 하고 자기 목숨을 많은 사람의 대속물로 주려 함이니라."(막 10:45, 개역개정)고 하셨다. 이 말씀은 예수님의 사역 핵심을 요약한다. 주님은 섬김으로 자신을 주셨다. 성도들의 것을 함부로 빼앗는 것은, 성도를 '섬기어 자신을 주신' 그리스도의 권위에 대적하는 것이다.

마찬가지이다. 젊은이들이 교회에서 정당하게 세워진 질서나 절차를 무시하거나 경솔하게 여기고 교만한 태도를 보이는 것은 단지 옳지 않을 뿐 아니라, 주권자이시고 심판주이신 하나님을 두려워하여 '그를 위하여' 사는 태도일 수 없다(참고. 벧전 1:17; 2:13). 그래서 베드로는 하나님의 '권능의 손'을 언급한다. 그분이 주권자이시다. '권능의 손'은 성경에서 하나님의 주권과 능력, 그리고 영광의 특별한 임재와 인도하심을 표현하기도 한다(왕상 8:42; 눅 1:66). 사람을 낮추고 높이시는 권세가 주께 있다.

그러므로 교회 안에서 높아지려 하면, 권능을 가진 주님의 눈에 들어야 한다. 주님은 섬김의 종이시므로, 그분 앞에서 낮추고 성도들을 진실하게 섬기는 길이 높아지는 길이다. 인간적 수단 방법으로는 높아지지 못한다. 그 사람의 위대함은 그가 얼마나 많은 사람을 거느리고 있느냐가 아니라, 얼마나 많은 사람들을 섬기고 있느냐이다. 십자가의 길이 영광에 이르는 유일한 길이고 가장 빠른 길이다.

종이 할 일, 주인이 할 일(7절)

하나님의 권능의 손 아래서 우리 자신을 낮출 이유가 또 하나 있다. 염려 때문이다. 문맥 안에서 보면 장로들에게는 돈에 관련된 염려가, 그리고 젊은이들에게는 혹시 속히 높아지려 하는 데에서 생기는 조급함과 염려가 있을 수 있다. 하지만 전체적으로 보아 7절에서 이런 염려에 관한 문제는 교회가 그리스도를 좇아 선한 양심으로 살아갈 때에 세상에서 겪게 되는 고난, 손해, 불안정한 환경, 적대적인 상황 등에서 생기는 염려라고 추정해 볼 수 있다. 그 염려를 하나님께 맡겨 버리라는 것이다.

염려는 어떻게 극복하는가? 염려는 내가 감당해야 하는 문제가 나보다 클 때 생긴다. 사람은 세상 앞에서 항상 작다. 교회도 세상의 적대감과 넘치는 악 앞에서 위축될 수 있다. 선뜻 극복하기에는 크고 두렵기 때문이다. 그래서 베드로는 '하나님의 권능의 손'을 언급한다. 성경에서 '권능의 손'은 하나님의 심판과 구원에도 자주 관련된다(출 3:19; 6:1; 렘 21:5; 겔 20:33). 그분이 심판하시고 구원하시는 분이시다. 아무리 혼란스럽고 황망해도 두려워 떨거나 당황할 필요가 없다. 전능하신 하나님께서 통제하고 계시다(계 1:8). 바닷물이 그 경계를 넘지 못하듯이(잠 8:29; 렘 5:22), 마귀의 괴롭히며 훼방하는 일도, 악의 격동과 풍랑도 모두 전능하신 하나님의 통제 아래 놓여 있다. 모두 정한 때에, 정한 분량만큼만 허락된 일들이다(참고. 단 12:7; 계 22:10-13).

그러므로 다만 '하나님의 나라와 그의 뜻을 구하고' 있다면 지나친 염려를 하는 것은 불신앙에 가깝다. 전능하신 하나님, 이 모든 것을 통제하고 계시며 주관하고 섭리하시는 하나님을 신뢰하지 못하는 불신앙이다.

하나님께서 하셔야 하는 일은 하나님께 맡기고, 종은 주인이 맡긴 일에 충성하면 그뿐이다. 종이 주인이 해야 하는 염려를 할 필요가 없다. 주인이 해야 할 염려는 주인에게 맡기고, 종은 주인이 맡긴 일에 전념할 뿐이다. 거기에 종 된 자유와 특권이 있다. 그는 자신의 일을 하는 것이 아니다. 종 된 성도의 일은 곧 주인이신 그리스도를 믿고 그분을 사랑하는 일이다. 나머지 염려들은 하나님께 맡기라고 했다. 그 염려들은 모두 하나님의 권능의 손으로 처리되는 데에 달려 있다. 그것은 하나님의 몫이다. 왜 하나님의 몫을 자신이 하려 드는가? 그것도 불신앙, 곧 신뢰하지 못하는 현상이다. 신자가 하나님의 몫을 하려 들면, 자신에게 맡겨진 몫을 할 수 없다. 사실 그것이 대부분 믿지 않는 사람들의 일생이다. 죽음의 문제를 해결할 수 있는가? 인간은 그럴 수 없다. 그러면서도 인간은 '죽기를 두려워하여 일생에 매여 종노릇'한다. 그렇게 하면 하나님의 종으로 살 수 없다.

하나님의 일을 자신이 하면 안 된다. 마찬가지로, 자신이 해야 할 일을 하나님께 맡겨서도 안 된다. 이 두 가지를 뒤섞는 것이 불행이다. 염려는 모두 주께 맡기라. 당신은 주께서 맡기신 일에 전념하라. 그것이 믿음이요 지혜이며, 종 된 겸손한 도리이다. 그래서 겸손한 사람은 모든 염려를 자기가 스스로 지지 않고 도리어 하나님께 모두 던져 버린다. 자신이 지지 말아야 할 짐을 지느라, 자신에게 맡겨진 일을 하지 못하는 어리석음을 범하지 않는 지혜로운 종이다. 여기서 '맡겨 버리고'(에피리판테스, ἐπιρίψαντες)라는 표현은 등에 지고 있는 배낭을 차 트렁크에 던져 내려놓는 것 같은 생생한 표현이다(참고. 눅 19:35). 그래서 모든 염려를 주께 맡기는 행위는, 시편 68:19에서 "날마다 우리 짐을 지시는 주 곧 우리의 구원이신 하나님을 찬송할지로다."(개역개정)라고 말씀하신 것처럼, 우리 짐을 지시기를 기뻐하시는 주님을 아는 믿음에서 나온다.

생각해 보면, 하나님께서 우리의 짐을 지시기를 기뻐하신다는 사실은 종종 낯설기 짝이 없다. 우리 대부분은 그렇게 하기를 미안해 한다. 하나님은 언제나 '이래라, 저래라' 시키는 분이시지 내 짐까지 구차하게 맡아 주실 분이라고 생각지 못한다. 하지만 어린 자식을 극진히 사랑하고 불쌍히 여기는 부모의 마음을 생각해 보라. 그 아이가 열심히 달리기를 하기 위해서 가방을 누가 들어 주어야 한다면, 어느 부모가 선뜻 그 가방 들어 주기를 주저할 것인가? 그런 믿음이 있어야 염려에서 해방된다. 그분은 우리를 '돌보시기'를 기뻐하신다. 그것은 그분이 좋아하시는 일이고 잘하시는 일이다. 그분께서 잘하시고 즐거워하시는 일은 그분에게 맡겨 드리라. 그리고 당신은 그분께서 부탁하신 일에 전념하라. 그것이 종의 자유이며 책임이다.

"우리가 우리를 전파하는 것이 아니라"

불과 30-40년 전만 해도, 교회 이름은 거의 그 교회가 있는 지역, 마을의 이름을 딴 것이 전부였다. 남대문교회, 서대문교회, 동대문교회, 이런 식으로. 마치 신약에 있는 교회들이 데살로니가교회, 고린도교회, 갈라디아교회 그런 것처럼. 교회는 원래 하나이기 때문에 '그 지역에 있는 성도들'이라는 의미로 지역 이름만 앞에 붙이면 되었다. 당시에 전도자나 사도라면 어느 교회에 가서도 설교할 수 있었을 것이다.

그 이후로 교회 이름에 변화가 왔고, 무척 신선하게 들렸다. 믿음이나 소망, 사랑, 능력, 기쁨 등등의 교회, 혹은 형용사를 써서 아름다운, 행복한, 주님의, 등등의 교회 그런 식이었다. 지역색을 벗어났다. 그리고 교회들마다 로고를 만들기 시작했고, 그것도 신선한 바람이었다. 그리고 몇해 전에는, 교회가 교가(敎歌)를 만들어 부르는 게 유행이라는 사실을 알게 되었다. 학교에 교가가 있고, 회사에 사가가 있는 것처럼, 개교회에 소속됨을 고취하기 위해 교가를 부른다는 것이었다. 얼마 전, '담임목사 찬가'가 있다는 소리도 듣게 되었다. 실로 그러했고, 참으로 놀랐다.

이렇게 거슬러 올라가 보니, 교회가 점점 공적이기보다는 '사적'(私的)이 되어 가는 흐름은 거스를 수 없는 대세처럼 보인다. 그만큼 '예수 그리스도의 교회'가 우리가 살아가는 사회의 '사유화' 하는 흐름에 휩쓸리는 듯하다. 사실 이 정도까지는 봐줄 만한지 모른다. 교회를 세습하는 것은 이런 '혹시 봐줄 만한' 경향도 우습게 만드는 사유화의 전형이기 때문이다.

사실 따지고 보면, 그런 교회의 사유화 경향은 설교 강단에서 얼마든지, 더 자주 발견된다. 설교 강단은 얼마나 쉽게 유린당하는가. 이루 말할 수 없다. 설교 강단에서 하나님 말씀, 복음, 예수 그리스도, 하나님 나라에 관련된 이외의 것으로 강단을 '사유화'하는 죄는 쉽사리 씻지 못할 죄악이다. 설교하는 강단, 하나님의 순결하고 정직한 말씀이 선포되어야 하는 곳에 서서, 그 거룩한 강단을 '자기 자신의 것으로 사유화'하는 죄는 반드시 심판받을 무서운 죄이다.

그것은 말씀의 자리를 빼앗고 자기를 파는 것이기 때문이다. 성도들, 주께서 피로 값 주고 사신 성도들은 '당신'이 필요하지 않다. '그리스도'가 필요하다. 교회는 머리 되신 예수께서 몸 된 성도들에게 자기 자신, 곧 말씀을 주시는 곳이다. 예수 그리스도께서 머리 되신 교회 안에서, 그분의 말씀이 주어져야 하는 강단 위에서, 친히 목자 되신 주께서 자신의 목숨을 주고 사신 양무리에게 '예수'가 아닌, '말씀'이 아닌, '자기의 더러운 것'을 먹이는 거짓 목자들에게 화 있을진저! 속히, 진리의 길로 돌이킬지라!

그러므로 두렵고 떨리는 마음 외에 다른 마음으로 강단에 서서는 안 된다. 예수 그리스도의 교회 안에서 예수 그리스도의 양 무리에게, 하나님의 순결하고 정직한 말씀, 예수 그리스도 외에 상습적으로 다른 것을 주는 자는 적그리스도에 방불한 자들이다. 속히, 주인 행세를 버려야 한다. 종의 자리로 돌이켜야 한다. "우리는 우리를 전파하는 것이 아니라 오직 그리스도 예수의 주 되신 것과 또 예수를 위하여 우리가 너희의 종 된 것을 전파함이라"(고후 4:5, 개역개정).

대표기도

질문: 주일예배에서 대표기도는 정확히 어떤 의미를 지니고 있나요? 그리고 어떤 내용의 기도를 해야 하나요?

답: 제가 생각하는 대표기도는 이렇습니다.

(1) 부디, 짧게 하십시오. 3분 정도면 충분하다고 생각합니다. 다른 순서들도

있지 않습니까? 특별히 말씀을 전하는 설교 시간을 빼지 마십시오.

(2) 하나님께 하십시오. 모든 기도는 하나님께 드리는 것입니다. 공중기도에서 가장 큰 유혹은 사람들 들으라고 기도하는 것입니다. 이 유혹을 이기십시오. 대표기도 하면서 설교하지 마세요. 창세기부터 요한계시록까지 꿰뚫지 마세요. 가르치는 시간이 아니라, 한마음으로 감사하고 간구하는 시간입니다.

(3) 성도들의 사정을 깊이 생각하십시오. 하나님의 말씀에 비추어 볼 때, 성도들의 가장 절실한 기도 제목들을 생각해 보세요. 말할 수 없는 탄식으로 기도하는 성령님 안에서 성도들을 위하여 기도해 보세요. 그리고 그 기도 제목들 중 두세 가지만 추려 기억해 두세요. 특별히, 교회 안에 있는 어려운 분들이나, 교회가 정한 말씀에 합당한 목표들을 위해 기도하세요.

(4) 성도들을 위한 간구라고 할 때, 그것은 '모든' 성도들을 위한 간구입니다. 성도들 간에 이견이 있을 수 있는 문제에 대해 한쪽을 택해 편향성을 보이지 않도록 유의해야 합니다. 정치적 입장이나 사회적 문제에 대해서도 한 편을 택해 간구하지 말아야 합니다. '대표'기도는 '모든' 성도들을 대표하는 자리입니다. 설교도 그렇지만, 대표기도를 하는 자도 결코 이것을 잊어서는 안 됩니다. 복음은 모두를 위한 것입니다. 설교의 자리도, 대표기도의 자리도 일 개인의 편향성으로 더럽혀서는 안 됩니다.

(5) 예배의 순서 맡은 자들을 위해 '간략한' 간구들도 포함하세요.

(6) 기도문 없이 하는 것이 바람직하지만, 간단한 제목들이라도 적어 두거나, 아니면 3분 안에 끝날 수 있도록 미리 원고를 준비하는 것도 좋습니다.

(7) 대표기도는 제사장 된 마음으로 하는 것입니다. 성도들을 위하여 울고, 그 간구들을 하나님께 가져가는 마음으로 하십시오. 부족한 대로, 이 정도이면 덕스러운 대표기도가 될 것으로 생각됩니다.

확인

목자는 성도 편에 선다. 삯꾼은 자기 편에 선다.
목자는 교회 편에 선다. 삯꾼은 자기 편에 선다.
목자는 주님 편에 선다. 삯꾼은 자기 편에 선다.
자기를 위할지 양 무리를 위할지 택할 때가 오면,
그가 삯꾼인지 목자인지가 드러난다.
아이를 둘로 쪼개라고 하면 진짜 엄마는 아이를 포기한다.
아이를 살려야 하기 때문이다.

예수가 그 안에 살아 있으면
예수의 몸을 찢거나 예수의 이름을 더럽히지 못할 것이다.
그래서 자기를 택할지 하나님의 이름을 택할지
갈릴 때가 오면 자신이 목자인지 삯꾼인지
그 선택이 그 자신에게 알려 준다.

확인이 곧 심판이다.

마귀를 대적하라(8-9절)

상상해 보라. 이제껏 무대 위에서는 성도들이 세상을 지나가며 악한 자들로 인해 고난을 당하는 장면이 펼쳐진다. 국가에서, 일터에서, 가정에서, 또 그리스도의 십자가에서 벌어진 장면들을 차례로 묘사해 왔다. 하지만 이제 가렸던 막들이 하나 둘씩 거두어지고, 무대 뒤에 있는 실체들이 드러난다. 베드로가 이런 문맥에서 이제 마귀에 대해 밝히는 것은 그러므로 적절하다. 성도의 싸움, 교회의 싸움은 육적인 것이 아니요, 영적인 싸움이고 마귀를 대적하는 싸움이다. 본문을 읽어 보자.

> 8정신을 차리고 깨어 있으십시오. 여러분의 대적 마귀가 울부짖으며 삼킬 자를 찾아 돌아다니고 있습니다. 9세상에 처한 여러분의 형제들에게도 동일한 고난이 채워지고 있음을 앎으로써, 믿음에 서서 그를 굳세게 대적하십시오.

특별히 여기서 마귀는 '디아볼로스'(διάβολος, '참소하는 자')이다. 마귀가 무엇을 참소하는가? 마귀는 일찍이 그리스도를 참소하였다. 그것이 십자가 사건이었다. 이를테면, 마귀는 '의인으로서 불의한 자를 대신한'(벧전 3:18) 그리스도를 죄인으로 정죄하고 죽였다. 마귀는 스스로 하나님 행세를 했다. 승리한 것 같았지만 심판을 받게 되었다. 하나님께서 죄 없으신 그리스도를 다시 일으키심으로 최후의 선고를 하셨기 때문이다. 하나님의 법정에서, 마귀는 영원토록 '거짓말하는 자요 살인자'임을 스스로 증언한 꼴이 되었다. 죄 없는 그리스도께서 죄의 결과인 사망을 당하신 십자가만큼, 마귀의 불의함을 영원토록 증거하는 증거는 없다. 그리스도의 십자가가 그 참소자의 입을 막아 버린 것이다.

이제 십자가로 인한 하나님의 법정 판결의 선고에 따라 형(刑)을 집행하는 일만 남았다. 부활하셔서 승천하시고 하늘에 오르신 그 예수께서 다시 오시는 그때이다. 베드로는 이 묵시론적 결말을 배경으로 제시한다. 4절에서 이미 '목자장이 나타나실 때'를 언급한다. 6절에서는 전능하신 하나님의 손을 언급한다. 그리고 '때가 이르면' 하고 정한 종말의 때를 언급한다. 8절에서는 그러므로 "정신을 차리고 깨어 있으라"는 종말론적 신앙을 일깨운다. 그리고 8절에서 드디어 마귀가 등장한다. 그는 '대적'(호 안티디코스, ὁ ἀντίδικος)이다. 하나님과 그분의 나라와 그분의 백성의 '대적'이다. 십자가에서 결정적으로 불의함이 선고되었지만, 주께서 다시 오시기 전까지 마귀는 그 어리석은 악을 계속한다. 그는 여전히 '울부짖으며 삼킬 자를 찾아 돌아다니고' 있다(8절).

그러나 마귀는 그리스도의 십자가와 부활 사건에서 이미 심판을 선고받았다. 아직도 우는 사자처럼 성도들을 삼키려 두렵게 하지만(딤후 4:17), 그는 이미 자신이 불과 유황의 못에 삼키워질 형벌을 선고받은 죄수이다(계 20:10). 먹잇감을 집어삼키려고 으르렁댄다는 것은 매우 위협적인 모습이다. 대중들은 근거 없는 '괴담'에 휩쓸린다. 사실이 아니지만, 두려움을 자극하고 공포감을 극대화시켜서 스스로 그 공포감에 질식당하게 만든다. 하지만 중요한 것은 사실, 곧 진리이다. 권세는 하나님의 손에 있다. 그리스도는 죽음을 이기셨고, 마귀를 굴복시키셨으며, 마귀는 십자가에서 정죄 받아 묶여 있다. 쇠줄에 묶여 있는 채로, 마치 자기가 성도들을 집어삼킬 수 있는 것마냥 거짓으로 위협하는 것이다. 마귀는 교회를 멸할 능력이 없다. 마귀를 대적한다는 것은, 예수께서 '마귀의 권세를 멸하시며 사망의 권세를 잡은 자 마귀를 없이 하신' 사실에 굳세게 서서(요일 3:8; 히 2:4) 분명히 대적하여 진리를 선언함으로써 굴복시키는 것이다. 마귀는 거짓되고 교만한 존재이므로, 어둠 속에 숨어 있는 쥐새끼들을 빛을 비춤으로 쫓아내듯이, 말씀의 참된 진리로 비추어 거짓을 드러내고 하나님께 철저히 순복함에서 오는 겸손한 권세로 모멸감을 주어 쫓아내야 한다.

하지만 확실히, 빛이신 그리스도께서 다시 직접 나타나실 때까지는, 공중 권세 잡은 자 마귀와 그에 미혹되는 세상 풍조와 철학, 사상들과 시대의 정신들, 하나님과 그분의 나라, 그분의 백성들을 대적하는 악인들의 핍박은 '잠시' 계속될 것이다(벧전 1:6-7; 4:12; 참고. 계 1:9-20). 그래서 9절은 이런 종말론적 심판과 남은 때, 그리고 주님의 재림 직전까지 악의 극심한 미혹과 활동을 전제로 하는 말씀이다. '세상에 처해 있는'이라든지, 동일한 고난이 '채워지고 있음'(에피텔레이스따이, ἐπιτελεῖσθαι)과 같이 강조되고 또 특이한 표현들은, 이런 묵시론적 전망을 잘 드러낸다. 새벽이 오기까지, 어둠은 점점 깊어져 칠흑같이 되는 지경에 이른다(참고. 벧후 2:19). 아침이 오지만 춥고 깊은 어둠을 견뎌야 한다. 하지만 새벽까지만이다. 곧 날이 밝고 해가 떠오르면 어둠은 흔적도 없이 물러갈 것이다.

그러므로 믿음에 굳게 서야 한다. 마귀를 대적해야 한다. 그런데 오늘날 성도인 우리는 무슨 싸움을 하고 있는가? 하나님께서 부르신 교회는 '생존'의 싸움에서 해방된 자들이다. 무엇을 먹을까, 무엇을 입을까, 생각하고 준비하지만, 그것이 본질적인 싸움이 아닌 존재들이다. 하나님 나라의 의와 뜻을 위하여 싸우도록 부르심을 받았다(마 6:19-34). 교회는 누구와 더불어 싸우는가? 교회 안에서 서로 갈라서서, 상대편을 세상 법정에 고소하는 그런 싸움을 싸우라고 하지 않으셨다. 그러면 무슨 싸움을 싸우는가? 이웃 교회보다 더 많은 성도들을 자신의 예배당에 채우기 위해 싸우는가? 성도의 싸움의 대상은 생존도, 원수 같은 사람도, 자아실현도 아니다. 마귀를 대적하고, 오늘날 '세속주의'와 싸우고, 넘치는 죄악의 풍랑에 맞서 피 흘리기까지 싸워야 한다. 그래서 하나님을 붙들고 의지하는 싸움, 그리스도만을 따라가려는 싸움, 진리의 말씀을 붙들고 그 말씀대로 살려는 싸움을 죽기까지 다해야 한다. 잘 싸우는 것보다 바른 싸움을 싸우는 것이 더 중요하다. 꼭 싸워야 하는 싸움, 주께서 명하신 싸움만 잘 싸우라.

'모든 은혜'의 하나님(10-11절)

그리스도인은 앞으로 어떻게 될지 모르는 곳을 향해 가고 있지 않다. 교회는 교회가 정한 방향으로 가는 것이 아니다. 신자의 인생도 자신이 마음대로 정한 곳으로 가지 않는다. 궁극적인 방향은 부르신 분께서 정하셨다. 자유를 침해당한 느낌인가? 당신에게 물어보지 않고, 당신의 허락을 받지 않아서 불쾌한가? 신자들의 문제들 가운데 하나는, 하나님께서 그들을 위해 정하신 궁극적인 목적을 모르거나 주목하지 않는다는 사실이다. 그리고 여전히 자신의 인생을 위해 자신이 최종적인 목적을 세울 수 있는 존재라고 믿는다는 사실이다. 궁극적인 목적에 있어서 여전히 자율성이 남아 있다고 여긴다. 그래서 자신의 인생에 자신이 목적을 정해 놓고, 그것을 이루려 하고 그것도 자신의 방식대로 하려 한다. 신앙생활이 그렇게도 재미없고, 고달프고, 좌충우돌이고, 뜻대로 되지 않고, 하나님의 응답이 없고, 하고 싶지 않은 까닭이 무엇인가? 우리를 부르신 자의 그 부르심의 목적인 '예수 그리스도 안에 있는 영원한 영광'에 대한 살아 있는 소망으로 살지 못하기 때문이다. 자신이 정한 '영광'의 내용을 결정하고, 그 영광을 성취하기 위해 하나님께 도움을 청한다. 하나님께서 정하신 목적과 자신이 정한 목적이 다를 때에 오는 방황과 고통의 이유를 찾지 못한다. 죄로 인한 고통이든, 예수를 믿고 선한 양심으로 살려 할 때 만나는 고통이든, 그 이유를 찾기 힘들어한다. 본문은 이런 현상에 대한 최선의 대답을 제공한다. 본문을 새로운 마음으로 읽어 보자.

> 10모든 은혜의 하나님, 곧 그리스도 예수 안에서 그의 영원한 영광에 이르게 하
> 시려고 여러분을 부르신 분께서, 잠시 고난을 당한 여러분을 친히 회복하시며,
> 굳게 서게 하시고, 강하게 하시며, 너를 견고하게 하실 것입니다. 11그분께 권력
> 이 세세무궁토록 있을 것입니다. 아멘.

본문의 말씀은, 하나님을 우리 각자를 '부르신 분'(호 칼레사스, ὁ καλέσας)으로 소개한다(10절). 무엇에로 부르셨는가? 그리스도 예수 안에서, 그리스도 예수를 통하여 이르게 되는 '그의 영원한 영광에로'(에이스 텐 아이오니온 아우투 독산, εἰς τὴν αἰώνιον αὐτοῦ δόξαν) 부르셨다. 문자적으로 해석하면, '하나님 자신의 나라의 영광'이다. 그 나라에 들어갈 영광, 그 나라에서 누리게 될 영광, 그 나라에서 예수 그리스도와 함께 나눌 영광이다. 그 영광의 내용이 무엇인가? 정확히 알 수 없다. 다만 베드로전서의 문맥에서는 '썩지 않고 더럽지 않고 쇠하지 않는 기업'과 연관되는 '영광과 존귀'이며, '영광의 면류관'으로도 표현된다(1:4, 8; 5:4; '생명의 면류관,' 약 1:12; 계 2:10). 중요한 것은, 죄인이었던 우리가 원할 수도 없었고, 잘 알지도 못하며, 우리 힘으로는 결단코 얻을 수 없는 하나님 나라의 썩지 않고 더럽지 않고 영원한 영광의 면류관을 얻도록 우리를 부르셨다는 황홀하고 복된 소식이다. 문제는 이 황홀하고 영광된 영광을 자신의 인생의 결론으로 받아들이지 못하는 불신앙이다.

그래서 때로 신자의 삶은, 하나님께서 그를 위하여 정하신 이 '영원한 영광'의 목적을 받아들이는 고된 과정을 의미하기도 한다. 인간은 스스로 자신을 위한 최선, 최고의 것을 결정할 능력을 상실한 존재임을 모른다. 그 인생을 통해 하나님께서 일구어 가시고 그래서 결국 이르게 하시려는 그 '예수 그리스도 안에 있는 영원한 영광'의 목적을 전혀 모르거나 의식하지 않는다. 그러므로 신자가 하나님과 더불어, 그를 부르신 자가 정하신 이 '영원한 영광'의 목적에 동의하고 이에 주목하는 것은, 신자의 삶에 있어서 매우 중요하고 또 결정적이다. 우리는 어둠 속에 있다. 우리 자신을 위해서 한다는 일이 고작, 죽기 전까지 최대한 살지고 기름지게 사는 것 정도이다. 하나님은 그렇지 않으시다. 만일 우리가 우리 뜻대로 결정하고 원했다면, 우리 중에 누구도 '예수 그리스도 안에 있는 영원한 영광'을 사모할 자도, 거기에 이를 자도 없을 것이다. 그래서 인간에 관한 한 '전적 부패'의 교리와 하나님의 부르심에 관한 한 '항거할 수 없는 전적인 은혜'의 교리는 타당하고도 남는다.

하나님의 은혜는 여기서 그치지 않는다. 그분은 '모든 은혜'의 하나님이시다. 할렐루야! 사실 '모든 은혜의 하나님'의 모습은 베드로전서의 여러 곳에서 드러난다. 1:13에서 '은혜'는 최종적으로, 주님의 재림 때에 받을 '은혜'이다. 그때도 '은혜'를 받는다. 아마 가장 크고 놀라운 은혜일 것이다. 또한 4:10에서 '은혜'는 교회 안에서 하나님께서 자기 권속들을 세우시기 위해 성령을 통해 주시는 각양 '은혜'이다. 즉, 이 세상을 지나가는 교회에게 허락하시는 은혜들이다. 그리고 5:5에서 '은혜'는 겸손한 자들에게 주시는 은혜이다. 하나님께서 그분의 교회를 친히 다스리시며 통치하시는 방식으로, 혹은 심판주로서 행하며 주시는 '은혜'이다. 이렇게 보면, 베드로전서에서 '은혜'는 그분의 교회에게 주시는 하나님의 통치의 표시이다. 그분이 주권자 되시며, 그분이 교회를 붙들고 인도하시는 방식이다. 결국 하나님께서 처음부터 중간의 과정, 그리고 끝까지 그분의 교회를 인도하시며 온전하게 하시는 통치의 수단이라고 할 수 있다. 그분은 '모든 은혜'로 그분의 교회를 인도하신다.

그러므로 참된 신앙생활은 하나님의 은혜로 시작하고, 은혜로 진행되고, 은혜로 완성된다. 하나님께서 우리를 썩어지고 더럽고 허무한 세상으로부터 자신의 '영원한 영광'에 부르신 것도 말할 수 없는 은혜이다. 굳이 그렇게 부르셔야 할 근거가 우리에게는 전혀 없기 때문이다. 다만 그분의 '많으신 긍휼' 때문이었다(1:3). 하지만 하나님의 긍휼과 은혜는 그 부르심에만 그치지 않는다. 그 은혜는 '모든' 은혜이다. 세상에서 불러 내신 은혜, 전혀 마땅하지 않은 영광에로 부르신 은혜뿐 아니라, 세상으로부터 부르신 자들을 '지키시며' 또한 그 정하신 영광에 이르기까지 '인도하시는' 모든 은혜들을 가리킨다. 부르신 후에, 우리에게 목적지를 정하라고 하신 것이 아니다. 그분이 영광의 목적지를 정하셨다. 부르신 후에, 우리에게 스스로 알아서 가라고 하신 것도 아니다. 그분께서 정하신 그 영광의 자리까지 함께하시며 끝까지 인도하신다. 그래서 '모든' 은혜의 하나님이시다. 얼마나 부요하며, 얼마나 든든한가? 무엇이 더 필요한가? 얼마나 안심이 되는가? 우리 하나님은 과연 얼마나 의지할 만하신가? 영원토록 그 은혜를 찬송할지라!

회복하시는 은혜

과연, 은혜에 부족함이 없다. 주께서는 우리가 그 나라에 이르기까지 필요한 모든 은혜를 주신다. 그러면 구체적으로 어떤 은혜들이 약속되어 있는가? (i) 회복하시는 은혜, (ii) 굳게 서게 하시는 은혜, (iii) 강하게 하시는 은혜, 그리고 (iv) 터를 견고하게 하시는 은혜이다. 이렇게 열거된 은혜들은 서로 어떤 연관성 때문에 순차대로 언급되었을까? 혹시, 이 여러 은혜들은 점진적인 어떤 단계를 가리키고 있지 않을까? 그런 것 같다. 먼저 10절 하반절에 언급된 하나님의 은혜의 역사들을 가리키는 이 표현들은 모두 미래형으로 되어 있는데, 그것은 과거에 한번 결정적으로 우리를 '부르신 분'(호 칼레사스, ὁ καλέσας)께서 그 이후에 그 부르심의 목적을 이루시기 위해 반드시 하실 당위적인 사역이라는 의미를 포함한다.

먼저, '회복하실 것이며'(카타르티세이, καταρτίσει)는 '온전케 하시며'(개역개정)라는 뜻도 있지만 이런 표현으로는 다소 모호하다. 정확히는, 받은 고난들을 통과하면서 '다시 원래의 위치로 제 위치에 돌려놓는다, 회복한다, 그래서 준비하게 한다'라는 뜻이다. 생각해 보라. 시련을 당하면 흔들리고 흩어진다. 제 위치에서 떨어져 나갈 수도 있다. 처음에는 선한 양심으로 살려 하다가 고난을 견디지 못하고 흔들리며 넘어진다. 주님의 은혜는 이러한 교회를 그저 두지 않으신다. 다시 회복하신다. 다시 제 위치로 돌려놓으신다.

다시 세상은 세상의 자리에, 하나님은 하나님의 자리에, 자신은 자신의 자리로 돌려보내신다. 부르심을 받아 나온 세상에 다시 빠져들어가지 않게 건져 내신다. 주님의 부르심의 목적인 영원한 영광이라는 최종 목적지를 다시 향하도록 식어지는 소망을 다시 뜨겁게 하신다. 악을 악으로 갚지 않도록, 계속해서 하나님과 그리스도를 아는 양심으로 세상 사람들의 양심조차 부끄럽게 하는 그런 길에 서 있도록, 계속해서 위로하시며 격려하시며 진리의 말씀과 넘치는 은혜로 회복하신다. 그래서 하나님의 은혜는 우리가 제 위치에서 벗어나지 않게 하시는 은혜이다.

굳게 서게 하시는 은혜

우리를 영원한 영광에로 부르신 하나님께서는 세상에서 잠시 고난으로 흐트러진 성도를 제 위치로 회복하실 뿐 아니라, 그 위치에서 견고하게 되고 또한 대항하여 맞서는 은혜를 베풀어 주신다. 여기서 '굳게 서게 하신다'(스테릭세이, στηρίξει)는 뜻은 '고정시켜서 흔들리지 않게 세운다'는 의미이다. 제 위치에서 더욱 굳어지는 것이다. 이제는 이전처럼 쉽게 흔들리지 않게 된다. 견고해진다. 더구나 다가오는 고난과 환난 앞에서 움츠러들고 피하는 것이 아니라, 맞서서 굳게 서게 된다. 이것이 하나님의 은혜의 역사이다. 5:9에서 마귀를 '대적하라'고 할 때 그 의미와 거의 유사하다. 대적하기 위해서는 우선 자신이 하나님 앞에서 믿음 안에 굳게 서야 한다. 바로 그것을 의미한다.

성도가 선을 행하려고 하면, 자신 속에 선이 전혀 없다는 사실을 깨닫게 된다. 그러면 잠시 흔들린다. 사람은 본성적으로 자신을 의지하여 사는 게 된 습관이 있으므로, 믿음으로 산다 해도, 주를 의지하며 산다고 해도,

끊임없이 용수철처럼 자신 속으로 돌아가 자신을 의지하게 된다. 거기서 넘어진다. 선을 행하려 해도 선이 없고, 더욱이 악을 만나 그 악을 악으로 갚지 않을 능력도 전혀 없음을 깨닫게 된다. 과연 나는 오직 하나님의 은혜로 부르심을 받은 사람이 맞는가? 어떻게 죄인을 용서하신 그리스도의 은혜로 구원받아 그 구원을 누리며 천국 간다고 확신하는 사람이, 자신에게 악을 행한 사람을 그렇게도 용서하지 못하는가? 교회에 드나들어도, 그리스도는 온데간데없다. '오직 은혜'는 나 자신에게만 해당하고, 하나님이 사랑하신 '원수'의 목록에는 내가 혐오하는 그런 부류의 인간은 포함되지 않을 것이라고 굳게 믿는다. 아니, 그렇게 믿어지는 것을 어쩌랴.

하지만 하나님은 만홀히 여김을 받지 않으시는 분이다. 하나님을 꺾을 수는 없다. 시련이 계속되고, 연단의 불가마 속에서, 성도는 천천히 그리고 드디어 다시 한 번 예수 그리스도를 발견하게 된다. 자신이 쓰러진 그 곳에서 그리스도의 십자가를 본다. 자신을 위한 십자가가 동시에 자신이 따라가야 할 십자가임을 깨닫게 된다. 방향이 다시 확인된다. 하나님께서 자신에게로 오신 길도 십자가였고, 마찬가지로 자신이 하나님의 뜻을 좇아 나아가야 하는 방향도 길도 모두 예수 그리스도의 십자가일 뿐인 것을 절절히 깨닫게 된다. 그는 십자가 아래서 살게 된다. 그리스도와 함께 죽고, 그분과 함께 사는 것 외에 다른 길이 없음을 거듭해서 깨닫기 때문이다. 거기가 하나님의 나라가 이 땅에 오는 곳이고, 거기가 이 땅을 지나 그 나라에 들어가는 길목임을 깨닫는다. 그리고 거기서 굳게 서게 된다.

'선다'는 것은 누워 있지 않다는 뜻이다. 누워 있다는 것은 싸울 의지가 없다는 표시이다. 믿음에 굳게 '서라'라고 할 때, 그것은 통상적으로 말하는 신앙생활 그 이상을 뜻한다. 신앙의 진짜 싸움은 싸울 생각도 않고, 널브러져 누워 있는 신자들이 얼마나 많은가? 마땅히 대적해야 할 것을 대적하지 못하면, 그것은 서 있는 신앙이 아니다. 오직 패배한 자들만

이 누워 있다. 전투하는 교회는 굳게 선다. 대적하여 선다. 오늘날 세속주의는 교회의 가장 큰 적이다. 마귀는 항상 '거짓으로 속이며' 또한 '멸망시키러 온다.' 교회는 진리의 말씀을 붙들고 굳게 서야만 마귀를 이길 수 있다. 진리만이 거짓을 몰아내기 때문이다. 그래야 진정으로 생명을 얻고 또 풍성히 얻을 수 있다. 오늘날 세속적인 복을 파는 거짓된 복음 때문에 교회는 세속화의 한복판에 서 있게 되었다. 싸우지 않아도 되는 싸움을 싸운다. 더욱더 세상적 축복을 받기 위한 싸움을 싸우고, 그래서 받은 부와 명예와 권력의 자리 때문에 다시 싸운다. 그 때문에 땅에 떨어진 하나님의 이름을 다시 높이기 위해 싸우지 못하고, 그 거룩한 이름이 땅에 떨어져도 결단코 놓을 수 없는 세속적 복들을 지키기 위해 다시 싸운다. 그것은 세상 모든 사람들이 죽음을 두려워하여 일생에 매여 싸우는 싸움과 다를 바 없다. 그것은 믿음의 싸움이 아니다.

하나님의 은혜는 우리로 하여금, 세상에서 거듭난 심령의 회복된 양심으로 주 예수 그리스도를 좇아 그분의 길을 가도록 부르신다. 그 길에서 우리는 고난 받고 실패하고 넘어지기도 할 것이다. 하지만 주의 은혜는 우리를 다시 제 위치로 회복하신다. 다시 우리를 부르신 삼위 하나님의 황홀한 택하심의 은혜를 깨닫게 하신다. 다시금 이 연단 속에서도 우리를 능력으로 보호하심을 깨닫게 하신다. 다시금 그리스도 예수의 길이 고난의 길이지만 부활과 승천의 영광의 길임을 깨닫게 하신다. 다시금 썩지 않고 더럽지 않고 쇠하지 않는 그 나라의 살아 있는 소망을 우리 속에서 불 일듯 일으키신다. 또한 회복하실 뿐 아니라, 마땅히 싸워야 할 싸움을 싸울 수 있도록 일으켜 세우신다. 대적이 누구인지 분별하게 하신다. 싸우지 말아야 할 대상과 맞서야 할 대상을 분별하게 하신다. 싸우지 않아도 되는 싸움과 꼭 맞서야 하는 싸움을 구별시켜 주신다. 그것이 하나님의 굳게 세우시는 은혜이다.

강하게 하시는 은혜

믿음의 마땅한 싸움을 싸우려면 강해야 한다. 무릇 전쟁에서 승리하려면 강해야 함이 당연하다. 그래서 하나님께서는 흐트러진 교회를 다시 일으켜 세워 제 위치에 놓으실 뿐 아니라, 굳게 서서 대적에 맞서게 하시고, 거기에 하나님의 강력으로 채우신다. 능력을 주사 마땅히 대적을 이기게 하시는 은혜이다. '강하게 하실 것이다'(스떼노세이, σθενώσει)라는 말씀은 오늘날 흔히 '스태미나'(라틴어 *stemen*의 복수)라고 하듯이, 어떤 일을 넘치는 활력과 좌절되지 않는 끈기로 기어코 해낼 수 있는 강력한 힘을 가리킨다. 이제 주께서 주시는 은혜가 점진적이고 단계적으로 더욱더 온전하게 만드는 방향으로 가고 있음을 알게 되었을 것이다.

실로 그러하다. 우리를 은혜로 부르신 하나님께서, 그리고 그 영원한 영광의 목적을 은혜로 약속하신 하나님께서, 우리로 하여금 그 길에서 실패하지 않도록, 다시 회복하시고, 굳게 세우시고 그리고 강하게 하신다. 할렐루야! 이것이 하나님께서 당신과 동행하시며 하고자 하시는 역사이며 주시는 은혜의 내용이다. 당신은 결단코 이 길에서 실패할 수 없다. 부르신 이가 또한 인도하시고 온전하게 하시기 때문이다. 생각해 보라. 내가 대적을 향하여 굳게 선다 해도, 싸울 힘과 버틸 능력이 없으면 이길 수 없다. 힘이 필요하다.

어떤 힘인가? 하나님께로부터 오는 신령한 은혜와 거룩, 의와 진리, 모든 선함과 지혜의 능력이다. 교회 역시 힘이라고 하면 세상적인 재력이나 기회와 같은 도움들을 생각한다. 그런 것도 포함할 것이다. 하지만 마귀를 대적하고 세속의 썩어짐과 더러움과 허무함을 대적하여 싸우는 일에 있어, 그런 세속적 힘들은 결정적인 도움이 되지 못한다. 때로는 오히려 적극적으로 방해물이 되기도 한다. 그러면 어떤 힘이 필요한가? 내가 모든 것을 할 수 있는 이유는 "내게 능력 주시는 자 안에" 거하기 때문이다(빌 4:13).

하나님과 그리스도를 아는 살아 있는 지식, 곧 그분을 믿음으로 역사하는 능력이다. 바로 그런 이유로, 베드로는 교회가 이 세상을 선한 양심으로 지나가며 고난도 인내하고 하늘에 이르기까지 승리할 '힘'을 위하여, 서신서 처음부터 2:10까지, 성삼위 하나님께서 우리에 대하여 과연 어떤 분이시며 무엇을 하셨고, 하고 계시고, 또한 하실 것인지를 설명했다.

그러므로 성도를 강하게 하시는 가장 우선되는 은혜는, 하나님을 아는 지식에서 온다. 믿음은 들음에서 나므로, 성령이 역사하시는 심령이 말씀을 통하여 하나님과 그분의 일에 관하여 들을 때에, 그의 믿음이 능력을 얻고 소망이 더욱 살아 역사하며 그리스도를 따르는 사랑의 능력이 더욱 가득 차게 된다. 이로써 그리스도의 사랑을 교회 안에서 더욱 풍성하고 현저히 누리게 되면, 성도는 그리스도의 몸 된 교회를 통해 더욱 세상을 이길 힘을 얻게 된다(4:7-11). 곧 말씀과 성령을 통하여 얻는 하나님을 아는 참된 지식과 믿음, 그리고 그리스도와 한 몸 된 지체를 통해 머리 된 그리스도를 통하여 얻는 능력이다. 그러므로 성도가 세상을 이길 힘은 그리스도를 통하여 오는데, 그것은 말씀과 성찬, 그리고 성도의 교제와 같은 은혜의 통로를 통해 언제나 주어질 수 있다.

터를 견고하게 하시는 은혜

이제 마지막 단계이다. 부르신 은혜도 있고, 영원한 영광을 목적지로 허락하신 은혜도 있다. 그리고 출발점에서부터 도착점까지 그 길고 험한 과정을 인도하시는 은혜도 있다. 모든 은혜의 하나님이시다. 이러한 하나님을 믿고 의지하고 신뢰하며 따라가야 한다. 시작도 끝도 중간도 모두 은혜로 인도하신다. 그렇게 끊임없이 공급되는 은혜를 통해, 신자는 언제나 하나님과 세상과 자신, 진리와 악과 십자가 앞에서 제자리를 찾게 된다. 그 자리에 굳게 서서 영원한 영광을 바라보며 좌로나 우로나 흔들리지 않고, 마귀를 대적하며, 십자가의 길로 주님을 따라 걷게 된다. 걸어갈 때 능력도 은혜로 공급하신다. 그저 진리의 말씀에 잇대어 있고, 주의 성찬에 믿음으로 참여하며, 성도의 거룩한 교제를 통해 흘러들어오는 그리스도의 사랑에 뿌리를 내리고 있으면 된다. 그러면 더욱더 그 터가 견고해지는 은혜를 얻는다.

여기서 "터를 견고하게 한다"(떼멜리오세이, θεμελιώσει)라는 표현 속에는 건물을 지을 때 그 기초 돌이 되는 반석, 바위 같은 이미지가 포함되어 있다. 베드로는 이미 그리스도께서 '살아 있는 돌'로서 교회의 머릿돌이 되셨음을 선포했다(2:3-5). 또한 예수님께서 반석 위에 지은 집에 대한 비유를 말씀하시며 주춧돌을 반석 위에 놓았다고 하셨을 때나(마 7:25), 신자의 심령 가운데 계신 그리스도와 그의 사랑 안에 뿌리를 내리고 터가 굳어진다고 할 때(엡 3:17), 그리고 믿음에 거하고 터 위에 굳게 서서 복음의 소망에서 흔들리지 말라는 말씀에서도(골 1:23) 이와 유사한 이미지가 드러난다. 중요한 것은 그 견고해지는 터란 곧 그리스도와 그분의 말씀, 그리고 그분에 대한 믿음이라는 사실을 알 수 있다. 그리스도와 그분의 십자가와 부활의 복음, 그분의 길에 대한 흔들리지 않는 확신이다. 고난을 당하면서 더 이상 '이렇게 살아야 할까, 이렇게 가는 것이 맞을까'라는 의심 대신, 분명히 '그리스도의 길이 맞다'는 크고 흔들리지 않는 확신 가운데 서 있게 되는 것이다. 또한 터를 견고하게 한다는 것은, 그 견고한 터 위에 크고 웅장한 건물을 세울 수 있는 것처럼, 그리스도와 그분의 말씀, 그분의 길에 대한 견고한 확신 위에 비로소 자신과 자신의 사역을 흔들림 없이 세워 나가는 모습이다(참고. 유 20-21).

이렇게 보면, '터를 견고케 하신다'는 표현은 마치 베드로 자신의 간증처럼 들리기까지 한다. 베드로의 이름이 '반석, 바위' 아니던가. 하나님께 대한 이 송영이자 고백은, 그래서 어쩌면 베드로 자신의 고백일 수도 있다. 그는 드디어 자신의 '이름', 주께서 친히 지어주신 이름의 의미대로 되었다. 그리고 그것은 주로 '고난'을 통해서였고, 그 '고난'은 베드로 자신이 가장 이해하지 못했던 부분이기도 했다. 이제 베드로는 '고난'에 대한 매우 귀중한 신학적 지식을 얻게 되었다. 그리고 그것을 통해서 진실로 그리스도의 십자가와 부활을 이해하게 되었으며, 하나님의 섭리와 더불어 그가 목양하는 흩어진 교회들을 향하신 하나님의 뜻도 이해하게 되었다. 그리스도 안에서, 그리스도를 믿는 믿음 위에서 반석과 같은 교회가 무엇인지 알게 된 것이다.

하지만 뜻밖에도, '반석 위에 든든히 선 교회'는 이 땅에 뿌리 내린 교회가 아니다. 이 세상에서 영원히 살 것처럼 뿌리 내린 교회가 아니다. 베드로가 그려 내는 '반석 위에 선 교회'는 그리스도께서 머릿돌이 되신 살아 있는 성전과 같은 교회이다. 그런데 그 머릿돌이 되신 '그리스도'는 길 위에 계신다. 이전에도 하나님의 백성을 '따르는 신령한 반석'이셨고(고전 10:4), 이제는 십자가의 고난을 통해서 그분이 구원하신 성도들과 더불어, 하늘 보좌에 이르는 길을 가셨다. 그래서 반석 위에 선 교회는, 곧 하늘에 이르는 길 위에 선 교회이다. 베드로가 그려 준 이미지대로 하면, 반석 위에 선 교회는 그리스도와 연합하는 세례를 통해, 마치 노아의 방주처럼 이 세상의 흉흉한 심판의 바다 위를 떠다니며 '선한 양심'을 통해 하나님의 나라, 하늘의 하나님 보좌로 싸우며 '이동하는' 교회이다. 그리스도를 따라 순례하는 교회이다. 그리스도 자신이 친히 '의로운 자로서 불의한 자를 대신하여 그들을 하나님 앞으로 인도하는' 십자가 고난을 통해(벧전 3:18), 부활과 영광에 이르신 순례자이셨기 때문이다.

이제 베드로는 이 '모든 은혜'를 생각할 때에, 하나님께 찬송하며 그를 경배하지 않을 수 없다. 그래서 하나님께 대한 모든 말씀은 하나님의 영광과 존귀를 찬송하는 송영(doxology)으로 끝날 수밖에 없다. 특별히 여기서 하나님의 백성들을 마치 없는 데서 있는 것처럼 은혜로 부르시고, 또한 그들을 '살아 있는 돌'이신 그리스도의 기초 위에 '살아 있는 성전' 곧 하나님께서 직접 임재하며 거하시는 산 성전으로 세워 가시는 하나님의 신령하고 놀라운 역사를 보게 된다. 하나님께서 세상 고난을 지나가는 그들을 회복하시고, 굳게 세우시고, 강하게 하시고, 또한 그리스도 안에서 터가 굳게 하시는 모습은, 마치 에스겔 37장에서 마른 뼈와 같이 죽어 있던 그분의 백성들에게 그분의 전능한 말씀으로 명하사, 뼈들이 서로 연락하여 제 위치로 맞아 들어가고, 그 위에 힘줄과 가죽이 덮이며, 그 속에 여호와의 생기를 불어 넣으셔서 '살아 일어나, 굳게 서는' 군대로 회복하시는 장면과 너무나 흡사하다(1-10절).

과연 전능하신 하나님은, 그리스도의 말씀과 영으로 그분의 교회를, 죽은 것 같은 자리에서라도 일으켜 회복하시며 강하게 하시고 굳게 서게 하시는 능력과 은혜의 하나님이심을 모든 성도들은 영원토록 찬송할지어다. 오직 그분께만 모든 권능이 있다(11절; 4:11). 하나님은 약속하신 일, 하고자 하신 일을 능히 행하실 수 있는 권능이 있으신 분이다. 아멘일 수밖에 없다. 세세무궁토록, 즉 오고 또 오는 모든 시대에 오직 영원토록, 그분에게만 능력과 영광이 있고, 진실로 그러하다.

'이것'이 참된 은혜(12-14절)

이제 베드로는 서신을 마무리하려 한다. 통상, 서로 애틋한 사이일수록 서로 다짐하거나 잊지 말았으면 좋겠다고 여기는 권면의 말들은 거듭 반복하게 마련이다. 집 떠나는 아들을 보내는 어머니의 당부의 말을 생각해 보라. "몸조심하고, 끼니 거르지 말고, 바르게 행동하고, 친구들 잘 대해 주거라." 아들을 보내며 한 번 더 말씀하신다. 베드로도 그런 심정일 것이다. 베드로는 사실 서신서 내내 하고 싶었던 말을, 이제 마지막 인사말에서 다시 한 번 강조한다. 그것이 무엇이었을까? 12절에 그 답이 숨어 있다. 이제 마지막 본문을 읽어 보자.

> [12]내가 믿음의 형제로 여기는 실루아노를 통해 여러분에게 간단히 쓴 것은, 여러분을 위로하고 또한 이것이 그 안에서 여러분이 굳게 서야 할 하나님의 참된 은혜임을 증거하기 위한 것입니다. [13]바벨론에 있는 함께 택하여 부르심을 받은 교회 여러분에게 문안하고, 나의 아들 마가도 그리합니다. [14]여러분도 서로 사랑의 입맞춤으로 문안하십시오. 그리스도 안에 있는 여러분 모두에게 평강이 있기를 기원합니다.

통상 헬라의 서신들은 마무리 부분에서 다음의 네 가지 요소들을 포함한다. 서원 혹은 약속, 건강을 기원하는 말, 목적에 관한 진술, 그리고 편지를 전달할 자에 대한 언급이다(F. O. Francis; Davids, 197). 당대의 전형적인 이런 양식과 비교해 볼 때, 지금 베드로전서의 끝에는 몇 가지 특징들이 나타난다. 우선, 개인적인 서원이나 약속은 빠져 있다. 건강에 관한 기원도 빠져 있다. 이는 매우 단순한 차이 같지만, 아주 근본적인 차이가 있다. 그리고 이 차이는 오늘날 한국 교회가 감지하지 못하고 있는 부분과도 같다. 생각해 보라. 마지막 인사에 건강에 대한 인사가 없다. '건강'이 최종 목표가 아니기 때문이다. 그저 병나지 않고 탈 없이 잘 먹고 잘 사는 것이 목적이 아니다. 목적은 그리스도께서 다시 오시는 것이며, 그리스도 안에서 하나님께서 부르신 그 영광에 이르는 것이다. 그것이 목적이다. 오늘날 얼마나 많은 교회가 '이 썩어질 세상'에 봉사하고 있는가? 이런 기본적인 것부터 바꾸지 않는다면, 그것은 교회라고 부를 수 없다.

또한 베드로는 이 편지를 전달할 자, 혹은 쓰는 데 도움을 준 자에 대해 언급한다. 실루아노(Silvanus, 혹은 '실라')는 바울과 디모데의 동역자이고, 바울이 죽은 후 베드로를 도왔다(행 16:19; 고후 1:19; 살전 1:1; 살후 1:1). 베드로는 종종 바울이 그러했듯이(참고. 롬 16:1; 고후 16:17), 서신의 기록을 도와주었던 실루아노를 명확히 언급하며 자신이 서신의 책임 있는 기록자임을 선명하게 밝힌다. 다만, 서신을 기록하는 데 실루아노가 어느 정도의 역할을 한 것인지는 정확히 알 길이 없다. 그저 전달자의 역할을 한 것인지(Michaels), 아니면 그가 어느 정도 초안을 쓰고 베드로가 읽어 본 후 확증한 것인지, 아니면 가장 가능성이 있어 보이는 방식, 즉 베드로가 불러주고 실루아노가 받아 적으며 도움을 준 것인지, 그 구체적 과정과 정도를 정확히 가늠하기는 어렵다. 하지만 분명한 것은, 베드로가 실루아노의 이름까지 밝히며 그가 조력한 자라도 자신이 기록한 서신임을 분명히 함으로써 서신의 사도적 권위와 진위성을 확증하고자 한 것이다(Davids). 실루아노는 배후의 조력자이고, 전면에 서서 모든 책임과 권위를 대표하는 자는 사도 베드로 자신이다. 그렇다면 베드로는 과연 어떤 목적으로 이 서신을 기록했는가? 그 메시지의 핵심은 무엇인가?

진정한 위로와 참된 은혜(12절)

먼저, 12절 후반절을 보라. 여기서 베드로는 이 서신을 기록한 목적, 의도를 선명하게 밝힌다. 그 목적들 중 하나는, 무엇보다 '위로'이다(12절). 베드로전서는 그래서 종종 '위로의 서신'으로 불린다. 독자들은 이 서신을 읽으면서 과연 위로를 받는다. 그들 속에 '살아 있는 소망'이 다시 불일듯 일어난다. 수신자인 흩어진 교회들은 로마 사회에서, 이 세상에서 여전히 주변인들이다. 잠시 체류하는 외국인들 같고 또 여행자들 같다. 하지만 그들은 그저 떠도는 부랑자들이 아니다. 성부 하나님의 부르심을 받았고, 성자 하나님의 대속적인 죽으심과 부활 사건을 근거로, 성령 하나님의 거듭나게 하심을 입었다. 성삼위 하나님께서 시작하시고, 정하시고, 이루어

가시는 구원에 참여한 복된 자들이다.

과연 믿음의 눈을 뜨면, 그들은 황홀한 순례자들이다. 죽음과 죄와 허무에 굴복하는 이 세상이 아니라, 썩지 않고 더럽지 않고 쇠하지 않는 나라로 부르심을 받았다. 그들의 심령은 죽음을 이기고 죄를 이기고 영원토록 살아 있는 말씀으로 거듭났고, 그 말씀으로 자라난다. 그들은 결코 혼자가 아니다. 그리스도께서 먼저 이 길을 가셨고, 부활하셨고, 하늘에 오르셨고, 하나님 보좌 우편에 앉아 다스리신다. 그들도 그리스도와 연합하여 이 길을 가고 있다. 이미 이 길을 다 가시고 하늘에 오르신 그분 예수 그리스도께서 교회의 목자장이시며, 친히 인도하신다. 얼마나 큰 위로인가. 얼마나 큰 은혜인가. 얼마나 확실한 길인가.

베드로가 이 서신을 기록한 목적 중에 두 번째는, '이것이 … 참된 은혜임'을 증거하기 위해서이다(12절). 이 말씀은 상당히 명확하고 또 중요한 표현이다. 베드로는 무엇인가를 증거하기 위해서 서신을 보냈다. 특별히 '이것'이 참된 은혜임을 증거하기 위해서라고 한다. '이것'(타우텐, ταύτην)은 무엇인가? 서신을 마무리하는 단계에서 이 질문만큼 중요한 문제는 없다. 여기가 핵심이기 때문이다. 무엇이 하나님의 참된 은혜라는 것인가? 혹자는, 전체적으로 서신에서 강조한 내용 전체를 뭉뚱그려서 '이것'이라 보기도 한다(Michaels). 서신을 뜻하는 헬라어 '에피스톨레'(ἐπιστολή)가 여성형이기 때문이고, 지금 베드로가 서신을 마무리하는 단계이기 때문이다. 또한 넓게는 베드로전서에 나오는 '은혜'를 모두 가리킬 수도 있다(1:13; 5:5, 10, Elliott).

하지만 더 구체적인 문맥상으로 보면, 10절에서 여성형인 '은혜'(카리스, Χάρις)를 가리킨다고 보는 것이 타당하다. 시작과 끝, 그리고 그 과정까지 모두를 주관하시고 인도하시는 하나님의 '모든' 은혜이다. 특별히 '잠시 고난'받는 교회를 위한 은혜이다. 세상 속에서 복을 받고 편안하고 아무 일 없이 세상적으로 잘되는 은혜를 누리는 것이 아니라, 세상으로부터 불러내심을 받아, 썩지 않고 더럽지 않고 쇠하지 않는 영광을 향하여 가고 있고, 그 길을 가고자 그리스도를 따라갈 때 잠시 당하는 고난 속에서도 회복하심과 굳게 하심, 강하게 하심, 그리고 그리스도의 반석 위에 굳게 서게 하시는 은혜가 '참된'(알레떼, ἀληθῆ) 은혜라는 뜻이다.

이렇게 보면, 12절에서 문제가 되는 '하나님의 참된 은혜임을 증거하기 위하여'라는 문구 중에 '증거하기 위하여'(에피마르투론, ἐπιμαρτυρῶν)라는 표현은 더욱 의미심장하다. 베드로는 바로 인접한 문맥인 5:1에서 자신을 그리스도의 고난의 '증인'(마르투스, μάρτυς)이라 소개했기 때문이다. 증인으로서 그가 증거하는 내용은 그리스도의 고난이었다(참고. 1:11). 곧 십자가이다. 그가 그토록 이해할 수 없었고 받아들일 수 없었던 그리스도의 고난이었다. 그러나 이제 그는 그의 사역으로, 삶으로, 서신으로 증거한다. 그리스도께서 가신 그 십자가 고난의 길이 곧 부활 승천과 영광의 길이다. 베드로가 번역한 대로 선한 양심의 길, '의인으로서 불의한 자를 대신하여 그들을 하나님께로 인도하는' 길(3:18)이다. 선을 행함으로 고난을 받고 참아, 하나님의 뜻을 '함께 앎으로써'('양심' 의 원래 의미) 그리스도와 함께 같은 뜻으로 그 하늘에 이르는 십자가의 길을 가는 것이다. 이것이 '참된'(알레떼, ἀληθῆ) 은혜가 아니고 무엇인가?

왜 '참된' 은혜인가? 겉으로는 전혀 은혜처럼 보이지 않지만, 실로 우리를 부르시고 그 영광에로 인도하시는 과정에서 주께서 베푸시는 '모든 은혜'(10절)의 본질이 바로 이 십자가 고난의 은혜이기 때문이다. 이 십자가 고난의 은혜, 선한 양심의 고난이라는 이름의 은혜 속에서, 신자는 육에 관한 한 고난을 통해 죄와 상관없이 안식을 누리신 그리스도와 함께 안식을 누린다. 자신의 죄로 인한 고통이 아니라, 그리스도의 선한 양심의 고난에 참여함으로써 안식을 누리고 하나님의 뜻을 이룬다. 세상의 중심에 있는 악을 정복한다. 십자가의 승리를 그의 약함으로 다시 선포하고 승리를 확증한다. 점점 더 하늘에 이르는 길에 다가선다. 참된 은혜가 아닐 수 없다. 이런 해석은 10-11절에서 말한 '모든 은혜' 가운데서도 그리스도의 고난에 참여하는 것이야말로 '참된' 은혜임을 강조하는 동시에, 서신 전체의 핵심적인 메시지인 '선한 양심의 순례'와도 적절하게 어울린다. 그리스도의 고난, 선한 양심으로 그리스도를 따르는 데에서 오는 고난에 참여함이야말로 하나님의 진짜 은혜를 경험하는 길이다.

그렇다면 '가짜 은혜'도 있는가? 있다. '평안하다, 평안하다' 하며 점점 더 세속적이 되어 가고, 예수 믿고 복 받는다고 가르치면서 그 복이 실상은 세속적인 복 이외에 다른 것이 아닐 때, 그것은 '가짜 은혜'인 셈이다. 베드로가 증거하는 그리스도의 십자가와 부활 영광의 은혜는 세상의 특징인 '썩어지고 더럽고 허무한' 복과 관련이 없다. 그것은 거룩하신 하나님의 부르심을 따라 영원한 영광에 이르게 하는 복이요 은혜이다. 그것은 이 세상에 속한 복들을 받게 하는 은혜가 아니라, 도리어 이 세상 속에서 썩지 않는 말씀의 씨앗으로 거듭난 심령을 따라 더럽혀지지 않고 또한 깨끗하게 할 능력이 있는 하나님의 말씀으로 자신을 지키며, 살아 있고 영원히 서는 말씀을 따라 자신도 영영히 서는 성도가 되게 하는 그 참된 은혜이다. 우리는 자주 '은혜 받았다'고 한다. 그때 그 은혜는 바로 이 은혜를 의미하는 것이어야 한다. 구원은 이동이기 때문이다. 영원한 영광에 이르는 것이기 때문이다. 그리스도만을 따라 그분의 십자가의 길을 좇는 것이기 때문이다. 그 참된 은혜를 사모하라. 교회여, 여기에 참된 은혜가 있다. 십자가를 붙들고 그 길을 따르라.

바벨론과 평강(11-12절)

바벨론에 살면서 평강이 있는가? 그럴 수 없다. 바벨론은 이스라엘이 포로 된 세월을 보낸 유배지였다. 남의 땅이었고, 노예로 살았던 땅이었고, 핍박과 착취 아래서 살았던 땅이었고, 썩어지고 더럽고 허무함에 종노릇을 강요당하며 살았던 땅이었다(사 13장; 렘 50-51장; 단 5:17-31). 결단코 그 땅에서 참된 평강을 누릴 수 없었다. 하지만 베드로는 바벨론에 있는 교회에게 평강을 기원한다. 그들은 '부르심'을 받았기 때문이다. 그러므로 교회는 그들을 부르신 분, 곧 거룩하신 삼위 하나님께 속해 있지만, 여전히 바벨론에 흩어져 있다. 교회는 순례하는 교회, 세상 속에서 전투하는 교회이지만, 그리스도께서 이미 승리한 그 승리를 누리면서 전진한다. 그 분께서 죄에 대하여 안식을 누리셨다(4:1). 십자가로 죄를 그치셨고, 십자가로 악을 정복하셨고, 마귀의 일을 멸하셨다. 십자가 안에 안식과 평강이 있다(4:14). 교회는 예수 믿고 받은 '복'에서가 아니라 오직 '복음'에서, 십자가 복음에서 안식과 평강을 누린다. 그것이 참된 교회의 표지이다. 전투하는 교회가 참된 평강을 누리는 경우는 승리한 때뿐이다. 그리고 그 승리는 언제나 그리스도 안에, 그리고 그리스도를 따름 가운데 있다.

12절에서 수신자들이 있었던 '바벨론'이 어디인지에 관한 추측에는 이견들이 있다. 물론 메소포타미아 지역에 '바벨론'이라는 불렸던 도시가 있었다. 하지만 클라우디우스 황제 때에, 이 도시에 있는 유대인들은 셀루시아 지역으로 떠났고(요세푸스, Ant. 18.9.8-9), 주후 115년경 트라얀 황제 때에 이르면 이 지역은 이미 황폐화되어서 사람이 살지 않는 지역이었다(Elliott, 159). 역사적 정황으로 볼 때, 11절에서 베드로가 이 지역을 언급했을 리는 없는 것을 생각하면, '바벨론'이라는 이름은 상징적인 이미지 때문에 쓰인 것이 분명하고, 당시 로마(Rome)를 가리키는 것이 확실하다. 유대 문헌, 기독교 문헌 모두가 이를 지지한다(Sib. Or. 5.143, 159; 계 14:8; 17:5; 18:2). 사도 요한이 당시 로마의 영적 상태를 어떻게 보았는지, 요한계시록의 말씀을 눈으로 보듯 그려 보라. "그 여자는 자주 빛과 붉은 빛 옷을 입고 금과 보석과 진주로 꾸미고 손에 금잔을 가졌는데, 가증한 물건과 그의 음행의 더러운 것들이 가득하더라. 그의 이마에 이름이 기록되었으니 비밀이라, 큰 바벨론이라, 땅의 음녀들과 가증한 것들의 어미라 하였더라. 또 내가 보매 이 여자가 성도들의 피와 예수의 증인들의 피에 취한지라. 내가 그 여자를 보고 놀랍게 여기고 크게 놀랍게 여기니" (17:4-6, 개역개정).

교회가 흩어져 잠시 머물고 있는 세상이 바로 이러하다. 화려하지만 더럽고, 음란하고 가증하며, 핍박과 악행, 살인과 경악할 불경건한 일들이 날마다 충격으로 나타나는 처소이다. 여기에 교회가 놓여 있다. 이 지옥 같은 세속의 한복판에 거룩한 주께서 부르신 교회가 있는 것이다. 이미 주후 62년에 네로의 핍박이 로마에 집중되었고, 후에 2세기에 들어서면 로마는 그 영적 본색을 드러낼 것이었다. 시기와 장소가 때로 간헐적이고 국지적이겠지만, 넓게 보면 이 세상은 그 '세상 안에서'(테 엔 토 코스모, τῇ ἐν τῷ κόσμῳ) 그리스도의 모든 형제들이 같은 고난을 당하는 낯선 핍박의 장소이다(5:9). 그러므로 이 세상 어디에서든지, 그리스도인 형제들이 당하는 고난은 나의 고난, 우리의 고통이어야 한다. 우리는 그리스도 안에서 함께 연합되어 세상을 지나 하늘에 이르는 길에 서 있으므로, 우리는 그리스도의 고난에 참여하는 모든 형제들과 고통을 나누고 사랑을 나누고 살아 있는 소망을 나누는 일에 힘을 써야 한다. 지금 베드로는 로마에 있는 성도들과 함께, 아시아와 인근 지역에 있는 흩어진 교회들에게 사랑으로 문안한다. 그들이 고난에 함께 참여한다. 그리스도 안에서 그 고난을 해석한다. 기독론이 교회론의 중심이다. 살아 있는 기초 돌이신 그리스도께서 교회가 그 위에 서야 할 반석, 유일한 반석이기 때문이다. 오직 그리스도께서 가신 그 길로만 가야 한다. 그리스도는 '의인으로서 불의한 자를 대신하여 그들을 하나님 앞으로 인도하신' 십자가의 길로 가셨다. 교회는 그 길을 좇아가는 모든 고난 속에서 함께 위로와 사랑으로 하나 되어야 한다.

베드로는 분명히, 서신을 마무리하면서 서신의 초두에서 꺼낸 이미지나 주제들을 다시 상기시키고 있다(5:13-14). 택하여 부르심을 받았다든지(1:2), 흩어져 있다든지('디아스포라,' 1:1), 그리고 가족 이미지를 사용하면서 교회 위에 평강을 기원하는 것들이 모두 그러하다('아버지, 자녀,' 1:2, 17; '형제들,' 22). 바벨론같이 험악하고 사악한 일들이 넘치는 거칠고 어둡고 추운 세속의 한복판에서, 그리스도의 사랑과 하나님의 보호하심으로 함께 모인 믿음의 형제자매들의 공동체는 얼마나 거룩하고 얼마나 아름답고 얼마나 존귀한 것인가! 그리스도 안에서 사랑과 하나 됨은, 세상 속의 교회의 가장 두드러진 특징이다. 진리이신 예수 그리스도께서 곧 포기하지 않는 십자가 사랑이시다. 하나님은 빛이시고 또한 사랑이시다(요일 1:5; 4:7-21). 교회는 진리의 기둥과 터이다(딤전 3:15). 진리를 지키기 위해 사투를 벌여야 한다. 끝까지 예수 그리스도께서 진리이심을 목숨을 걸고 증거해야 한다. 오늘날처럼 포스트모더니즘의 혼합주의와 관용의 정신이 지배하는 세속의 한복판에서, 예수 그리스도만이 길이요 진리요 생명임을 증거하는 사명은 세계 곳곳에서 종종 순교에 가까운 헌신을 요구한다. 그리스도를 따르는 교회는 마땅히 그 사명과 함께 모든 고난을 각오하고, 오직 예수 그리스도만 구원에 이르는 진리 되심을 붙들어야 한다.

그리고 동시에, 진리이신 주께서 사랑 안에서 하나 됨을 지키고 또한 우리를 사랑하신 것 같이 우리도 서로 사랑하고 하나 되어야 할 사명을 지켜야 한다. 진리이신 주님이 십자가의 사랑을 '새 계명'으로 명령하신 사실을 잊어서는 안 된다(요 13:34; 요일 2:7). 그것이 세상 앞에서, 진리요 사랑이신 그리스도의 십자가 복음을 온전히 증거하는 길이다. 베드로는 지역적으로 멀리 떨어져 있지만, 그리스도 안에서 고난 당하는 형제들에 대한 간절하고 뜨거운 사랑을 표현한다. 이 사랑은 세상에 넘치는 악보다 강한 그리스도의 사랑이다. 주께서 반드시 새 하늘과 새 땅을 가져오기까지,

복음의 말씀으로부터, 살아서 역사하시는 성령으로부터, 그리고 살아 계신 하나님으로부터 넘치도록 부어지고 언제든지 새롭게 되는 영원한 사랑이다. 그 사랑이 교회 안에 넘쳐야 한다.

'그리스도 안에 있는'

베드로는 이제 이 사랑으로 문안한다. 사랑은 상호적이다. 사랑은 살아 있는 공동체를 창조하고 또 유지한다. 살아 있는 교회는 그리스도의 사랑으로 뜨겁게 사랑한다. 베드로는 마가를 '내 아들'로 부른다. 마가는 '요한 마가'이다. 예루살렘에 머물던 주님의 제자들이 함께 모여 기도하며 성령의 강림을 기대했던 그 다락방의 주인이었을 것이며(행 2:1), 베드로도 처음부터 거기에서 그를 만났고, 베드로가 옥에 갇혔을 때에도 그곳에서 함께 모여 기도했다(행 12:12). 나중에 마가는 바울과 선교여행도 다녔고(행 12:25; 13:13), 바울이 로마에서 감옥에 갇힌 기간 동안 곁에서 도왔다(골 4:10; 몬 24; 딤후 4:11). 아마도 바울이 죽은 후, 실루아노와 함께 베드로를 도왔을 것이다. 얼마나 신실한 주의 형제들인가. 베드로는 노년에도 외롭지 않았을 것이다. 주님의 형제들을 귀히 여기라. 통상적인 표현이기는 하지만, 베드로는 마가를 '나의 아들'이라 부른다. 그만큼 깊은 사랑과 섬김의 교제가 그들 가운데 있었다. 오늘날 교회 안에서 사역자들 사이에 이런 깊고 진실한 그리스도의 사랑으로 협력하고 존중하며 함께 주의 일을 감당하는 관계가 넘치기를 기도한다. 그것은 말이나 구호나 설교나 가르침만으로 되지 않는다. 주께서 명하신 대로, '이와 같이' 곧 그리스도께서 원수 된 당신을 위해 죽기까지 사랑하신 그 사랑으로라야만 가능한 관계이다. 거기까지 사랑해야 한다.

'입맞춤으로 문안하라'는 이러한 그리스도의 사랑의 표시이다. 그리스도 안에는 종이나 자유자나, 남자나 여자나, 부한 자나 가난한 자가 없다. 그것이 성령의 하나 되게 하시는 역사이다. 성령, 곧 그리스도의 영이 지배하시는 공동체의 모습이다. 당시에 '입맞춤'의 인사는 주로 볼이나, 이마, 손등에 행해졌다. 혹은 성찬이나 애찬의 경우, 성도 간에 그리스도의 사랑을 확인하며 가볍게 포옹하는 정도를 포함했을 것이다(참고. 고전 16:19-20; 살전 5:26-27). 무엇보다 로마 사회에서 '입맞춤'의 인사는 주로 가족이나 사회적, 경제적, 문화적, 정치적인 친구 관계 안에서 이루어지는 관행이었다. 그러므로 그리스도의 교회 안에서 남녀노소의 구분 없이, 빈부의 차이 없이, 지역 구분이나 신분의 차이 없이, 주인과 노예 사이에도, 또한 혈통이나 문화의 차이도 뛰어넘어, 오직 그리스도 안에서 입맞춤으로 인사하는 방식은, 거대한 로마 사회를 뿌리부터 흔들고 끝내는 무너뜨린 '새로운 공동체'의 출현을 암시하는 표시이기도 했다. 당시 로마 사회 속에 없었던, 참되고 진실한 사랑의 공동체, 그것이 그들에게 희망으로 떠올랐던 교회의 모습이었다.

'평강'(에이레네, εἰρήνη)이란 그래서 오직 그리스도 안에 있는 하나님 나라의 새로운 공동체인 교회 안에서만 가능한 것이다. '평강' 혹은 '평화'(peace)는 로마가 군사력과 강제적 정치력으로 지배했던 모든 식민지역에 세우려 했던 이상(理想)이었다. 베드로는 그 참된 평화, 그 참된 평강, 구약에서부터 바라보았던 그 참된 '샬롬'(shalom)의 공동체, 곧 창조 세계가 회복된 그 새 하늘과 새 땅의 의와 평강의 나라가 바로 그리스도 안에 있는 사람들 사이에서 경험되고 있음을 선포한다. 그것이 교회이다. 교회는 세상 속에서 원래 그렇게 위대하고 영광스럽고 새롭고 충격적인 존재이다. 마른 땅에서 감람나무 잎사귀를 입에 물고 온 비둘기, 심판의 홍수 위에 떠 있는 방주 위에 내려앉아 '쉬게 된' 그 평화의 비둘기처럼, 교회는 이미 임해 있고 장차 영광의 그리스도께서 다시 나타나실 때 완성될 그 하나님 나라의 평강을 세상 한복판에서 누리며 증거한다.

흥미로운 사실이 있다. 베드로전서가 시작하고 끝나는 두 단어이다. 베드로전서 원문의 첫 문장은 '베드로'(Πέτρος)로 시작한다. 반석이라는 의미이다. 그리고 서신의 마지막 단어는 '그리스도'(Χριστός)이다. 베드로로 시작해서 그리스도로 끝난다. 베드로는 참된 반석이 그리스도임을 증거하고 싶었을까? 확실히 베드로는 그리스도가 교회의 참된 반석임을 선포한다. 하나님의 모든 은혜로 교회가 그 터 위에 견고해지는 바로 그 터이다. 교회가 세상을 지나가는 유일한 길이요, 하늘에 이르는 유일한 길이다. 그래서 베드로는 이 놀라운 서신을, 오직 그리스도의 십자가의 길만을 따라 세상을 지나 하늘에 이르는 교회에게 보내는 이 황홀한 서신을, 그 놀라운 능력의 비밀이 거기서 솟아나오는 한 문구로 마감한다. 교회란 무엇인가? 그것은 그리스도가 누구이시며 그분을 따르는 것이 어떤 것인지를 묻는 것과 정확히 일치한다. 헬라어 원문에서, 베드로전서의 마지막 문구는 이렇게 마무리된다.

"모든 자들, 그리스도 안에 있는"

(파신 토이스 엔 크리스토, πᾶσιν τοῖς ἐν Χριστῷ).

값싼 은혜, 가짜 은혜

'값싼 은혜'라는 말을 들어 보았을 것이다. 본회퍼 목사님이 하신 말씀이다. 자기 아들을 내어 주시고 구원하신 하나님의 값비싼 은혜를 값싼 은혜로 둔갑시키는 것은 죄악이다. 그래서 죄인을 의롭다 하신 은혜를 죄를 의롭다라고 써먹는 것이 값싼 은혜이다. 오직 은혜이니, 죄를 지은들 뭐가 대수냐고 하며, 하나님의 아들이 피 흘려 주신 값비싼 은혜를 바겐세일로 팔아넘기듯 싸구려 은혜로 만드는 태도이다.

이와 유사하게, 사도 베드로는 '값싼 은혜'가 아니라 아예 '가짜 은혜'에 대해서 잘 알고 있었다. 무엇이 '참된 은혜'이고, 무엇이 가짜 은혜인가? '세상 속에서 그리스도를 따르는 길에서 받게 되는 은혜'가 진짜 은혜이다. 베드로는 그리스도의 고난의 증인이었다. 그는 그리스도를 위하여 고난받는 자들 위에 '영광의 영'이 머물러 계심을 보았다. 세속 한복판에서 그리스도를 따라 선을 행하며, 그 이상의 선, 곧 악을 악으로 갚지 않고 불의한 자들로 인하여 받는 고난을 참는 중에 주께서 베푸시는 치유와 회복과 강건케 하심과 굳게 하심의 은혜, 그것이 참된 은혜이다.

무엇이 '가짜 은혜'인가? 세속 한복판에서 그리스도를 따름이 빠진 은혜이다. 예수 믿어 세속적인 복을 받는 것도 은혜이지만, 그 모든 복들이 그로 하여금 더욱 그리스도의 길을 따르게 하지 못한다면, 그가 받은 은혜들은 참된 은혜가 아니다. 세속적인 것을 거슬러 대항하며 그리스도를 더욱 따르게 하는 은혜가 아니면, 그것은 자신과 다른 이들을 속이며, 받은 은혜 속에서 망하게 하는 가짜 은혜이다. 예수를 믿어 세상을 얻고, 그 세상 속에서 세상과 함께 망하게 하는 것이 하나님의 은혜일 수가 없다. 그러므로 '그리스도의 고난'에 참여함이 곧 참된 은혜이다. 그러나 이 고난은 내 죄 때문에 당하는 고난이 아니다. 더구나, 인생 '새옹지마'(塞翁之馬)라고, 어떻게 하다 보니 결국 행운이 된 불행을 가리키는 것도 아니다.

참된 은혜란 그리스도를 따름에서 오는, 고난 가운데 주어지는 은혜이다. 더욱더 그리스도의 터 위에 서서 흔들림이 없게 하는 은혜가 진짜 은혜이다. 그것은 값비싼 은혜를 받는 올바른 방법이기도 하지만, 그것을 통하여 세상을 지나서 진정으로 하늘의 영광에 이르게 한다는 점에서 '참된' 은혜이다. 교회에서 예수 믿고 복 받는 것으로 '참된 은혜'를 받았다고 생각 말라. 세속 한복판에서 그리스도의 길을 따르라. 거듭난 심령의 회복된 양심, 곧 선한 양심으로, 은혜와 진리로 악을 이기고 정복하는 십자가의 길을 따르라. 그 고난의 길이 참된 은혜의 길이다. 그 길을 가는 당신을 그분이 앉아 계신 하늘 보좌 우편에 이르게 하기 때문이다. 은혜를 원하거든, 참된 은혜를 받으라.

거듭난 심령의 회복된 양심으로!

이제 1970년대에 '잘살아 보세'와 더불어 시작했던 한국 교회의 '예수 믿고 복 받자'는 현세주의적 복음운동은 끝났다. 복음은 원래 그런 속된 모습이 아니었거늘, 성경을 알지 못하는 자들이 복음을 훼손하고 교회를 더럽혔다. 교회는 세상 한복판에서 하나님의 이름을 짊어지고 있다. 복음을 더럽히면, 그 더럽혀진 복음이 교회를 더럽히고, 더러워진 교회는 열방 앞에서 하나님의 거룩한 이름을 더럽힌다. 그러면 열방이 바라보아야 할 그 거룩한 하나님의 이름은 땅에 떨어진다. 교회도 버려지고 짓밟힌다. 짠맛을 잃은 소금은 쓸모가 없고, 버려지고, 짓밟힌다.

무엇이 잘못되었는가? 개인들의 문제이기도 하지만, 무엇보다 복음이 잘못 전해졌다. 복음은 무엇인가? 복음은 예수 그리스도이다. 예수 믿어서 세상에서 무엇을 얻는 것이 복음이 아니라, 예수 그리스도를 받는 것, 그분과 연합하는 것, 그분과 함께 가는 것, 그것이 복음이다. 예수 그리스도를 통해서 하나님의 통치, 하나님의 나라가 임했고, 임하고 있고, 임할 것이기 때문이다. 이미 임한 하나님의 나라보다, 장차 완성될 하나님의 나라의 영광이 비교할 수 없이 크고 황홀하다. 복음의 무게 중심은 그래서 예수 그리스도께서 다시 오시는 그날과 그날 이후 펼쳐질 영원한 나라, '썩지 않고 더럽지 않고 쇠하지 않는' 나라에 있다.

살아 있는 소망의 복음

예수 믿었다는 것은 그래서 죄 사함을 받았다는 것 이상이다. 그래서

의롭게 되었다는 것 이상이다. 그래서 앞으로 복 받고 잘 될 것이라는 것과 비교할 수 없다. 복음은 예수를 믿음으로 당신이 이미 이 세상에서 혹시 원하고 가질 수 있기를 원하는 그 모든 것 이상의 것을 이미 소유하게 되었음을 의미한다. 당신은 예수를 믿음으로써, 벌써 죽음 아래서 썩어져 가고, 죄 아래서 더러워져 가고, 하나님 없이 허무함에 굴복하는 이 세상 그 어떤 것들이 아니라, '썩지 않고 더럽지 않고 쇠하지 않는' 영원한 나라를 얻게 되었고, 장차 그 나라를 상속받아 다스릴 자이다. 그것이 그분의 부르심이고 그 목적인 영광의 내용이다. 무엇을 더 받아야 하는가? 예수 믿고 예수를 얻은 것 외에, 당신에게 무엇이 더 필요한가? 혹시 필요하다면, 그것은 그것으로 당신에게 무엇을 보태기 위함이 아니라, 이 땅에서 오직 주를 위함이요 주의 뜻을 이루기 위함이다.

우리는 복음에 관한 한, 그래서 출발부터 잘못하고 있다. 복음은 이미 당신이 얻을 수 있고 얻어야 할 것은 예수 그리스도를 믿을 때에 전부 얻었음을 선포한다. 썩지 않을 나라를 받은 사람이 썩어져 가는 세상에서 무엇을 얻어야 하는가? 더럽지 않는 나라를 받은 사람이 세상에서 죄로 더러워진 것들을 욕심내서 무엇에 쓰려고 하는가? 영원한 가치와 의미가 가득한 나라를 받은 사람이 어떻게 허무한 세상의 무의미한 목적에 종노릇할 수 있는가? 베드로전서가 전하는 복음은 그래서 '살아 있는 소망'이다.

살아 있는 소망의 복음을 믿음으로 받을 때, 거기서 거짓 없는 사랑이 나온다. 무릇 썩어지고 더럽고 허무한 세상에서, 짠 맛을 내고 빛을 비추어 그 세상을 썩지 않게 하고 더럽지 않게 하고 의미를 부여했던 신약의 살아 있는 교회들은 모두 철저히 '종말론적 소망'을 품고 살았다. 그들은 죽음을 이기신 예수 그리스도의 부활 생명이 이미 와 있으며, 장차 온전히 올 것을 간절히 사모하고 기다렸다. 그들은 죄를 정복하신 예수 그리스도의 거룩하고 의로운 나라가, 부패와 음란과 잔혹의 제국이었던 로마를 대신할 것을 간절히 기도하고 기다렸다. 그들은 그래서 허무한 세상에 끌려다니며 종노릇하기를 거부했다. 영원한 나라를 받았고, 그 나라 안에서 살고 있으며, 장차 그 나라가 이 세상 나라를 대신할 것을 알고 있었기 때문이다. 간절히 기다리며 그 나라에 참여함으로 살았기 때문이다.

복음은 원래부터 종말론적이다. 믿음은 소망에 관한 복음을 들음에서 나온다. '오직 믿음'이란 그래서 원래 '오직 소망'이다. 믿음으로 나를 의롭게 하신 분께서 장차 온전히 의롭게 만들어 주실 확실한 소망이다. 오직 은혜로 들어간 그분의 나라가, 장차 의와 평강이 거하는 새 하늘 새 땅이 될 것을 확실히 믿고 기다리는 산 소망이다. 이런 확실한 장래의 소망을 가진 믿음이 이 땅에서 참된 경건을 낳는다. 썩어지고 더럽고 허무한 세속(世俗)을 피할 수밖에 없기 때문이다. 복음은 과거에서 시작해서 현재로 오는 것이 아니라, 미래에서 시작해서 과거를 정복하고 현재를 영원으로 살게 한다.

그래서 소망의 복음은, 옛날에는 죄인이었는데 지금은 죄 사함 받고 의롭다 하심을 입어 살고 있다는 것으로 그치지 않는다. 옛 죄에서 벗어나 큰 은혜를 입어 감사함으로 열심히 주를 섬기며 살고 있다는 식으로 설명하지 않는다. 옛날에는 저주와 가난 속에서 살았는데, 지금은 예수 믿고 복 받아 잘살고 있다. 그것이 성공이다. 이렇게 설명하지 않는다. 소망의 복음은, 처음부터 예수 믿은 당신이 '더 이상 세상 사람이 아니다'라고 선포한다.

당신은 성부 하나님의 택하심을 따라 세상에서 불러내심을 받았다. 세상 사람이 아니다. 당신은 성령 하나님께서 거룩하게 하셔서 성도라고 칭하셨다. 이제 죄 아래 있는 세상에 속한 사람일 수가 없다. 당신은 그리스도의 보배로운 피로 뿌림을 받아 하나님을 순종하며 살게 되었다. 당신은 하나님 없는 허무한 세상 사람이 절대 될 수 없다. 당신은 세상으로 돌아갈 수 없다. 예수 믿어서 세상에서 따로 당신을 위하여 얻을 것도 없고, 얻어서 그것이 당신에게 복이 될 것도 따로 없다. 삼위 하나님께서 당신에게 복이 되신다. 무엇이 더 필요한가?

이것이 베드로전서가 전하는 소망의 복음이다. 살아 있는 소망이다. 이 소망이 당신 속에 살아서 숨 쉬고 있는가? 이 소망이 당신으로 하여금 세상을 다시 보게 만들어 주는가? 이 소망의 복음이 당신으로 하여금 장차 임하는 하나님의 나라가 그렇게 가깝게 느껴지고, 썩어 가고 더럽고 허무한 이 세상이 그렇게도 낯설게 느껴지게 만드는가? 이 소망이 당신으로 하여금, 죽음 아래서 신음하며 더러움에서 나오지 못하며 허무함 속에서 무지와 미혹으로 하나님과 그분의 나라를 대적하는 이 낯선 세상을, 정말 낯설게 여기도록 만들어 주는가?

베드로전서는 이런 식으로 당신을 도전할 것이나. 당신이 알고 있는 예수 그리스도는 누구이신가? 그를 믿어 죄 사함 받은 고마우신 분이신가? 그 후에 당신은 그분과 무엇을 하고 있는가? 그분을 섬기는 교회에 속해 있는가? 그 교회는 그분을 어떻게 알고 있으며, 어떻게 전하며, 어떻게 따라가고 있는가? 예수로 말미암아 죄 사함 받고, 의롭다 하심을 입고, 그리고 그 예수와 상관없이, 그 예수 믿어 복 받아 세속으로 뛰어드는 교회가 얼마나 많은가? 예수님은 세상 속에서 어떤 길을 가셨는가? 이 질문이야말로 베드로전서의 핵심이다.

그것은 베드로 자신이 너무나도 당혹스럽게 마주했던 질문이기도 했다. 도대체 '내가 주요 그리스도시오, 살아 계신 하나님의 아들이라 고백한 이분은 왜 예루살렘에 올라가 고난을 당하며 십자가를 지려 하시는가? 이분은 도대체 누구이신가?'(참고. 마 16:13-28). 베드로 자신도 당혹스러워했다. 오늘날 교회들은 예수님을 십자가에 매달아 두고, 그 아래서 죄 사함 받고, 곧 세상에 내려와 세상과 함께 돈을 숭배하며 쾌락을 사랑하며 우상숭배의 춤을 추다가, 다시 그 십자가에 가서 같은 일을 반복한다. 결코, 십자가를 지시고 악과 싸우며 고난의 길을 지나 부활, 승천, 영광의 길을 가신 그분의 길을 따라가려 하지는 않는다.

예수 믿고 복 받아 망하는 길로 가는 것이다. 옛 이스라엘이 그러했다. 그들도 하나님을 믿고 젖과 꿀이 흐르는 땅에 들어가 거기서 간절히 기도했다. '우리도 세상 나라와 같게 하옵소서.' 그리고 거기서 망하고 거기서부터 쫓겨났다. 예수 믿고 복 받고 망하는 길로 가는 것이 지금 우리가 들어선 길이다. 예수 믿고 예수를 알고, 그분을 누리고, 그분과 함께, 그분의 길을 가는 것, 그것이 복음이다. 그것이 '순전한' 복음의 길이다. 예수 믿고 세상으로 가는 것은 순전치 않은 것이다. 온전치 않다. 예수 믿고, 예수를 알고, 예수를 배우고, 예수를 닮고, 예수를 따라서, 악을 악으로 갚지 않고, 의인으로서 불의한 자를 대신한 그분의 길을 따라가는 것, 그것이 순전하고 온전한 복음이다.

선한 양심의 길

그것이 베드로전서가 그렇게도 강조하는 '선한 양심'의 길이다. 교회는 세상 속에서 어떠해야 하는가? 교회는 세상 속에서 어떻게 살아야 하는가? 어떻게 이 세상을 지나 하늘에 이르게 되는가? 어떻게 이 세상을 '체류하는 외국인과 여행자'로서 지나가, 본향인 하늘에 이르게 되는가? 그 길은 십자가의 길이다. 예수께서 바로 그 길로 하늘에 이르셔서 하나님 보좌 우편에 앉으셨기 때문이다. 베드로는 그 십자가의 길을 '선한 양심'의 길이라 표현한다.

양심이란 '함께 의식'하는 마음의 기능이다. 모든 사람이 '함께 의식'한다. 왜 그렇게 되었을까? 창조주 하나님 때문이다. 양심은 창조주 하나님의 흔적이다. 그래서 원래 '양심'은 하나님과 '함께 의식'하는 것이었다. 그러나 사람이 하나님을 떠났고, 그 양심도 깨어지고 흐려졌다. 그래서 양심대로 사는 것만으로는 하나님을 찾을 수도 알 수도 없다. 그래서 하나님께서 자기 아들을 보내셨다. 그분의 사역은 하나님의 뜻의 나타남이요 이루어짐이었다. 우리의 죄를 대속하시고, 죽음의 권세를 깨뜨리시고, 악을 선으로 이기시며, 마귀의 일을 멸하신 십자가였다. 그 십자가가 하나님의 참 뜻을 '함께 아는' 예수님의 마음이었다.

베드로는 여기서 '선한 양심'의 의미를 찾는다. 그 많으신 긍휼을 따라 그리스도의 뿌리신 대속의 피로 신자의 심령은 거듭났다. 그 안에는 죽음과 죄를 이긴 부활 생명이 살아 있다. 그뿐이 아니다. 그는 단지 거듭난 것이 아니다. 그는 단지 죄 사함만 받은 것이 아니다. 그는 단지 의롭다 여기심 받고 자녀된 것뿐 아니다. 베드로는 여기서 중대한 번역을 한다. 신자가 거듭나서 부활 생명을 얻고, 살아 있는 소망을 누리며, 믿음으로 말미암아 하나님의 능력의 보호하심을 입게 된 것에는, 한 가지 더 결정적인 의미가 있다. 그것은 세상 속을 지나가야 하는 교회에게 결정적인 무기이다.

그것이 '선한 양심'이다. 그것이 '거듭난 심령의 회복된 양심'이다. 거듭났으므로, 세상 사람들이 알지도 못하는 신(神)과 그리고 다른 사람들과 '함께 의식'하는, 그 '타락한' 양심과는 비교할 수 없이 명확하게 살아 계신 하나님과 '함께 아는' 양심이 된다. 하나님과 함께, 그리고 그 하나님의 뜻을 드러낸 그리스도 예수의 본을 따라, 그의 보혈로 인해 거듭난 생명을 갖게 된 교회와 더불어, 당신은 드디어 원래 그것이 의미했던 바 그 '양심' 곧 '선한 양심'을 갖게 된 것이다. 이것이 복음이다.

그래서 베드로는 교회가 교회 안에서 '믿음'이라고 부르는 것을, 세상 속에서 세상을 대하여는 '선한 양심'이라고 부른다. 구원은 거듭난 사람에게 계시의 빛으로 말미암은 새로운 지각(知覺)을 선물한다. 양심도 그런 것이다. 거듭난 심령 속에 있는 부패한 양심이, 그 이전보다 더 새롭게 회복된다. 베드로는 바로 이 회복된 양심이야말로, 교회가 세상을 지나갈 때 반드시 활용하고 사용해야 하는 믿음의 표현이라고 역설하는 것이다.

생각해 보라. 지하철에서 피곤에 찌든 직장인들 앞에서 당신이 방언을 하고 예언을 한들, 그것으로 그들과 소통하기는 어렵다. 그들이 알아듣지 못하기 때문이다. 길가에서 스님을 만나 그의 머리에 손을 얹고 죄 사함을 위한 간구를 하는 태도 역시 마찬가지이다. 오늘날 교회는 세상 속에서 마치 교회 안에서 소통하는 식으로 소통하려 든다. 베드로가 전해 주는 전략은 그렇지 않다. 초대교회는 로마제국의 낯선 문화 속에서 적대감에 위협받으며 살았다. 베드로는 이 분야에 전문가이다. 당신의 믿음을 '선한 양심'으로 번역하라고 가르쳐 준다. 거듭난 심령이라면, 이제 세상 속에서 회복된 양심으로 살라고 가르친다. 그것이 세상의 악과 그 배후의 마귀를 대적하여 십자가 고난의 길을 가신 예수 그리스도의 본을 좇아 그분의 길을 따라가는 것이라고 가르친다.

그 길은 회복된 양심을 따라, 세상 속에서 일단 선한 행실을 하는 길이다. 세상을 통치하시는 분도 우리 주님이시다. 한 나라도, 직장도, 가정도, 모두 주께서 주인이시다. 그러므로 거기에 주께서 세우신 질서가 있다. 그분의 권위와 그 허락한 정당한 질서에 순복하는 것, 그것이 회복된 양심으로 사는 길이다. 그것이 예수님을 따르는 길이다. 그것이 믿음으로 사는 길이다. 그리고 선한 일을 하다가 악한 자들과 악을 만나거든, 그것을 악으로 갚지 않고, '하나님을 생각함으로' 곧 '하나님의 마음과 뜻을 아는 마음['양심']으로' 참고 인내하여, 은혜와 진리의 나라를 증거하는 것, 그것이 회복된 양심으로 사는 길이다. 그것이 주님의 길이었다. 그 길이 곧 부활에 이르는 죽음의 길이며, 하늘에 오르는 골고다의 길이다. 주님도 우리를 위하여 '의인으로서 불의한 자들을 대신'하는 그 선한 양심의 길을 가셨다.

교회는 예수를 믿어 이 젖과 꿀이 흐르는 땅에서 삼중 사중 축복을 받으며 영영히 살도록 부르심을 받지 않았다. 교회는 오직 예수 그리스도와 연합하고 그분만을 따라가도록 되어 있다. 그분이 가신 최종목적지가 하늘에 있는 하나님 보좌 앞이다. 예수 믿고 복 받고 이 세상에서 잘 살아 뭘 어쩌려는가? 하늘에 이르러야 한다. 교회는 거기에 이르도록 짐 싸고 떠나야 하는 '여행자'요, 그 나라에 속해 있고, 그 나라를 유업으로 받을 그 나라 사람이다. 그래서 이 땅에서는 언제나 '체류하는 외국인'이다. 항상 순례하는 교회요, 항상 진투하는 교회이다. 이 땅에 영원히 뿌리내리고 만복을 누리려는 교회여, 깨어라! 임박한 멸망을 보라! 짐을 싸고, 떠나라! 오직 그리스도를 따라, 출애굽의 길을 가라! 십자가를 따르라. 영광의 하늘 보좌에 시선을 고정시키고, 전력으로 주를 따라가야 한다.

흩어 뿌려진 말씀 같은 교회

그러나 아직 끝은 오지 않았다. 신자의 일생도, 교회의 역사도, 오직 예수 그리스도에 의해 단계적으로 구분된다. 예수님을 만나기 전과 후가 다르다. 그러나 그것보다 더 혁혁한 구분은 예수 그리스도를 '다시' 만날 때와 그 이후이다. 그 이후에는 영원한 생명의 나라가 펼쳐진다. 의와 화평이 거하는 나라, 죄와 사망이 없는 나라, 거룩과 생명이 넘치는 나라이다. 신자는 그 나라를 받았다. 그리고 그의 믿음과 그 믿음의 공동체인 교회 안에서 그 나라의 임재와 능력을 누린다. 그래서 그들은 이 땅에서 '남은 날들'을 산다. 이제 조금 남은 날들이다. 이제 새벽이 왔고, 곧 아침 해가 찬연히 떠오르기 전에, 깊은 밤이 잠시 계속될 것이다. 밤이 깊다. 어둠 속에서 잠깐 머무는 것이다. 이미 새벽별이 떠 있다.

그리고 그들 속에는 이 새벽별이신 예수 그리스도를 알게 한 생명의 복음, 생명의 말씀이 살아 있다. 교회가 이 땅에 있는 다른 모든 것들과 다른 이유 중 하나는, 그들 속에 심겨진 생명의 말씀, 그들 속에 뿌려진 '씩지 않는 씨앗' 곧 말씀 때문이다. 하나님의 말씀은 영원하다. 정확히 이 세상과 반대이고, 이 세상이 아닌 그것이다. 세상은 죽음과 죄와 허무함에 종노릇한다. 하나님의 말씀은 썩지 않고, 깨끗하게 하며, 영영히 서는 살아 있는 말씀이다. 살아 계시며 거룩하시고 영존하시는 하나님의 입에서 나왔기 때문이다. 그분께서 말씀으로 세상을 창조하셨으며, 죄 사함을 선포하셨으며, 죽은 자를 살리셨다.

하나님의 말씀은 이 세상을 창조한 말씀이고, 이 세상을 치유하시며, 회복하시는 말씀이다. 하나님의 말씀은 이 세상이 아니며, 이 세상 속에 있는 무엇도 아니다. 이 세상보다 크신 말씀이다. 그 말씀이 교회 안에 있다. 하나님의 교회가 이 세상에 '흩어져'(디아스포라) 있다는 사실, 흩어 뿌려져 있다는 사실은, 그래서 곧 하나님의 말씀이 이 세상에 교회의 품에 담겨 뿌려져 있다는 뜻이 된다. 이 말씀들이 이 말씀을 받은 성도들, 구체적인 사람들을 통해 이 세상에 흩어져 뿌려져 있고, 자라고 있다. 이들로부터 하나님 나라의 생명과 풍성함이 임하게 된다. 이 말씀을 통해 하늘의 하나님 보좌 앞에 흐르는 생명수가 그들 속에 임한다. 그 말씀과 생명수의 양분으로 그들은 생명의 열매를 맺는다. 열국들이 그 열매를 보고 하늘의 하나님을 찬송하리라! 하나님의 나라를 보고 만지고 맛보리라! 그것이 교회이다.

"아버지, 우리를 긍휼히 여기소서. 잃어버린 교회의 영광, 땅에 떨어진 거룩한 이름 앞에, 가슴을 찢고 무릎을 꿇습니다. 저마다의 가슴을 치며, 우리의 죄를 자백합니다. 복음을 더럽혔습니다. 우리 자신을 더럽혔습니다. 하나님의 이름을 더럽혔습니다. 아버지, 우리를 찢으소서. 심령을 찢으시며 불처럼 삼키사 다시 정결하게 하소서. 열방 앞에서, 주의 이름을 드러내소서."

"하늘에 계신 우리 아버지, 이름이 거룩히 여김을 받으시옵소서"(마 6:9)

부록:
더 깊은 이해를 위하여

베드로전서의 서론에 해당하는 설명들을 이렇게 뒤에 놓는 이유가 있다. 만일 앞서 기록된 서신서 본문에 대한 설명을 충실히 이해하면, 지금부터 다루고자 하는 내용들을 모른다 해도, 본문이 주는 중대하고 적실한 메시지를 찾는 데에는 큰 지장이 없기 때문이다. 성경은 모든 시대, 모든 사람들을 위해 기록된 쉬운 책이고, 이미 설명한 내용들로 충분하다. 다만 더 깊은 연구를 원하는 독자들을 위해, 베드로전서의 저자나 수신자, 그리고 역사적, 문학적 배경에 대해 요긴한 내용들을 간단히 정리해 보고자 한다.

1. 신약에서의 위치

베드로전서는, 야고보서, 베드로후서, 요한서신, 그리고 유다서와 함께 공동서신 속에 포함되어 있다. 공동서신은 로마서, 데살로니가전후서, 고린도전후서 등과 같이 특정한 지역교회에게 보낸 서신이 아니라, 여러 지역에 '흩어진 교회들'에게 공동으로 보낸 서신들이다. 대상으로 보면, 초대교회 전체에게 보내진 권위 있는 서신들이다. 보내는 자들도 권위 있는 자들이었다. 사도 야고보나 사도 베드로, 그리고 사도 요한 모두 예루살렘을 중심으로 했던 초대교회에서 요즘 말로 표현하면, 총회장과 같은 인물들이었다. 사도 중에 막내와 같다고 스스로 말했던 바울의 표현대로라면, 초대교회의 '기둥들'과 같은 사도들이었다(갈 2:9). 그러므로 공동서신이 초대교회에서 갖는 비중과 중요성은 이루 말할 수 없다.

실로, 세 분의 사도들은 예루살렘 교회와 초대교회의 중심이었고, 사도적 증언과 전통, 그리고 교회의 신앙에 있어서 결정적인 역할을 했다. 사도 바울조차 예루살렘에서 열린 첫 번째 공의회에서 그의 신학과 신앙을 검증받고 그것이 하나님께로부터 온 것임을 확증 받아야 할 만큼 그들의 권위는 그야말로 '정통' 그것이었다. 그래서 신약의 정경화 과정에서, 사도행전과 더불어 공동서신은 사도들의 행적과 동시에 그들의 가르침을 함께 전해 주는 연속적인 문서들로 취급되기도 했다. 그만큼 초대교회의 정통적 신앙에 대한 가르침을 잘 담은 서신들인 것이다. 특히, 하워드 마샬(Howard Marshall)은 신약에서 단 한 권의 책을 택한다면, 교리와 생활의 조화가 가장 돋보이는 베드로전서를 택할 것이라고 했을 정도이다.

2. 저자, 기록 시기, 장소

비평학적 접근에 익숙한 학사들은 베드로전서의 저자가 사도 베드로가 아니라 베드로의 제자이며, 후대에 사도의 이름을 빌어서 쓴 가경적인(pseudonymous) 서신이라고 본다. 그리고 초대교회에는 이런 식으로 권위 있는 자의 이름을 빌어서 쓰는 것이 관례였고, 그것이 서신의 진정성과는 상관없는 것으로 받아들여졌다고 말한다. 하지만 초대교회에서 '가경' 곧 후대의 저자가 사도들의 이름을 빌어서 쓰는 관습은 그리스도인들 사이에서는 진실하지 못한 것으로 받아들여지지 않았다는 것이 정설이다. 예컨대, 교부 터툴리안(Tertullian)은 외경인 *Acts of Paul and Thecla*라는 책을 가명으로 쓴 장로를 그 직분에서 해임하기도 했다(Baldwin, Guthrie). 또한 고대 가경적 저술들에 관해서, 도넬슨(L. R. Donelson)은 이렇게 말한다. "아무도 거짓 이름을 써서 기록된 종교적 철학적 문서를 정설로 받아들이지 않았다. 나는 이런 경우의 예를 하나도 알지 못한다"(*Pseudepigraphy and Ethical Argument in the Pastoral Epistles*, Hermeneutische Untersuchungen zur Theologie, 22, Mohr-Siebeck, 1986). 성경을 '계시'로 받아들이고 엄격하게 보존해 온 유대-기독교 전통에서, 그리고 진리에 목숨을 걸고 순교의 자리에까지 이르렀던 교회 내에서, 중대한 서신들을 그렇게 다루었으리라고 보는 것은 전통적 관습으로나 역사적 정황에 맞지 않다.

근대 계몽주의 이후, 지난 150여 년간 비평학적 전통이 베드로전서의 정경성이나 사도 베드로의 저작설에 대해 의구심을 제기한 반면, 사도시대 이후 매우 이른 시기부터 1800여 년간 베드로전서는 그 정경성을 인정받아 왔다. 교부였던 서머나의 폴리캅(Polycarp of Smyrna)이나 역사학자였던 유세비우스(Eusebius), 그리고 알렉산드리아의 클레멘트(Clement of Alexandria)는 이미 1세기 후반이나 2세기 경에 베드로전서가 교회 안에서 인용되어 사용되고 있었음을 증거한다. 또한 이레니우스(Irenaeus)는 베드로전서의 저자가 사도 베드로임을 지목하여 명시하기도 했다(*Haer*. iv. 9.2; 16.5; v. 7.5; 주후 185년).

고대 문서일수록 당대의 신뢰할 만한 증인들의 증언이, 먼 후대의 가변성 있는 분석들보다는 훨씬 무거운 증거가 됨을 고려해야 한다. 베드로전서의 저자 문제는 이런 문제이다. 예컨대, 학자들이 거론하는 베드로전서의 헬라어가 어부였던 사도 베드로가 썼다고 보기에는 너무 고급스럽고 어울리지 않는다는 주장은, 매우 다양한 각도에서 반박될 수 있다. 학자에 따라서는 베드로전서의 헬라어가 그렇게 고급스럽지 않고 거칠고 평범하다고 보기도 하지만(L. Radermacher), 당시 베드로가 살았던 1세기 전후 팔레스타인은 이미 상당 기간 전부터 헬라화 정책에 따라 헬라 문명이 그 언어와 함께 속속들이 퍼져 있었다는 것이 고고학적으로도 뒷받침되고 있다(Martin Hengel).

더구나 베드로가 명백히 밝히듯이, 실루아노(Silvanus)의 도움이 있었다는 것을 고려해도 이런 것은 전혀 결정적인 논란이 될 수 없다. 또한 베드로전서에 바울신학적인 요소가 많이 나온다는 식으로 반박하는 등의 논리는, 초대교회에 사도들 간의 협의와 조화에 관한 사도행전의 기록에도 어긋나는 것이다(행 15장, 예루살렘 공의회; 행 21:17-26). 무엇보다, 베드로전서 스스로가 본문에서 밝히는 바에 의하면(1:1; cf. 5:12-14), 역사적 정황상 서신의 저자가 사도 베드로라는 것을 의심할 수 있는 다른 여지가 남지 않게 된다.

사도 베드로가 저자라는 것이 분명하다면, 기록 시기는 그가 순교하기 전, 대략 주후 66년 이전이 될 것이다. 바울이 죽은 후, 실루아노와 마가가 로마에서 베드로를 돕기 시작한 시점 어간으로 보면 적절할 것이다(벧전 5:12-13). 최근의 연구에 의하면, 베드로전서에 비쳐지는 핍박이나 교회가 당시 로마 사회에서 당하는 적대적인 공격이, 로마의 황제 숭배가 본격화 되는 트라얀 황제(98-117) 이후 나타나는 '공식적인' 핍박이 아니라, 네로 황제(54-68) 이후 점증되기 시작한 '일상적인' 수준에서 사회적 갈등이나 소외감, 비난과 적대감이라는 공감대가 형성되는 사실도, 베드로전서의 이른 저작 설을 뒷받침한다. 기록 장소는, 베드로가 '바벨론에 있는 교회'라고 명명한 장소인데(5:13), 학자들 간에 이 '바벨론'이 로마를 상징하는 이름이라는 데에 큰 이견이 없다(본문 해설 참조).

3. 수신자, '거주 외국인과 여행자' 된 교회

베드로전서는 야고보서의 경우처럼 '흩어진 교회들'에게 보내진 서신이다. 그렇다면 "본도, 갈라디아, 갑바도기아, 아시아와 비두니아" (Πόντου, Γαλατίας, Καππαδοκίας, 'Ασίας καὶ Βιθυνίας, 1:1)는 어떤 지역들인가? 우선, 본도는 흑해 남쪽 지역인데, 주후 110년경에는 기독교가 넓게 퍼진 것으로 알려져 있다. 갈라디아는 주전 25년에 아우구스투스(Augustus) 치하에서 로마제국에 편입되었고, 비교적 헬라 문명이 덜 미친 곳으로 알려져 있지만, 여기서도 매우 이른 시기에 선교가 이루어졌다(행 2:9). 반면, 아시아는 로마의 지방들 중에서 가장 인구밀집도가 높았고 가장 헬라 문명이 번창한 곳이었으며, 버가모를 비롯해서 초대교회에서 중대한 역할을 했던 많은 부요한 도시들이 위치해 있었다(계 2:1-3:22).

다시 말해서, 이 지역들은 한결같이 기독교가 이른 시기에 전파된 지역들이며, 헬라화가 비교적 많이 진행되었고, 또 로마의 행정력이 잘 유지

되었던 지역들이었다. 이런 지역들에서 '흩어진 교회' 는 비록 그 갈등의 정도가 아직 공식적인 핍박이나 순교의 수준은 아니었을 것이나, 종교적이고 또 문화적, 도덕적인 여러 가지 이유들로 끊임없이 주변 사회와 부딪혔다.

한편, 베드로전서는 야고보서와 함께, 예레미야 29장에 있는 예레미야의 편지(29:4-23) 제2바룩서(2 Bar 78-86)와 유사한, 그러나 '기독교적인' 디아스포라 서신들('Christian Diaspora Letter')로 불리기도 한다(Lutz Doering). 모두 흩어져 있는 하나님의 백성에게 보내어졌다. 하지만 베드로전서는 유대적인 디아스포라 서신들과는 훨씬 다른 내용과 소망을 전한다. 예수 그리스도의 죽으심과 부활하심, 곧 대속적인 십자가의 복음과 부활 및 승천의 승리의 복음을 기초로 하기 때문이다. 그렇게 바라던 이스라엘의 회복과 하나님의 나라, 곧 '썩지 않고 더럽지 않고 쇠하지 않는 나라'가 이미 예수 그리스도와 그의 복음의 말씀을 통해서 임했음을 선포한다. 이제 종말의 그의 새로운 백성인 교회는 '살아 있는 돌'이신 그리스도를 기초 돌로 해서 그 위에 세워지는 신령한 성전이며, 이제는 그들 자신이 곧 하나님께서 옛 언약 백성에게 주셨던 특권과 사명을 짊어진 '그의 소유된 백성' 곧 종말의 '택하신 족속'이요 '거룩한 민족'으로서, 진정으로 '제사장 나라'로 위임 받아 온 세상에 흩어져 저들을 주의 앞으로 인도할 자들로 보내진 것이다.

베드로전서는 이러한 '흩어진 교회'를 '거주 외국인과 여행자'로 표현한다(1:1; 2:11). '나그네와 행인'(개역한글)이나 '나그네와 거류민'(개역개정)으로 표현된 이런 흩어진 교회의 정체성은 베드로전서의 신학과 메시지를 이해하는 데에 결정적이다. 전통적으로 영어번역본들은 이런 칭호들을 천국을 향한 '순례자들'(pilgrims; KJV, JB, Luther)이나 '포로 된 자들'(exiles, RSV, NRSV)로 번역하곤 했는데, 최근에 엘리엇과 같은 학자는,

사회-경제-문화적 분석을 통해 이런 칭호들은 전통적인 종교적 '순례자들'을 표현하는 말이 아니라, 당시의 사회-문화적 신분을 표현하는 칭호라고 주장하여 전통적 견해를 뒤집는 듯했다(Elliott, 458). 하지만 베드로전서의 전체 문맥과 또한 기독론의 뼈대를 고려하면 사회적이며 또한 종교적인 차원 둘 다를 포괄하는 칭호들로 이해할 수 있다.

(1) '파로이코스'(πάρυικος)와 '파레피데모스'(παρεπίδημος)

먼저 문제는 정확한 번역인데, 개역한글이나 개역개정에서 이 두 칭호는 베드로전서 안에서 혼용되기도 하고 일관되지 않게 번역된다. '임시 거주 외국인'(파로이코스)는 '거류민'(벧전 2:11, 개역개정; 혹은, '행인,' 개역한글)으로, 그리고 '여행자'(파레피데모스)는 '나그네'(벧전 1:1, 개역한글/개정; 2:11, 개역개정) 혹은 '행인'(벧전 2:11, 개역한글)으로 옮겨신다. 신약 안에서는 말할 것도 없다. '임시 거주 외국인'(파로이코스)은 신약에서 베드로전서 2:11을 포함해서 모두 4회 나오는데, '나그네'(행 7:6, 29; 엡 2:9, 개역한글/개정)나 '손[님]'(행 7:29; 엡 2:19, 개역한글)으로 번역되었다. 즉, 한글성경에서 '나그네'라 하면 이것이 '파로이코스'인지 '파레피데모스'인지 분간하기 어려운 것이다.

또한 한국말 표현으로 '나그네'는 문화적으로 '정처 없다' 혹은 '허무한 인생' 같은 뉘앙스를 많이 풍긴다. 하지만 원문의 두 칭호들은 모두 원래 소속이 분명한 외국인이나 목적지가 있는 여행자의 이미지이다. 그래서 각기 '임시 거주 외국인'과 '여행자'로 옮기는 것이 적절하다고 생각된다. 원래 '파로이코스'는 집에서 잠시 거주하는 외국인이나 다른 지역 사람을 가리키며, '파레피데모스'는 어떤 도시를 지나가기 위해 잠시 그곳에 머무는 여행지 정도를 시칭한다. 그러므로 '파레피데모스'보다는 '파로이코스'가 더 오랫동안 거주하는 신분을 갖지만, 둘 다 '낯선 사람들'임에는 틀림없다.

그들은 '외국인'(제노스, ξένος)이나 '이민자'(메토이코스, μέτοικος)처럼 출생지가 다르고 소속이 다르며, 언어와 습관, 문화, 정치-사회적 관점들도 다른 사람들을 가리켰다. 로마 사람들은 이들과 결혼하는 것도 허용하지 않을 정도였다(Seneca, *Benef.* 4.35.1, Achtemier, 174). 오늘날 한국을 방문하는 외국인들이나 이주 노동자들과 같은 경우이다. 로마제국 당시에도 이들의 신분은 매우 낮았다. '임시 거주 외국인'(파로이코스)은 일정한 세금은 내지만, 매우 제한적인 정치적, 법적 권리만을 갖고 있었고, '여행자'(파레피데모스)는 그마저도 없는 존재였다. 이들은 지역 본토 주민들로부터 항상 의심의 눈초리를 받거나, 지역의 공동 이익이나 지역 신들에 대한 위협으로 간주되기도 했고, 지속적인 차별과 마녀사냥의 대상, 그리고 일상적인 모독의 대상이 되기 쉬운 신분이었다.

(2) 사회-경제적인 용어?

엘리엇은 이 용어들이 '이 악한 세상에서' 하늘에 있는 본향을 향해 간다는 식으로 오해되었다고 말한다. 구약에서 이 용어들이 쓰인 경우들이 모두 문자적이고 상징적이 아니라는 이유 때문이며(창 23:4), 그래서 '땅에서, 세상에서 순례자'가 되었다는 식으로 번역하는 것은 그 사회, 경제, 문화적 차원을 배제하거나 도외시하는 해석이 되기 때문에 적절치 않다고 보는 것이다. 그래서 엘리엇은 베드로전서 1:1과 2:11의 이 칭호들을 '이방인들과 거주하는 외국인들'(strangers and resident aliens)로 번역하고, 땅/세상-하늘의 구분이 포함되지 않도록 해야 한다고 주장한다. 베드로전서의 관점은 '사회적'인 것이지 '우주론적'인 것이 아니며, 그래서 '이방인들과 거주하는 외국인들'이라는 표현은 '우주론적 소외가 아니라 사회적 소외'를 가리킨다고 본다(Elliott, 481). 따라서 베드로전서 안에서 수신자들인 교회가 외부 사람들로부터 받았던 의혹과 적대감 그리고 고통들도 결국 이 '사회적 소외'(social alineation) 때문이라는 것이다.

(3) 기독론 중심의 종합적 견해

하지만 엘리엇이 든 창세기 23:4의 경우도 단지 사회, 경제, 문화적 의미만은 아니다. 이 구절의 칠십인경(LXX) 번역은 베드로전서 2:11의 경우와 똑같이, '파로이코스'와 '파레피데모스'(πάροικος καὶ παρεπίδημος)로 옮겼다. 개역한글은 이를 '나그네요 우거한 자'로, 개역개정은 '나그네요 거류하는 자'로 번역했다. 정확히 하면, '임시 거주 외국인이요 여행자'이다. 이는 물론 사회, 경제, 문화적 신분의 표현이 맞다. 하지만 창세기의 문맥을 보라. 아브라함이 어쩌다가 떠도는 외국인이요 여행자가 되었는가? 베드로전서의 수신자들처럼 하나님의 '택하여 부르심' 때문이요, 수신 살아 있는 소망에 대한 언약 때문이다(창 12:1-4; 벧전 1:1-9). 하나님의 "내가 네게 지시할 땅으로 가라."는 말씀 때문에 그런 사회적 신분이 된 것이 아닌가.

베드로전서에서도 마찬가지이다. 사회적으로 '임시 거주 외국인이요 여행자' 된 교회의 원래 소속이 어디인가? 그들은 어디로 향하고 있는가? 전통적인 주석가들은 한결같이 '하늘'이라고 대답한다(Calvin, Luther, Best 등). 엘리엇이나 아흐테마이어 등은 베드로가 "이들이 하늘로 돌아갈 것이라고 말하고 있지 않다."고 말하며, 재림의 때까지 고난을 견디는 것이 목적이라고 본다(Achtemeier, 175). 물론 재림 때까지 십자가의 길을 따르며 고난을 견디는 것은 맞다. 하지만 베드로전서 전체의 문맥, 특히 예수 그리스도의 길은 그분의 수난과 부활 영광, 그리고 승천과 하늘에 오르심이 한 길로 연결되어 있고, 교회는 세례를 통해 이 길에 그대로 참여함을 보여 준다(3:16-22). '의로운 자로서 불의한 자를 대신하는' 선한 양심의 길을 가는 것이 그리스도를 따르는 길인데, 그 길의 끝은 그와 함께 하늘에 이르는 것이다(3:22).

엘리엇은 사회-공동체적인 관점을 잘 부각시켰지만, 기독론적 관점을 놓쳤다. 베드로전서에서 기독론은 가장 중심에 놓여 있는 뼈대요 핵심이며, 교회론과 종말론, 우주론을 떠받치는 기초석이다. 엘리엇이 교회가 세상 속에서 처한 사회-공동체적 관점이 우주론적 관점과 연결되는 점을 보지 못한 것은, 그가 기독론을 놓쳤기 때문이다. 결론적으로, 베드로전서에 나타나는 교회를 표현하는 이 용어들은, 에베소서나 히브리서에 나타나는 것처럼 '하늘-땅'의 구도를 포함한다. 다만 베드로전서에서 이 용어들을 사용한 것은, 우주론적인 것이 먼저가 아닐 뿐이다. 그렇다고 엘리엇이 말한 것처럼 순전히 사회-공동체적인 것도 아니고, 근본적으로 기독론적인 것이다. 교회는 세례를 통해 그리스도와 연합되어 있고, 오직 그분의 가신 길, 십자가와 부활 승천 영광의 길을 갈 뿐이다.

4. '하나님의 집' 안에서 행할 규범들

베드로전서는 기독론적 기초 안에서 교회론을 세우는데, 특별히 교회 안에서뿐 아니라, 사회와 가정, 곧 세상 속에서 어떻게 마땅히 그리스도의 본을 따라 행할 것인지를 상세히 가르치는 매우 독특하고 중요한 서신이다. 예컨대, 국가에서 '시민과 세상 주권자들과의 관계'(2:13-17), 일터/가정에서 '종과 주인의 관계'(2:18-20), 가정에서 '아내와 남편의 관계'(3:1-6) 그리고 교회 안에서 '장로들과 젊은 자들과의 관계'(5:1-5a)에 대한 가르침에서 잘 드러난다. 베드로전서의 이런 본문들은, 특히 '순복하다'(휘포타쏘, ὑποτάσσω)라는 동사와 함께 나타나는데, 그 배경으로는 대략 세 가지 정도의 이론이 제시되었다. 첫째, 우선 순복에 관한 이런 요구들은 성도가 교회에 입문하는 세례 시에 주어지는 '순복 규율'과 관련이 있다는 설, 둘째,

그보다는 당시 로마 사회의 공식적인 '집안 내부 규율'과 관련이 있다는 설, 셋째, 보다 일반적으로, 그레꼬-로망 사회의 '집안 경제'('오이코노미아,' *oikonomia*)의 윤리적 전통이나 종종 이와 관련된 시민 사회의 영역('폴리테이아,' *politeia*)에서의 규범과 관련되어 있다는 설이다.

(1) 세례와 관련된 '순복 규율'(Subordination Code)

베드로전서 3:21의 중요성을 생각할 때 가능한 추측으로서, 매우 초기에 제시된 이론이다(Carrington, Selwyn, Rengstrof). '순복 규율'은 베드로전서에 나타난 위와 같은 규범적 본문들이 원래 모두 6개의 부분들로 되어 있는 세례에 관련된 교리적 전통의 일부라고 보는 것이다. 하지만, 베드로전서의 이 본문들이 유사한 신약의 다른 본문들과 눈에 띄게 다른 점들도 있다. 먼저, 에베소서에는 아내-남편(5:22-33), 아이들-아버지들(6:1-4), 종들-주인들(6:5-6)의 순서대로 나온다. 하지만 베드로전서는 이 순서를 뒤집는다. 종들-주인들이 먼저 나온다. 그리고 종에 대해서 말하지만, 주인에 대해서는 한 마디도 하지 않는다. 그리고 이를 이어서 길고 독특한 그리스도의 고난에 대한 본문을 제시한다(2:21-25). 이런 형태는 에베소서나 골로새서에 나오지 않는다. 또한 아내와 남편에 대한 교훈의 내용도, 비교적 짧은 골로새서의 본문이나 더 긴 에베소서의 본문들과 모두 다르다. 게다가, 장로들과 젊은이들에 대한 교훈(5:1-5)은 2:18-25이나 3:1-6에서처럼 '순복'에 대한 교훈을 담고 있지만, 에베소서나 골로새서에는 나오지 않는 독특한 본문이다. 또한 베드로전서에서 이런 집안 공동체들은 하나님의 권속 개념에 따라 전개된다. 이런 점도 에베소서나 골로새서에는 없는 베드로전서의 특징이다.

(2) 집안 규율(*Haustafel*; Household code) 이론

'집안 규율' 전통 이론은, 베드로전서의 이러한 본문들이 신약만의 독특한 형식이 아니라 당시 존재했던 로마 사회의 '집안 규율들'(Haustafel)의 존재와 이를 사용한 결과라고 보는 이론이다. 사실 마르틴 루터가 '하우스타펠'(Haustafel, house + table)'이라는 용어를 그의 소요리문답집에서 사용했는데, 성찬에 참여하기 전에 집안에서 행하던 행동들을 살펴보아야 한다는 뜻에서였다. 후에 디벨리우스(M. Dibelius)가 양식비평학에 근거해서 스토아 철학에서 언급되었던 집안 규율들을 배경으로 이론을 발전시켰다. 한때는 성행했지만, 지금은 잘 받아들이지 않는다. 스토아 철학에서 집안 규율들에 해당하는 많은 의무들이 제시되기는 하지만, 신약의 목록들의 내용이나 형식에 있어서 병행되는 면들이 매우 적기 때문이다. 이 이론은 또한 집안뿐 아니라, '시민 사회 영역'에서 강조되는 의무들에 관련된 신약의 교훈들과의 밀접한 관계를 잘 설명하지 못한다.

(3) '집안 경영'(Oikonomia) 전통과의 보다 유연한 연관성 이론

최근의 학계는 어느 정도 이 세 번째 설명에 무게를 두고 있다. 베드로전서를 비롯한 신약의 이런 본문들은, 집안(*oikos*)과 시민 사회(*polis*)라는 고대사회의 중요한 두 영역에서 적절한 행동들에 대한 그레꼬-로망의 전통적인 교훈들에 영향을 받았다는 주장이다. 집안을 다스리는 일은 '오이코노미아'(*oikonomia*)이고 시민 사회를 인도하는 규율들은 '폴리테이아'(*politeia*)이다(Philo, *Spec*. 3.170). 고대 그리스 시대부터 이 두 영역에 있어 마땅한 행동들에 대한 가르침들, 곧 가정 내에서의 의무들이나 사회의 시민으로서의 책임에 대한 도덕적 가르침들은 자주 논의되었다. 이러한 윤리적 교훈들의 기초가 되는 전통은 공적이고 또 사적인 영역에서 조화를 유지하고 사회적으로 효과적인 기능을 발휘하게 하며 신들의 호의

를 유발해 내는 '질서'(order, kosmos)에 대한 근본적인 관심의 발로로 보는 것이다. 발흐(Balch, 1981)는, 삼중적인 상호적 관계에 대한 언급, 즉 남편-아내, 부모-자녀, 주인들-종들 간 상호적 관계에 대한 가르침들은 아리스토텔레스부터 스토아학파, 쾌락주의자들에게서도 나타남을 주목했다. 마찬가지로 이스라엘 전통에서도 이와 비슷한 시기에 이러한 가르침들이 나타난다(Tob 4:3-21; Sir 7:18-35; Philo, *Ios.* 38-39; Josephus, *Ag. Ap.* 2.199-210; Elliott, 505-510).

(4) 결론 - 베드로전서의 '집안 경영 전통'의 독특한 사용

필자의 판단으로는, 당시 로마 사회나 이스라엘 전통에서 이와 유사한 규범적 본문들이 나타나므로, '순복'에 관한 이런 규범적 본문들은 신약이 고유하게 창조한 형식은 아닐 것이다. 물론 베드로전서의 문맥이나 배경을 볼 때, 이런 규범들이 세례 시에 강조되었을 가능성은 충분하다. 하지만 중요한 것은, 베드로전서의 경우, 이러한 '집안 경영 전통'의 규범들을 첫째는, '세상 속의 교회'라는 정황 속에서, 둘째는 무엇보다 '기독론적'으로 사용했다고 본다.

첫째는, 베드로전서는 신약에 등장하는 '집안 규율' 본문들 중에서도, 유일하게 시민 사회의 영역과 집안 영역을 한데 연결 짓는 유일한 본문이라는 사실이다. 예컨대, 에베소서에서는 먼저 '아내와 남편'(5:22-33)이 나오고, 그 다음 '자녀와 부모'(6:1-4) 그리고 '종과 주인'(6:5-9)의 순서대로 나온다. 이렇게 보면, '종/노예와 주인'의 관계도 사실 당시에는 집안에서 일어나는 일이므로, 모두 집안을 다스리는 '오이코노미아'에 해당한다. 하지만 베드로전서는 다르다. 가장 먼저 사회적 영역의 규율을 다루는 '폴리테이아'가 나온다. 즉, 국가의 권력에 대한 시민의 순복 관계가 가장 먼저 나오는 것이다(2:13-14). 이런 점에서 보면, 베드로전서가 '세상'과의

관계를 묘사하는 것에 얼마나 중요한 관심을 보이는지 알 수 있다.

두 번째는, 필자의 판단으로는 기독론적 특징이 두드러진다. 예컨대, 베드로전서도 아리스토텔레스가 집안 경영에 대해 언급한 것처럼, 주인과 노예, 남편과 아내, 그리고 아버지와 자녀의 관계에 대해서 설명한다(*Pol*. 1.2.1253a-1253b; cf. 1.2.1259a). 베드로전서도 유사하게 종/노예와 주인(2:18-20), 아내와 남편(3:1-7), 그리고 장로들과 젊은이(5:1-5)의 관계를 언급한다. 맨 나중 부분은 원래 아버지와 아들들이 와야 하는 순차이지만 변형이라 할 수 있다.

하지만 다른 점은 더욱 두드러진다. 우선, 종과 주인을 다루는 2:18-20에서는 오직 종/노예들만 언급하고 주인에 대해서는 말하지 않는다. 또한, 아리스토틀은 가정의 머리가 되는 남자 가장의 역할들을 중심으로 규율들을 제시한다(*pater-familias*). 예컨대, 주인, 남편, 그리고 아버지이다. 하지만 베드로전서는 그렇지 않다. 훨씬 더 열등하고 종속적인 존재에게 우선권을 준다. 먼저 종들에게 교훈을 주고 주인들에게는 아무 말이 없다. 먼저 아내들에게 말하고 그리고 남편들에게 한다. 그러나 5:1-5에서는 먼저 장로들에게 하고, 젊은이들에게 나중에 한다(비교. 엡 6:5-9). 또한 아리스토틀은 '규율'과 권위자에 대한 '순종'(obedience)을 가르친다.

하지만 베드로전서는 다른 신약의 저자들처럼, 권위 자체에 대한 '순복(subordination)과 하나님의 뜻에 비추어 '옳은 것을 하라'(doing what is right)는 교훈을 중심으로 전개한다. 남편들에게는 '존귀히 여기라'는 교훈, 그리고 장로들에게는 무리를 임의로 주관하지 말라고 경고까지 한다. 즉, 아리스토틀이나 당시의 세속적 문헌들에서는 그 초점이 집안의 가장, 우두머리의 권위(authority)에 놓여 있지만, 신약의 이런 집안 경영 본문에는 그것이 '질서에 대한 순복'으로 옮겨 간 것이다. 특별히 하나님께서 그 집안의 가장이 되시며, 그 아래서 구성원들이 서로에 대해 겸손하게 낮추고 서로 순복하는 가운데, 특히 사회적으로 약자의 자리에 있는 자들의 순복을 강조한다(3:8; 5:5-6).

또한 중요한 것은, 베드로전서는 그 교훈의 기초를, 인간의 본성이나 관습에 의해 지시되는 구성원들 각자의 역할에 두지 않는다. 그 기초는 하나님을 두려워하는 것, 하나님께 대한 경외가 그들 행동의 기초이다(2:18; 3:2; cf. 2:13). 즉, 하나님의 뜻에 순복하는 것이다(2:15, 19-20; cf. 3:4; 5:2-3). 더욱이 결정적인 것은 그리스도의 본이며, 그분을 따르는 것의 중요성이 이런 독특한 태도를 요구하는 근거가 된다는 점이다(2:21-25; 5:4). 베드로전서가 이런 식으로 당대의 '집안 경영 전통'을 세상 속의 교회가 갈 길, 특히 그리스도를 본으로 그를 따라가는 길의 일부로 본 것은, 교회가 세상의 질서에 융합하려 노력한 것이 아니다. 혹은 무조건 세상 질서를 반대하고자 한 것도 아니다. 역설적이지만, 이는 제3의 길, 곧 십자가의 길임을 알 수 있다. 즉, 이 길은 세상 사람들의 양심이 증거하는 바 마땅한 질서와 소통하면서도 그 양심들마저 부끄럽게 만들 수 있는 '거듭한 심령의 회복된 양심,' 곧 그리스도의 십자가의 길을 아는 '선한 양심'의 길, 매우 세상-변혁적인 길인 것이다. 썩지 않고 더럽지 않고 쇠하지 않는 살아 있는 소망을 따라 가는 길, 그리스도의 고난과 영광을 따르는 제3의 길, 교회가 따라가야 할 길이다.

5. 문학적 구조

베드로전서에 명확한 문학적 구조가 있다면, 그것은 이미 1:1-2에서 수신자인 교회를 표현하는 세 가지 표현에서 찾을 수 있을 것이다. 원문에 나타나는 순서대로 하면, (i) '택하여 부르심 받은 자들에게'(엑크렉토이스, ἐκλεκτοῖς); (ii) '여행자들에게'(파레피데모이스, παρεπιδήμοις); (iii) '흩어진 자들에게'(디아스포라스, διασπορᾶς)에 나타난 그대로이다. 즉, 서신 전체는 이렇게 인사말에서 나타난 수신자들의 호칭에 따라 크게 세 등분 된다고 볼 수 있다. 첫째는 '택하여 부르심 받은 교회'에 관한 말씀으로서, 1:1에서 2:10까지이다. 여기서 베드로는 서신의 본론에서 말하고자 하는 '그리스도의 본을 따라' 사는 '선한 양심'의 길을 제시하기 위한 신학적, 기독론적, 그리고 교회론적 초석을 놓는다.

두 번째 큰 단락은 '여행자 된 교회'에 관한 말씀으로서, 2:11에서 '임시 거주 외국인과 여행자 같은 너희'에게 권면하는 내용으로 시작해서, 3:22에서 교회가 그리스도와 함께 그들의 본향이며 여행의 최종 목적지인 하늘에 올라 그리스도와 함께 하나님 보좌 우편에 앉게 될 것이라는 소망을 제시하는 부분이다. 여기가 목적지인데, 그 목적지에 이르기 위해 교회는 세례를 통해 그리스도와 연합하여, 그분의 십자가 고난의 길을 함께 따라가야 한다. 그것은 3:18-22이 장엄하게 그려 주는 바, 노아의 시대에 방주가 심판의 홍수 위를 떠다니며 결국 새 땅에 이르는 이미지로 채색되며 설득력을 더하게 된다.

마지막 문단은, '흩어진 교회'라는 주제로 묶을 수 있는데, 이 땅의 교회는 결국 그리스도를 따라 하늘에 이르지만, 아직은 이 땅에서 '남은 날들'을 '낯선 자들로' 살아야 한다. 교회 안에서는 뜨거운 그리스도의 사랑을 실천하고, 밖으로는 의로운 고난을 감당하는 삶이다. 4:1에서 시작해서 서신서 마지막까지 계속되는 5:14까지이다. 3:22은 확실히 서신서 본론의 절정이며, 4:1부터는 마치 변화산상에서 내려와, 부활의 영광을 바라보며 마지막 수난의 길을 가는 예수님과 제자들의 모습을 상기시킬 만큼 흥미로운 본문이다.

이런 큰 단락 구분을 중심으로 세부적인 문학적 구조를 도표로 그리면 아래와 같다.

I. 인사말 1:1–2

교회의 삼중 정체성 - (i) '흩어진', (ii) '여행자', (iii) '택함 받은'

II. 본론 1:3–5:11

1. '택함 받은 교회' 1:3–2:10 / 세상으로부터 불러내신 교회

1.1 1:2-12 구원의 산 소망

(1) 1:2-9 교회를 만드시는 삼위 하나님

(2) 1:10-12 영광스러운 복음

1.2 1:13-25 거룩하게 하는 말씀

(1) 1:13-21 부르신 자처럼

(3) 1:22-25 거룩하게 하는 말씀

1.3 2:1-10 살아 있는 교회, 세상의 제사장

(1) 2:1-2 신령한 젖을 사모하라

(2) 2:3-8 신령한 성전의 산 돌이신 예수

(3) 2:9-10 신령한 성전인 새 백성

2. '순례하는 교회' 2:11–3:22 / 체류 외국인과 여행자 같은 교회

2.1 2:11-17 선한 행실과 교회, 이방인들 속에서

2:11-12 거주 외국인과 여행자 된 교회

(1) 2:13-15 세상 정부와의 관계에서

2:16-17 자유한 하나님의 종 된 교회

2.2 2:18-3:12 선한 행실과 교회, 일터와 가정에서

(2) 2:18-25 주인과 종의 관계에서

(3) 3:1-7 남편과 아내의 관계에서

(4) 3:8-12 선행과 고난, 부르심의 이유

2.3 3:13-22 선한 양심의 순례, 하늘에 이르는 교회

(1) 3:14-17 선을 행함으로 고난 받음

(2) 3:18-22 그리스도의 길과 세례

3. '흩어진 교회' 4:1-5:11 / 세상에 뿌려진 말씀 같은 교회

3.1	4:1-4:19	시작된 심판과 종말 아래서 사는 교회
	4:1-6	세상 사람들처럼 살지 말라
	4:7-11	교회 안에서 서로 사랑하라
3.2	4:12-19	그리스도의 고난에 참여하는 교회
	4:12-16	영광의 영, 곧 하나님의 영
	4:17-18	고난, 곧 심판이 시작됨
3.3	5:1-11	교회 안에서 한마음으로 마귀를 대적함
	5:1-7	장로와 젊은 자들의 자세
	5:8-11	마귀를 대적함과 하나님을 의지함

III. 맺음말 5:12-14

(i) '이것이 하나님의 참된 은혜' (고난받는 '여행자 된' 교회)

(ii) '바벨론에 있는 교회' (세상 속에 '흩어진' 교회)

(iii) '그리스도 안에 있는' (함께 '택함 받은' 교회)

박경미. "베드로전서의 집 없는 나그네들과 하나님의 집," 〈神學思想〉 90 (1995): 131-151.

박창환, 김경희. 『베드로전후서, 유다서』. 대한기독교서회 성서주석 48, 1996.

석원태. 『베드로전후서 강해』. 서울: 경향문화사, 2002.

이상근. 『공동서신』. 서울: 대한예수교 장로회 총회교육부, 1961.

채영삼. "오직 선한 양심이 하나님을 향하여 찾아가는 것이라: 베드로전서 3:21c의 번역과 해석," 〈신약논단〉 16/2 (2009): 589-628.

______. "교회란 무엇인가?" (1): 베드로전서 1:1-2 주해. 〈백석신학저널〉 23호 (2012), 305-321.

______. "교회란 무엇인가?" (2): 베드로전서 2:9 주해. 〈백석신학저널〉 25호 (2013), 211-226.

최승락, "베드로서신에 나타난 세상 속 그리스도인의 신행일체," 〈신약연구〉 7/1, 2008: 71-106.

Achtemeier, Paul J. *1 Peter: A Commentary on First Peter*. Ed. Eldon Jay Epp, Hermenia- A Critical and Historical Commentary on the Bible. Minneapolis: Fortress Press, 1996.

______. "Suffering and Servant and Suffering Christ in 1 Peter." In *The Future of Christology: Essays in Honor of Leander E. Keck, ed. Abraham J. Malherbe and Wayne A. Meeks*, 176-88. Minneapolis: Fortress, 1993.

Boring, M. Eugene. *1 Peter*. Abingdon New Testament Commentaries. Nashville: Abingdon Press. 1999.

Campbell, Barth L. *Honor, Shame, and the Rhetoric of 1 Peter*. SBLDS 160. Atlanta: Scholars, 1998.

Chin, Moses. "A Heavenly Home for the Homeless. Aliens and Strangers in 1 Peter." *Tyndale Bulletin* 42 (1991): 92-112.

Davids, Peter H. *The First Epistle of Peter*. The New International Commentary on the NewTestament. Grand Rapids: Eerdmans, 1990.

_____. *The Letters of 2 Peter and Jude*. Grand Rapids: Eerdmans, 2006.

Dryden, J. Waal. *Theology and Ethics in 1 Peter: Paranetic strategies for Christian church*. WUNT II/209, Tübingen: Mohr Siebeck, 2006.

Eckstein, H. -J. Der Begriff Syneidesis bei Paulus: Eine neutestamentlich-exegetisch Untersuchung zum "Gewissensbegriff." WUNT II/10, T?bingen: Mohr Siebeck, 1983.

Elliott, John H. "The Rehabilitation of an Exegetical Step-Child: 1 Peter in Recent Research," *Journal of Biblical Literature* 95(1976): 243-254.

_____. *A Home for the Homeless: A Sociological Exegesis of 1 Peter, Its Situation and Strategy*. Minneapolis: Fortress Press, 1990.

_____. *1 Peter: A New Translation with Introduction and Commentary*. Anchor Bible 37B. New York: Doubleday, 2000.

_____. *The Elect and the Holy: An Exegetical Examination of 1 Peter 2:4-10 and the Phrase βασίλειον ἱεράτευμα*. NovTSup 12. Leiden: Brill, 1966.

Feldmeier, Reinhard. *The First Letter of Peter: A Commentary on the Greek Text*. Trans. Peter H. Davids, Waco: Baylor University Press, 2008.

Goppelt, Leonhard. *A Commentary on 1 Peter*. Ed. Ferdinand Hahn. Trans. John E. Alsup. Grand Rapids: Eerdmans, 1993.

Green, Joel B. *1 Peter*. The Two Horizons New Testament Commentary. Grand Rapids: Eerdmans, 2007.

Grudem, Wayne. *The First Epistle of Peter*. The Tyndale New Testament Commentaries. Grand Rapids: Eerdmans, 1988, 2002.

Jobes, Karen H. *1 Peter*. Baker Exegetical Commentary on the New Testament. Grand Rapids: Baker Academic, 2005.

Kelly, J. N. D. *A Commentary on the Epistle of Peter and of Jude*. London: A & C Black, 1969.

Luther, Martin. *Commentary on Peter & Jude*. Trans. John Nichols Lenker. Grand Rapids: Kregel Classics, 1990.

Marshall, I. Howard. *1 Peter*. IVPNTC. Downers Grove: InterVarsity, 1991.

McKnight, Scott. *1 Peter*. The NIV Application Commentary, Grand Rapids: Zondervan, 1996.

Michaels, J. Ramsey. *1 Peter*. WBC. Waco, TX: Word Books, 1988.

Seland, Torrey. "παροίκος καὶ παρεπιδήμος: Proselyte Characterizations in 1 Peter?" *BBR* 11(2001): 239-68.

Selwyn, Edward Gordon. *The First Epistle of St. Peter: The Greek Text with Introduction, Notes, and Essays*. 2nd ed. London: Macmillan, 1947; reprint ed., Grand Rapids: Baker, 1981.

Senior, Donald. "The Conduct of Christians in the World (2:11-3:12)." *Review & Expositor* 79(1982): 427-38.

Skaggs, Rebecca. *The Pentecostal Commentary on 1 Peter, 2 Peter, Jude*. New York: T&T Clark International, 2004.

Thurén, Lauri. *Argument and Theology in 1 Peter: The Origins of Christian Paraneasis*. JSNTSup 114. Sheffield: Sheffield Academic Press, 1995.

Webb, Robert L. and Betsy Bauman-Martin eds. *Reading 1 Peter with New Eyes: Methodological Reassessments of the Letter of First Peter*. LNTS; London and New York: T&T Clark, 2007.